# Fremde Helden auf europäischen Bühnen (1600–1900)

Herausgegeben von

Achim Aurnhammer – Barbara Korte

# HELDEN – HEROISIERUNGEN – HEROISMEN

Herausgegeben von

Ronald G. Asch, Barbara Korte, Ralf von den Hoff

im Auftrag des DFG-Sonderforschungsbereichs 948
an der Universität Freiburg

Band 5

---

ERGON VERLAG

# Fremde Helden auf europäischen Bühnen (1600–1900)

Herausgegeben von
Achim Aurnhammer – Barbara Korte

ERGON VERLAG

Gefördert durch die Deutsche Forschungsgemeinschaft

Umschlagabbildung:
„The Indian Queen“ (Anne Bracegirdle).
Mezzotinto von John Smith nach Zeichnung von William Vincent (um 1695).
Das Schabkunstblatt bezieht sich wohl auf eine Inszenierung der Semi-Oper
„The Indian Queen“ von Henry Purcell (1695) auf der Basis der
„Tragedy“ von John Dryden und Robert Howard (1664).


Bibliografische Information der Deutschen Nationalbibliothek
Die Deutsche Nationalbibliothek verzeichnet diese Publikation in der
Deutschen Nationalbibliografie; detaillierte bibliografische Daten sind
im Internet über http://dnb.d-nb.de abrufbar.


Umschlaggestaltung: Jan von Hugo
Satz: Thomas Breier, Ergon-Verlag GmbH

www.ergon-verlag.de

ISBN 978-3-95650-219-4
ISSN 2365-886X

## *Inhaltsverzeichnis*

# Vorwort

Der vorliegende Band ist der fünfte der Schriftenreihe „Helden – Heroisierungen – Heroismen“ des DFG-geförderten Sonderforschungsbereichs 948 „Helden – Heroisierungen – Heroismen. Transformationen und Konjunkturen von der Antike bis zur Moderne“ (SFB 948) an der Albert-Ludwigs-Universität Freiburg. Der Band versammelt die überarbeiteten Vorträge einer Tagung, die vom 12. bis 14. März 2015 in Freiburg stattgefunden hat. Der Dank der Herausgeber gilt allen Autorinnen und Autoren für die anregenden Beiträge sowie den weiteren Teilnehmerinnen und Teilnehmern der Tagung für intensive und inspirierende Diskussionen. Danken möchten wir Hans-Jürgen Dietrich und Thomas Breier vom Ergon-Verlag für die stets erfreuliche Zusammenarbeit und die geduldige Unterstützung sowie der Deutschen Forschungsgemeinschaft (DFG), deren Förderung diesen Band – und den SFB 948 – erst möglich macht. Jochen Antoni, Alena Bauer und Alexandra Kuhn haben uns mit großem Engagement bei der Einrichtung des Manuskripts und der Fertigstellung der Druckvorlage unterstützt.

Freiburg, im Mai 2016

Achim Aurnhammer und Barbara Korte

# Einleitung

*Achim Aurnhammer / Barbara Korte*

‚Fremde' Helden gab es auf europäischen Bühnen schon immer, man denke nur an die *Perser* des Aischylos (472 v. Chr.) sowie dessen „Asyltragödie" *Die Schutzflehenden* (*Hiketiden*) (463 v. Chr.), oder auch an die Komisierung des Fremden, etwa in Gestalt eines Skythen in den *Thesmophoriazusen* (*Thesmophoriazousai*).[1] Doch mit dem Beginn des 17. Jahrhunderts gewann die exotische – der eigenen Kultur ferne, aber doch in sie importierte – Bühnenfigur besondere Konjunktur, sowohl im Sprech- wie im Musiktheater. Das Phänomen inszenierter Kulturkontakte und Kulturkollisionen, das bis in die Gegenwart fortdauert, will der vorliegende Band für europäische Bühnenwerke zwischen 1600 und 1900 paradigmatisch untersuchen und beleuchten, wobei sowohl die Exotisierung des Heroischen als auch die Heroisierung des Exotischen im Zentrum stehen sollen.[2]

Mit der Renaissance konvergierten mehrere Faktoren, die dem Erscheinen fremder Helden auf europäischen Bühnen entgegenkamen: Die Wiederbelebung der Antike reaktivierte alte Paradigmen des Heroischen; eine neue räumliche Mobilität und ein damit verbundenes neues Wissen erweiterten das Verständnis des Fremden; Europas christliche Identität wurde durch die Reformation erschüttert und für Differenz und Alterität sensibilisiert; die Expansionsbestrebungen mehrerer Imperien in Ost und West provozierten gewaltsame Kulturbegegnungen. Nicht zuletzt nahm um das Jahr 1600 das europäische Theater in verschiedenen Kontexten neue Anfänge und spielte sowohl das Heroische als auch das Fremde durch – auch in den diversen Kombinationen, welche die Beiträge in diesem Band beleuchten.

Die Konjunktur fremd-heroischer Figuren auf europäischen Bühnen im 17. Jahrhundert, die mit der Formierung eines Europabewusstseins einherging, wird üblicherweise auf die drei Faktoren zurückgeführt, die Peter Burke in seinem kulturgeschichtlichen Essay „Did Europe Exist Before 1700?" (1980) nennt: erstens die ‚Türkengefahr', zweitens die Entdeckung und Kolonialisierung der ‚Neuen' Welt, drittens die politischen Binnenkonflikte und Machtverschiebungen innerhalb Europas.[3] Dieses Erklärungsmodell hält sich noch immer, auch wenn die drei Faktoren mittlerweile durch viele Spezialstudien präzisiert und modifiziert wur-

1 Vgl. Bernhard Zimmermann: Der und das Fremde in der griechischen Komödie. In: Ulrike Riemer und Peter Riemer (Hg.): *Xenophobie – Philoxenie. Vom Umgang mit Fremden in der Antike.* Stuttgart 2005, 147–156.

2 Für eine postkolonial und global orientierte Sicht auf Fremdheit und Theater, die stärker auch reziproke Kulturbeziehungen in den Blick nimmt, siehe die Arbeiten von Christopher Balme, etwa den von ihm herausgegebenen Band *Das Theater der Anderen: Alterität und Theater zwischen Antike und Gegenwart.* Tübingen 2001.

3 Peter Burke: Did Europe Exist Before 1700? In: *History of European Ideas* 1: 1, 1980, 21–29.

den. Doch selbst für das 17. Jahrhundert, für das es entwickelt wurde, erweist es sich insofern als unzureichend, als die Faktoren keineswegs europaweit gleichgewichtig waren: Während für England, Frankreich und Spanien die ‚Neue' Welt ein wichtiger Wirtschaftsraum und auch bald Schauplatz für Bühnenhandlungen wie etwa John Drydens *The Indian Queen* (1664) geworden war, erwies sich für das Heilige Römische Reich deutscher Nation die ‚Türkengefahr' als weitaus brisanter. Der überraschende Abzug der Türken, die im Jahre 1683 Wien belagerten, wurde sogleich in mehreren deutschen Dramen verarbeitet. Inwieweit die politischen Binnenkonflikte und die innereuropäischen Machtverschiebungen in exotischen Stoffen stellvertretend literarisiert wurden, ist noch nicht hinreichend geklärt.

Peter Burkes Drei-Komponenten-Erklärung wird auch der enormen Dynamik der ‚fremden Helden' auf europäischen Bühnen nicht gerecht. Auf die Konzepte des Exotischen wirkten sich die epochalen Umbrüche in der Wissensgeschichte in der frühen Neuzeit aus. So wurde mit der Aufwertung der Empirie auch die *curiositas* neu legitimiert, die noch bis in das 16. Jahrhundert aus religiösen Gründen diskreditiert war. Dies führte zu einer breitenwirksamen Aufwertung der Faszination am Fremden und Neuen. Auch wenn das moderne Sensationsbedürfnis lange noch moralisch strittig blieb, wurde spätestens ab Mitte des 17. Jahrhunderts das Unbekannte und Geheime immer attraktiver und lukrativer.[4] Exotisches gehörte zum ostentativen ‚Prestigekonsum'[5], und es wurde zur adligen Mode, sich durch Exotika selbst zu exotisieren.[6]

Zudem erschlossen neue Kartografien und Atlanten wie Abraham Ortelius' *Theatrum Orbis Terrarum* (1570) oder Martin Martinis chinesische Geographie *Novus Atlas Sinensis* (1655) ferne und noch weithin unbekannte Länder.[7] Überdies brachten zahlreiche neue ethnografisch-kulturgeschichtliche Werke – diverse *Cosmographien* oder Sitten- und Kostümbücher – sowie Reisebeschreibungen den Europäern die fernen Länder näher.

4 Zum frühneuzeitlichen Markt der Geheimnisse vgl. Daniel Jütte: *Das Zeitalter des Geheimnisses. Juden, Christen und die Ökonomie des Geheimen (1400–1800).* Göttingen 2011. – Die Aufwertung der *curiositas* hat grundlegend Hans Blumenberg dargestellt: Hans Blumenberg: *Legitimität der Neuzeit*, Bd. 3: *Der Prozess der theoretischen Neugierde.* Frankfurt am Main $^{2}$1980. Siehe auch Neil Kenny: *Curiosity in Early Modern Europe. Word Histories* (Wolfenbütteler Forschungen; 81). Wiesbaden 1998, und Justin Stagl: *A History of Curiosity. The Theory of Travel 1550–1800* (Studies in Anthropology and History; 13). Chur 1995 (dt. 2002).

5 Vgl. die klassischen Ausführungen von Thorstein Veblen zur „conspicuous consumption", dem demonstrativen Luxusverbrauch: Thorstein Veblen. *The Theory of The Leisure Class. An Economic Study of Institutuions.* New York 1970 (zuerst 1899).

6 Siehe zur Fülle exotischer Dinge in den Anfängen der europäischen Konsumgesellschaft auch den Band von Birgit Neumann (Hg.): *Präsenz und Evidenz fremder Dinge im Europa des 18. Jahrhunderts* (Das achtzehnte Jahrhundert / Supplementa; 19). Göttingen 2015.

7 Zu Ortelius und der frühneuzeitlichen Kartografie siehe Paul Binding: *Imagined Corners. Exploring the World's First Atlas.* London 2003, und Michele Castelnovi: *Il primo atlante dell'Impero di Mezzo. Il contributo di Martino Martini alla conoscenza geografica della Cina.* Trient 2012.

Dynamisch verliefen auch sozial- und wirtschaftpolitische Bedingungen: So führten die jesuitischen Asien- und Afrika-Missionen zu verstärkten Handelsbeziehungen und zu einem besseren Verständnis der fremden Kulturen. Vor allem aber kam es mit der Befriedung der Beziehungen zum Osmanischen Reich seit Ende des 17. Jahrhunderts zu einem bedeutenden Wirtschaftsaustausch mit dem gesamten Orient.[8] Diplomatische Beziehungen mit fernen Ländern, wie die Beziehungen Frankreichs zum Königreich Siam, normalisierten und objektivierten die Sichtweisen auf Asien.

Viel zu kurz kommt in Burkes Drei-Faktoren-Erklärung schließlich und vor allem die Eigendynamik der ästhetischen Medien sowie der Kultur- und Ideengeschichte. So gewann seit dem 17. Jahrhundert die fiktionale Perspektivierung des Eigenen, oft in satirischer Absicht, immer mehr an Gewicht und nutzte solche menippeischen Selbstbespiegelungen im exotischen Gewand oder in der Konstruktion von ‚edlen Wilden', auch und gerade zur Kritik an der europäischen Zivilisation.[9] Die asiatische Philosophie ebenso wie die morgenländische Literatur, Kunst und Kultur beeinflussten die europäische Kultur und wirkten sich wiederum in Neukonstruktionen des Eigenen wie Fremden aus. Dass das kontinentale Selbst- und Weltbild Europas infolge der Entdeckung Amerikas sowie durch das zunehmende Wissen über andere Kontinente sich änderte, ist unbestritten. Strittig sind aber die Auswirkungen: Die Thesen reichen von einer allgemeinen Relativierung und Verunsicherung christlicher Identität im aufklärerischen Toleranzprinzip bis hin zu einem europäischen Triumphalismus. Inwieweit die Konstruktion des Anderen der Konsolidierung des Eigenen diente, ist eine offene Forschungsfrage.

Mit der älteren Forschungsmeinung Paul Hazards, dass der Vergleich mit fremden und fernen Kulturen zu einer Relativierung und Kritik des Eigenen in der Aufklärung geführt habe, konkurriert die postkolonial inspirierte, auf Edward Said zurückgehende These, kontinentale Identität stütze sich notwendig auf Überlegenheitsgefühle.[10] Der Orient – er kann auch Fernasien einschließen – sei von Europa als mysteriös und bedrohlich imaginiert worden, um eine Kolonialisierung zu legitimieren. ‚Exotisierung', so Saids umstrittene Orientalismus-These, diene nicht nur der Selbstdefinition, sondern auch der Rechtfertigung imperialistischer Politik.[11]

---

8 Vgl. Donald F. Lach und Edwin J. van Kley: *Asia in the Making of Europe*, Bd. 3: *A Century of Advance*. Chicago 1993, und Jürgen Osterhammel: *Die Entzauberung Asiens. Europa und die asiatischen Reiche im 18. Jahrhundert*. München 1998. Vgl. außerdem die Beiträge zu Barbara Schmidt-Haberkamp (Hg.): *Europa und die Türkei im 18. Jahrhundert*. Göttingen 2011.

9 Vgl. dazu Nicolas Detering: *Krise und Kontinent. Die Entstehung der deutschen Europa-Literatur (1590–1740)*. Freiburg, Diss. 2015, erscheint 2017.

10 Paul Hazard: *La Crise de la conscience européenne (1680–1715)*. Paris 1935, 3–38.

11 Edward W. Said: *Orientalism*. New York 1978. Zur Kritik an Saids ‚Orientalismus'-These siehe Andrea Polaschegg: *Der andere Orientalismus. Regeln deutsch-morgenländischer Imagination im 19. Jahrhundert* (Quellen der Forschungen zur Literatur- und Kulturgeschichte; 35). Berlin 2005, 28–39, sowie Jürgen Osterhammel: Edward W. Said und die ‚Orientalismus'-Debatte. Ein Rückblick. In: *Asien, Afrika, Lateinamerika* 25, 1997, 596–607.

Bleiben die kulturhistorischen Erklärungen für die Faszination des Exotischen im 17. und 18. Jahrhundert also dilemmatisch, so blieb auch die Literaturwissenschaft angesichts der Konjunktur fremder Heldinnen und Helden im frühneuzeitlichen und neuzeitlichen Theater ziemlich ratlos. Man behalf sich mit eben den historischen Erklärungen, welche die Vorliebe für fremde Helden außerliterarisch begründen und sozial- und mentalitätsgeschichtlich erläutern. Allerdings finden sich vereinzelt auch literatur-, theater- und geschmacksgeschichtlich angelegte Erklärungen, die das Phänomen stärker auf innerliterarische Aspekte eingrenzen, stoff-, motiv- oder gattungsgeschichtlich behandeln, auf spezifische inter- und intramediale Faktoren zurückführen, die Faktur der Diskurse behandeln oder nach Nationalliteraturen spezifizieren. Allgemeiner argumentieren literatursoziologische Ansätze, die das Phänomen im Rahmen der sogenannten Identitäts- und Alteritätsforschung behandelt haben. Daran schlossen sich die postkolonialen Erklärungen an, welche wie Edward Said die Rede von der fernen Welt zur westlichen Imagination erklärten: „The Orient was *almost* a European invention", lautet Saids bekannte These.[12]

Nicht einfach ist es, die ‚fremden Helden' definitorisch einzugrenzen, strukturell zu ordnen und zu erklären. Wodurch bestimmt sich ‚Fremdheit'? Wie ändert sich die Kategorie des ‚Anderen' im Verhältnis zum ‚Eigenen' im Verlauf der drei Jahrhunderte, auf welche die Beiträge in diesem Band zurückblicken? Diesen Beiträgen, die das Thema mit Fallstudien erhellen, müssen daher einige allgemeine Überlegungen zur Begrifflichkeit des Fremden und des Heroischen vorangestellt werden. Allerdings begibt man sich hier auf ein Feld, dessen Konzepte und Zugänge stark differieren und ausufern.

Die Forschung zum Komplex kultureller Fremd- oder Andersheit lässt sich kaum mehr überschauen. So kursieren zahlreiche Ordnungsbegriffe, die zwischen Fremdem und Anderem unterscheiden[13] (oder auch nicht), die Exotismus[14] und Orientalismus als je spezifische Formen der ‚VerAnderung'[15] fassen, die unterschiedliche historische Zonen des Kulturkontaktes, des Kulturkonflikts, der Kulturverflechtung und des Kulturvergleichs differenzieren. Vorstellungen von Hybridisierung, Synkretismen und *third spaces* signalisieren, dass Grenzen zwischen Eigenem und Fremdem durchlässig sind, und die neue Forschung spricht generell weniger von Differenzen als von Phänomenen der Transkulturalität, Transnationalität, Translation sowie von Prozessen der Globalisierung auch schon in frühen

12 Said: *Orientalism* (Anm. 11), 1.

13 Polaschegg: *Der andere Orientalismus* (Anm. 11).

14 Graham Huggan: *The Postcolonial Exotic. Marketing the Margins.* London 2001, 14: „[E]xoticism describes the systematic assimilation of cultural difference", wobei aber Distanz bleibt. Zu unterschiedlichen Ausprägungen der Beziehung zwischen einem westlichen Selbst und exotischen Anderen in Texten von Montaigne bis zu V. S. Naipaul siehe auch Roger Célestin: *From Cannibals to Radicals: Figures and Limits of Exoticism.* Minneapolis 1996.

15 So Julia Reuters Übersetzung des englischen Begriffs *Othering*. Julia Reuter: *Ordnungen des Anderen. Zum Problem des Eigenen in der Soziologie des Fremden*. Bielefeld 2002.

Epochen. Eigenes und Fremdes oder Exotisches lassen sich nicht mehr als simple Gegensätze denken, sondern als Größen in dynamischen kulturellen Gebilden.[16]

Auch im dramatischen Medium ist Fremdheit eine Variable. Exotisierung ist *erstens* abhängig vom Schauplatz, also vom Raum, *zweitens* von der Handlungszeit, *drittens* von der Konstellation von Fremd und Eigen. Diese Faktoren können in unterschiedlicher Weise zusammenwirken und ein mehr oder weniger starkes exotisches Setting abgeben, das dann mit Fragen des Heroischen korreliert. So ist es ein Unterschied, ob Shakespeares Othello als einziger „Mohr" auf einem europäischen Schauplatz, nämlich in Venedig, agiert, oder ob in Philipp Förtschs Oper *Bajazeth und Tamerlan* (1690) die Protagonisten zwei asiatische Herrscher sind, und der Schauplatz Asien ist. Zudem ändert sich die Kategorie des ‚Fremden', ‚Anderen' oder ‚Exotischen' im Untersuchungszeitraum beträchtlich. Ist die Türkei etwa in Europakonzepten der frühen Neuzeit meistens ein Teil ‚unseres' Kontinents, ist das europäisch geprägte Nordamerika als ‚Neue' Welt doch weniger exotisch als China oder Japan. Fraglich ist auch, inwieweit die Kategorie des ‚Fremden' von der Handlungszeit abhängt. Sind etwa Episoden aus der römischen Geschichte, die Kulturkollisionen inszenieren, wie Shakespeares *Antony and Cleopatra* oder die diversen *Sophonisbe*-Dramen, so exotisch wie die zeitnahen Ereignisse der Eroberung Südamerikas durch die spanischen Konquistadoren?

Auch das Heroische ist kein universales und überzeitliches Prinzip. Zwar lässt es sich sehr basal über Außerordentlichkeit, besondere Handlungsmacht und Agonalität bestimmen,[17] aber es manifestiert sich konkret immer in kulturell und sozial spezifischen und damit varianten Kontexten. Das Heroische korreliert so immer mit bestimmten politischen, religiösen und moralischen Wertvorstellungen und Systemen der gesellschaftlichen Ordnung sowie Wissensdispositiven (von der Mythologie bis zur Geografie). Zudem provozieren heroische Figurationen immer auch Komplementär- und Gegenvorstellungen und sind auch in dieser Hinsicht essenziell relationale Kategorien, die für Ambivalenzen und Widersprüche offen sind.

Mit dem Fremden und dem Heroischen werden also zwei diffuse und umstrittene Konzepte gekoppelt, wobei auffällig ist, dass die kulturelle Praxis, und speziell die Theaterpraxis, diese Kopplung immer wieder vorgenommen hat. In der Tat haben beide Konzepte auch Gemeinsamkeiten: Beides sind Konstrukte, über die kulturelle und soziale Identifizierungen verhandelt werden – einerseits das Selbstverständnis von Individuen und andererseits, was für das Theater als soziale Kunstform besonders wichtig ist, das Selbstverständnis von Gesellschaften und innergesellschaftlichen Gruppierungen. Sowohl das Heroische als auch das Fremde sind

16 Siehe Herfried Münkler [u.a.] (Hg.): *Die Herausforderung durch das Fremde* (Forschungsberichte / Berlin-Brandenburgische Akademie der Wissenschaften; 5). Berlin 1998.

17 Siehe die Arbeiten des Freiburger Sonderforschungsbereichs 948 „Helden – Heroisierungen – Heroismen. Transformationen und Konjunkturen von der Antike bis zur Moderne", http://www.sfb948.uni-freiburg.de, 29. März 2016.

als Herausforderung an bestehende Identifizierungen definiert worden, denn beide setzen an den Grenzen an, die vordergründig stabile Identitäten zu sichern scheinen, und fordern diese Grenzen heraus: Grenzen zwischen fremd und vertraut, anders und eigen, heroisch und unheroisch, gut und böse. In den Verschränkungen des Fremden und Heroischen, die dieser Band für einige europäische Kulturen in verschiedenen Epochen in den Blick nimmt, potenzieren und komplizieren sich die Verhandlungsspielräume kultureller und sozialer Identifikation und die in ihnen involvierten Normen, Hierarchien und Autoritäten.

In der je spezifischen Kombinatorik von Fremdem und Eigenem mit dem Heroischen ist nicht nur danach zu fragen, mit welchen Semantiken und Ästhetiken sich die Kategorien kreuzen, sondern auch nach den Funktionen solcher Überkreuzungen. Welche kulturellen Funktionen haben Heroismen, die exotisch codiert sind? Welche heroischen Konzepte werden jeweils in Repräsentanten des Anderen verkörpert? Sind es überholte Muster heldischen Betragens, also etwa grausame Gewalt, für die Tamerlan berüchtigt war, sind es konkurrierende Gegenbilder zur ‚eigenen' Heroik oder sind es gar kompensatorische Entwürfe einer unheroischen Zivilisation?

Da dieser Band einen Zeitraum von dreihundert Jahren umfasst, wird schließlich auch nach dem Wandel exotischer Heroik gefragt. Wie ändert sich das Zusammenspiel von Exotik und Heroik im Laufe der Zeit? Wird der Zusammenhang im Lauf der Zeit stärker oder schwächer? Wird die Exotik des Heroischen veräußerlicht oder interiorisiert? Ereignet sich die Konfrontation von ‚eigener' und ‚fremder' Kultur in Europa, oder in fernen, überseeischen Ländern, oder in gänzlich fiktiven Räumen?

Zu bedenken ist schließlich, was fremde Helden für die Bühne attraktiv macht, mit welchen Mitteln des Sprech- und Musiktheaters die Bühne heroische Exotik und exotische Heroik darstellt, und – nicht zuletzt – warum sie es tut. Zwischen 1600 und 1900 haben exotische Helden dem ästhetischen Spektakel und der politischen Inszenierung gedient, aber sie haben auch eine kritische Inspektion der Figuren und gesellschaftlichen Phänomene ermöglicht, die durch fremde Helden verkörpert werden.

Wie die Beiträge in diesem Band zeigen, erlangen das Heroische und das Fremde in der konkreten Verkörperung der Bühnenkunst eine besondere Prägnanz und Evidenz. In der Aufführung verstärken Heroisches und Fremdes ihr jeweiliges Faszinations- und Irritationspotenzial. Dafür hat die Bühne für europäische Publika in verschiedenen sozialen Kontexten und Epochen sehr unterschiedliche Intersektionen des Heroischen und des Fremden inszeniert: Handlungen eines für das Publikum gänzlich exotischen Personals; Handlungen, in denen für die Zuschauer kulturell fremde Figuren mit kulturell eigenen zusammentreffen; Handlungen, in denen die eigene Kultur verfremdet oder sich gänzlich entfremdet wird.

Der vorliegende Band ist chronologisch in drei große Teile gegliedert. Der Darstellung des Fremden und Kulturkollisionen auf europäischen Bühnen des späten

16. und 17. Jahrhunderts ist der erste Teil gewidmet. *Ralf Hertel* diskutiert mit Christopher Marlowes *Tamburlaine the Great* (1587) ein Drama, das die Lust an der Grenzüberschreitung zelebriert. In seinem unerhörten sozialen Aufstieg, seiner unmotivierten, amoralischen Grausamkeit sowie der Selbstwahrnehmung als Geißel Gottes, die in einer Selbstapotheose kulminiert, transgrediert der zentralasiatische Gewaltherrscher Tamerlan soziale, moralische und religiöse Werte und Normen. Die ‚unheimliche' Heroik Tamburlaines bleibt bei Marlowe über das gesamte Drama hinweg fremd und unverständlich. Und doch fungierte die Figur trotz ihrer Fremdheit im spätelisabethanischen England auch als Projektionsfläche imperialer Ambitionen: Tamburlaines Triumph über den osmanischen Herrscher sowie sein imperialer Gestus spiegeln das neue Machtstreben Englands.

*Tobias Döring* betrachtet Shakespeares *Othello* (1604) mit seiner Zentralgestalt eines ‚Mohren'-Helden im Spannungsfeld von Identifikationsangeboten und Demonstrationen der Exzeptionalität – zwei gegenläufigen Erwartungen, die Kollektive an heroisierte Figuren herantragen. Dass der Held das Fremde immer schon in sich trägt, weil er die Normalität übersteigt, macht ihn zum Problem, das sich in Shakespeares Stück durch die kulturelle Fremdheit des Helden potenziert und zudem durch eine Spannung zwischen mimetisch dargestellter und nur erzählerisch vermittelter Handlung verstärkt wird. Strategien der (Selbst-)Heroisierung werden so durchgespielt und kritisch reflektiert.

Den japanischen Märtyrerdramen des Jesuitenordens, die dem europäischen Publikum Exempla christlicher Glaubenspraxis bieten sollten, widmet sich *Mirjam Döpfert*. Das ‚Eigene' wird verengt auf das katholische Christentum und dem japanischen ‚teuflischen' Heidentum als ‚Fremdem' gegenübergestellt. Die Dramenautoren betonen das fremde Setting und transferieren das meist negativ konnotierte Fremde der japanischen Kultur hauptsächlich auf die heidnischen Gegenspieler der Märtyrer, die als grausam, affektverfallen und gegenüber den Europäern inferior vorgeführt werden. Kontrastiv hierzu werden die japanischen Märtyrer in eine christliche Märtyrertradition eingegliedert, indem sie zu *milites Christiani* stilisiert und kanonischen und biblischen Heiligen gleichgestellt werden. Sie fungieren somit nicht als fremde Helden, sondern vielmehr als Helden in der Fremde.

*Susanne Rode-Breymann* untersucht die Erziehung zum Helden im höfischen Musiktheater des 17. Jahrhunderts, das im Dienst der Repräsentation und Legitimation von Herrschaft steht. Die Heroengeschichten bringen personifizierte Herrschertugenden auf die Bühne und präsentieren universell siegreiche Helden, deren Macht sich bis in exotische Länder erstreckt. Dieser Anspruch wird in den Libretti, der Bühnengestaltung und den Tänzen des Theaters zum Ausdruck gebracht. Ansätze zu einem musikalischen Exotismus finden sich in der musikalischen Personencharakterisierung, wie in den Opern *Il Ritorno di Giulio Cesare, Vincitore della Mauritania* von Giovanni Bononcini und Donato Cupeda (1704). So illustriert der siegreiche Held Caesar in seiner virtuosen Arie die eigene habsburgische Stärke, während die verängstigte Arie des Mauren Juba die fremde, marokkanische Unterlegenheit in Töne fasst.

Am Beispiel von Elkanah Settles *Conquest of China, by the Tartars* (1675) untersucht *Christiane Hansen*, wie im *heroic play* der englischen Restaurationszeit Konstruktionen des Anderen und Fremden als Zugriffsmöglichkeiten auf das heroisch Exzeptionelle genutzt wurden. So bieten die Dramen Versuchsanordnungen, um die Wirkungsmechanismen heroischer Figurationen in ästhetischer und politischer Perspektive zu reflektieren. Eine wichtige Bedeutung kommt dabei den zu wilden Barbaren stilisierten Tataren zu, die mit der artifiziellen Kultur des chinesischen Reichs konfrontiert werden. Die tatarische Eroberung Chinas als experimentelle Entkopplung von heroischer *agency* und politischer Größe im politisch Imaginären wird so in ein Phantasma idealer Herrschaft aufgelöst, die das Heroische vereinnahmend harmonisiert, damit aber letztlich nivelliert.

Für die gleiche Epoche befasst sich *Barbara Korte* mit John Drydens Drama *Amboyna, or the Cruelty of the Dutch to the English Merchants* (1673), welches die generischen Konventionen des *heroic play* in mehrfacher Hinsicht herausfordert. Seine Handlung ist im Kontext des intensivierten Welthandels auf einer ostindischen Gewürzinsel angesiedelt, und die meisten seiner Figuren sind deshalb keine Aristokraten, sondern konkurrierende englische und holländische Kaufleute. Damit werden auch die formalen und stilistischen Konventionen des *heroic play* gebrochen, und gerade dadurch kann *Amboyna* einen vielschichtigen Kommentar bieten: zum Verhältnis von Händler- und Heldentum und zur Differenz beziehungsweise möglichen Konvergenz adliger und merkantiler Werte. Unterschiedliche Konjunktionen von Fremdem und Eigenem fungieren hierbei als Fokalisationspunkte.

Der zweite Teil des Bandes ist den aufklärerischen Bestrebungen gewidmet, die das Fremde zunehmend aufwerteten und in einer starken Kontrastrelation zur Abwertung überlebter ‚eigener' Konventionen und Traditionen nutzten. Die zahlreichen Opern des frühen 18. Jahrhunderts, in denen eine Figur oder mehrere Charaktere keine Europäer sind, nimmt *Ralph Locke* zum Anlass, die Untersuchung des Exotischen in der westlichen Musik neu zu erörtern. Exemplarisch untersucht werden Pietro Metastasios Libretto einer *Opera seria*, deren Handlung auf dem indischen Subkontinent spielt, *Alessandro nell'Indie* (1729), sowie zwei darauf basierende Opern aus dem Jahre 1731, Georg Friedrich Händels *Poro re dell'Indie* und Johann Adolph Hasses *Cleofide*. Über die musikalische Repräsentation des Exotischen hinaus wird die aufklärerische Wertschätzung der sittlichen Inder und Inderinnen in Metastasios Libretto mit Händels und Hasses musikdramatischer Umsetzung verglichen.

*Achim Aurnhammer* nimmt die *Opera seria Montezuma* (1755) von Johann Heinrich Graun in den Blick, die auf einer französischen Prosatragödie des Preußenkönigs Friedrichs II. basiert. Die Protagonisten des Librettos sind der Aztekenherrscher Montezuma, der in Anlehnung an den idealen Fürsten des *Anti-Machiavel*

(1740) konzipiert ist, sowie sein kontrastiv gezeichneter Gegenspieler, der spanische Eroberer und macchiavellistische Machtpolitiker Hernán Cortes. Die Oper führt die wechselseitige Wahrnehmung der Konfliktparteien als Fremde vor – die Azteken sehen in den Eroberern grausame Fremde, die Spanier beurteilen diese wiederum als barbarisch und unheroisch. In den Figuren Montezuma und seiner Frau Eupaforice präsentiert die Oper zwei divergente Heldentypen: Während Montezuma in der Tradition des duldsamen (stoischen) Märtyrers zum Opfer des Tyrannen Cortes wird, präsentiert sich Eupaforice im Widerstand gegen Cortes als tatkräftige und mutige Heldin, die nicht zuletzt durch ihren Freitod die Größe einer antiken Heroine gewinnt.

*Albert Gier* untersucht die Kreuzzüge als Sujet in der Oper des 18. Jahrhunderts, die anlehnend an die Ritterepen Ludovico Ariostos, *Orlando furioso* (1516/1532), und Torquato Tassos, *Gerusalemme liberata* (1581), historische oder fiktionale Episoden gestalten. Dabei können sowohl die Gemeinsamkeiten muslimischer und christlicher Ritter als auch ihre radikale religiöse Verschiedenheit hervorgehoben werden. Nähe gewinnt die fremde feindliche Partei oft in individuellen kultur- und religionsübergreifenden Liebesbeziehungen, die als ‚Gleichheit vor der Liebe' inszeniert werden. Ferner wird die muslimische Identität der Figuren teils durch eine verdeckte Eingliederung in das christliche Wertesystem aufgehoben, wenn diese beispielsweise als Kryptochristen erscheinen. Klarer polarisieren die an Tasso angelehnten Libretti die Konfliktparteien, indem sie den Ausschluss der muslimischen Figuren vom christlichen Heil betonen. Zum Zwecke solcher Ausgrenzung wird der Orient auch als Bezugsraum stark typisiert, teils als regelrecht zeit- und ortlose Gegenwelt.

Am Beispiel von Paul Weidmanns Trauerspiel *Usanquei, oder die Patrioten in Sina* (1771) untersucht *Christoph Deupmann* die Bedeutung chinesischer Alterität für die klassizistische Dramenproduktion des 18. Jahrhunderts. In *Usanquei* widmet sich der Gottschedianer Weidmann einem chinesischen Bauernaufstand des mittleren 17. Jahrhunderts und gestaltet den Kampf des Titelhelden gegen den Rebellenführer Ly in weitgehender Übereinstimmung mit Gottscheds Regelpoetik. Deupmann zeigt, dass die inszenierte Fremdheit der *dramatis personae* zwar durch gelehrte Anmerkungen markiert, in der moraldidaktischen Handlung aber kaum dramatisiert wird. So erscheint etwa die Legitimität des Freitods als politische Option einer fremdkulturellen Ethik, die jedoch äußerlich bleibt.

*Gabriella Catalano* beleuchtet in Johann Wolfgang von Goethes *Iphigenie auf Tauris* (Prosa 1779, Vers 1786) die komplexe Morphologie der Fremdheit, die dem Drama auf mehreren Ebenen eingeschrieben ist. Auf der Handlungsebene erfahren und bewerten beide Protagonisten Fremdheit unterschiedlich: Thoas, der Fremde in seiner eigenen Heimat, bewertet alles von außen kommende Fremde als potenzielle Gefahr. Die von sich selbst entfremdete und entwurzelte Iphigenie findet dagegen fernab ihrer Heimat ihre Identität im Spannungsfeld von Barbarei und Zivilisation. Auch auf der Metaebene sind räumliche und zeitliche Distanz sowie die Opposition zwischen Aneignung und Trennung präsent. Im Bewusstsein der eigenen Fremdheit und Distanz greift Goethe auf die Tragödie des Euripides zurück. In der Konsequenz erscheint Iphigenie als zeitenthoben – sie ist Urform und zugleich deren Wiederholung in einem transformierten Kontext. Somit verweist das Drama auf den Prozess der Integration der Gegenwart und Kultur des Eigenen in eine neue Dialektik des Fremden.

Der dritte Teil des Bandes widmet sich dem Wandel des Verhältnisses von fremden und eigenen Bühnenfiguren im 19. Jahrhundert, der durchaus auch zeitgenössische Probleme reflektierte, etwa die prekäre Kohäsion des habsburgischen Vielvölkerreiches im aufkommenden Nationalismus, aber auch kulturübergreifende überzeitliche Konstanten dramatisierte. In drei Fallstudien untersuchen *Claudia Jeschke* und *Gabi Vettermann* das performative Potenzial fremder Helden im Tanztheater des 19. Jahrhunderts. Auf Grundlage von Inszenierungsnotaten wird analysiert, inwiefern Tänze genutzt werden, um Fremdes sowohl performativ als auch narrativ darzustellen. Vor allem Paarkonstellationen, in denen jeweils eine Figur geografisch und die andere morphologisch fremd ist, befördern transgressive Momente, indem im Tanz eine Spannung zwischen Tradition und (neuer) Freiheit aufgebaut wird. Im Gegensatz dazu stehen harmonisierende Stillstellungen, in denen die Protagonisten zusammenfinden und versöhnt werden. Das heroische Potenzial entfaltet sich in der Ereignishaftigkeit der Refiguration traditioneller Schlüsselsituationen, die von fremden Helden umgedeutet und fragmentiert werden können.

*Thomas Seedorf* leuchtet anhand von Giuseppe Verdis Oper *Alzira* (1845) die Möglichkeiten der Vertonung des Fremden aus. Der Oper als *theatre of voices* bieten sich zum Beispiel im Kastratengesang (und später im *contralto musico*) spezifische Möglichkeiten, Neues und Fremdes zu repräsentieren. Seedorf konstatiert, dass sich die stilistischen Mittel zur Charakterisierung des exotischen Inkaführers Zamoro, der als Held von Verdis Oper fungiert, nicht grundsätzlich von den Heldentenorpartien seiner früheren Opern absetzen. Allerdings stellt die kompositorische Behandlung seiner Stimme ein Novum dar. Diese Tenorstimme komponierte er für den Tenor Gaetano Fraschini, der Verdi als Paradigma des neuen dramatischen Tenortypus, dem *Tenore di forza*, galt.

*Mario Zanucchi* beleuchtet Medea als fremde Heldin in Franz Grillparzers Trilogie *Das goldene Vließ* (Uraufführung 1820). In ihr schwächt Grillparzer den Kindermord Medeas als rezeptionsgeschichtlich prominentestes Element ab und legt das Streben nach dem Besitz des goldenen Vlieses in den Mittelpunkt. Damit geht eine Dekonstruktion der ethnozentrischen Antithese von Hellenen und Barbaren und eine Humanisierung der Medea als Gegenentwurf zu Goethes Iphigenie einher. Jasons militärischer Heroismus wird dem Tugendheroismus der in Korinth als Barbarin ausgegrenzten Medea kontrastiv gegenübergestellt.

*Christian Krug* untersucht die fremden Helden des englischen Melodramas im frühen 19. Jahrhundert. Da dem Melodrama als ‚illegitimer' Dramenform selbst der Status eines Anderen zukam, bot es sich als Experimentierfeld für ein ‚Imaginäres' des Fremd-Heroischen förmlich an. Für William Barrymores Melodrama *El Hyder* (1818) weist Krug die Dynamik nach, mit der sowohl ‚eigene' als auch ‚fremde' Figuren heroisiert werden. Die heroische Energie zirkuliert und bricht sich in unterschiedlichen Figuren Bahn. So ist der Protagonist El Hyder, charismatischer Anführer der Inder im Kampf gegen die East India Company, lange zur Untätigkeit verurteilt, bevor er am Ende des Dramas als Held reaktiviert wird. William Diamonds Melodrama *The Aethiop, or, the Child of the Desert* (1812) führt die auratische Aufladung entpersonalisierter Macht vor. In ihm wird der machtvolle, omnipräsente Herrscherblick inszeniert, der die Allmacht des Kalifen Harun al-Rashid verdeutlicht.

Einen Ausblick auf die Theatralität des Fremden und Heroischen in der Gegenwart gibt schließlich der theaterpraktisch perspektivierte Essay von *Benjamin Van Tourhout*. Im Vordergrund steht seine Trilogie über die Borgias – spanische Fremde im Italien der Renaissance –, in der Van Tourhout dramatische und postdramatische Formen kombiniert, um eine Neubewertung der Borgias zu initiieren und identifikatorische und befremdende Wirkungen zu provozieren. Die Kombination von Fremdheit und Heroisierung erweist sich so auch als ein ethisches Instrument, welches das Publikum aktiviert.

# Tamburlaine: Christopher Marlowes fremder Held

*Ralf Hertel*

Er ist ein edler Wilder, „a noble savage", und „Herculean Hero" (Eugene M. Waith), zugleich aber auch ein „diabolical […] Atheist" (Robert Greene), „a machine […] that produces violence and death" (Stephen Greenblatt) oder gar eine Massenvernichtungswaffe, „a weapon of mass destruction", verantwortlich für das, was Richard Wilson einen „Marlovian holocaust" nennt.[1] Wie immer man ihn sehen mag: Christopher Marlowes Tamburlaine lässt, bis hin zu gegenwärtigen Interpreten, niemanden unberührt. In einer beispiellosen Gewaltorgie steigt dieser skythische Schäfer zum Herrscher über ganz Asien auf – da splittern Schädel, da werden Jungfrauen aufgespießt und besiegte Könige Pferden gleich vor Wagen gespannt und zu Tode geschunden. In ihrer Heterogenität weisen die Zitate Marlowes Tamburlaine als eine besonders schillernde Bühnenfigur aus, eine Figur, die gleichermaßen Abscheu und Bewunderung hervorruft, die fremd ist und doch fasziniert.

Im Folgenden möchte ich zeigen, dass es gerade das Schillernde ist, das Tamburlaine interessant macht – das, was das Publikum oszillieren lässt zwischen Furcht und Faszination. Und, trotz aller Grausamkeit, zu einem Helden; zu einem Helden, der spezifisch elisabethanische Ängste und Ambitionen reflektiert. Der Sonderforschungsbereich „Helden – Heroisierungen – Heroismen", in dessen Kontext die Beiträge zu dieser Publikation entstanden sind, hat sich erklärterweise zum Ziel gesetzt, Helden „als personale Verdichtungen gesellschaftlicher Wertordnungen und Normengefüge" zu untersuchen.[2] Ich denke, dass Marlowes Tamburlaine ein hervorragendes Beispiel für eine solche „personale Verdichtung" darstellt. Seine schillernde Widersprüchlichkeit entspricht – und verdichtet – jene des englischen Selbstverständnisses im späten 16. Jahrhundert, das zwischen imperialem Anspruch und Minderwertigkeitskomplex changiert.

---

1 Robert Greene wird zitiert in John Russell Brown (Hg.): *Marlowe: Tamburlaine the Great, Edward the Second and The Jew of Malta. A Casebook.* Houndmills [u.a.] 1994, 24. Stephen J. Greenblatt: Marlowe and Renaissance Self-Fashioning. In: John Russell Brown (Hg.): *Marlowe. Tamburlaine the Great, Edward the Second and The Jew of Malta. A Casebook.* Houndmills [u.a.] 1994, 207–229, hier 209. Eugene M. Waith: Marlowe's Herculean Hero. Nachgedruckt in John Russell Brown (Hg.): *Marlowe. Tamburlaine the Great, Edward the Second and The Jew of Malta. A Casebook.* Houndmills [u.a.] 1994, 87–112, hier 87, 89. Richard Wilson: Visible Bullets. Tamburlaine the Great and Ivan the Terrible. In: Richard Wilson (Hg.): *Christopher Marlowe.* Harlowe [u.a.] 1999, 120–139, hier 129.

2 Ralf von den Hoff [et al.]: Helden – Heroisierungen – Heroismen. Transformationen und Konjunkturen von der Antike bis zur Moderne. Konzeptionelle Ausgangspunkte des Sonderforschungsbereichs 948. In: *helden. heroes. héros.* 1: 1, 2013, 7–14, hier 8, DOI 10.6094/helden.heroes.heros/2013/01/03.

## *Der fremde Tamburlaine*

Tamburlaines Fremdheit ist offensichtlich. Als Skythe ist er Marlowes Publikum schon ethnisch und geografisch fern. Als Schäfer, der auf brutale Weise zum Herrscher über ganz Asien aufsteigt, stellt er zudem alle sozialen Hierarchien infrage – ein Aufstieg wie der seine musste selbst in einer Zeit wachsender sozialer Mobilität, wie sie die elisabethanische darstellt, die Vorstellungskraft sprengen. Schließlich ist der historische Tamburlaine – oder Tamerlan, oder Timur der Lahme – als Muslim Marlowes Publikum auch religiös fremd. Und wenn Marlowe ihn den Koran auf offener Bühne verbrennen lässt, dann ist das nicht Ausdruck einer Hinwendung zum Christentum, sondern vielmehr eine megalomane Herausforderung aller Gottheiten. Marlowe „[is] daring God out of heaven with that Atheist Tamburlaine“, wie schon Marlowes Zeitgenosse Robert Greene erkennt. In Tamburlaine, der neben sich keine höheren Mächte gelten lassen will, deutet sich ein Atheismus an, der Marlowes Publikum kaum weniger fremd gewesen sein mag als der Islam.[3] Vor allem aber ist es seine grundlose Grausamkeit, die Tamburlaine so fremd erscheinen lässt. Es scheint ihn ein Zorn, eine Wut zu treiben, die sich weder beschwichtigen noch erklären lässt. Selbst die Bitten seiner Frau (um die er gerade noch so eindringlich geworben hat), ihre Heimatstadt Damaskus zu verschonen, bleiben unerhört. Stattdessen statuiert er an Jungfrauen, die um Gnade für die Stadt flehen, ein Exempel und lässt sie an den Stadtmauern aufknüpfen.

Zutiefst verstörend ist Tamburlaine auch in seiner Anlage als Bühnenfigur. Marlowes Drama kennt nur eine Bewegung: den unaufhaltsamen Aufstieg des Protagonisten. Der militärische Anführer Theridamas, der persische König, der osmanische Herrscher Bajazeth, Callapine als Anführer einer panasiatischen Heerschar – immer mächtigere Gegner fordern Tamburlaine heraus, nur um von diesem als Fußschemel erniedrigt, in Käfigen ausgestellt oder als vor seinen Wagen gespannte und gestriegelte Sklaven zu Tode geschunden zu werden. Nichts kann Tamburlaine aufhalten, nichts seiner Brutalität und Hybris Einhalt gebieten. Dabei lehrt doch das elisabethanische Drama, dass jedem Aufstieg ein Fall folgt, dass das Rad der Fortuna sich beständig dreht. Selbst Shakespeares vielleicht gerissenster Schurke, Richard III., der in seinem unbedingten Machtwillen Tamburlaine durchaus ähnelt, kommt nach seinem blutigen Aufstieg doch zu Fall.

Allein für Tamburlaine scheint dieses Gesetz vom dem Aufstieg folgenden Fall nicht zu gelten. Warum sollte es auch? Warum sollte sich Tamburlaine, den keine Macht auf Erden und keine im Himmel halten kann, ausgerechnet den Gesetzen dramatischer Genres beugen? Und wenn Tamburlaine in der wegen des großen Erfolges nachgeschobenen Fortsetzung des Stücks doch noch den Tod findet, so irritiert selbst dieses Ende. Tamburlaine findet seinen Meister nicht in einer stärkeren oder gar christlichen Armee. Sein Tod lässt sich noch nicht einmal als göttliche

---

3 Zitiert in Brown: *Marlowe* (Anm. 1), 23.

Vergeltung deuten. Er folgt unmittelbar auf seine Verbrennung des Korans und seine Herausforderung Mohameds. Wie fremd aber muss einem elisabethanischen Publikum der Gedanke gewesen sein, allein ein islamischer Gott habe die Macht, Tamburlaine aufzuhalten? Kurz: Tamburlaine hätte Marlowes Publikum fremder nicht sein können. Soziale Ordnungen, den Glauben an Gott, fundamentale Regeln der Menschlichkeit – all das setzt Tamburlaine außer Kraft. Gerade darin scheint seine Bestimmung zu liegen: alles zu verneinen, an das sein Publikum glauben mag. Tamburlaine ist, mit den Worten Tobias Dörings, eine ikonoklastische Figur, die sich gerade durch die Auslöschung aller Werte und Normen definiert.[4]

## *Der fremde Tamburlaine?*

Und doch: Bei genauerer Betrachtung stellt man fest, dass Tamburlaine vielleicht doch nicht ganz so fremd ist, wie er auf den ersten Blick erscheint. Für Döring beispielsweise ist er nicht allein negativ konnotiert; in seiner Lesart wird Tamburlaine als proto-protestantischer Ikonoklast zu einem „Helden der Auslöschung", der seinem Publikum hilft, die „Gründungsgewalt [der] protestantischen Staatskirche" zu verarbeiten, „die Gewalt des Bildersturms, des vorsätzlichen Bruchs mit etablierten Formen, Ritualen und Gestaltungen des Heiligen im kulturellen Gedächtnis".[5] Andere, wie Leah S. Marcus, sehen in Tamburlaine eine betont männlich-kriegerische Figur, die zur Projektionsfläche einer frustrierten Elite wird, die unter der zögerlichen Königin Elisabeth kaum Möglichkeiten findet, sich militärisch auszuzeichnen. Marcus liest das Drama denn auch als ein Stück, das sich gegen eine spätelisabethanische „effeminacy" richtet und letzthin gegen Elisabeth selbst.[6]

In der Tat gibt es immer wieder Momente, in denen Tamburlaines Fremdheit in unerwartete Annäherung umschlägt. So überrascht seine Vision der Weltherrschaft dadurch, dass sie die Befreiung christlicher Gefangener aus osmanischen Galeeren prominent beinhaltet (I 3, 3, 44). Und wenn Marlowe mit Tamburlaine einen Muslim den Koran verbrennen lässt, dann lässt sich das möglicherweise auch verstehen als die Inszenierung der Hoffnung auf eine Eindämmung des gerade im 16. Jahrhundert als Bedrohung verstandenen Islam. „Now will the Christian miscreants be glad, | Ringing with joy their superstitious bells | And making bonfires for my overthrow" (I 3, 3, 236–238): Dem besiegten Türkenherrscher Ba-

4 Tobias Döring: Helden der Auslöschung: Zum Gedenken an Ikonoklasten. In: Achim Aurnhammer und Manfred Pfister (Hg.): *Heroen und Heroisierungen in der Renaissance* (Wolfenbütteler Abhandlungen zur Renaissanceforschung; 28). Wiesbaden 2013, 147–164, hier 156.

5 Ebd., 154.

6 Leah S. Marcus: Epilogue: Marlowe *in tempore belli*. In: Sara Munson Deats [et al.] (Hg.): *War and Words. Horror and Heroism in the Literature of Warfare*. Lanham, MD 2004, 295–316, hier 305.

jazeth legt Marlowe hier Worte in den Mund, die Tamburlaine nachgerade zum Retter des christlichen Europa stilisieren.[7]

Tamburlaine offenbart eine überraschende Nähe nicht nur allgemein zum christlichen Europa, sondern auch spezifischer zum elisabethanischen England. Insbesondere gibt es erstaunliche Überschneidungen zwischen Tamburlaines Expansionsdrang und den unter Elisabeth erwachenden imperialen Wunschvorstellungen.[8] So verspricht Tamburlaine etwa, das Mittelmeer von nordafrikanischen Piraten zu säubern. Dabei sind es eben jene „cruel pirates of Argiers" (I 3, 3, 55), die im Mittelmeer die größte Bedrohung für Englands Aufstieg darstellen. Außerdem vermisst das Drama genau jene Regionen, in welche die frisch gegründeten Levant Company und Muscovite Company streben. Balsera, Aleppo, Babylon – die Ziele von Tamburlaines Machtstreben sind jene Orte, die für Englands Aufstieg zur Weltmacht von größter Bedeutung sind. Mit anderen Worten: Tamburlaines geografische Ambitionen sind diejenigen Englands, und seine Eroberungen nehmen vorweg, wovon die Elisabethaner nur träumen können.

Schließlich führt Tamburlaine auch die Strategie vor, mit welcher der englische Aufstieg zu erreichen wäre, nämlich Emulation. Tamburlaine lernt schnell, insbesondere vom osmanischen Herrscher Bajazeth, dessen Epitheton als „Geißel Gottes" (I 3, 3, 44) er schnell für sich reklamiert. Der militärischen Schlacht gegen den Osmanen geht eine verbale voraus, die Tamburlaines Strategie der Emulation besonders eindrucksvoll vorführt. Adressiert Bajazeth zunächst seine Gefolgsleute, weil er Tamburlaine einer direkten Anrede für unwürdig erachtet, so tut es ihm Tamburlaine postwendend nach. Empört Bajazeth sich darüber, von Tamburlaine mit seinem Namen angesprochen zu werden („And dar'st thou bluntly call me Bajazeth?" [I 3, 3, 71]), so imitiert Tamburlaine ihn wortwörtlich („And dar'st thou bluntly call me Tamburlaine?" [I 3, 3, 74]). Schwört der Osmane beim Koran, Tamburlaine zu vernichten, so schwört Tamburlaine umgehend ebenfalls – allerdings auf sein eigenes Schwert, was bezeichnend ist für den „atheist Tamburlaine".

Möglicherweise war Marlowes Publikum Tamburlaines Strategie der Emulation des Osmanen gar nicht so fremd. Zeitgenössische Publikationen wie Richard Knolles' *Generall Historie of the Turkes* von 1603 zeigen, dass man das Osmanische Reich zwar als Bedrohung, zugleich aber auch als mögliches Vorbild ansah, genauer gesagt als Vorwegnahme jenes Imperiums, das England erst zu werden hoffte. Bereits der erste Satz von Knolles' Geschichte der Türken verrät diese ambiva-

---

7 Ich zitiere Marlowes Dramen *Tamburlaine the Great Part I* und *Tamburlaine the Great Part II* nach der Ausgabe von David Bevington und Eric Rasmussen (Oxford 1998).

8 Vgl. Emily C. Bartels: The Double Vision of the East. Imperialist Self-Construction in Marlowe's Tamburlaine, Part One. In: *Renaissance Drama* 23, 1992, 3–24. Siehe auch Ralf Hertel: Bragging Turks and Winning Words. Solo-Performances in Anglo-Ottoman Encounters – The Case of Christopher Marlowe's Tamburlaine the Great. In: Ute Berns (Hg.): *Solo-Performances. Staging the Early Modern Self in England.* Amsterdam [u.a.] 2010, 249–268. Der vorliegende Aufsatz baut in Teilen auf diesem Essay auf.

lente Perspektive auf die Osmanen, diese „double vision“, wie es Emily Bartels nennt. Das Osmanische Reich ist nach Knolles „the glorious Empire of the Turkes“, aber zugleich „the present terrour of the world“.[9]

Tamburlaines Emulation Bajazeths spiegelt diesen englischen Blick. So wie Tamburlaine auf den osmanischen Herrscher schaut, nimmt England das Osmanische Reich wahr: als einen Gegenspieler, der zwar in vielerlei Hinsicht sehr fremd erscheint, von dem sich aber möglicherweise auch lernen lässt. In der Darstellung des Aufstiegs Tamburlaines und seiner Unterwerfung des Osmanen suggeriert Marlowes Drama, dass diese Strategie der Emulation Erfolg hat. Genauer noch: Was es vom Osmanen zu imitieren gilt und zu lernen gibt, ist vor allem Rhetorik und Selbstdarstellung. In der Schlacht selbst entlarvt Tamburlaine den Osmanen dann schnell als pompösen Schwätzer, der seinen bombastischen Worten keine Taten folgen lassen kann: „Tush, Turks are full of brags | And menace more than they can well perform“ (I 3, 3, 3–4). Der pompöse, großspurige Osmane, dessen Macht nur Schein ist, ist jedoch ein Stereotyp, mit dem die Elisabethaner oftmals ihre eigene Unterlegenheit zu überdecken suchen. Anders gesagt: Marlowes Tamburlaine verifiziert eine elisabethanische Strategie der Selbstermächtigung.

So ist Tamburlaine nicht nur eine Figur des Anderen, nicht nur ‚Other‘, sondern auch ‚brother‘. Es mag deshalb kein Zufall sein, dass er bei Marlowe nicht sehr asiatisch oder fremd aussieht. Geradezu englisch erscheint er hier, wird beschrieben als „pale of complexion“ (I 2, 1, 19), mit dunkelblonden Locken und Fingern, die „snowy“ (I 2, 1, 27) erscheinen.[10] Auch das Titelblatt der gedruckten Ausgabe lässt diese überraschende Verwandtschaft erkennen (Abb. 1). Es zeigt uns einen Tamburlaine ganz ohne die geläufigen Insignien asiatischer Herkunft, wie wir sie bei Knolles finden (etwa den Turban, den Schnauzbart oder den Krummdolch). Vielmehr zeigt es einen lockigen, vollbärtigen Kämpfer in ritterlicher Rüstung, der wohl genauso gut ein Engländer sein könnte. Wie das Drama suggeriert die visuelle Darstellung, dass Tamburlaine den Elisabethanern, trotz seiner Fremdheit, ähnlich ist.

## *Tamburlaine der Held*

Aber auch wenn Tamburlaine den Elisabethanern ähnlich ist, so ist er doch nicht einfach ihr Spiegelbild – vielmehr ist er ein Wunschbild, so, wie sie gerne wären. Eine gewisse Distanz bleibt erhalten, die es Marlowe erlaubt, ihn als Projektions-

9 Bartels: The Double Vision of the East (Anm. 8), 3. Richard Knolles: *The Generall Historie of the Turkes, from the first beginning of that Nation to the rising of the Ottoman Familie: with all the notable expeditions of the Christian Princes against them*. London 1603, 1.

10 Mit Marcus: Epilogue (Anm. 6), 300, und anders als David Bevington und Eric Rasmussen, die „snowy“ als „sinewy“ emendieren, halte ich „snowy“, das sich in allen zeitgenössischen Ausgaben findet, nicht für einen Druckfehler. Angesichts der Tatsache, dass Marlowes Drama Tamburlaine in unterschwellige Nähe zu den Elisabethanern versetzt, scheint die ursprüngliche Formulierung durchaus passend.

Abb. 1: Tamburlaine (Ausschnitt aus Titelblatt), Holzschnitt. In: Christopher Marlowe: *Tamburlaine the Great.* London 1597, San Marino, CA, Huntington Library, 12954.

figur fungieren zu lassen – als heroische Projektionsfigur, als Held, der die Macht hat, aus englischen Wunschvorstellungen Wirklichkeit werden zu lassen. Indem er die realen Kräfteverhältnisse auf den Kopf stellt, kompensiert Tamburlaine einen spezifisch elisabethanischen Minderwertigkeitskomplex. In der Realität waren die Engländer den Osmanen weit unterlegen, und zwar auf militärischer, diplomatischer und ökonomischer Ebene. Das Osmanische Reich war vielfach größer als England und erstreckte sich über drei Kontinente; England dagegen war allein schon geografisch marginal. Wenn das Osmanische Reich auch als Modell für eigene imperiale Bestrebungen herhielt, so erinnerte der Vergleich die Engländer doch auch stets daran, wie weit sie selbst noch davon entfernt waren, eine solche Weltmacht zu sein.

Es gäbe viele Beispiele, die Unterlegenheit der Engländer zu demonstrieren. Schon Knolles' Titelillustration (Abb. 2) setzt sie ins Bild in der Anordnung der englischen und osmanischen Figur. Zum Verhältnis der beiden gäbe es viel zu sa-

Abb. 2: Laurence Johnson: Frontispiz. In: Richard Knolles: *The Generall Historie of the Turkes*. London 1603, San Marino, CA, Huntington Library, 32067.

gen, wie Richmond Barbour gezeigt hat.[11] Für unseren Zweck hier reicht vielleicht schon das Offensichtlichste. Zum einen wird hier die Ambivalenz der englischen Perspektive sichtbar: Einerseits kann der gebannte Engländer – links positioniert und erkennbar durch seine Rüstung, den Bart und vor allem das Kreuz des Heiligen Georg – den Blick nicht vom Osmanen lösen. Andererseits wendet er sich in seiner Körperhaltung doch vom Osmanen ab und legt die Hand ans Schwert. Ist der Osmane hier Freund oder Feind? Kann man ihm vertrauen oder muss man sich gegen ihn wappnen? Knolles' Engländer scheint es nicht recht zu wissen. Er blickt auf den Osmanen wie Marlowes Publikum auf Tamburlaine, mit einer Mischung aus Furcht und Faszination. Vor allem aber zeigt das Bild eindrücklich die englische Unterlegenheit, denn während der Engländer ganz auf den Osmanen fixiert ist, würdigt dieser den Engländer keines Blickes. England, so die Botschaft, ist dem Osmanen gänzlich egal; er nimmt dessen Existenz noch nicht einmal wahr.

Und in der Tat, während die Engländer – anti-türkischer Propaganda zum Trotz – hofften, im Osmanischen Reich einen mächtigen Verbündeten im Kampf gegen das katholische Europa zu finden, zeigte man dort wenig Interesse an den Engländern. Aufschlussreich ist hier ein Briefwechsel zwischen Königin Elisabeth und dem osmanischen Herrscher Murad III., in dem Elisabeth vorschlägt, Handelsbeziehungen aufzunehmen. Murads Antwort ist bezeichnend, wie schon der erste Satz – hier in gekürzter Form – erkennen lässt:

> We most sacred Musulmanlike Emperour, by the infinite and exceeding great power, by the everlasting and wonderful clemencie, and by the unspeakable helpe of the most mighty and most holy God, creator of all things, to be worshipped and feared with all purenesse of minde, and reverence of speech, The prince of these present times, the onely Monarch of this age, able to give scepters to the potentates of the whole world, the shadow of the divine mercy and grace, the distributer of many kingdoms, provinces, townes and cities, Prince, and most sacred Emperour of Mecca, that is to say, of Gods house, of Medina, of the most glorious and blessed Ierusalem, of the most fertile Egypt, Iemen and Iouan, Eden and Canaan, of Samos the peacable, and of Hebes, of Iabza, and Pazra, of Zeruzub and Halepia, of Caramaria and Diabekiruan, of Dulkadiria, of Babylon, and of all the three Arabias, of the Euzians and Georgians, of Cyprus the rich, and of the kingdomes of Asia, of Ozakior, of the tracts of the white and blacke Sea, of Grecia and Mesopotamia, of Africa and Goleta, of Alger, and of Tripolis in the West, of the most choise and principall Europe, of Buda and Temeswar, and of the kingdomes beyond the Alpes, and many others such like, most mightie Murad Can, the sonne of Emperor Zelim Can, which was the sonne of Zoleiman Can, which was the sonne of Zelim Can, which was the sonne of Paiizid Can, which was the sonne of Mehemed Can, &c. We most mightie prince Murad Can, in token of our Imperiall friendship, doe signifie and declare, that now of late Elizabeth Queene of England, France and Ireland [...] sent her letters [...]: therefore as wee have entred into amitie, and most holy league with the most excel-

[11] Siehe Richmond Barbour: *Before Orientalism. London's Theatre of „the East", 1576–1626* (Cambridge Studies in Renaissance Literature and Culture; 45). Cambridge [u.a.] 2003, 19–22.

> lent kings and princes our confederates, shewing their devotion, and obedience of services towards our stately Porch (as namely the French king, the Venetians, the king of Pollonia and others) so also we have contracted an inviolable amitie, peace and league with the aforesaid Queen.[12]

Im Grunde sagt Murad nicht viel mehr, als dass er Elisabeth gestattet, mit ihm Handel aufzunehmen. Aber natürlich sagt der Brief zugleich sehr viel mehr aus. Er ist nicht einfach eine Antwort, er ist eine Beleidigung, welche die Engländer von höchster Stelle aus schmerzlich an die eigene Unterlegenheit erinnert. Während Murads Macht im rhetorischen Reichtum und Überfluss, seiner *copia verborum*, geradezu hörbar wird, während die Aufzählung seiner Titel die besten geografischen Kenntnisse und den ausdauerndsten Atem überfordert, ist Elisabeths Titel peinlich kurz.

Vor diesem Hintergrund gewinnt Tamburlaine heroische Statur als jemand, der selbst *diesen* Türken noch bezwingt. Werden die Engländer von den Osmanen gedemütigt, so demütigt Tamburlaine den Osmanen selbst. Er zeigt, dass selbst der Türke, „the terror of the world“ (I 3, 3, 44), terrorisiert werden kann. Anders als im Briefwechsel zwischen Elisabeth und Murad hat der Türke bei Marlowe bald nichts mehr zu sagen.[13] In einer Epoche, in der englische Ambitionen immer wieder frustriert werden – erste Kolonien in der Neuen Welt scheitern, vom lukrativen Handel in Asien bleiben die Engländer ausgeschlossen, religiös und diplomatisch sind sie weitgehend isoliert – präsentiert Marlowe seinem englischen Publikum eine Figur, welcher der Aufstieg zur Weltmacht gelingt. Tamburlaine wird so zur Projektionsfläche für Machtfantasien, die einen spezifisch spät-elisabethanischen Minderwertigkeitskomplex überdecken. Er wird bei Marlowe zu jener starken Figur, welche die Engländer wohl gerne selbst abgeben würden.

Vor diesem Hintergrund ist es weniger verwunderlich, dass Tamburlaine, diese auf den ersten Blick so barbarische Figur, heroische Qualitäten gewinnt. Immer wieder wird er in heroische Nachbarschaft gerückt, in Anspielungen etwa auf griechische Sagen und deren Helden. So wurde Tamburlaine wiederholt als Herkulesfigur gelesen.[14] Und Marlowe stattet seinen Protagonisten mit eben jenen Qualitäten aus, die gemeinhin dem Helden zugeschrieben werden: etwa übermenschliche Größe (in seiner Überwindung mächtigster Herrscher und seiner Herausforderung Gottes) und die Bereitschaft zur Selbstaufgabe (die er in jeder neuen Schlacht be-

12 Richard Haklyut: *Principal Navigations, Voyages, Traffiques and Discoveries of the English Nation, made by Sea or overland, to the remote and farthest distant quarters of the Earth, at any time within the compasse of these 1600 yeres*, Bd. 5. London 1599, 143.

13 Marlowes Drama ist dabei anachronistisch und bedient ein überkommenes Türkenklischee, das der Realpolitik Elisabeths zunehmend weniger entspricht, sucht man doch in den 1580er Jahren die Annäherung an das Osmanische Reich. Siehe Matthew Dimmock: *New Turkes. Dramatizing Islam and the Ottomans in Early Modern England.* Farnham [u.a.] 2005.

14 Eugene Waith: *The Herculean Hero in Marlowe, Chapman, Shakespeare, and Dryden.* New York und London 1967. Milena Kostic: Herculean Ambivalence in Marlowe's Tamburlaine the Great. In: *Philologia* 8, 2010, 71–76.

weist). Er bedient zudem die Rolle des Retters (des christlichen Abendlands vor den Türken), und es widerfährt ihm eine nachgerade kultische Verehrung (durch Gefolgsleute, die seine Worte wie die eines Heiligen echogleich wiederholen).[15]

Bei Marlowe wird Tamburlaine zu einem Heros, einem „earthly god" (II 1, 3, 138) oder Halbgott, zu einem, „for whom the powers divine have made the world" (I 5, 1, 76). Er changiert hier zwischen Mensch und Gottheit und wird beschrieben als „man, or rather god of war" (I 5, 1, 1). Und wenn – wie etwa der Freiburger Sonderforschungsbereich betont – Heldentum nur in seiner Aufführung existiert, vor Publikum, dann wird das bei Marlowe besonders augenfällig.[16] Tamburlaines Macht ist eine der Aufführung, und schon sein erster Erfolg führt das eindringlich vor Augen. Tamburlaine, Herr nur über eine kleine Räuberbande, lässt erbeutetes Gold auslegen, auf dass es in der Sonne prächtig glänze, und zieht durch seine optische und verbale Selbstinszenierung, seine „working words" (I 2, 3, 25), den militärisch weit überlegenen Theridamas auf seine Seite. Marlowes Tamburlaine ist, mit Greenblatt, ein Held des *self-fashioning*, einer, der sich essenzialistischen Zuschreibungen verweigert, sich nicht durch seine Geburt definieren lässt, sondern sich vielmehr selbst radikal neu entwirft.[17] Das macht ihn modern und – trotz aller Grausamkeiten – faszinierend. Und schließlich macht Marlowe aus Tamburlaine, der für die Engländer bis dahin vor allem in Geschichtsbüchern existierte, eine Bühnenfigur. Das Theater aber ist das ideale Medium, um den performativen Charakter des Helden vorzuführen, um dessen mitreißende Wirkung das Publikum am eigenen Leibe spüren zu lassen. So wie Tamburlaines Gegner und seine Gefolgsleute mag auch das Publikum im Theater von Tamburlaines machtvollem Charisma, seinem Charisma der Macht, geblendet werden. So wird aus Tamburlaine nicht nur ein Held, sondern ein sehr elisabethanischer Held.

## *Tamburlaine der fremde Held*

Und doch fehlt Tamburlaine *eine* Qualität des Helden: Es fällt schwer, sich mit ihm zu identifizieren. Er bleibt, trotz allem, ein fremder Held. Natürlich ist eine gewisse Fremdheit konstitutives Element des Helden an sich; wäre er wie wir, könnte er überhaupt ein Held sein? „Größe ist, was *wir nicht* sind", heißt es bei

---

15 Zu heroischen Qualitäten siehe Achim Aurnhammer und Manfred Pfister: Vorwort. In: Achim Aurnhammer und Manfred Pfister (Hg.): *Heroen und Heroisierungen in der Renaissance* (Wolfenbütteler Abhandlungen zur Renaissanceforschung; 28). Wiesbaden 2013, 7–12, hier 11. Siehe auch von den Hoff: Helden – Heroisierungen – Heroismen (Anm. 2), 8, und Ronald G. Asch: The Hero in the Early Modern Period and Beyond: An Elusive Cultural Construct and an Indispensable Focus of Social Identity? In: *helden. heroes. héros.* Special Issue 1, 2014, 5–14, hier 6, DOI 10.6094/helden.heroes.heros./2014/QM/02. Für die Echostruktur als Mittel der Verehrung siehe Hertel: Bragging Turks and Winning Words (Anm. 8), 256–258.

16 von den Hoff: Helden – Heroisierungen – Heroismen (Anm. 2), 11.

17 Greenblatt: Marlowe and Renaissance Self-Fashioning (Anm. 1), 207–229.

Jakob Burckhardt.[18] Vom Helden wird verlangt, dass er sich über das Gewöhnliche hinwegsetzt.[19]

Gilt das für alle Helden, so sind die Fremdheit und die Lust an der Transgression in Marlowes Tamburlaine jedoch bis ins Extreme gesteigert. Sie scheinen nachgerade seinen Wesenskern auszumachen. Tamburlaine ist damit typisch für Marlowes Protagonisten, denen oft eine unüberbrückbare Fremdheit eignet, eine Fremdheit, die sie unterscheidet etwa von Shakespeares Helden. Diese mögen uns fremd sein durch ihre historische Distanz, ihren sozialen Status, ihre geografische Verankerung oder ihren kühlen Machiavellismus. Und doch: Shakespeares Helden bleiben zugänglich.[20] Wenn Lear als eitler Alter aus blöder Selbstverliebtheit seine Töchter zu einem Wettstreit der Liebe antreten lässt oder Heinrich V., allem heroischen Gebaren zum Trotz, von Selbstzweifeln geplagt wird, aus denen er sich nur rhetorisch befreien kann; wenn sich in Othello fatale Leidenschaft Bahn bricht, dann können wir mitfühlen. Solche Momente, in denen Helden menschliche Züge zeigen, finden sich bei Marlowe selten. Sein Jude Barabas bleibt – anders als Shakespeares Shylock – bei allem Unrecht, das ihm widerfährt, durch und durch unsympathisch und böse. Auch Faustus in seinem blinden Hochmut bleibt fremd. Anders als Shakespeares Helden sehen wir sie von außen – wir schauen auf sie, nicht in sie hinein oder gar mit ihren Augen.[21]

Für Tamburlaine gilt das in besonderem Maße. Auch wenn seine ikonoklastische Gewalt protestantische Fantasien bedienen mag, auch wenn sein aggressives Auftreten bei der unter weiblicher Regentschaft frustrierten Elite auf fruchtbaren Boden fallen mag, auch wenn seine imperialen Eroberungen englische Ambitionen einzulösen versprechen – letztlich bleibt Tamburlaine doch fremd. Wir verstehen ihn nicht, und Marlowe unternimmt keinen Versuch, ihn verstehbar zu machen. Selbst wenn Tamburlaine agiert, wie es die Elisabethaner vielleicht gerne täten – er ist letztlich nicht wie sie. Er ist, vielleicht sogar im Sinne Freuds, unheimlich; in ihm wird Vertrautes, werden eigene Ambitionen, fremd, verfremdet.[22] Diese Ambivalenz ist zentral für Tamburlaine. Mag er auch englischen Wunschvorstellungen entspringen, so bleibt er doch charakterisiert durch eine Fremdheit, die weit über jene hinausgeht, die für Helden konstitutiv ist.

Wozu aber diese übersteigerte Distanz? Ich denke, sie verweist auf zweierlei. Zum einen kann nur ein fremder Tamburlaine als Figur fungieren, die eigene englische Ambitionen zu heroisieren vermag. Das Selbst taugt bekanntlich nicht zum Helden, und wenn Marlowe daran gelegen ist, englische imperiale Ambitionen heroisch zu überhöhen, dann benötigt er die Figur eines Anderen wie jene Tambur-

18 Zitiert in Manfred Pfister: Zur Einführung: Heldenfigurationen der Renaissance. In: Achim Aurnhammer und Manfred Pfister (Hg.): *Heroen und Heroisierungen in der Renaissance* (Wolfenbütteler Abhandlungen zur Renaissanceforschung; 28). Wiesbaden 2013, 13–26, hier 14.

19 Asch: The Hero in the Early Modern Period and Beyond (Anm. 15), 6.

20 Siehe auch Stevie Simkin: *Marlowe. The Plays.* Houndmills [u.a.] 2001, 48.

21 Ebd., 48–49.

22 Sigmund Freud: *Das Unheimliche. Aufsätze zur Literatur.* Hamburg 1963.

laines. Zum anderen *verkörpert* Tamburlaine nicht alleine Machtfantasien, er *schützt* das Publikum zugleich vor ihnen. Die Fremdheit von Marlowes Protagonisten bewahrt das Publikum davor, die Grausamkeit akzeptieren zu müssen, die mit imperialen Ambitionen einhergeht. Indem Marlowe Tamburlaine als *fremden* Helden entwirft, ermöglicht er seinem Publikum, sich von den Kosten solcher Großmachtfantasien – der Grausamkeit gegen andere, der Gewalt als Mittel des Aufstiegs, dem Umstürzlerischen, dem Größenwahn – zu distanzieren: So wie Tamburlaine sind wir eben nicht.

So ist die Ambivalenz Tamburlaines diejenige elisabethanischer Ambitionen: Er fungiert zugleich als Verkörperung englischer Träume vom Empire und als Objekt eines Exorzismus, in dem die emotionalen, humanen und sozialen Kosten dieses Strebens ausgetrieben werden, indem sie auf diese Figur radikaler Fremdheit projiziert werden. Es ist kein Zufall, dass Marlowe Tamburlaine nach heroischem Muster entwirft: Für diese doppelte Dynamik der Selbstkonstruktion zwischen Teilhabe und Negierung eignet sich so gut wie keine zweite die Figur des fremden Helden.

## *Abbildungsnachweise*

Abb. 1 und 2: © Huntington Library, San Marino.

# Wie fremd müssen Helden sein? Überlegungen zu Othello

*Tobias Döring*

## 1.

Vor fünfzig Jahren erschien bei Oxford University Press ein Buch mit dem Titel *Othello's Countrymen*, eine auch in neuerer Forschungsliteratur noch gelegentlich zitierte Pionierstudie,[1] die sich mit *The African in English Renaissance Drama*, so der Untertitel, auseinandersetzt. Ihr Pionierstatus gründet nicht so sehr in ihrem Gegenstand; zu diesem Thema war auch zuvor schon einiges erschienen. Vielmehr gründet er in der Person des Autors, Eldred Durosimi Jones, prominenter Literaturwissenschaftler des postkolonialen Afrika, mit dem hier erstmals ein Afrikaner zur Figur der Afrikaner im englischen Renaissancetheater, für die Othello prototypisch einsteht, Stellung nahm. Jones, Jahrgang 1925, war aus Sierra Leone, lehrte dort als Professor am Foray Bay College der University of Sierra Leone, war einige Jahre auch deren Rektor und lange einer der führenden Köpfe der literarischen wie kulturpolitischen Szene jener großen Aufbruchszeit.[2] Das mag seiner Sicht auf Shakespeares Bühnenafrikaner in den Augen mancher Leser besondere Bedeutung, vielleicht sogar authentische Kennerschaft verliehen haben, obwohl sie gerade nicht auf Typisches hinausläuft: „in the end", erklärt Jones, „Othello emerges, not as another manifestation of a type, but as a distinct individual who typified by his fall […] the weaknesses of human nature".[3]

Bei so viel Augenmerk aufs Individuelle wie auf das Menschlich-Allzumenschliche, das Othello offenbar verkörpert, wird allerdings die Frage interessant, auf welches Kollektiv der Titel von Jones' Studie letztlich zielt: *Othello's Countrymen* bezeichnet eine Landsmannschaft, deren Bestimmung alles andere als trivial ist. Zunächst meint er wohl den Gegenstand der Untersuchung, also die Gesamtheit der Schwarzen auf der Shakespeare-Bühne, darunter Aaron in *Titus Andronicus*, den Prinzen von Marokko in *The Merchant of Venice* und einige weitere, die alle offenbar als ‚Landsleute' Othellos gelten sollen. Wenn diese aber nun erstmals von einem Afrikaner in einer gelehrten Abhandlung erforscht werden, weitet sich die Referenz des Titels und weist auch auf den Autor selbst, der ebenfalls zum so markierten

1 Siehe zum Beispiel Virginia Mason Vaughan: *Othello. A Contextual History*. Cambridge 1994, 60, 64.

2 Die Angaben folgen Werner Arens [et al.] (Hg.): *Grundlagen zur Literatur in englischer Sprache*, Bd. 5: Dieter Riemenschneider (Hg.): *Grundlagen zur Literatur in englischer Sprache: West- und Ostafrika*. München 1983, 114.

3 Eldred Durosimi Jones: *Othello's Countrymen. The African in English Renaissance Drama*. Oxford 1965, 87.

Kollektiv gehören mag. Denn als *Moor of Venice* könnte Shakespeares Othello ein Modell bilden, um aktuelle Spannungen von Zugehörigkeiten auszuhandeln und zugleich Ansprüche auf Teilhabe an solcherlei Verhandlungen zu reklamieren. Als Othellos *countrymen* fordern Jones und Seinesgleichen mittels Shakespeares schwarzer Bühnenmaske vielleicht Anerkennung für die eigene Diskursposition; auch in der Shakespeare-Forschung und auch bei Oxford University Press ist künftig mit ihnen zu rechnen.

Das Beispiel jedenfalls macht Schule. Fünf Jahre nach Jones veröffentlicht John Pepper Clark, sein nigerianischer Kollege von der University of Lagos, Jahrgang 1935, bei Longman *The Example of Shakespeare*, eine Studie, in der Othello ebenfalls eine Schlüsselrolle spielt. Allerdings geht es hier nicht um das Renaissancetheater, sondern um aktuelle afrikanische Literatur und die Frage, wie diese sich artikulieren solle, das heißt, ob sie in der Sprache der ehemaligen Kolonisatoren wie Englisch oder besser in einer indigenen Sprache wie Yoruba abzufassen sei. Als Maßgabe für diese Grundsatzdebatte empfiehlt Clark, durchaus überraschend, Shakespeare nachzueifern, „the man everybody calls master",[4] denn auch dieser habe seinen künstlerischen Sprachgebrauch an kulturelle Fremdheit angepasst: Wenn er außereuropäische Figuren auf die Bühne bringe, sprechen diese zwar durchgehend Englisch, allerdings in einer Weise, die ihre fremde Position berücksichtige und ihren kulturellen Eigenwert durch Bildersprache und Vergleiche deutlich mache. Diese Strategie sei zeitgenössischen postkolonialen Autoren Afrikas anzuraten: ins Medium des Englischen kulturelle Differenzen einzuschreiben. Vorbildlich dafür sei allerdings nicht Shakespeares *Moor*, sondern Shakespeares wilder Sklave aus *The Tempest*, also Caliban, weil dieser am nachhaltigsten durch verbale Eigenheiten kenntlich werde. Othello dagegen übernehme die Diktion der Herrschaft und sei kein brauchbares Modell, denn er repräsentiere eher „displaced persons, transplanted to a strange terrain in the manner of the American Negro".[5] Seinen ‚Landsleuten' in Afrika – um Jones' Formulierung aufzugreifen – gilt er daher als Kontrastbeispiel.

Diese Othello-Konzeption wird dominant. Als Inbegriff des Angepassten, Konvertierten, seiner Herkunft wie Kultur Entfremdeten figuriert Othello immer wieder in der Literatur jener Zeit – beispielsweise in *Season of Migration to the North* (1966), Tayeb Salihs sudanesischem Migrationsroman, der seit seiner englischen Übersetzung von 1969 zu einem postkolonialen Klassiker geworden ist, oder in *Water With Berries* (1971), George Lammings Diasporaroman über schwarze Künstler in England, der sich gleichermaßen kritisch wie emphatisch mit dem Shakespeare-Erbe auseinandersetzt, oder auch in Charles Marowitz' amerikanischer Bühnenadaption *An Othello* (1972), in der Iago als Black Power-Aktivist einem assimilierten ‚Hausneger' schwarzes Bewusstsein einflößen will.[6] Immer wieder

4 John Pepper Clark: *The Example of Shakespeare*. London 1970, x.

5 Ebd., 7.

6 Tayeb Salih: *Season of Migration to the North*, übers. von Denys Johnson-Davies. Harmondsworth 2003. George Lamming: *Water with Berries*. London 1971. Zur Bühnenadaptation

dient Othello solcherart als Figur der Aus- und Abgrenzung zur Selbstpositionierung gegenüber den politischen Entscheidungen, für die sie steht oder jedenfalls in Anspruch genommen wird. Ein Held ist Othello diesen schwarzen Lesern deshalb gewiss nicht, auch kein Negativheld oder Schurke, eher eine Verlegenheit: Gerade wenn und weil sie sich mit Shakespeare als Inbegriff des Kolonialen und Kanonischen einlassen, mag ihnen wohl Shakespeares Bühnenfigur solcher Einlassungen und deren tragische Geschichte besonders beziehungsreich wie kritisch scheinen. In dem Maße zumindest, wie Othello einem *country* zugerechnet wird, gerät er seinen *countrymen* offenkundig zum Problem.

Das führt folgerichtig zur Frage, die dieser Beitrag an *Othello* stellen und erörtern will: Wie fremd müssen Helden sein? Wenn der Titel des vorliegenden Sammelbandes einlädt, über den Zusammenhang von Heldentum und Fremdheit nachzudenken, könnte damit, so die Leitthese, eine prinzipiell notwendige Verbindung angesprochen sein – und zwar nicht etwa, weil Helden *uns*, die wir zur „postheroischen" Gesellschaft im Sinne Herfried Münklers zählen,[7] ziemlich fremd geworden sind, sondern weil womöglich das Heroische *konstitutiv* an Alterität gebunden ist. Das jedenfalls scheint ein Kennzeichnen, vielleicht sogar ein Nenner, der diversen Überlegungen zur Konzeption von Heldentum zu sein, wie sie sich in den Grundsatzbetrachtungen des Freiburger Sonderforschungsbereichs finden:[8] Stets geht es darum, Heldenstatus zwischen Exemplarischem und schlechthin Außerordentlichem zu begreifen, eine prekäre, wenn nicht paradoxe Konfiguration, in der dem Fremden eine Schlüsselfunktion zukommt.

Heldentum verlangt ein Narrativ, denn nur durch „literarische Verdoppelung", so Münkler,[9] lässt sich aus dem Gewalttäter ein Held machen. Dazu ist weiterhin ein Kollektiv erforderlich, das ihn durch Strategien des Imaginierens und Erinnerns formt und dabei auf spezifische Bedürfnislagen antwortet. Ohne diese funktionale Relation zwischen der herausgehobenen Figur und der Bezugsgruppe, die sich von ihr erzählt, fehlt Helden nicht nur Relevanz, sondern mutmaßlich jede Existenz. Doch in der narrativen Ausgestaltung der Beziehung zeigt sich der erwähnte Widerspruch: Einerseits will sich das Verehrerkollektiv in seinen Helden wiederfinden und -erkennen, andererseits verlangt es von ihnen Exzeptionalität. In Heldenerzählungen figuriert Vertrautes daher stets in unauflöslicher Verschränkung mit dem Fremden, da sie ein Dispositiv des Alltagstauglichen, Ordnungs-

durch Marowitz siehe Lois Potter: *Othello* (Shakespeare in Performance). Manchester 2002, 171.

7 Herfried Münkler: Heroische und Postheroische Gesellschaften. In: *Merkur* 61: 7, 2007, 742–752.

8 Ralf von den Hoff [et al.]: Helden – Heroisierungen – Heroismen. Transformationen und Konjunkturen von der Antiken bis zur Moderne. Konzeptionelle Ausgangspunkte des Sonderforschungsbereichs 948. In: *helden. heroes. héros.* 1: 1, 2013, 7–14, DOI 10.6094/helden.heroes.heros/2013/01/03.

9 Münkler: Heroische und postheroische Gesellschaften (Anm. 7), 743.

und Modellhaften mit einem Dispositiv des Außerordentlichen, Transgressiven kontern oder kreuzen müssen. Diese Spannung ist im Übrigen auch konstitutiv für Max Webers Konzept des Charismatikers, der von der Akklamation einer Gruppe in gleicher Weise abhängt wie die Gefolgsleute von seiner Führerschaft;[10] dafür erscheint das Nichtvermittelbare, Nichtfassbare seiner Fremdheit geradezu als Bedingung und muss sich doch, um Bestand zu haben, einer „Veralltäglichung“, so Weber, in herkömmliche Machtformen beugen.

Solchen Wechselverhältnissen in der Konfiguration des Heroischen will ich im Weiteren anhand jenes Tragödienhelden nachgehen, dessen irritierende Fremdheit sein Epitheton *the Moor of Venice* bereits vielsagend ausweist: ein Genitiv, der zwischen Exklusion und Exklusivität bis hin zu Zugehörigkeit und Projektion ein ganzes Spektrum möglicher Lesarten eröffnet. Wie also steht Othello in und zu Shakespeares Venedig und wie Venedig zu ihm? Was erzählt Venedig sich von ihm, und was erzählt er selbst? Welche Wirkung und Funktion haben solche unterschiedlichen Erzählungen im Theater? Und als was für einen Helden weisen sie Othello letztlich aus?

Shakespeare meidet das Wort *hero* im Gesamtwerk geradezu[11] und zeigt doch immer wieder, wie es als Konzept mitspielt – nicht zuletzt, wenn er seinen Othello, wie Manfred Pfister schreibt,[12] als strahlenden „Kriegsheld in venezianischen Diensten“ antreten, als „Liebesheld“ aber furchtbar scheitern lässt. Die folgenden Bemerkungen dazu richten sich auf wenige Aspekte im Dramentext und die komplexen Interaktionen, die er entwirft, bevor sie zum Schluss noch einmal kurz auf die Rezeptions- und Bühnengeschichte zurückkommen. Die Diskussion geht aus von dem Befund, dass dieses Stück sein Heldeninteresse bezeichnenderweise fast vollständig in narrative Vermittlung, kaum je in mimetische Darstellung umsetzt – und zwar ausdrücklich auch, was Othellos eigentlich prägende Rolle als strahlender Kriegsheld angeht. Damit, so die zentrale Diskussionslinie, erweist Shakespeares Theater sich als dramatische Heldenverwertungsanstalt, um Strategien der Heroisierung und Deheroisierung ebenso durchzuspielen wie auch kritisch zu befragen.

10 Siehe dazu Eva Horn: Introduction. In: *New German Critique* 38: 3 (Themenheft: *Narrating Charisma*), 2011, 1–16.

11 So Manfred Pfister: Zur Einführung. Helden-Figurationen in der Renaissance. In: Achim Aurnhammer und Manfred Pfister (Hg.): *Heroen und Heroisierungen in der Renaissance* (Wolfenbütteler Abhandlungen zur Renaissanceforschung; 28). Wiesbaden 2013, 13–26, hier 23.

12 Ebd., 25.

## 2.

Zum Ende mündet die Tragödie ins Erzählen; die letzten beiden Verse lauten:

> Myself will straight aboard, and to the state
> This heavy act with heavy heart relate. (V 2, 370–371)[13]

So der Senatsvertreter Lodovico, Repräsentant des venezianischen Gemeinwesens, der auf dem Außenposten Zypern die schrecklichen Ereignisse, die dort vorgefallen sind, besichtigt. Jetzt ist das Blut vergossen, die Leichenschau beendet und der Gefangene zur peinlichen Befragung abgeführt, da kündigt dieser Venezianer an, dass er sich einschiffen und zu Hause ‚dem Staat' Bericht erstatten will. Zum Ende also geht, was wir im Verlauf des Stücks gesehen haben, in eine narrative Ordnung über und kann auch erst in dieser Form, weil jegliches Geschehen transitorisch ist, ins kulturelle Gedächtnis eingehen. Das ist ein charakteristischer und oft erprobter Übergang (auch *Hamlet* endet ja mit einer solchen Geste: „All this can I | Truly deliver" erklärt Horatio [V 2, 369–370][14]), wenn eine Handlung endet und eine Erzählung beginnt, wenn auf Aktion also Reflexions- und Relationsakte folgen. Es ist zugleich der Punkt, an dem alle Heldenkonstruktion ansetzt; „soziale Verbände sind nur dann heroisch", lesen wir bei Münkler, „wenn sie über eine das Heroische reflektierende Literatur verfügen – zumindest wenn es umherziehende Sänger gibt, die mündlich tradieren, was die Helden geleistet haben".[15] Diese Rolle nimmt zum Ende von *Othello* Lodovico wahr. Seine Ankündigung, die Segel zu setzen, um seine Botschaft zu überbringen, verweist auf den Beginn klassischer Ependichtung mit ihrer topischen Verbindung von Segeln und Singen;[16] seine Formulierung „to the state | This heavy act […] relate" bezeugt zudem, dass es darum geht, eine Beziehung zu stiften zwischen dem ‚Akt' und dem ‚Staat', dessen Normen und Gesetze dem Vorgefallenen Bedeutung zuweisen; erst ein solcher Deutungsrahmen lässt Kontingentes zur Geschichte werden und sich potenziell um die Figuren als deren Schurken oder Helden ordnen.

Lodovico nimmt dabei zugleich die Worte und den letzten Willen Othellos auf, der in seiner Abschiedsrede[17] genau diese Stichworte („state", „deeds", „relate" [V 2, 338, 340]) gegeben, Lodovico also ausdrücklich zu seinem Berichterstatter ernannt und sehr genaue Anweisung erteilt hat, wie von ihm und seinen schrecklichen Verfehlungen zu sprechen sei, als wolle er sein postumes Gedenken auf die-

---

13 Alle Zitate aus dem Stück werden durch Angabe von Akt-, Szene- und Verszahl in Klammern nachgewiesen, gemäß folgender Ausgabe: William Shakespeare: *Othello*. The Oxford Shakespeare, hg. von Michael Neill. Oxford 2006.

14 William Shakespeare: *Hamlet*. The Arden Shakespeare, hg. von Ann Thompson und Neil Taylor. London 2006.

15 Münkler: Heroische und postheroische Gesellschaften (Anm. 7), 743.

16 Siehe Ernst Robert Curtius: *Europäische Literatur und lateinisches Mittelalter*. Tübingen und Basel [11]1993, 138.

17 Sie wird im vorliegenden Beitrag zum Ende des dritten Abschnitts vollständig zitiert.

se Weise selbst bestimmen. Was hätte Lodovico denn auch seinerseits zu sagen? Was, abgesehen von dem „heavy heart", das er hervorhebt, qualifiziert ihn eigentlich für diese Rolle als Vermächtnissprecher? Anders als Horatio, immerhin ein Intimus der Titelfigur und in vielen Szenen der *Hamlet*-Tragödie präsent, tritt Lodovico überhaupt erst im IV. Akt in Erscheinung und bleibt für die gesamte Handlung randständig. Was weiß er daher überhaupt von den Ereignissen auf Zypern und von den schrecklichen Verstrickungen, in die Othello dort geraten ist?

Eine solche Frage aufzuwerfen, heißt, nach dem Verhältnis des Titelhelden zu dem Kollektiv, das ihn bestimmt, zu fragen sowie grundsätzlich nach dem Konzept von Heldentum, das hier entwickelt wird. Zweimal zuvor ist Lodovico aufgetreten, zu Beginn des IV. und des V. Akts, und beide Male wird er Augenzeuge schier unglaublicher Gewaltausbrüche unter den Funktionseliten der venezianischen Armee, verstörende Beobachtungen, die seinen Auftrag als Senatsberichterstatter geradezu gefährden:

> [...] this would not be believed in Venice,
> Though I should swear I saw't. (IV 1, 233–234)

So stellt er fest, als er mit ansehen muss, wie Othello, immerhin Oberbefehlshaber der Streitkräfte, öffentlich seine Frau schlägt. Lodovico hat ihm eben den Brief des Senats überbracht, der ihn von diesem Amt entbindet, und muss jetzt feststellen, dass es dazu allerhöchste Zeit ist:

> Is this the noble Moor, whom our full Senate
> Call all in all sufficient? (IV 1, 256–257)

Das Gemeinwesen erkennt nicht mehr, wem es sein Schicksal in die Hände legte, und sein Sprecher weiß zum Schluss nicht mehr, wie er von diesem destruierten, deheroisierten Helden sprechen soll:

> O thou, Othello, that was once so good, [...]
> What shall be said to thee? (V 2, 289–291)

Othellos Antwort ist bezeichnend für das in Rede stehende Problem:

> Why anything –
> An honourable murderer, if you will (V 2, 291–292)

Die Rede vom ‚ehrenwerten Mörder', die hier als Nachrufformel angeboten wird, folgt der rhetorischen Verlegenheit, dass offenkundig Widersprüchliches zusammengebracht werden soll – einerseits Ehre, die Reputationswährung des Heroischen, andererseits Mord, die Normverletzung des Verbrecherischen. Das daraus resultierende Oxymoron allerdings folgt einer ganzen Reihe analoger Formeln, alle gleichermaßen befremdlich, mit denen uns das Stück gleichwohl vertraut macht: „an honourable murderer" ist kaum etwas anderes als das „civil monster", von dem Iago zuvor spricht (IV 1, 60), oder auch als Lodovicos „noble Moor" (IV 1, 256) beziehungsweise überhaupt *the Moor of Venice*, als der Othello ja gemeinhin gilt: eine Aufschichtung oder Verkettung von Oxymora, mit denen die Titelfigur durchweg belegt wird, um die Spannung, die sich in ihr verkörpert, rhetorisch zu markieren.

Die für das Thema dieses Bandes relevante Frage ist, ob die Formel ‚Fremde Helden' ebenfalls ein solches Oxymoron bildet oder ob sie, wie im Weiteren argumentiert, nicht vielmehr ein Pleonasmus ist beziehungsweise eine analytische Aussage, die lediglich den beiden Begriffen offensichtlich Inhärentes darlegt. Diese Ansicht soll nun mit Blick auf den Stückanfang, dessen Handlungselemente Shakespeare nicht seinen Quellen entnommen, sondern weithin selbst erfunden hat, begründet werden. Wenn nämlich der Stückverlauf und insbesondere der mörderische Schluss den Vorgang einer Deheroisierung zeigt, dann ist der I. Akt nicht zuletzt deshalb so bemerkenswert, weil er eine reichlich unwahrscheinliche Heroisierung vorführt, und zwar explizit und ausschließlich durch Mittel des Erzählens. In diesem Zuge wird das Narrative, also das dem Drama eigentlich generisch Fremde, zugleich genutzt, so meine These, um Fremdheit als notwendige Bedingung für Heldentum zu etablieren.

## 3.

Was für Shakespeares Publikum ein *Moor* war, ist notorisch unbestimmt und unbestimmbar.[18] Der Gebrauch des oft verwendeten Wortes schwankt zwischen geographischen, kulturellen, ethnischen und religiösen Kennzeichnungen, die teils ineinander übergehen, teils aber für uns ganz Unterschiedliches betreffen. *Moor* meint sowohl ‚Nordafrikaner' wie ‚Araber' als auch ‚sub-saharische Afrikaner', meint insbesondere auch ‚Muslim' oder generell ‚Vertreter einer anderen Religion' wie überhaupt ‚Orientale', ‚Barbar' oder ‚alle außer uns'. Ganz ähnlich übrigens wie *Turk*[19] dient *Moor* im frühneuzeitlichen Sprachgebrauch somit zur Bezeichnung generischer Fremdheit, für die Roderigo in der Auftaktszene die prägnante Formel bietet, wenn er von „an extravagant and wheeling stranger" spricht „of here and everywhere" (I 1, 135–136). Othello ist damit der einzige Fremde im vielhundertköpfigen Shakespeare-Personal, der ausdrücklich so bezeichnet und dazu mit dem Akzent auf *vagrancy* versehen wird, also Vagabundieren, Wandern, rastlos Umherirren, nach zeitgenössischem Verständnis Merkmal des Unzivilisierten, Unzugehörigen und Ungehörigen, eben eines *Moor*.

Zugleich ist der Rekurs auf Orte eine zentrale Strategie zur Konstruktion von Fremdheit. Wie Bernhard Waldenfels in seiner *Topographie des Fremden* ausführt, ist dafür das Externum, das Anderswo, das Außerhalb zu dem Bereich, den wir zu un-

---

18 Siehe hierzu vor allem die Diskussionen in Michael Neill: Introduction. In: William Shakespeare: *Othello*, hg. von Michael Neill. Oxford 2006, 1–179, hier 113–130, sowie Vaughan: *Othello* (Anm. 1), 51–70.

19 Siehe Daniel Vitkus: *Turning Turk. English Theatre and the Multicultural Mediterranea.* Basingstoke 2003. Matthew Dimmock: *New Turkes. Dramatizing Islam and the Ottomans in Early Modern England.* Aldershot 2005.

serem eigenen deklarieren, grundlegend: „Unter den Voraussetzungen begrenzter Ordnungen macht sich das Fremde bemerkbar in Form eines Außer-ordentlichen, das auf verschiedene Weise an den Rändern und in den Lücken der diversen Ordnungen auftaucht.“[20] Das Problem mit Othello, das in der Auftaktszene exponiert wird, liegt allerdings darin, dass dieser Außer-ordentliche, Extra-vagante offenkundig einen Ort im Zentrum der Stadtgesellschaft besetzt hält, buchstäblich das Bett der Senatorentochter, deren Körper zum Signum jenes reinen Gemeinwesens stilisiert wird, das nunmehr geschändet sei.

So jedenfalls die Reden von Iago und Roderigo, wenn sie Brabantio und damit uns zu Anfang von Othellos Tat erzählen und seine ‚mohrische‘ Monstrosität mit drastischen Worten ausmalen. Drei Punkte sind an diesem Dramenanfang relevant: Erstens gilt Venedig, ein Schauplatz immerhin, der bereits im Stücktitel erwähnt wird, dem frühen 17. Jahrhundert ohnehin als kosmopolitische Stadt und damit Ansammlung von Fremden, in den Worten Thomas Coryates „a marketplace of the world“[21], und als solche zugleich Spiegel sowie Wunschprojektion von Shakespeares London. Zweitens sind die beiden Wortführer der Fremdenfeindlichkeit, die offenkundig dennoch dort grassiert – übrigens auch gegenüber einem Florentiner wie Michael Cassio –, bezeichnenderweise selbst mit *spanischen* Namen belegt. Drittens ist alles fürchterlich Bedrohliche, ‚Mohrische‘ und Fremde an Othello, von dem hier erzählt wird, eben das: Erzählung, Zuschreibung, mutmaßlich Dämonisierung und Verleumdung, jedenfalls narrative Konstruktion, die, sobald er in der 2. Szene selbst auftritt, sofort widerlegt ist. Sobald nämlich die Titelfigur nicht mehr diegetisch vermittelt, sondern mimetisch präsentiert wird, erscheint sie als komplettes Gegenbild zum Ruf, der ihr vorauseilt (darin folgt das Drama Marlowes *Tamburlaine*-Tragödie[22]): souverän, beherrscht, selbstsicher, kultiviert und vor allem rhetorisch hoch versiert. Mit ihrer Eloquenz allein erwirbt sie sich Sozialprestige wie auch den Heldenstatus eines „noble Moor“, der zum Ende der Tragödie, wie zitiert, zerstört ist.

Ihre berühmteste Erzählszene bedarf daher erneuter Kommentierung: „Rude am I in my speech“ (I 3, 82) – so beginnt Othello seine Rede vor dem Senat, wo Brabantio ihn der Hexerei und Zauberkunst, durch die er ihm die Tochter geraubt habe, anklagt: Othello bietet also eine klassische *captatio* in performativem Widerspruch zu seinem Verbalverhalten auf, denn mit der Behauptung seiner soldatischen Rauheit („little blessed with the soft phrase of peace“ [I 1, 83]) unternimmt der Redner nur ein viel erprobtes rhetorisches Manöver, um seine Lebensgeschichte als „round, unvarnished tale“ (I 1, 91) zu beglaubigen. Die vorgebliche

20 Bernhard Waldenfels: *Studien zur Phänomenologie des Fremden*, Bd. 1: *Topographie des Fremden*. Frankfurt am Main 1997, 10–11.

21 Thomas Coryate: [Description of Venice] from *Coryate's Crudities*, London 1611. In: William Shakespeare: *The Merchant of Venice*, hg. von Leah S. Marcus. New York 2006, 114–121, hier 116.

22 Siehe hierzu den Beitrag von Ralf Hertel in diesem Band.

Schmucklosigkeit schmückt nämlich ungemein, und was als Selbstverteidigung beginnt, führt bald zu Selbsterhöhung und Heroisierung:

> Her father loved me, oft invited me
> Still questioned me the story of my life
> From year to year: the battles, sieges, fortunes
> That I have passed.
> I ran it through, even from my boyish days
> To th' very moment that he bade me tell it –
> Wherein I spoke of most disastrous chances:
> Of moving accidents by flood and field,
> Of hair-breadth scapes i'th' imminent deadly breach,
> Of being taken by the insolent foe
> And sold to slavery; of my redemption thence,
> And portance in my travailous history,
> Wherein of antres vast and deserts idle,
> Rough quarries, rocks, and hills whose heads touch heaven,
> It was my hint to speak – such was my process –
> And of the Cannibals that each other eat,
> The Anthropophagi, and men whose heads
> Do grow beneath their shoulders. This to hear
> Would Desdemona seriously incline (I 3, 128–146)

Die so entfaltete „travailous history" ist in zweifacher Hinsicht relevant: inhaltlich und performativ. Inhaltlich erweisen sich sämtliche Abenteuer und ethnographische Mitteilungen, wie oft bemerkt wurde, als Übernahmen aus der zeitgenössisch bekannten Literatur zur Natur- und Völkerkunde sowie aus Reiseberichten, zum Teil wörtlich anzitiert, wie beispielsweise Leo Africanus' *Geographical Historie of Africa* (englische Übersetzung von John Pory 1600), Plinius' *Natural History* (Philemon Holland 1601) und *The Travels of Sir John Mandeville*, jener populären Reisefantasie aus dem 14. Jahrhundert, in der auch die Acephali, die Plinius in Äthopien lokalisierte, ihren Auftritt haben.[23] Kennzeichnend für den Zitatcharakter solcher Versatzstücke des Fremden ist hier zumal die terminologische Verschiebung von „Cannibals" zu „Anthropophagi", beides Hinweise auf Menschenfresser, die allerdings ganz unterschiedlichen Diskursformationen zugehören:[24] *canibales* ist der bekannte Eigenname, den Kolumbus 1492 den Einwohnern des von ihm entdeckten Landes gab, die, wie er meinte, sämtlich Untertanen des Großen Khan seien und die, wie man ihm erzählte, ihre Feinde verzehrten; der Eigenname wurde daher generalisierend auf deren angebliche Ernährungspraxis übertragen. Umgekehrt verhält es sich bei den Anthropophagen, dem antiken Terminus für diese Praxis, der sich zum Beispiel bei Herodot findet und der sekundär auf bestimmte Völker, vornehmlich jenseits des Schwarzen Meeres angesiedelt, zur Kennzeichnung übertragen wurde.

---

23 Diese Angaben folgen Neill: Introduction (Anm. 18), 18–21.

24 Siehe die Diskussion dazu in Peter Hulme: *Colonial Encounters. Europe and the Native Caribbean, 1492–1797*. London 1986, insbesondere 70.

Die Differenz von „Cannibals“ zu „Anthropophagi“ entspricht damit dem Unterschied von neuzeitlicher Geographie zu antiker Kosmographie, und dass Othellos Bericht diese Differenz einebnet oder übergeht, spricht daher ganz dafür, dass die Figur im Zeichensystem eben jener alten, überkommenen, moralisch grundierten und symbolisch konstruierten Weltordnung funktioniert, die mit den Entdeckungsreisen der Neuzeit fremd geworden ist. Wie John Gillies in diesem Zusammenhang bemerkt: „as in the ancient poetic geography, all Shakespearean moors combine a generic exoticism or exteriority with an inherent transgressiveness“.[25] Daher ist auch die Rhetorik von *blackness*, die Othello umgibt, nicht ethnisch oder ethnographisch zuzurechnen, sondern moralisch: *black* ist hier kein Antonym zu *white*, sondern zu *fair*,[26] und die Insignia der Herkunft, mit denen er versehen ist, sind gleichfalls Merkzeichen und Manifestationen von Alterität. Auch das notorische Taschentuch ist kein einfacher Gebrauchsgegenstand, sondern Memento einer anderen Symbolordnung, von der nur noch erzählt werden kann.

Trotz aller Erzählungen aber, die Othello immer wieder aufbietet, trotz aller Hinweise auf die Konkreta seines Hintergrunds, ist entscheidend, dass alle genannten Einzelelemente kein kohärentes Bild ergeben, kein Itinerarium der von ihm zurückgelegten Reise und erst recht kein schlüssiges Indizienpuzzle zur Identifikation ihres Ausgangspunktes, seines Herkunftsorts. Anders als Eldred Durosimi Jones im Titel der genannten Pionierstudie nahelegt und anders als zum Beispiel Oroonoko, Aphra Behns Figur des „Royal Slave“ aus dem späten 17. Jahrhundert,[27] hat dieser *Moor* kein kenntliches Zuhause. Othellos *country* bleibt Collage oder, anders gesagt, Kolportage aus diskursiven Versatzstücken, die wie Strandgut an die Küsten der Moderne schwemmen. Wenn er am Ende sein gesamtes Leben zur Seereise erklärt („Here is my journey’s end, here is my butt | And very sea-mark of my utmost sail“ [V 2, 266–267]), formuliert er das Prekäre einer Transitexistenz ohne festen Anker- oder Anlaufhafen. „Der Ort des Fremden in der Erfahrung“, schreibt Waldenfels, „ist streng genommen ein Nicht-Ort. Das Fremde ist nicht

---

25 John Gillies: *Shakespeare and the Geography of Difference* (Cambridge Studies in Renaissance Literature and Culture; 4). Cambridge 1994, 25.

26 Siehe Leslie A. Fiedler: *The Stranger in Shakespeare*. London 1973, 171.

27 Siehe Aphra Behn: *Oroonoko: or, the Royal Slave* (London ca. 1678/88), hg. von Janet Todd. Harmondsworth [u.a.] 2003. Dazu folgender Kommentar von Gillies: *Shakespeare and the Geography of Difference* (Anm. 25), 28: „The difference between Othello and Oroonoko bespeaks a major paradigm-shift in the discursive construction of otherness between the beginning and end of the seventeenth century. Shakespeare’s Renaissance imagination of otherness is still heavily indebted to the ancient poetic geography. Behn’s Restoration idea of the other, however, is essentially modern and can readily be grasped in terms of post-Renaissance forms of the discourses of race, slavery, the ‚noble savage‘ […]. The Elizabethan sense of the exotic (the ‚barbarous, outlandish and strange‘) might be characterized as ‚hard‘, in the ancient sense of what Ben Jonson referred to as ‚Magick, Witchcraft, or other such exotick arts‘. By contrast, Behn’s idea of the exotic might be characterised as ‚soft‘, suggesting rather the fashionably strange or merely piquant.“

einfach anderswo, es *ist* das Anderswo".[28] In diesem Anderswo ist auch *the Moor of Venice* heimisch.

Zugleich bezieht er daraus sein Prestige, und zwar allein durch narrative Übermittlung. Hier kommt die performative Hinsicht seines Senatsauftritts ins Spiel. Seine Rede dort geht nämlich weiter, indem der Redner die Wirkung dieser Art Erzählungen auf Desdemona beschreibt:

> [...] My story being done,
> She gave me for my pains a world of sighs:
> She swore ,in faith 'twas strange, 'twas passing strange,
> 'Twas pitiful, 'twas wondrous pitiful!'
> She wished she had not heard it, yet she wished
> That heaven had made her such a man; she thanked me,
> And bade me, if I had a friend that loved her,
> I should but teach him how to tell my story
> And that would woo her. Upon this hint I spake.
> She loved me for the dangers I had passed,
> And I loved her that she did pity them.
> This only is the witchcraft I have used. (I 3, 158–169)

Dabei überlagern sich die Wirkungsdimensionen. Was Othello von der appellativen Kraft seiner Abenteuererzählung berichtet, beglaubigt sich sowohl im Senatssaal („I think this tale would win my daughter too" [I 3, 171], erklärt der Duke sogleich) als auch im Theater, denn als Zuhörer von Othellos Zuhörern ergeht es uns selbst kaum anders: Der Duke und Desdemona präfigurieren unsere eigene Reaktion. So setzt sich, was Brabantios Anklage als Hexerei bezeichnet, in die rhetorische Wirkmacht eines Redners um, der eben damit seinen Ausnahmestatus bestätigt, andererseits zugleich eine herausgehobene Stellung einnimmt – im Sinne charismatischer Ausstrahlungskraft –, und zwar *ausschließlich* durch Narration. Und so holt das Drama alles Fremde, von dem erzählt wird, diegetisch ein. Es zeigt uns nichts, rein gar nichts von all den Abenteuern, exotischen Begegnungen und kriegerischen Taten, die Othello auszeichnen, ebenso wenig wie es seine Besuche im Hause Brabantios zeigt, die ja zweifellos besonders bühnenwirksam in Szene zu setzen gewesen wären. Es zeigt lediglich, dass er erzählt, wie er davon erzählt hat, und auf diese Weise seine Heldenposition gewinnt. Denn der venezianische Senat weist ja nicht nur die Anklage Brabantios ab, sondern überträgt dem einheimischen Fremden sogleich auch noch den Oberbefehl über die Armee, um das Gemeinwesen vor der Bedrohung durch externe Fremde zu verteidigen. Wenn das Heroische sich „essentiell performativ" konstituiert, wie es in einem Freiburger Heldengrundsatzpapier heißt, dann in diesem Fall weniger durch „*Aus*führung von Helden*taten*" als durch deren „*Auf*führung für andere".[29] Shakespeares Othello ist in erster Linie ein Erzählheld.

---

[28] Waldenfels: *Topographie des Fremden* (Anm. 20), 26.

[29] von den Hoff: Helden – Heroisierungen - Heroismen (Anm. 8), 11.

Eben damit wird seine rhetorische Performance auch zur *aemulatio* eines der epischen Gründungshelden der Alten Welt, dessen Bedeutung jedem Renaissanceschuljungen präsent war. Mit der Erzählung seiner gefahrvoll-abenteuerlichen Irrfahrt durch exotisches Terrain, die seine noble Zuhörerin derart mitreißt, dass sie ihm zur Antwort darauf ihre Liebe eingesteht, rekapituliert Othello den Erzählakt, mit dem Aeneas einst die Liebe Didos auslöste und rekapituliert zugleich – und wichtiger – das rhetorische Verfahren, sich in einer akuten Verlegenheit auf klassische Präzedenzien und epische Helden zu besinnen. In den Worten von Lynn Enterline: „in his culturally and institutionally saturated citation of Roman eloquence the ‚erring barbarian' performs what it means to be European".[30] Mit seiner Vergil-Performance also qualifiziert der ‚Mohr' sich im Senat nicht nur zur Anerkennung durch den Staat, sondern zugleich für sämtliche Erhöhungsgesten bis hin zur Übertragung der Befehlsgewalt. Sein Heldentum gewinnt er ganz aus narrativer Zitation.

Wie bei aller Wiederholung allerdings bleibt dabei eine Differenz bestehen, ein konstitutiver Unterschied im Wiederholen, ein Residuum an Andersheit, das sich in der Performance gerade nicht umsetzt und die Repetition als solche markiert. Diese Differenz nun ist es, was Iago gleich zu Anfang ausweist und durchweg präsent hält und was das Stück mit dem Terminus *blackness* belegt. Es ist zugleich, so meine ich, die Bedingung für Othellos Heldentum, worin er sich von jenen „wealthy curlèd darlings of our nation", von denen Brabantio schwärmt (I 2, 68), grundsätzlich unterscheidet – wie für das Heroische überhaupt, das ja, so die eingangs angekündigte Vermutung, durch Fremdheit notwendig bedingt ist. Denn in dem Maße, wie Othello im Weiteren von Iago verführt und verwirrt wird, verliert er schnell alles Heroische, wenn er sich zunehmend ins hässliche häusliche Eifersuchtsdrama verstrickt. Das ist es, was das Stück uns *zeigt* – im Unterschied zum Heldendrama, von dem es lediglich *erzählt* –, ein Vorgang quälender Deheroisierung, in dessen Zuge der Protagonist nicht nur alle Eloquenz, ja seine Sprachfähigkeit einbüßt, sondern auch alle Markierungen des Außerordentlichen, Fremden: als geifernder, gewalttätiger Ehemann, der seine Frau misshandelt, ist er ins biederschlimme Alltagsmaß gerückt. „Größe ist, was *wir nicht* sind", befand einst Jakob Burkhardt in seinen *Weltgeschichtlichen Betrachtungen*.[31] Othello wäre demnach nur so lange groß, wie diese Differenz besteht, und eine Figur nur Held, solange sie uns fremd bleibt.

Ganz zum Ende der Tragödie, in Othellos letzten Worten, findet sich Bestätigung für diese Lesart. Denn hier findet der Held wieder zu seinem anfangs ausgewiesenen rhetorischen Vermögen, das heißt zum Modus des heroischen Erzählens

[30] Lynn Enterline: Eloquent Barbarians. Othello and the Critical Potential of Passionate Character. In: Lena Cowen Orlin (Hg.): *Othello: The State of Play*. New York 2014, 149–176, hier 160.

[31] Zitiert nach Pfister: Einführung (Anm. 11), 14.

zurück, wenn er, wie erwähnt, seinen Nachruf regelt und dazu der Nachwelt eine weitere Episode seiner extra-vaganten Existenz berichtet:

> I have done the state some service, and they know't –
> No more of that. I pray you in your letters,
> When you shall these unlucky deeds relate,
> Speak of me as I am; nothing extenuate,
> Nor set down aught in malice: then must you speak
> Of one that loved not wisely, but too well;
> Of one not easily jealous, but being wrought,
> Perplexed in the extreme; of one whose hand,
> Like the base Indian, threw a pearl away
> Richer than all his tribe; of one whose subdued eyes,
> Albeit unusèd to the melting mood,
> Drops tears as fast as the Arabian trees
> Their medicinable gum. Set you down this;
> And say besides that in Aleppo once,
> Where a malignant and a turbaned Turk
> Beat a Venetian and traduced the state,
> I took by th' throat the circumcisèd dog
> And smote him – thus.
> *He stabs himself.* (V 2, 338–355)

Der Freitod zählt seit der Antike zu den gängigsten Maßnahmen zur – jedenfalls versuchten – Selbstheroisierung, denn anders als durch eigene Hand kann ein wahrer Held, dessen Stärke alle Gegenspieler übertreffen muss, nicht sterben.[32] Das wahrhaft Bemerkenswerte aber an der hier erzählten Heldentat ist nicht nur, dass ihre Narration tatsächlich Performanz im Sinne echter *Aus*führung bedeutet – mit dem deiktischen „thus" vollzieht der Sprecher ja, was er erzählt, und aktualisiert somit die berichtete Historie in einem ebenso gewaltigen wie gewalt*täti*gen präsentischen Sprechakt –, sondern dass der Redner sich in einem abgründigen *reenactment* zugleich verfremdet und erneut heroisiert: Sein Dienst am Staat ist doppelt, denn mit der Erledigung des „turbaned Turk" erledigt sich Othello jetzt gleich selbst. Der ‚Mohr' von Venedig macht sich zu jenem ‚ottomanischen' Feind von Venedig, auf den sein Name immer schon verweist,[33] und eben dadurch zu Venedigs Retter, dass er beide, ‚Mohr' und Türke, zugleich liquidiert. „Nicht das Blut [...] macht den Krieger zum Helden", schreibt Münkler, „sondern seine Bereit-

---

32 Die andere traditionell verbürgte Todesart wahrer Helden ist durch Banalitäten (wie Tamburlaines Fieberanfall) oder feige Memmen, die eine kleine Schwachstelle des Heldenkörpers (wie Achilles' Ferse oder Siegfrieds Schulter) hinterrücks ausnutzen. Für diese Hinweise danke ich den Diskussionsteilnehmern der Freiburger Tagung im März 2015.

33 Siehe Michael Neill: Editorial Procedures. In: William Shakespeare: *Othello*, hg. von Michael Neill. Oxford 2006, 181–194, hier 194: „the resemblance of ‚Othello' to ‚Othman' – the founder of the Ottoman (or ‚Othoman') Turkish empire – is unlikely to be accidental and it lends additional irony to Othello's final self-identification with the ‚malignant and ... turbaned Turk' (5.2.351) whose killing is reenacted in his own suicide".

schaft zum Selbstopfer, durch das andere gerettet werden".[34] Diese stellt sich hier unter Beweis und restituiert den Heldenstatus. Der Held geht in die Geschichte ein, indem er förmlich in ihr aufgeht.

Zugleich reiteriert der Held hier seine Fremdheit, und zwar mit einer regelrechten Kette einschlägiger Kennzeichnungen, die er Lodovico als Nachrufregler in die Feder diktiert: Nicht genug mit „turbaned Turk" und „circumcisèd dog", Othello erklärt sich auch noch zum „base Indian" (so in der Quarto-Ausgabe von 1622) oder aber, wie die Lesart der Folio-Ausgabe von 1623 lautet, „base Judean" – eine der meistdiskutierten textuellen Varianten des gesamten Stücks. Doch diese Instabilität des Textes stärkt nur die Alterität dieses Helden, der sich in solcher Überdetermination – zugleich Türke, Inder, Indianer, Jude sowie Hund – als kategorial fremd darstellt. Damit zu einer knappen Schlussbetrachtung, die das mediale Kennzeichen von *Bühnen*helden und noch einmal die Rezeptionsgeschichte von Othello in den Blick nimmt.

## 4.

Über kein Stück aus dem Shakespeare-Kanon sind aus dem 17. Jahrhundert mehr Aufführungsbelege überliefert, und keines hat seit jeher seine Zuschauer zu emphatischeren Reaktionen immer wieder neu herausgefordert, bis hin zu aktiven Eingriffen in die Bühnenhandlung. Davon berichtet bereits Samuel Pepys, der 1660 im Theater eine „very pretty Lady" erlebt, „who [...] ‚called out' in distress ‚to see Desdemona smothered'".[35] Spektakulärer noch ist der Bericht Stendhals, der 1822 in Baltimore erlebt, wie ein amerikanischer Soldat aus dem Publikum auf den Darsteller des Othello schießt, weil er nicht tatenlos mit ansehen konnte, wie ein Schwarzer einer Weißen zusetzt.[36] Solche leidenschaftlichen Publikumsreaktionen bis hin zur Grenzverletzung zwischen Spiel und Wirklichkeit spiegeln nur die ungeheuren Leidenschaften, die auf der Tragödienbühne vorgeführt werden und dieses Stück, was immer sonst es sein mag, zu einer grandiosen Affektstudie machen.

Nach der in diesem Beitrag unternommenen Lesart aber scheint es zweifelhaft, um nicht zu sagen: völlig verfehlt, diese Tragödie zur Affektstudie eines Afrikaners zu stilisieren, wenngleich ihre Verwicklung in rassistische Diskurse seit dem 19. Jahrhundert wohl unvermeidlich geworden ist. Gerade die emphatischsten unter den bekannten Zuschauerreaktionen (von denen die zitierten ja nur wenige Beispiele sind) aber lassen einen solchen Schluss nicht zu, und die Verlegenheit, in die der Titelheld, wie eingangs bemerkt, schwarze Zuschauer und Leser bringt, weist in eine andere Richtung: Solange sie in der Figur eine Darstellung als *countryman* se-

34 Münkler: Heroische und postheroische Gesellschaften (Anm. 7), 742.

35 Zitiert nach Lena Cowen Orlin: Introduction. In: Lena Cowen Orlin (Hg.): *Othello: The State of Play*. New York 2014, 1–16, hier 1.

36 Ebd.

hen wollen oder müssen, kann diese ihnen gerade nicht modell- oder heldenhaft erscheinen, sondern präfiguriert lediglich die Pein von Assimilation. Dieselbe Verlegenheit trifft übrigens auch die großen schwarzen Schauspieler wie Ira Aldridge oder Paul Robeson, die mit den Triumphen, die sie in der Rolle Othellos feiern, immer auch Gefahr laufen, Shakespeares diskursive Konstruktion des ‚Bühnenmohren' unfreiwillig zu authentifizieren, das heißt, durch ihre schiere Präsenz zu beglaubigen, was uns das Stück doch reflexiv vorführt: schwarze Körperlichkeit. Deshalb mag Othellos Bühnendarbietung in *blackface*, wie im gleichermaßen packenden wie peinlichen Auftritt von Laurence Olivier am National Theatre im Jahr vor Erscheinen von Jones' Studie,[37] letztlich wohl die angemessenere, weil analytisch präzisere Theaterpraxis sein. Denn nicht als Charakterstudie eines ‚Mohren' oder Schaustück eines menschlich-allzumenschlich passionierten Afrikaners sollten wir *Othello* auffassen, sondern als *Anatomie* des Helden: im Sinne von Zergliederung einer Diskursfigur sowie Zurschaustellung ihrer Elemente.

Anders also als der Titel von Jones' Pionierbuch nahelegt, hat Othello keine *countrymen*. Er ist und bleibt „an extravagant and wheeling stranger", Widerpart einer Mehrheitsgesellschaft, die ihn *als Fremden* aufnimmt und genau so lange als Helden feiern kann, wie seine Fremdheit narrativ beglaubigt wird. Anders aber auch als meine Titelformulierung nahelegt, ist diese Fremdheit nicht als skalierbare Größe zu nehmen, die mal mehr, mal weniger in Rechnung steht, sondern im Waldenfelsschen Sinne radikal und kategorial ist.

Deshalb verstehe ich den Ausdruck ‚Fremde Helden auf der Bühne', der den Titel dieses Bandes abgibt, als eine analytische Aussage, und deshalb verstehe ich den Prozess von Othellos Heldenwerdung, wie wir ihn auf der Bühne mitverfolgen, als performativen Beleg dieses Urteils. Gerade die Aeneas-*aemulatio* führt ja auch vor Augen, wie eine solche Übernahme zugleich fehlschlägt und fehlschlagen muss, weil das Heroische zwar vorgängig, aber nicht einfach vorrätig ist und wie eine Maske aufzusetzen wäre, sondern unverfügbar, unvereinbar oder unberührbar bleibt: extra-vagant, außer-ordentlich, fremd.

Daher ist Othellos angestammter Ort kein anderer als die Bühne, denn das Theater ist ja selbst ein solcher Nicht-Ort, „of here and everywhere", ein Ort des Fremden, der uns aus der Alltagsordnung ausnimmt, geradezu herausfallen lässt und wer weiß wohin versetzt, ja gewaltig mitreißt – oder wo sind wir eigentlich, wenn wir zusehen, wie eine unschuldige Frau von ihrem blindwütigen Gatten erwürgt wird?

---

[37] Regie führte Stuart Burge; die Produktion wurde 1965 durch BHE Films verfilmt und ist so der Nachwelt bis heute zugänglich.

# *Miles Iaponus et Christianus*: Japanische Märtyrer auf der Jesuitenbühne

*Mirjam Döpfert*

## *1. Historischer Überblick zur Japanmission: das ‚christliche Jahrhundert' (1549–1638)*

1549 läutete der Jesuitenpater Franz Xaver mit seiner Ankunft in Japan das sogenannte christliche Jahrhundert ein.[1] Schon bald nach Beginn der Mission gab es Massentaufen zu vermelden, die sicherlich nicht allein auf den Heilswillen der Bevölkerung gegründet waren: Die Japaner zeigten reges Interesse am Handel mit den Portugiesen, auf deren Schiffen die Jesuiten das ‚Land der aufgehenden Sonne' erreichten. Die Zahl der neugetauften Christen (Neophyten) nahm stetig zu und stieg zwischen 1600 und 1610 auf rund 500.000.[2] Zugleich wuchs jedoch auch das christenfeindliche Klima in Japan. Gründe hierfür waren unter anderem die Angst vor dem wachsenden Einfluss Spaniens und Portugals sowie die Handelskonkurrenz durch die calvinistischen Niederländer, die nicht missionierten. Ferner stand das Christentum in der Kritik, da es sich nicht mit der japanischen Lehenspyramide vereinbaren ließ.[3] So wurde Ende des 16. Jahrhunderts das erste Verbannungsedikt gegen Missionare verkündet und 1614 unter dem Shogun Ieyasu erneuert, der im Rahmen einer grausamen Christenverfolgung die Missionare des Landes verwies, Kirchen zerstörte und Neophyten zum Glaubensabfall zwang oder ermorden ließ. So starben bis 1631 etwa 1.200 Christen den Märtyrertod. Nach 1637 begab sich das Land schließlich in die komplette Isolation, um jeglichen Einfluss von außen abzuwehren.

Diese Ereignisse blieben Europa nicht verborgen – vermittelt wurden sie über die Jahresbriefe der Jesuitenmissionare, die *litterae annuae*, die in vielen Ländern zirkulierten. Die Christen, die in Japan ihr Leben für den Glauben ließen, gingen

---

1 Vgl. hierzu Arcadio Schwade: Die Frühgeschichte des Christentums in Japan im Überblick. In: Ruprecht Wimmer und Adrian Hsia (Hg.): *Mission und Theater* (Jesuitica; 7). Regensburg 2005, 289–353.

2 Vgl. Günther Jontes: Japonenses Martyres. Japanische Stoffe im Grazer Jesuitentheater des 16. und 17. Jahrhunderts. In: *Historisches Jahrbuch der Stadt Graz* 15, 1984, 27–52, hier 35.

3 Vgl. Claudia von Collani: Helden, Heiden und Märtyrer. Ostasien im deutschen Jesuitentheater. In: Christel Meier und Angelika Kemper (Hg.): *Europäische Schauplätze des frühneuzeitlichen Theaters. Normierungskräfte und regionale Diversität* (Schriftenreihe des Sonderforschungsbereichs 496: Symbolische Kommunikation und gesellschaftliche Wertesysteme vom Mittelalter bis zur französischen Revolution; 34). Münster 2011, 369–416, hier 373 und 389. Thomas Immoos: Japanische Helden des europäischen Barocktheaters. In: *Maske und Kothurn* 27: 1, 1981, 36–56, hier 37.

in jesuitische Missions- und Kirchengeschichten[4] sowie Martyrologien[5] ein, und ihre Geschichten wurden nicht zuletzt auch in Form von Flugblättern und Predigtexempeln einer breiten Bevölkerungsschicht zugänglich gemacht (Abb. 1).[6] Bald schon erreichten die Japanstoffe auch die Bühnen des Jesuitentheaters und wurden dort kontinuierlich gespielt. Im deutschen Sprachraum lässt sich die erste Aufführung auf das Jahr 1604 oder 1607[7] datieren. Bis zur Aufhebung des Ordens im Jahre 1773 gelangten mehr als 280 Japandramen zur Aufführung, wovon die große Mehrheit – mehr als zweihundert Dramen – den japanischen Märtyrern gewidmet war.

Für die Popularität des Märtyrersujets[8] sind mehrere Gründe ins Feld zu führen: Als fester Bestandteil des jesuitischen Schulsystems war das Theater ein Medium, den katholischen Glauben und das Wertesystem der Jesuiten zu vermitteln. Die Bühne diente als Kanzel, die Schüler und Publikum zu einer christlichen Lebenspraxis animieren und den Siegeszug des katholischen Glaubens (*ecclesia triumphans*) propagieren sollte. Die Märtyrerfigur eignete sich hierfür besonders, lieferte sie doch ein eindrückliches *exemplum fidei*. Das Publikum sollte dabei weniger direkt zum Martyrium aufgerufen werden, als vielmehr zur *imitatio* einer Glaubenstreue, die sich gerade auch in Extremsituationen bewähren muss, ja im äußersten Fall bis in den Tod als letzte Konsequenz.

Das Interesse an dem unbekannten und daher als ‚exotisch' markierten Land Japan sowie die Aktualität des dortigen Missionsgeschehens verhalfen den japanischen Märtyrern zu Attraktivität. Darüber hinaus jedoch brachte das exotische Setting einen weiteren Vorteil mit sich: Es ermöglichte den Jesuiten, die katholische Kirche als weltweit agierende Institution zu präsentieren, deren Missionserfolge

---

4 Zum Beispiel Nicolas Trigault: DE CHRISTIANIS APVD IAPONIOS | TRIVMPHIS | SIVE DE GRAVISSIMA IBIDEM CONTRA CHRISTI | FIDEM PERSECVTIONE EXORTA | ANNO MDCXII | VSQUE AD ANNVM MDCXX | LIBRI QUINQUE. München 1623. Cornelius Hazart: KERCKELYCKE | HISTORIE | VAN DE | GHEHEELE WERELDT, | NAMELYCK VANDE VOORGAENDE | ENDE | TEGHENWOORDIGHE EEVWE. 4 Bde. Antwerpen 1671.

5 Zum Beispiel Mathias Tanner: SOCIETAS | JESU | USQUE AD | SANGUINIS | ET VITAE PROFUSIONEM | MILITANS, | IN EUROPA, AFRICA, ASIA | ET AMERICA, | CONTRA | GENTILES, MAHOMETANOS, | JUDAEOS, HAERETICOS, | IMPIOS, | PRO | DEO, FIDE, | ECCLESIA, | PIETATE. | SIVE | VITA ET MORS | EORUM, | Qui | Ex Societate Jesu in causa FIDEI & Vir- | tutis propugnatae, violentâ morte toto Orbe sublati sunt. Prag 1675.

6 Vgl. hierzu Claudia von Collani: Jesuitisches Schrifttum als Quellenfundus der China-Japan-Dramen. In: Ruprecht Wimmer und Adrian Hsia (Hg.): *Mission und Theater* (Jesuitica; 7). Regensburg 2005, 259–288.

7 Das älteste, nicht genau datierbare Japandrama *De Japoniorum martyris* stammt laut Jean-Marie Valentin aus Graz: Jean-Marie Valentin: *Le théâtre des Jésuites dans le pays de langue Allemande. Répertoire chronologique des pièces représentées et du documents conservés (1555–1773)*, Bd. 1. Stuttgart 1983, 65, Nr. 576.

8 Auch aus der Missionsgeschichte in anderen fernen Ländern (beispielsweise China, Amerika, Indien) wurden Märtyrer auf die Jesuitenbühne gebracht, quantitativ jedoch dominieren die japanischen; vgl. Immoos: Japanische Helden (Anm. 3), 36.

Abb. 1: Martyrium des Dominicus Catzo als Postfiguration Christi, Kupferstich. In: Nicolas Trigault: DE CHRISTIANIS APVD IAPONIOS | TRIVMPHIS [...]. München 1623, 464, Wolfenbüttel, Herzog August Bibliothek, A: 197 Hist.

den Beweis lieferten für den auf ihr ruhenden himmlischen Segen.[9] Die *Japonica* sind in diesem Zusammenhang *theatrum mundi* im doppelten, im wörtlichen wie im metaphorischen Sinne. Die vielen Märtyrer in Übersee präsentierten die katholische Kirche als *ecclesia afflicta*, als bedrängte Kirche im Sinne des Neuen Testaments. Zugleich verdeutlichten sie im Kontext des „konfessionellen Wettrüstens",[10] dass die katholische Kirche die Märtyrertradition fortführte und damit die einzige legitime Nachfolgerin der Alten Kirche war. Gerade weil die katholische Kirche im Laufe der Reformationsbewegung in vielen europäischen Territorien an Einfluss verloren hatte, affirmierte sie mit ihren Erfolgen in den überseeischen Gebieten ihren Anspruch auf geistliche und weltliche Vorherrschaft.[11]

Da die meisten der Jesuitendramen nicht vollständig überliefert wurden,[12] basieren die folgenden Beobachtungen zur Präsenz des ‚Fremden' in den japanischen Märtyrerdramen auf der Analyse sogenannter Periochen. Diese im Vorfeld der Aufführungen ausgehändigten Inhaltszusammenfassungen (von gr. περιέχειν: ‚umfassen')[13] sollte den lateinunkundigen Zuschauern ein Verständnis des Bühnengeschehens erleichtern.[14] Sie liefern zwar nur knappe Inhaltsbeschreibungen, geben jedoch einen guten Überblick über die jeweilige Dramenstruktur.

---

9 Der Hinweis auf die Missionserfolge diente natürlich auch dazu, finanzielle, materielle und personelle Mittel für die Mission zu werben; vgl. Collani: Helden, Heiden und Märtyrer (Anm. 3), 379.

10 Peter Burschel: *Sterben und Unsterblichkeit. Zur Kultur des Martyriums in der Frühen Neuzeit* (Ancien Régime, Aufklärung und Revolution; 35). München 2004, 221, der in seiner Studie auch die Martyrologien von Täufern und Protestanten untersucht. Beispiele für solche Martyrologien sind die Werke des Luther-Schülers Ludwig Rabus (Historien | Der Heyligen Außer- | wölten Gottes Zeügen / Bekennern vnd | Martyrern / so in Angehender ersten Kirchen / | Altes vnd Neüwes Testaments / zuo | jeder zeyt gewesen | seind [...]. Straßburg 1552), des Anglikaners John Foxe (ACTES | and Monuments | of these latter and perillous dayes [...]. London 1563) und des Calvinisten Jean Crespin (HISTOIRE | des vrays Tesmoins de la veri- | TE DE L'EVANGILE [...]. Genf 1570).

11 Die Insel Japan wird dabei als Ersatz für die nicht länger katholische Insel England angesehen: „Aber nimb war du liebe Christenheit / Was Waffen [...] an derselben einigen Engelländischen Jnselstatt / ein andere / Ja viel Jnseln / Königreich / vnnd [...] abgesönderte Völcker zu dir getretten." (Gaspar Coelho: Jüngste Zeytung auß der weitberümbten Insel Jappon [...]. Dillingen 1586. Zitiert nach Peter Kapitza: *Japan in Europa. Texte und Bilddokumente zur europäischen Japankenntnis von Marco Polo bis Wilhelm von Humboldt*, Bd. 1. München 1990, 146).

12 Es wurden bisher nur wenige Handschriften ausfindig gemacht. Da die Dramen nur für eine einmalige Aufführung konzipiert waren, lohnte es sich nicht, sie in Druck zu geben. Ausnahmen sind Dramen berühmter Autoren wie Gretser, Bidermann, Masen oder Avancini.

13 Diese meist zweisprachig verfassten Texte enthalten neben Titel, Aufführungsort und -datum ein *Argumentum* (Einordnung in zeitlichen Kontext, knappe Zusammenfassung der Handlung, meist Hinweis auf Stoffquelle), eine Paraphrase der jeweiligen Szenen und den *Syllabus actorum*, der die Namen der Spieler verzeichnet. Der Name des Dramenautors wird nicht aufgeführt, seine Person tritt bewusst hinter dem Ruhm Gottes zurück: Die Formel „omnia ad maiorem Dei (Deiparaeque) gloriam" (O.A.M.D.(D.)G.) beschließt jede Perioche.

14 Vgl. Elida Maria Szarota: *Das Jesuitendrama im deutschen Sprachgebiet*, Bd. 1.1: *Vita humana und Transzendenz*. München 1979, 8. Allerdings konstatiert Wimmer, dass die Periochen lediglich unter den (lateinkundigen) Honoratioren verteilt wurden: Ruprecht Wimmer:

## 2. Inszenierung von Fremdheit in den japanischen Märtyrerdramen

Bei der Handlungskonzeption sahen sich die jesuitischen Autoren mit einem Dilemma konfrontiert: Auf der einen Seite profitierten die *Japonica* von der ‚Exotik', die mit dem fremden Land und seiner reichen Kultur verbunden war. Auf der anderen Seite jedoch mussten der Erwartungshorizont des Publikums bedient und das Identifikationspotenzial der Helden sichergestellt werden. Die Lösung lag in einem ästhetischen Kompromiss. Man betonte das exotische Setting[15] und transferierte das ‚Fremde' der japanischen Kultur verstärkt auf die heidnischen Gegenspieler der Märtyrer. Das ‚Eigene' erscheint in diesem Zusammenhang verengt auf das katholische Christentum,[16] das dem (japanischen) teuflischen Heidentum als ‚Fremdem' gegenübergestellt wird. Das Bestreben, eine potenzielle Andersartigkeit der japanischen Christen zu negieren, wird bereits in der Namensgebung evident: Wo die Namen der Heiden und ihrer Götter japanisch sind,[17] tragen die japanischen Christen ihren europäischen Taufnamen. Auf der Handlungsebene tritt dieses Phänomen jedoch noch deutlicher hervor. Wird hier Fremdheit thematisiert, geschieht dies hauptsächlich im religiösen Kontext.

---

Neuere Forschungen zum Jesuitentheater des deutschen Sprachbereiches: Ein Bericht (1945–1982). In: *Daphnis* 12: 4, 1983, 585–692, hier 689, Anm. 537.

15 Auf der Ebene der Darstellung wurde die Exotik wahrscheinlich über Bühnenbild, Requisiten und Kostümierung auf die Bühne gebracht, wovon es leider keine druckgrafischen Zeugnisse gibt.

16 Innerhalb der Bühnenhandlung finden sich – soweit die Periochen dies erkennen lassen – nur wenige Hinweise auf kulturelle Eigenheiten, die nicht im Zusammenhang mit der heidnischen Religion stehen. So wird zum Beispiel im *Argumentum* des Dramas *FUGA, | INNOCENTIAE | PERICLITANTIS | ASYLUM, | In Augustino Principe | Chicungensi | Spectata* (Konstanz 1744) der Stellenwert des Haares in der japanischen Kultur hervorgehoben, als Augustinus sich in einer Geste der Weltentsagung die Haare abschneidet: „formosissimum sibi continuò capillum, quo nil à Japoniis majus praestari, efficique potest, praescidit" (sinngemäße Übersetzung: ‚unmittelbar darauf schnitt er sich sein wunderschönes Haar ab, als das nichts mehr gilt bei den Japanern und als das nichts Bedeutenderes bewirkt werden kann'). Im Drama *IEMON | INVICTUS CHRISTI MARTYR* (Straubing 1661) gibt das *Argumentum* an: „Uber ein kurz liesse der Fürst die Kriegs ristung von Iemone abhollen / welches bey den Iaponeseren für ein grosse Schand gehalten wird". Auch gibt es einige in die Handlung integrierte Fechtszenen, in denen die japanische Schwertkunst vorgeführt werden konnte, zum Beispiel *TITVS IAPON. | TRAGICOCOMOEDIA* (Augsburg 1629), II 4. Die Reflexion aktueller politischer Kontexte findet kaum Eingang in die *Japonica*. Die Ausnahme bildet hier die *TITUS | TRAGOEDIA* aus Luzern (1735), welche die Angst Japans vor einer Vormachtstellung Portugals thematisiert: Hier werden beim Christen Gonsalvus (wohl von seinem Gegenspieler Saffojus gefälschte) Briefe gefunden, die besagen, dass Japan an die Portugieser verraten werden soll (III 7).

17 Diese werden meist benannt als Amida/Amata, Chamis, Fotoquis oder Xaca/Xacca. Zur Herkunft dieser Götternamen vgl. Jontes: Japonenses Martyres (Anm. 2), 36 und 38.

### *2.1 Heidentum und Komik*

In vielen Dramen werden Feiern für die heidnischen japanischen Götter in Szene gesetzt,[18] über deren inhaltliche und bühnentechnische Ausgestaltung aufgrund der Kürze der Paraphrasen keine Rückschlüsse gezogen werden können. Allerdings werden sie in manchen Periochen deutlich gewertet. So heißt es in einer Szenenbeschreibung des Rottweiler *TITVS IAPON*: „[Die Bontzen] fangen ein newe Hunds-metten an / mit abenthewrischen Gaugelwerck".[19] Ein Tanz des Dramas *CLEMENS JAPON* (Neuburg 1740) „stellet vor die aberwitzige Verehrung, so die Japoneser ihren Affter-Götteren erweisen".[20]

Die heidnische Religion der Japaner (Shintoismus und Buddhismus) wird mit dem Bereich des Komischen und Dämonischen in Verbindung gebracht.[21] In vielen Szenen wird der Glaube der Japaner als Aberglaube gezeichnet und der Lächerlichkeit preisgegeben. So verkauft im Augsburger *TITVS*-Spiel von 1629 ein gewitzter europäischer Künstler den Japanern „eines seiner Stucken / als einen wunderbahrlichen GOTT für / welcher dann auch ihnen ihres Lebens folgende Jahr und andere Ding weissagt".[22] Besonders auch die Götzenpriester, Bonzen genannt (von jap. *bonsō*: ‚buddhistischer Priester'), erscheinen in negativem Licht. Sie sind überheblich, gierig und nutzen den Heilswunsch ihrer Schutzbefohlenen schamlos aus: In einem *TITVS*-Spiel (Rottweil 1656) wird berichtet, wie ein Heide namens Mondonus vom Götzenpriester Bagoa sein ewiges Leben erkauft:

> Mondonus / welcher von Bagoa dem Bontzen / mit einem Wechsel Brieff / auff das zukönfftige Leben / in den Himmel lautendt / angewisen handtschrifftlich hinder das Liecht geführt / will sein Gelt kurtzumb widerumb herauß haben / weil nun Bagoas nichts als böse Wort außgibt / bezahlt er den betriegerischen Wechselherrn mit barer Müntz und guten Stössen / nimbt das seinig mit Gewalt / deme ohngefahr zween arme Tropffen / so von den Bontzen des Himmels / Armuthalber / schon längst verwisen / zuhilff kommen / und alles in raucher Wehrung erlegen helffen.[23]

---

18 Unter anderem QUATERNIO | Martyrum Iaponensium (Straubing 1632), I 3. IACOBVS NACAXIMVS (Ingolstadt 1664), II 2. FORTITVDO | IAPONICA (Rottenburg 1665), III 1. BUNGODONI | deß Tyrannen | Grausambkeit (Amberg 1667), II 1. MINAMI GOROZAIMON JOANNES (Feldkirch 1669), II 4. THOMAS Parens, MATTHIAS Frater | IACOBVS ET IVSTVS Filii (Neuss 1673), I 6. PHOEBUS | POST NUBILA (Rottenburg 1697), I 2. FORTITUDO | CHRISTIANA [...] | IN PRINCIPE | MELCHIORE | BUIENDONO (Neuburg 1699), I 2. FORTITUDINIS CHRISTIANAE | IN MELCHIORE | BUJENDONO | [...] TRIUMPHUS (Straubing 1733), I 3–4.

19 TITVS IAPON | Fünffacher aber lebendi- | ger Martyrer (Rottweil 1656), III 3.

20 CLEMENS JAPON | TRAGOEDIA. | Clemens | Ein | Adelicher Ritter | Aus Japon / | Mit seinen Söhnen, | In einem Trauer-Spiel | Auff offentlicher Schau-Bühne | Vorgestellet (Neuburg 1740), I Tanz. – Vgl. Ruprecht Wimmer: Japan und China auf den Jesuitenbühnen des deutschen Sprachgebietes. In: Ruprecht Wimmer und Adrian Hsia (Hg.): *Mission und Theater* (Jesuitica; 7). Regensburg 2005, 17–58, hier 28.

21 Vgl. ebd., besonders 27–31.

22 TITVS IAPON | TRAGICOCOMOEDIA. Von wundersamer Be- | ständigkeit eines edlen Japonischen Rit- | ters [...] (Augsburg 1629), IV 2.

23 TITVS IAPON (Rottweil 1656), I 5.

Diese Szene führt nicht allein die Naivität des Heiden Mondonus, sondern auch die Geldgier der Priester vor Augen. Im Diesseits verhaftet, sind sie nicht an Transzendenz, sondern am eigenen Wohlergehen interessiert. Auf die daraus resultierende Gleichgültigkeit gegenüber der armen Bevölkerung verweist ferner eine weitere Szene des Spiels:

> PEnulus und Codrus zween guete arme Gesellen erzürnen sich über die Geltgührige Bontzen / welche jhre Seckel spicken / die Armen aber mager herumb gehen / ja hunger sterben lassen. [...] Lassen jhnen [...] Christum mit sambt den Christen wolgefallen / weil dise die Himmel Thür den Armen / dürfftigkeit halber gleich wie die Bontzen nit verriglen.[24]

Um den Einfluss des christlichen Glaubens in Japan zurückzudrängen, schrecken die buddhistischen Priester auch vor Betrug und List nicht zurück. Im Drama *Simon | Ein | Japonischer Fürst | Und | [...] Glaubens Held* (Köln 1767) schließen die heidnischen Priester sich zusammen, um den Tod des christlichen Thronerben Simon zu bewirken: „die betrügerische Bonzien [hatten] das Heer durch einen falschen Wahn getäuschet [...]: als würde so lang kein Heil in den wafen zu hoffen seyn, bis Simon [der] Krone Prinz aus dem Weg würde geraumet werden".[25] Der angebliche Orakelspruch erweist sich als falsch, nachdem der Feind auch ohne das Opfer des Simon siegreich geschlagen wurde. Als die Bonzen im , Anschluss vom König verlangen, dass Simon nun als Dankopfer getötet werden soll, erkennt der König die Hinterlist der Priester und lehnt das Gesuch ab.[26] Daraufhin vergiften die Priester Simon, der auf diese Weise das Martyrium erleidet, nach dem er sich das gesamte Stück über bereits gesehnt hatte: „[Simon überschicket] seinen starkmütigen Geist dem Himmel zu Marter Krone".[27]

### *2.2 Heidentum und Affekte*

In allen Dramen erscheinen die Heiden zudem als affektgeleitet: Über alle sozialen Schichten hinweg sind Missgunst, Machtgier und Zorn Triebfeder ihrer Handlungen, die in vielen Fällen die Ursache für lokale Christenverfolgungen bilden.[28] Deutlich kommt diese Affektverfallenheit zum Ausdruck in den Selbstmordszenen heidnischer Christenverfolger, die in einigen Dramen anzutreffen sind. In ihnen wird die japanische Tradition des *Seppuku* (auch bekannt als *harakiri*) aufgegriffen – also des Suizids durch Einschnitt in den Bauch mit einem Kurzschwert oder

---

[24] Ebd., V 1.

[25] Simon | Ein | Japonischer Fürst | Und | Siegbekräntzer / Unüberwindlicher | Glaubens Held, | Auf der Dreigekrönten | Schaubühne | Vorgestellt (Köln 1767), *Argumentum*.

[26] Ebd., IV 2.

[27] Ebd., V 4.

[28] Lediglich in einem Märtyrerdrama (IEMON | INVICTUS CHRISTI MARTYR [Straubing 1661]) ist ein christlicher Hofdiener namens Uxingo Urheber einer Christenverfolgung, da er dem Christen Iemon die Generalsehre missgönnt. Im Laufe des Dramas jedoch überfällt ihn Reue ob der von ihm angezettelten Intrige gegen Iemon.

Dolch. Diese hoch ritualisierte Todeszeremonie verläuft nach einem strengen und komplexen Protokoll, das unter anderem eine Besinnungs- und Vorbereitungszeit, einen Sekundanten, die Anwesenheit eines Shinto-Priesters sowie eines Protokollanten, die Abfassung eines Todesgedichts und rituelle Kleidung verlangt (Abb. 2).

Ganz anders ist die Darstellung in den Japandramen, die das *Seppuku* vor dem Hintergrund christlicher Selbstmordkritik deuten. Im Drama *TITUS IAPON* von 1741 wird diese Todesart in der Figur des intriganten Heiden Miura *in actu* vorgeführt. Nachdem seine Verleumdungspläne gegen den christlichen Protagonisten Titus gescheitert sind, begeht er nach japanischem Brauch Selbstmord: „Miura aber auf die Nachricht / daß auch der erstgebohrne Sohn TITI hingerichtet worden / brinnet in wüthigen Zorn auf / und nach Japonesischen Gebrauch entleibet er sich selbsten".[29] Hier erscheint die *Seppuku*-Tradition folglich in einem deutlich affektgeladenen Kontext und wird in einen wirkungsvollen Kontrast zum Tod der Märtyrer gestellt, die nicht aus Gründen weltlicher Ehre sterben, sondern sich bewusst Gott als Opfer darbringen. Dieser Gegensatz zwischen dem heilsbringenden Tod des Märtyrers und dem unheilvollen Sterben des Heiden wird auch im Drama *IACOBVS NACAXIMUS* (Eichstätt 1664) thematisiert. Es führt den heidnischen Tyrannen Bungodonus vor, der neben dem Titelhelden Iacobus auch viele andere Christen ein grausames Martyrium erleiden lässt. Von den Rachegeistern dieser verstorbenen Märtyrer geplagt, begehrt er am Ende des Dramas, in jenes Becken mit kochendem Schwefelwasser[30] geführt zu werden, in dem zahlreiche Christen auf seine Anweisung hin gefoltert wurden und den Tod fanden. Sein Selbstmord ist dem zuvor inszenierten würdevollen Sterben der Märtyrer diametral entgegengesetzt und entbehrt selbst in seiner verzweifelten Unbeholfenheit und Drastik nicht einer gewissen Komik:

> Bungodonus laufft erschröcklich auß dem Schwefelbadt hinaus / vermeint schon von dem Fewer verzehrt zusein / verzweiflet derohalben / und sucht alle mitl sich umb das Leben zubringen / unter dem rufft die gerechtigkeit die ienige auß den grebren / so er einmal umbgebracht hat / welche alle wider ihn rach schreien, da er kein hilff mehr wüste / stost er ihm halb mit einem Messer das Herz ab / und wird erschröcklich / theils von ihm / theils von den gespenstern erwürget.[31]

29 TITUS | JAPON | TRAGOEDIA. | Titus | Ein Edler Japoneser (Konstanz 1741), II 6.

30 Das Eintauchen in Schwefelwasser war eine beliebte Foltermethode in Japan: „Dieses Wasser ist so scharf / und durchdringend / daß es biß auf die Beine das Fleisch verzehrt; ja durch den gantzen Leib dringet" (François Carons und Joost Schouten: Wahrhaftige Beschreibungen dreyer mächtigen Königreiche / Japan, Siam und Corea [...]. Nürnberg 1672. Zitiert nach: Kapitza: *Japan in Europa* [Anm. 11], 507).

31 IACOBVS NACAXIMVS | CVM FILIIS SVIS IOANNE, | MICHAELE, IGNATIO MARTYRIBVS | IAPONENSIBVS | Tragoedia (Ingolstadt 1664), III 8.

*aen de Kaiſar van Japan.* 

ſars wegen. Hy dwong den landbouwers meer op te brengen, als 't geen hooger hand geſtelt was. Met dit overſchot verrijkte ſich d'edelman. 't Verdroot eindelijk den boeren: weshalven klagtig vallen aen den Raed. 't Welk wierd naeuw-keurig onderſocht: d'edelman ſchuldig bevonden: en tot buik-ſnijding gedoemt met zijn gantſche geſlacht. Hy had een broeder in dienſt des Koning van *Fingo*, twee honderd ſeven en veertig mijlen om de weſt van *Jedo*: een oom in *Satſuma*, twintig mijlen verder: een ſoon by den Koning *Kinocoumy*: noch een tweede, ooſtwaerd honderd en tien mijlen buiten *Jedo*, dienende den Koning *Maſſamme*: een derde leggende voor beſetteling binnen 't Kaiſarlijke ſlot *Inquano*. Zijn jongſten ſoon was getrouwt aen d'eenige dochter eens vermaerden koopmans tot *Oſacca*. Voorts hielden ſich twee broeders des edelmans onder 's Kaiſars lijfbende. Deſe alle moeſten, op een dag en uur, om de voornoemde miſdaed van haer vader of broeder den buik ſnijden.

*Alle bloed-vrienden moeten om eens mans miſdaed op een uur haer buik-ſnijden.*

Dit beuls-werk gaet aldus toe. Men rekent binnen wat tijd de boode 's doods tijding aen de verſte brengen kan: wanneer den nader-gelegene: en ſoo vervolgens. Sulx alle, de Sonne hoog zuiden zijnde, gelijkelijk haer ſelven op geſeider wijſe moorden.

*Manier der buik-ſnijding.*

Doch ſoo diep trefte dit ſtraf-oeffenen den koopman binnen *Oſacca*, dat eerlang van hertzeer den geeſt gaf. Zijn dochter wilde inſchelijx haer ſelf 't leven benemen; maer ſorgvuldig bewaerd, ſtierf binnen d'elfſten dag van honger. Hoe 't met de wijven van d'overige afliep, had *Caron* niet vernomen.

*Caſpar Villela*, in zijn brief geſchreven uit *Firando*, den dertienden wijn-maend, des jaers vijftien honderd ſeven en vijftig, getuigt wegens

M 2 dit

Abb. 2: Seppuku-Darstellung, Kupferstich. In: Arnoldus Montanus: GEDENKWAERDIGE | GESANTSCHAPPEN DER | Oost-Indische Maetschappy | in't Vereenigde Nederland, | AEN DE | KAISAREN van JAPAN [...]. Amsterdam 1669, 91, Wolfenbüttel, Herzog August Bibliothek, A: 211.2 Hist. 20.

### *2.3 Heidentum und Grausamkeit*

Doch nicht allein Aberglaube und Affektverfallenheit, sondern auch barbarische Grausamkeit zeichnet die japanischen Heiden aus. Diese steht vor allem auch in Wort und Bild der gedruckten Martyrologien im Zentrum, wie es beispielsweise die Kupferstiche aus Trigaults *DE CHRISTIANIS APVD IAPONIOS |TRIVMPHIS* belegen (Abb. 3–6).[32]

Auch viele Missionsgeschichten, die den Jesuitendramen zugrunde liegen, schildern äußerst brutale und unmenschliche Folterpraktiken. Stellvertretend soll hier aus Crasset zitiert werden:

> [M]an [hat] gewisse Rohr mit Schweffel / Wermuth / und anderen stinckenden Sachen angefüllet / denen Martyrern in die Nase gestecket / das Maul verhalten / und dise stinckende Materi am unteren Theil angezündet. Dise Pein ware so grausam / daß dise arme Leuth nicht allein halb ersticket in Ohnmacht verfallen / sondern auch im Angesicht gantz verbrennet worden. Andere wurden mit zugespitzten Rohren in den Leib gestochen / welche dann oft abbrachen / und in der Wunde stecken bliben. Was aber grausam anzuhören [...] ist / daß man wie die Bohrer verfertigte Rohr in den Leib gedrehet / und mit selben das Fleisch heraus gerissen hat. Sie wurden über dises mit Facklen gebrennet / hierauf an Händ und Füß gebunden / in die Lufft aufgezogen / und also mit knottichten Stöcken geschlagen [...]. Die Weiber [...] zu bezwingen / hat man ihre Kinder in ihrer Gegenwart gebraten.[33]

Die jesuitischen Märtyrerdramen führen Folter und Hinrichtung auf offener Bühne vor. Sie konfrontieren den Zuschauer in der Tradition des senecanischen Theaters direkt mit der Grausamkeit, ohne diese in Botenbericht oder Teichoskopie zu vermitteln.[34] Als eindrückliche Hypertrophie der *atrocitas* mag die Tragödie *Christianomachia Iaponensis* (Luzern 1638) gelten. Hier mutiert die Bühne – der Titel (*Christianomachia* / ‚Kampf der Christen') ist Programm – zu einem gewaltigen Kampfschauplatz und präsentiert sechzehn Einzel- und Gruppenmartyrien sowie

---

32 Trigault gibt auf dem Titelblatt an, sein Werk sei „cum iconibvs Sadelerianis" erschienen. In der Forschung ist allerdings umstritten, welcher Kupferstecher der Familie Sadeler sich hinter dieser Angabe verbirgt. So formuliert Gabriele Greindl gestützt auf eine Korrespondenz zwischen Trigault und dem Münchner Hof die These, dass Raphael Sadeler d. J. das Werk illustriert habe (Gabriele Greindl: Die Briefe Maximilians I. und Elisabeths von Bayern an den chinesischen Kaiser im Jahr 1617. In: Renate Eikelmann [Hg.]: *Die Wittelsbacher und das Reich der Mitte. 400 Jahre China und Bayern.* München 2009, 105–111, hier 108), Nicolas Standaert schreibt die Kupferstiche hingegen Raphael Sadeler d. Ä. zu (Nicolas Standaert: *An Illustrated Life of Christ Presented to the Chinese Emperor. The History of Jincheng shuxiang (1640)* [Monumenta Serica; 59]. Sankt Augustin-Nettetal 2007, 60).

33 Jean Crasset: Außführliche Geschicht | Der | In dem äussersten Welt-Theil | Gelegenen | Japonesischen Kirch [...], Bd. 2. Augsburg 1738, 498.

34 Das frühe jesuitische Drama (zum Beispiel bei Pontanus und Balde) hatte im Rekurs auf Horaz (*Ars poetica* 182–184) sich zunächst gegen die Darstellung von Grausamkeiten auf der Bühne ausgesprochen. Vgl. zur Gewaltdarstellung auf der frühneuzeitlichen Bühne Arnd Beise: Verbrecherische und heilige Gewalt im deutschsprachigen Trauerspiel des 17. Jahrhunderts. In: Markus Meumann und Dirk Niefanger (Hg.): *Ein Schauplatz herber Angst. Wahrnehmung und Darstellung von Gewalt im 17. Jahrhundert.* Göttingen 1997, 105–124, hier 113.

Abb. 3: Martyrium der siebzig Christen in der Hafenstadt Cuchinotzu, Kupferstich. In: Nicolas Trigault: DE CHRISTIANIS APVD IAPONIOS | TRIVMPHIS […]. München 1623, 323, Wolfenbüttel, Herzog August Bibliothek, A: 197 Hist.

Abb. 4: Martyrium der siebzig Christen in Cuchinotzu (Detail), Kupferstich. In: Nicolas Trigault: DE CHRISTIANIS APVD IAPONIOS | TRIVMPHIS [...]. München 1623, 325, Wolfenbüttel, Herzog August Bibliothek, A: 197 Hist.

Abb. 5: In Arima werden siebzehn Christen grausam gefoltert, verstümmelt und geköpft, Kupferstich. In: Nicolas Trigault: DE CHRISTIANIS APVD IAPONIOS | TRIVMPHIS [...]. München 1623, 305, Wolfenbüttel, Herzog August Bibliothek, A: 197 Hist.

Abb. 6: Acht Christen werden in Arima öffentlich verbrannt, Kupferstich. In: Nicolas Trigault: DE CHRISTIANIS APVD IAPONIOS | TRIVMPHIS […]. München 1623, 169, Wolfenbüttel, Herzog August Bibliothek, A: 197 Hist.

zahlreiche Folterungen: Die Christen sollen mit glühenden Kohlen oder in heißen Schwefelquellen zum Glaubensabfall gezwungen werden – diejenigen, die beständig bleiben, werden enthauptet, geröstet, verbrannt oder gekreuzigt: „Benedictus [...] wirdt [...] lebendig verbrennt“[35]; „Ludovicus Jemon wirdt sambt seinen Söhnen enthaupt“[36]; „Simeon und Alexius mit ihren Gesellen werden geführet zu dem warmen Schweffelbad / und grausamlich damit gepeiniget“[37]; „Josephus Asoyemon / Iacobus & Venustus seine Söhn / werden an die Creutz gehäfft / und mit Lantzen durchstochen“[38]; „Iacobus Cusioye wirdt geführet zum Scheitterhauffen [...] werden auch die Kinder zum Schwerdt hingerissen / un jre Häupter der betrübten Mutter fürgeworffen“[39]; „Thomae Quichibioye wirdt mit einer hilzenen Säg daß Haupt hinweg genommen. Christophorus laßt sich diß nit schröcken wurdt derwegen durchstochen“[40]. So gewaltig ist der sadistische Erfindungsreichtum der Japaner, dass im selben Drama sogar der Teufel seinem Staunen Ausdruck verleiht: „Der Teuffel verwundert sich uber der Menschen spitz fündigkeit / in erfindung unerhörter grewlicher Marter“.[41] Im Märtyrerdrama *IACOBVS NACAXIMVS* (Eichstätt 1664) lässt der Statthalter einer Christin sogar die Köpfe ihrer Kinder, die den Märtyrertod erlitten, als eine Art *cena Thyestea* vorsetzen: „Tonus ladt Agatham zu der daffel / werden ihr aber anstat der speisen auffgetragen die blutige Köpff ihrer Kinder / Welches / da sie gesehen / in ohnmacht gefallen ist / und schier vor schmertzen gestorben“.[42]

Diese in den Dramen zentral herausgearbeitete exzessive *crudelitas*[43] erfüllt in den jesuitischen Märtyrerdramen gleich mehrere Funktionen. Sicherlich wird durch die Inszenierung der Gewalt das Publikum in der Tradition der ignatianischen Sinnenschau[44] mit dem Leiden eindrücklich konfrontiert und dadurch

---

35 Christianomachia Iaponensis, | Das ist | Erschröckliche Verfol- | ung und Blutbadt: | Welches im Jahr Christi 1628. 29. und 30. in Japon | wider die Christen angericht worden (Luzern 1638), III 6.

36 Ebd., III 8.

37 Ebd., IV 4.

38 Ebd., IV 2.

39 Ebd., IV 3.

40 Ebd., IV 4.

41 Ebd., IV 5: „Fatetur orcus, superari se sanguineorum mortalium ingenio.“ Hier ist der lateinische Text im Vergleich zum deutschen noch drastischer, da der Teufel sich nicht nur wundert, sondern sogar eingesteht, vom Erfindungsreichtum der blutgierigen Menschen gar übertroffen zu werden.

42 IACOBVS NACAXIMVS (Eichstätt 1664), III 5.

43 Die auf die Bühne gebrachte brutale Grausamkeit kennzeichnet nicht allein die Jesuitendramen – sie findet sich beispielsweise ebenfalls in den Dramen von Lohenstein und Gryphius, gerade auch im exotischen Umfeld einer *Sophonisbe* und *Catharina von Georgien*. Zur Gewaltdarstellung auf der frühneuzeitlichen Bühne: Beise: Verbrecherische und heilige Gewalt (Anm. 34). Zu fragen wäre, inwieweit sich die Grausamkeit japanischer Bühnenfiguren von orientalischen oder europäischen unterscheidet.

44 Die jesuitische Meditation, wie sie in Ignatius von Loyolas *exercitia spiritualia* präsentiert wird, enthält in der *applicatio sensuum*, in der geistigen ganzheitlichen Schau mit allen Sinnen, ein theatralisches Element; vgl. Josef Sudbrack: Die Anwendung der Sinne als Angel-

emotional affiziert. Doch fernab einer nur voyeuristischen Intention[45] ist die Gewalt in den Dramen Mittel zum Zweck, hebt sie doch den Heroismus der Märtyrer umso stärker hervor. Deren Unschuld kontrastiert mit der Perfidie ihrer Verfolger, ihre Leidensfähigkeit in aller Qual verweist auf den Beistand Gottes, der seinen bedrängten Gläubigen die nötige *constantia* verleiht. Indem im Martyrium die Zerstörung des materiellen Körpers zur Schau gestellt wird, schärfen die Dramen zugleich das *vanitas*-Bewusstsein und fungieren als *consolatio* für ein Publikum, dem die Furcht vor den irdischen Übeln und Nöten genommen werden soll.[46]

## 3. *Japanische Christen als europäische Helden*

Im Gegensatz zu den Heiden, die in ihren unchristlichen, barbarischen und affektgeleiteten Handlungen deutlich als ‚fremd' markiert sind, werden die japanischen Märtyrer in ein dem Publikum vertrautes traditionelles Märtyrermodell eingebunden. Dies geschieht hauptsächlich durch zwei Strategien.

Zum einen reihen sich die Märtyrer in eine chronologische, christliche Heldenfolge ein. Sie werden in Analogie zu biblischen und kanonischen Heiligen gestellt und orientieren sich in ihrer Passion an tradierten (biblischen) Codes.[47] Vor allem die Chöre schaffen solche Verweissysteme, wenn sie die jeweiligen Märtyrer mit den biblischen Geschichten von Jephtha[48], Isaak und Jacob[49] oder dem Martyrium der sieben Makkabäer[50] verknüpfen. Die Beschreibung einer Szene des *Titus Japon*-Dramas (Ingolstadt 1657) lautet: „Tito wirdt das Schlacht-Opffer Abrahams zu seinem Beyspill auff dem Berg vorgehalten / desto eyffriger seine drey allerliebste zu dem Todt gutwillig vorgeschickte Kinder / wie auch sich und sein liebste Gemahlin auffzuopffern".[51] Aber auch die *Argumenta* erheben die Zugehörigkeit

punkt der Exerzitien. In: Michael Sievernich und Günter Switek (Hg.): *Ignatianisch. Eigenart und Methode der Gesellschaft Jesu.* Freiburg [u.a.] 1990, 96–119.

45 Die exzessive Gewalt stellte sicherlich auch ein Faszinosum für das Publikum dar, vor al lem wenn genuin japanische Foltermethoden und Hinrichtungspraktiken auf die Bühne gebracht wurden (zum Beispiel das Eintauchen in Schwefelwasser oder die japanische Form der Kreuzigung).

46 Hans-Jürgen Schings: Consolatio Tragoediae. Zur Theorie des barocken Trauerspiels. In: Reinhold Grimm (Hg.): *Deutsche Dramentheorien*, Bd. 1: *Beiträge zu einer historischen Poetik des Dramas in Deutschland.* Wiesbaden 1971, 1–44, besonders 22–36.

47 Typische Handlungselemente sind: Weigerung des Märtyrers, einem heidnischen Gott kultische Verehrung zukommen zu lassen, Gefangennahme und Haft, Verhör und Folter (wobei der Märtyrer weder durch Schmeicheleien noch durch Drohungen und Folter vom christlichen Glauben abzubringen ist), Todesurteil, froher Gang zum Richtplatz, Hinrichtung.

48 Ri 11, 29–40.

49 Gen 22, 1–14.

50 2 Makk 7, 1–42.

51 Titus Iapon | Fünffacher aber lebendiger | Martyrer (Ingolstadt 1657), IV 2. – Diese Parallele findet sich bereits bei Trigault: DE CHRISTIANIS APVD IAPONIOS | TRIVMPHIS (Anm. 4), 228, der vielen der Titus-Periochen als Quelle dient: „Sed prae multis admirabilis mihi videtur neophyti nobilis (Titum appellant) animi magnitudo, quem si quater aut Abraha-

der japanischen Märtyrer zu einer europäischen Heldengalerie zum Thema. So heißt es im Prolog des Luzerner Spiels *TITVS BVCONDONVS* von 1721: „Japonia Europae offert Titum Bucondonum fortissimos inter Europae Heroes meritò numerandum & in templo Gloriae coronandum."[52]

Zum anderen werden die Märtyrerfiguren im Verlauf der Dramenhandlung zu *milites Christiani* stilisiert und dadurch in eine christliche Heldenfolge integriert. Die Jesuiten rekurrieren dabei auf ein Bild, das bereits in der Bibel präsent ist und das Leben eines Christen als Kampf beschreibt.[53] Die frühchristlichen Autoren, vor allem Tertullian, haben dieses sprachliche Bild verstärkt zur Beschreibung der Märtyrer verwendet und deren Heroisierung somit im Rekurs auf die klassischen militärischen Helden gestützt. Explizit ausformuliert findet es sich in den Dramen beispielsweise in folgendem Chor des Dramas *FORTITVDO | JAPONICA* (Straubing 1667):

> Antonius ein Christ in deme er seine Befreundte suecht / ihres Raths in bevorstehender Noth zupflegen / trifft er Ungefähr der Arimenischen Kirchen Schutz-Engel an: Von welchem er mit den Christlichen Waffen wird angethan / und gestärckt / darauff als ein Ritter Christi behertze / zerreist er das Fürstliche Mandat [i.e. das Mandat gegen die Christen].[54]

Deutlich erinnert diese Passage an das Bild des kämpfenden Christen der Paulusbriefe, besonders in Eph 6: „Zieht an die Waffenrüstung Gottes, damit ihr bestehen könnt gegen die listigen Anschläge des Teufels!"[55] In den meisten Dramen wird

---

mum aut alterum Iobum dixero, nihil auxisse mihi videbor" (sinngemäße Übersetzung: ‚Aber vor vielen anderen scheint mir die Geistesgröße des adligen Neophyten (den sie Titus nennen) bewundernswert zu sein, und ich glaube, nicht zu übertreiben, wenn ich ihn einen vierfachen Abraham oder einen zweiten Hiob nenne').

52 TITVS | BVCONDONVS | CHRISTIANAE FORTITVDINIS | Idea. | Daß ist | Titus Bucondonus, | Ein wahres Abbild der Christlichen | Stärcke (Luzern 1721), Prolog (sinngemäße Übersetzung: ‚Japan zeigt Europa Titus Bucondonus, der mit Recht unter die tapfersten Helden Europas gezählt und im Tempel des Ruhms gekrönt werden soll'). Die in der Perioche angeführte deutsche Übersetzung lässt die Erwähnung des Ruhmestempels unter den Tisch fallen: „Japonia rühmet sich bey Europa, daß sie an Tito Bucondono einen Mann habe / welcher denen starckmüthigen Glaubens-Bekenneren wohl könne an die Seyten stehen."

53 Beispiele AT: Ijob 7, 1. NT: Eph 6, 11–17. Schon bald wurde das Bild der *militia spiritualis* von den frühchristlichen Autoren und den Verfassern der Märtyrerakten auf die christlichen Märtyrer übertragen; vgl. Andreas Wang: *Der miles Christianus im 16. und 17. Jahrhundert und seine mittelalterliche Tradition. Ein Beitrag zum Verhältnis von sprachlicher und graphischer Bildlichkeit.* Frankfurt 1975. Wiebke Bähnk: *Von der Notwendigkeit des Leidens. Die Theologie des Martyriums bei Tertullian* (Forschungen zur Kirchen- und Dogmengeschichte; 78). Göttingen 2001, 58–76.

54 FORTITVDO | JAPONICA | Das ist. | Christliche Standhafftigkeit dreyer Starck- | mütigen Blut-Zeugen Christi in Japonien | THOMAE FEIBIOYE, JUSTI | Und JACOBI seiner Söhnen (Straubing 1667), II Chorvs.

55 Eph 6, 11; zitiert nach: Deutsche Bibelgesellschaft (Hg.): *Die Bibel. Die ganze Heilige Schrift des Alten und Neuen Testaments. Nach der deutschen Übersetzung Martin Luthers.* Stuttgart 1984. – In der *Christianomachia Iaponensis* (Luzern 1638) besitzt auch der Neophyt Xiquibu die Waffen Gottes: „Xiquibu thut sich an mit Geistlichen Waffen" (III 4).

die Stilisierung des Märtyrers zum *miles Christianus* jedoch weniger plastisch vor Augen gestellt. Hier erscheint er als Kämpfer auf zwei Ebenen: Zum einen ist seine Seele Schauplatz des Kampfes zwischen der Stimme Gottes (*vox dei*) und des Teufels (*vox diaboli*) – er ficht gegen weltliche Ruhm- und Ehrsucht sowie gegen das eigene Fleisch und dessen Begierden.[56] Der leibliche Märtyrertod ist letzte Konsequenz dieses Kampfes und gleichbedeutend mit der Erringung des persönlichen Heils.

Über diesen inneren Kampf hinaus jedoch partizipiert der Märtyrer als *miles Christianus* auch am metaphysischen Kampf zwischen himmlischen und höllischen Mächten, die hinter den konkreten menschlichen Gegnern stehen. Umkämpft ist hier nicht das persönliche Heil des Märtyrers, sondern dasjenige der Welt. Mit seinem Sterben trägt der Märtyrer dazu bei, den Teufel zu schwächen und den Sieg Christi zu antizipieren. Gerade diesen letzteren metaphysischen Kampf machen viele Japandramen in ihrer Handlung sinnfällig: In den Prologen, Chören und einzelnen Szenen schildern sie die Welt als Schauplatz eines metaphysischen Krieges. Als Beispiel sei aus der Perioche zum Spiel *IACOBVS NACAXIMVS* (Eichstätt 1664) zitiert:

> Der Japonische Teuffel beklagt sich höchlich uber die Glückselige sig / unnd waffen / mit welchen der H. Franciscus Xaverius schier gantz Orient Christo bezwungen. Förchtet sich er möchte auch die gewaltige Insul Japon bekriegen; [...] Derohalben gantz verzweifelt ruefft er sein hellische macht herauß / stellt sich in gute postur und schlachtordnung / damit die tugent kein Fueß könne in die Insul sezen.[57]

Die allegorische Kriegshandlung der Eingangsszene liefert hier ein Erklärungs- und Deutungsmuster für die Christenverfolgung, bei der hinter den heidnischen Machthabern und Götzenpriestern der Teufel steht. Dieses teuflische Heer wird im weiteren Dramenverlauf in seiner Perversion und Grausamkeit geschildert. Nachdem der Jesuitenmissionar Franz Xaver bei seiner Ankunft in Japan das teuflische Heer vernichtend geschlagen hat, heißt es:

> Die Abgötterey ligt in zügen / und will verreckhen; kombt ihr aber zuhilff der Teüffel. Weilandt Königin Elisabeth auß Engellandt / sambt der Ketzerey / welche mit Menschen Blut die Kranckheit zustillen / das einige mitl seye / auß sagten: die Thyranney bringt etliche Menschen Köpff als die beste püllele [i.e. Flaschen]: haltet auch der Abgötterey ein köstliches Pangeth / bey welchem die wilden Thier Taffeldeckher seindt und von Todtenbeinren und Menschen Fleisch getracttirt wird; darauff aber voll und toll / begeben sie sich nach dem Königlichen Hoff alles zuverwürren.[58]

---

56 Häufige Opponenten in diesem Kampf sind in den Dramen zum Beispiel der *amor filiorum* und der *amor Dei* – also die Liebe zu den eigenen Kindern und die Liebe zu Gott. In den Dramen um den Christen Titus, dem wohl beliebtesten Japanstoff, muss dieser seine drei Kinder dem heidnischen Fürsten nacheinander zu Folter und Tod ausliefern, da er seinem Glauben nicht abschwören will. Viele der Titus-Dramen thematisieren die inneren Konflikte, die Titus wegen des fürstlichen Befehls austragen muss.

57 IACOBVS NACAXIMVS (Eichstätt 1664), I 1.

58 Ebd., I 3.

Inmitten des teuflisch-animalischen Heeres, das sich am grausigen Bankett erfreut, befindet sich die Königin von England, die gemeinsam mit der Ketzerei zum Morden aufruft. In vielen anderen Japandramen sind es die calvinistischen Niederländer, die mit dem Teufel im Bunde stehen und die Christenverfolgungen in Japan initiieren.[59] Hier wird ein weiteres Mal deutlich, dass die Grenzlinien der Dramen nicht entlang vertrautem Europa und fremdem Japan verlaufen, sondern katholisches Christentum und Heidentum (ob nun buddhistisch oder protestantisch) einander gegenübergestellt sind.

Zusammenfassend lässt sich also feststellen, dass in den japanischen Märtyrerdramen weniger fremde Helden, sondern Helden in der Fremde auf die Bühne gelangen. In der Stilisierung des Märtyrers zum *miles Christianus* und in seiner Anlehnung an biblische und christliche Helden wird er in ein dem Publikum vertrautes Schema gefügt. Die heidnischen Gegenspieler der Märtyrer erscheinen ebenfalls typisiert als diesseitsverhaftete, affektgeleitete und grausame Diener des Bösen. Kulturelle Eigenheiten wie etwa das *Seppuku*-Ritual oder bestimmte Foltertechniken dienen dabei der negativen Charakterisierung. Das Corpus der japanischen Märtyrerdramen bietet folglich kein exotisch-japanisches Konkurrenzmodell zur eigenen (europäischen) Heroik. Stattdessen propagieren die Protagonisten das Bild einer katholischen Weltkirche, die sich zwar ethnisch heterogen präsentiert, im Glauben jedoch geeint ist. Damit sind die japanischen Märtyrer letztlich vielmehr *milites Christiani* als *milites Iaponi*.

## *4. Potenzierte Fremdheit – japanische Märtyrer in der Fremde*

Abschließend sei ein Drama vorgestellt, das im Kontext des ‚Helden in der Fremde' innerhalb der *Japonica* einen Sonderstatus einnimmt, da es die Fremdheit gleichsam potenziert. Das 1670 in Konstanz zur Aufführung gebrachte Drama *APOSTASIA | FORTITER PROFUSO | SANGUINE ELUTA* stellt dem Publikum die Früchte der jesuitischen Mission in einer neuen Dimension vor Augen. Hier erleidet ein japanischer Christ fernab der Heimat das Martyrium im vom muslimischen Glauben geprägten Afrika. Francesco Sacchinis *HISTORIA SOCIETATIS IESV*, die der Dramenautor als Quelle verzeichnet,[60] berichtet von einem japanischen Christen, der ein neues Leben in Afrika beginnen will. Dort konvertiert er zum Islam, leidet jedoch deshalb unter Gewissensqualen. Als ein portugiesisches

---

59 Das lateinische *Argumentum* des Eichstätter *TITUS CHRISTIANUS*-Dramas von 1735 konstatiert: „Dum Heterodoxos, ut Auctores exercitatae in Catholicos tempestatis, in scenam inducimus, non figmentum, sed veritatem historicam proponimus" (sinngemäße Übersetzung: ‚Wenn wir die Andersgläubigen als Urheber des Sturms, der gegen die Katholiken hervorgerufen wurde, auf die Bühne bringen, dann tragen wir nicht eine Lüge, sondern eine historische Wahrheit vor').

60 Franciscus Sacchini: HISTORIAE | SOCIETATIS | IESV | PARS QUINTA | SIVE | CLAVDIVS. Tomus prior. Rom 1661, § 398. Der Text ist nahezu wörtlich in das *Argumentum* der Perioche eingegangen.

Handelsschiff in den Hafen einläuft, bittet er daher den Kapitän, ihn mitzunehmen und in christliches Gebiet zu bringen. Als der afrikanische König davon erfährt, lässt er dreißig portugiesische Kaufleute des Schiffes gefangen nehmen und droht ihnen mit dem Tod. Daraufhin beschließt der Japaner, sich dem König zu stellen, um ein Blutvergießen zu vermeiden. Am Hof bekennt er sich öffentlich zum Christentum und stirbt nach der Folter den Märtyrertod.

Vor dem Hintergrund der *licentia poetica* amplifiziert der jesuitische Dramenautor das Geschehen und legt den Schwerpunkt auf den zweifachen Gewissenskonflikt des Apostaten, dem er den Namen Jacobus gibt. Sein Glaubensabfall bei der Ankunft in Afrika hat zur Konsequenz, dass er seinen Status als *miles Christianus* verliert und den himmlischen Gütern die weltlichen vorzieht. Dies kommt gleich in der Eingangsszene zum Ausdruck, wenn der König ihn seiner geistlichen Waffen entkleidet und stattdessen mit weltlichen Ehren überhäuft („beraubt ihn der gehabten geistlichen Waffen / behencket ihne an dero statt mit anderen köstlichen Gaaben“[61]). Den nunmehr muslimischen Jacobus will der personifizierte Tod mit sich führen, wird jedoch von der *Divina Providentia* daran gehindert: „der Todt zihlet auff ihn / und wurde den unfruchtbaren Baum außgehawen haben / wo nit die Göttliche Fürsehung sich entgegen gesetzt“[62]. Diese schafft damit die Möglichkeit zu Einkehr und Buße: Schritt für Schritt reift in Jacobus die Erkenntnis seiner Sünde, die er mit dem Abfall vom wahren Glauben beging. Christus selbst tröstet ihn in dieser Verzweiflung und schenkt ihm neue Hoffnung: „Jacobus beweinet hertzlich seine Sünd des Abfalls / wird von Christo auß der Verzweiflung in getröste Hoffnung gestellet“.[63]

Diesem ersten Gewissenskonflikt, der ihn zur katholischen Kirche zurückgebracht hat, folgt ein zweiter, der seinen wiedergefundenen Glauben ins Wanken zu bringen droht: Um nicht an einer Feier zu Ehren Mahomets teilnehmen zu müssen, flieht Jacobus zu einem portugiesischen Handelsschiff und bittet den Kapitän, ihn in ein christliches Land zu bringen. Als der König daraufhin seine Herausgabe fordert und andernfalls die Ermordung der Geiseln ankündigt, kämpfen in Jacob Angst und Liebe miteinander: Diese ermutigt ihn zur Beständigkeit im Glauben, jene zum wiederholten Glaubensabfall („die Forcht tringt ihne zum Abfall / die Liebe zur Beständigkeit“[64]).[65] Doch auch in diesem zweiten Konflikt bleibt der *amor divinus* siegreich: In letzter Minute begibt Jacobus sich an den Hof, um die Gefangenen auszulösen und seinen Glauben zu bekennen. Er stirbt, wie im *Argumentum* beschrieben, einen vorbildlichen Märtyrertod: „In währender

[61] APOSTASIA | FORTITER PROFUSO | SANGUINE ELUTA (Konstanz 1670), I 1.

[62] Ebd., I 5.

[63] Ebd., II 6.

[64] Ebd., IV 6.

[65] Zugespitzt wird der Konflikt vor den Augen der Zuschauer dadurch, dass in zahlreichen Szenen die Not der Portugiesen geschildert wird, die von der Entscheidung des Jacobus abhängig sind (IV 1; IV 5; IV 2; IV 5).

Marter widerholet er zum öffteren die zwölff Articul deß Christlichen Glaubens / rüeffte die allerheyligste Namen JESU und Mariae an / und gab darunder seinen Geist auf".[66]

Das Drama führt dem Zuschauer somit einen radikalen Wandel vor: Jacobus, zu Beginn des Dramas ein Apostat, stirbt am Ende den Märtyrertod. Das Bühnenstück als Warnung vor der Apostasie zu lesen, wie Szarota dies tut,[67] scheint daher zu kurz zu greifen. Ein Blick auf den Prolog liefert einen Hinweis auf die Botschaft des Dramas: „Mahomet durch Krieg und Gottlosigkeit macht ihm schier die gantze Welt anhängig / wird aber verjagt von beyden Tugenden Lieb und Forcht / welche Christus / der das verlohrne Schäflein suchet / außsändet / daß sie die schlaffende Sünder erwecken".[68] Hier wird die doppelte Intention des Dramas deutlich: In Anlehnung an das Gleichnis vom verlorenen Schaf[69] wird in der Figur des Jacobus vorgeführt, dass die Gnade Gottes dem Menschen eine zweite Chance gewährt[70] und Gott seine verlorenen Schafe (auch aus dem fernen japanischen Teil seiner Herde) in allen Ecken der Welt sucht.

Zum anderen jedoch wird in der Verbannung Mahomets, die das Dramenende bereits vorwegzunehmen scheint, eine weitere Aussageabsicht deutlich: Das junge Christentum in Japan, das der jesuitischen Missionierung seinen Ursprung verdankt, bezeugt nun seinerseits das Evangelium in der Welt und bringt Frucht. Indem sich Jacobus in potenzierter *imitatio Christi* für die Kaufleute und zugleich für seinen Glauben opfert, wird er zum Apostel des Evangeliums in der afrikanischen Fremde und trägt dazu bei, den Islam zurückzudrängen.[71] Gerade mithilfe der gesteigerten Fremdheit (Japaner in Afrika) und ethnischen Vielfalt (Japan, Portugal, Afrika) stellt das Drama die katholische Kirche als Weltkirche dar und

---

66 Ebd., *Argumentum*.

67 „Eine echte Warnung vor der Abtrünnigkeit ist dieses Stück: Denn durch die *Apostasia* gerät nicht nur Jacob selber in Seelennot und stirbt eines schrecklichen Todes, nachdem er sich wieder zu Christus bekannt hat, sondern die Abtrünnigkeit zieht auch die Gefahren anderer nach sich, kann auch für andere todbringend werden." (Elida Maria Szarota: *Das Jesuitendrama im deutschen Sprachgebiet. Eine Periochen-Edition. Texte und Kommentare*, Bd. 2.2: *Tugend- und Sündensystem*. München 1983, 2317) Jedoch ist es nicht der Schrecken des Todes, der im Drama überwiegt, sondern der Triumph des Märtyrers. Der These Szarotas, das Martyrium sei als Sühne für die Sünde der Apostasie zu werten (ebd.), kann entgegnet werden, dass sein Opfertod die logische Konsequenz aus der Rückkehr zum Glauben darstellt. Ferner ist es nicht die Apostasie Jacobs, welche die portugiesischen Kaufleute in Lebensgefahr bringt, sondern strenggenommen gerade seine Rückkehr zum Glauben und das damit einhergehende Verlangen, in ein christliches Land zu reisen.

68 APOSTASIA | FORTITER PROFUSO | SANGUINE ELUTA, | ET IN SCENAM PRODUCTA (Anm. 61), Prologus.

69 Lk 15, 1–7.

70 Indem sie seinen Tod verhindert, ermöglicht die *Divina Providentia* erst die Blutzeugenschaft im Martyrium.

71 Auf diese Funktion verweist auch sein Name (in der Quelle des Dramas ist er namenlos): Unter den Aposteln Jesu befanden sich zwei mit Namen Jacobus (Jacobus, Sohn des Zebedäus, sowie Jacobus, Sohn des Alphäus).

führt dem Publikum vor Augen, dass einem jeden Katholiken – in der Heimat und in der Fremde – im göttlichen Kampf als *miles Christianus* eine bedeutende Rolle zukommt.

## *Abbildungsnachweise*

Abb. 1–6: © Herzog August Bibliothek, Wolfenbüttel.

# Im Universum von (fremden) Welten: Über die Erziehung zum Helden im höfischen Musiktheater des 17. Jahrhunderts

*Susanne Rode-Breymann*

Die fremden Helden mischten sich im 17. Jahrhundert unter all die Heroen, die auf den europäischen Musiktheaterbühnen gezeigt wurden. Die Helden der griechischen Mythologie, die im Zuge der Antikenrezeption[1] des Humanismus Eingang in das Musiktheater fanden, und die römischen Helden bekamen von den Rändern der Welt her, aus Persien, Afrika, Indien, Konkurrenz.

Der Ausstellungskatalog *Götterbilder und Götzendiener in der Frühen Neuzeit. Europas Blick auf fremde Religionen* ruft das 17. Jahrhundert als Zeit mit einer „nochmals geschärften philologischen, antiquarischen und historischen Kritik und erweiterten Materialbasis“[2] auf und rückt die Vielfalt von Abhandlungen über die Welt, von Amerika bis China, in den Blick. „Der Bedarf an [...] ethnographischer und religionsethnographischer Literatur“ wie etwa *Alter und Neuer Afrikanischer Sitten/ Trachten/ Götzendienst/ Grausamkeiten und Landschafften Calender [...] Zum ersten mal mitgetheilet/ durch Simon Kolmayer von Elbingen/ Astrolog. & Astronom* (Nürnberg 1678) sei „offensichtlich sehr groß“ gewesen und habe, so Martin Mulsow, „das Bedürfnis nach Exotismus und Sensation“[3] befriedigt. Das Fremde brachte Unbekanntheitsgewinn mit sich und erweiterte die Möglichkeiten auch der Herrscherallegorien im Musiktheater. Dieses Ausgreifen in fremde Welten im Musiktheater ist Thema der nachfolgenden Überlegungen, die – basierend auf der Studie *Musiktheater eines Kaiserpaars. Wien 1677–1705*[4] – exemplarisch an den Habsburger Kaiserhof im 17. und beginnenden 18. Jahrhundert führen.

## *1. Herrscherallegorien*

Musiktheater stand am Hof von Kaiser Leopold I. im Dienst der Herrschaftslegitimation und zeigte Heroengeschichten, mit denen der eigene Stellenwert heraus-

---

1 Vgl. dazu Ulrich Heinen (Hg.): *Welche Antike? Konkurrierende Rezeption des Altertums im Barock*, 2 Bde. (Wolfenbütteler Arbeiten zur Barockforschung; 47). Wiesbaden 2011.

2 Maria Effinger [et al.] (Hg.): *Götterbilder und Götzendiener in der Frühen Neuzeit. Europas Blick auf fremde Religionen* (Katalog zur Ausstellung vom 15. Februar bis 25. November 2012, Universitätsbibliothek Heidelberg). Heidelberg 2012, 11.

3 Martin Mulsow: Josephe.-F. Lafitau und die Entdeckung der Religions- und Kulturvergleiche. In: Maria Effinger [et al.] (Hg.): *Götterbilder und Götzendiener in der Frühen Neuzeit. Europas Blick auf fremde Religionen* (Katalog zur Ausstellung vom 15. Februar bis 25. November 2012, Universitätsbibliothek Heidelberg). Heidelberg 2012, 37–48, hier 38.

4 Susanne Rode-Breymann: *Musiktheater eines Kaiserpaars. Wien 1677–1705*. Hildesheim 2010.

gestellt, und Bilder angemessenen Verhaltens des Herrschers vorgeführt wurden. Um die Weite seines Herrschaftsbereichs vor Augen zu führen, wurde der Herrscher als universal siegreicher Held gezeigt, als ein Held, der in der eigenen Welt wie in fremden Welten (bis hin zur Unterwelt) obsiegt und dessen Machtfülle nicht an den Grenzen seines realen politischen Machtbereiches endet.

Um nur einige Beispiele zu nennen: Der römische Kaiser Hadrian, der römische König Servius Tullius, der syrische König Antiochos, die persischen Könige Kyros und Xerxes, Alexander der Große, Odysseus und Telemachos[5] – sie alle wurden auf der habsburgischen Opernbühne in den Dienst einer Tugendtypologie[6] genommen, und dies nicht mit dem Ziel, historische Persönlichkeiten zu zeigen. Vielmehr ging es um „Verkörperungen universalhistorisch gültiger [...] Wahrheiten und Maximen"[7]. Auf dem Weg der Allegorie wurde so ein Bild von Kaiser Leopold und seinen Herrschertugenden inszeniert und verbreitet,[8] das heißt ein „Rollenmodell, das er verkörperte" oder das er „verkörpern wollte".[9] Dem Musiktheater, das „die Tugenden des Herrschers [...] öffentlichkeitswirksam"[10] vergegenwärtigte, fiel damit eine zentrale Rolle innerhalb der „Selbstthematisierung"[11] des Kaisers zu.

Alexander der Große, Eroberer Persiens, war in Wien zwischen *La Generosità d'Alessandro* (1662) und *L'Euleo festeggiante nel Ritorno d'Alessandro Magno dall'Indie* (1699) mehrfach Titelfigur im Musiktheater. In *La Generosità d'Alessandro* wird Alexander als Ebenbild von Leopolds Großmut (*generosità*) gezeigt. Er gibt „den gefangenen Töchtern des Perserkönigs Darius die Freiheit und diesem sein erober-

5 Zur Schreibweise der Herrschernamen: Wenn im vorliegenden Beitrag von den Musiktheaterwerken am Wiener Hof die Rede ist, werden die Namen dem jeweiligen Libretto folgend verwendet. Am Wiener Hof war es üblich, neben dem italienischen Libretto auch eine deutsche Übersetzung des Librettos zu drucken. Im vorliegenden Text wird aus den deutschen Übersetzungen zitiert.

6 Vgl. Franz Matsche: *Die Kunst im Dienste der Staatsidee Kaiser Karls VI. Ikonographie, Ikonologie und Programmatik des „Kaiserstils"*, Bd. 1 (Beiträge zur Kunstgeschichte; 16,1). Berlin und New York 1981, 238.

7 Ebd., 240.

8 Vgl. Jutta Schumann: *Die andere Sonne. Kaiserbild und Medienstrategien im Zeitalter Leopolds I.* (Institut für Europäische Kulturgeschichte der Universität Augsburg, Colloquia Augustana; 17). Berlin 2003, 14.

9 Christoph Kampmann [et al.] (Hg.): *Bourbon – Habsburg – Oranien. Konkurrierende Modelle im dynastischen Europa um 1700*. Köln [u.a.] 2008, 5.

10 Matsche: *Die Kunst im Dienste der Staatsidee* (Anm. 6), 57.

11 Volker Kapp: Spielen und Mitspielen. Literatur und höfische Repräsentation zur Zeit Ludwigs XIV. In: Fritz Reckow (Hg.): *Die Inszenierung des Absolutismus. Politische Begründung und künstlerische Gestaltung höfischer Feste im Frankreich Ludwigs XIV.* (Atzelsberger Gespräche 1990, 5 Vorträge). Erlangen 1992, 105–139, hier 117. Vgl. ähnlich Maria Goloubeva: *The Glorification of Emperor Leopold I in Image, Spectacle and Text* (Veröffentlichungen des Instituts für Europäische Geschichte Mainz. Abteilung für Universalgeschichte; 184). Mainz 2000, 23: Sie spricht von der Oper „as the favoured genre of the musical, literary and even visual self-expression of Leopold's court".

tes Reich“[12] zurück. 1686, also nach dem triumphalen habsburgischen Sieg gegen die Türken und der Befreiung Wiens 1683, spiegelt Alexander der Große in *Il Nodo Gordiano* Leopolds neues siegreich-triumphierendes Herrscherimage, das heißt seine „Mission der Führung des Abendlandes im Kampf gegen den [türkischen] Erbfeind“.[13] Alexander, so wird im Inhalt zusammengefasst,

> bemächtigte sich selber: und befliesse sich diesen Knopff loß zu binden. Weil er es aber durch andere Mittel nicht zu weg bringen konte / durchnidte er selben mit seinem Schwerdte; Ist auch folgends / wie Weltkündig / zu einem sehr mächtigen Herrscher und Oberherrn der Welt worden. Er besigte mit höchster Ruhmwürdigkeit die Griechen / Persier / und Indianer / unter denen absonderlich den König Porus / welcher jung / starck und sehr tapffer war. Dieses bezeuget Plutarchus in deß Alexanders Leben.[14]

In der Vorrede an Kaiserin Eleonore Magdalena wird die Allegorie auf Leopold mit folgenden Worten erläutert:

> Die Schuld-Pflicht erforderte es / daß der von Alexander durch den Degen entlöste Gordische Knopff an dem glorwürdigsten Geburts-Tag Dero Durchleuchtigsten Gemahlen / Leopold / dessen Helden-Thaten viel ruhmbarer seynd als jene deß Macedonier / zu Befrolockung dienen sollte. Alexander verschenckte Stätt: Dero Großmächtigster Kayser erhaltet anderen die Cronen: Jener stellte die Gebüete zu ruck / dieser macht das bemächtigte wiederumb erstatten: Jener offnete mit dem Degen einen Gordischen Knopff : Dieser entlössete vielfältige Kriegs-Verwirrungen [...].[15]

In *L'Euleo festeggiante nel Ritorno d'Alessandro Magno dall'Indie* schließlich feiert Alexander der Große nach seinen Siegen in Indien am Fluss Euleus seine Hochzeit mit Statira, seine Heerführer vermählt er mit Perserinnen. Bei der 1699 zu Ehren des Thronfolgers Joseph I. aufgeführten Geburtstags-Serenata *L'Euleo festeggiante* wurde an nichts gespart, es wirkten „mindestens 110 Instrumentalisten in zwei Chören“ mit, „davon mindestens 50 Streicher, etwa 40 Bläser und 30 Lauteninstrumente“[16] – verständlicherweise, denn es war eine Aufführung im Freien, am Teich der Favorita, die ein entsprechendes Klangvolumen erforderte.

Die Geschichten der persischen Könige Kyros und Xerxes sind Begebenheiten am Wegesrand der Feldzüge von Alexander: In *Creso* (1678) etwa kämpft der lydische König Kroisos gegen den persischen König Kyros, von dem er gefangen genommen, zum Tode verurteilt, schließlich jedoch begnadigt wird. Am Ende tan-

---

12 Herbert Seifert: *Die Oper am Wiener Kaiserhof im 17. Jahrhundert* (Wiener Veröffentlichungen zur Musikgeschichte; 25). Tutzing 1985, 221.

13 Martin Wrede: Türkenkrieger, Türkensieger. Leopold I. und Ludwig XIV. als Retter und Ritter der Christenheit. In: Christoph Kampmann [et al.] (Hg.): *Bourbon – Habsburg – Oranien. Konkurrierende Modelle im dynastischen Europa um 1700.* Köln [u.a.] 2008, 149–165, hier 157.

14 Niccolò Minato: *Der Gordische Knopff.* Libretto, dt. Übersetzung von Carl Ignaz Langetl. Wien: Susanna Christina Cosmerovius 1686 (A-Wn 406.795-B M), ohne Paginierung.

15 Ebd.

16 Seifert: *Die Oper am Wiener Kaiserhof* (Anm. 12), 362, Anm. 107.

zen die „Planeten um den Kaiser"[17] und führen vor Augen, dass er im „Zentrum der Welt" steht und der „ordnende Mittelpunkt der Welt"[18] ist.

Der persische König Kyros ist kein weiser Herrscher, dem Milde wie Kaiser Leopold angeboren ist, sondern er wandelt sich in der Oper vom strafenden, Kroisos zum Tode verurteilenden Herrscher zum begnadigenden Herrscher. Der lydische König Kroisos, Personifikation habsburgischen Verhaltens, muss Milde dagegen nicht erst erwerben. Ihm ist sie angeboren, und sie greift sogar gegenüber Orsane, dessen Reue Kroisos genügt, um ihn trotz Verrats zu begnadigen – basierend auf der Einsicht, dass Milde „bei der Bekämpfung eines Übels wirkungsvoller" ist „als Gewalt", dass es „vortrefflicher" ist, „einem Volk durch Clementia Grund zu freiem Atem zu geben, als durch Tyrannis Gelegenheit zur Verschwörung."[19] *Clementia* steht auch im Zentrum von *Temistocle in Persia* (1681). Hier ist es Xerxes, der einem Kontrahenten gegenüber Milde walten lässt, der des Verrats an ihm verdächtig ist.

All diese Opern, *La Generosità d'Alessandro* (1662), *Creso* (1678), *Temistocle in Persia* (1681), *Il Nodo Gordiano* (1686), *L'Euleo festeggiante nel Ritorno d'Alessandro Magno dall'Indie* (1699), *Temistocle* (1701), wurden aus Anlass des Geburtstags von Kaiser Leopold I. oder des Geburtstags seines Sohnes Joseph I. aufgeführt: „[A]n denen allerhöchsten Geburths-Tagen derer regierenden Kayserlichen Majestäten" seien, so Johann Basilius Küchelbecker, „etliche unvergleichliche Opern gespielet"[20] worden. Sie sind Teil eines umfangreichen musiktheatralen Korpus von Stücken, die jeweils nur ein Mal, eben zu bestimmten Anlässen, aufgeführt wurden. Im Zeitraum der dritten Ehe von Kaiser Leopold mit Eleonore Magdalena, das heißt zwischen Dezember 1767 und dem Tod Leopolds 1705, wurden mehrere hundert neu komponierte (musiktheatrale) Werke aufgeführt,[21] davon allein rund 120 szenisch realisierte Werke. Das wurde von einem Produktionsteam bewerkstelligt, anfangs bestehend aus dem Librettisten Niccolò Minato, dem Komponisten Antonio Draghi, dem Bühnenbildner und -archtitekt Lodovico Ottavio Burnacini, dem Tanzmeister Santo Ventura und dem Ballettmusikkomponisten Johann Heinrich Schmelzer. Routiniert brachte dieses Team gemeinsam mit Sängern, Musikern, Tänzern und tanzenden Mitgliedern der kaiserlichen Familie eine Produktion nach der anderen auf die Bühne – rund vierhundert[22] während Leopolds Regierungszeit.

Die souveräne Handwerklichkeit und institutionelle Konstanz dieses Teams war Grundlage auch für eine spezifische Kommunikationssituation: Libretto, Musik,

---

17 Rouven Pons: *„Wo der gekrönte Löw hat seinen Kayser-Sitz". Herrschaftsrepräsentation am Wiener Kaiserhof zur Zeit Leopolds I.* (Deutsche Hochschulschriften; 1195). Egelsbach [u.a.] 2001, 217.

18 Ebd., 396.

19 Veronika Pokorny: *Clementia Austriaca. Studien zur besonderen Bedeutung der Clementia Principi für das Haus Habsburg.* Wien 1973, 99.

20 Johann Basilius Küchelbecker: *Allerneueste Nachricht vom Römisch-Kayserl. Hofe. Nebst einer ausführlichen historischen Beschreibung der Kayserlichen Residentz-Stadt Wien, und der umliegenden Oerter.* Hannover 1730, 252.

21 Vgl. Seifert: *Die Oper am Wiener Kaiserhof* (Anm. 12), 486–582.

22 Elisabeth Hilscher: *Mit Leier und Schwert. Die Habsburger und die Musik.* Graz [u.a.] 2000, 128.

Aufführungsort, Bühnenraum und Tanz fungierten im Musiktheatersystem des Wiener Kaiserhofes gleichermaßen als Medien der Kommunikation. Innerhalb dieses ästhetischen Systems sah man sich nicht genötigt, Aussagen mehrfach, durch jede der beteiligten Bühnenkünste kommunikationssicher zu vermitteln. Als kommunikationssicher galt, was entweder durch das Libretto oder die Musik oder den Bühnenraum oder den Tanz vermittelt wurde. Das Gesagte und das Gezeigte standen mithin ebenbürtig im Dienst einer Inszenierung fürstlicher Macht. Das gilt auch für die Darstellung des Fremden: Es war eine Sache der Librettistik, gelegentlich auch eine Sache der Tänze, dies zu verdeutlichen. Die Musik war daran anfangs nicht beteiligt.

## 2. *Kommunikation des Zeigens*

In den Tänzen der Geburtstagsopern für Kaiser Leopold I. geht es um das Durchmessen des Weltkreises: Die an den Aktschlüssen stehenden Tänze führen nach Rom, Delphi, Sparta, Spanien, Persien, Baktrien, Indien, in das „Mohrenland". Es tanzen persische Kriegsknechte (etwa in *Temistocle* [1701]), es tanzen Afrikaner (etwa in *Le Fonti della Beotia* [1682] oder in *Il delizioso ritiro di Lucillo* [1698]). Und immer wieder treten ‚Mohren' auf: „Mohren / so mit der Madema gekommen" tanzen am Ende von *L'Amare per Virtu* (1697) „aus Freud wegen glücklicher Ankunfft in Spanien" oder werden Berenice in der 6. Szene von *La Chioma di Berenice* (1690) mit den Worten überreicht, „diese gefangenen Mohren" schicke ihr Ehemann „wegen Seltsamkeit der Gestalt"[23].

Wenn man genauer auf die Jahreszahlen der Aufführungen schaut, wird ersichtlich, dass es sich um ein Phänomen des Jahrhundertendes handelt. In der zweiten Hälfte der 1660er Jahre, als der habsburgische und der französische Hof auch mit Mitteln der Kunst um ihr höfisches Prestige konkurrierten und mit Hoffesten in allegorischen Wettstreit traten, sah das noch anders aus: Das berühmte, dreitägige Hoffest *Les Plaisirs de l'ile enchantée*, das Ludwig XIV. 1664 im Schlosspark von Versailles veranstaltet hatte, brachte einen Elefanten und ein Kamel auf die Bühne. Die Habsburger ‚antworteten' 1667 mit Rössern, das heißt mit dem Rossballett *La Contesa dell'Aria e dell'Acqua*: „Leopolds Rossballett", so beschreibt es Martin Wrede, folgte

> ebenso wie Leopolds Rittertum den Regeln zeitgenössischer höfischer Ästhetik und politischer Logik, also nicht zuletzt der des höfischen Konkurrenzkampfes mit Frankreich. Es war eine direkte Erwiderung auf das große *Carrousel des cinq nations* des Jahres 1662, auf dem Ludwigs XIV. sich nicht nur als römischer Imperator und Universalherrscher präsentiert hatte, sondern vor allem als erster, recht eigentlich einziger Ritter. [...] Beide Feste verkündeten so grundlegende politische Botschaften, die über die bloße höfische Konkurrenz von ‚Wien und Versailles' weit hinausgingen. [...] Vor der Hofburg gab es [...] die

23 Niccolò Minato: *Die Haare der Berenice*. Libretto, dt. Übersetzung. Wien: Susanna Christina Cosmerovius 1690 (A-Wn 25.623-B).

Antwort: Noch mehr Prachtentfaltung, noch mehr Teilnehmer, Pferde, ‚Maschinen', vor allem aber ein Kaiser, der nicht nur als glanzvolles Individuum auftrat – sondern als Vertreter der dynastischen Kontinuität.[24]

Wie sehr bei solchen Festen und insbesondere bei den Opern zu den Namenstagen des habsburgischen Herrscherpaares der Schauwert und das Zeigen im Vordergrund standen, verdeutlichen zum Beispiel die Worte des hessisch-darmstädtischen Gesandten Justus-Eberhard Passer über *Le Fonti della Beotia* (1682): „[I]n dem grßen Lustgarten zu Schönbrunn", so berichtet er, seien „auf einem grünen gleichen Platz, Zwischen grünen Spallier Vnd Bindwerken, hohe Berge" aufgerichtet worden, „darauf Häußer gebaut, in der mitten gantz offen, Vff Beeden seiten 2. frische Brunnquellen". Ein Höhepunkt des Ganzen seien schließlich die „Bähren Vnd Löwen" gewesen, die im Interludium „aus den Wäldern"[25] gekommen seien.

Der Löwe, „ein vierfüßiges Thier, groß und dick, wild und grausam, von erschrecklichem Anblick", wie in Johann Heinrich Zedlers *Universal-Lexicon* zu lesen, werde „wegen seiner edelmüthigen Freudigkeit, tapffern Stärcke und Hertzhafftigkeit, auch unerschrockenem Gemüthe, der König aller wilden Thiere genannt" und lebe in „Asien, Africa, Persien, und dergleichen warme Länder". Weiter beschreibt er, dass Löwen „zahm erzogen und übers Meer zu uns nach Europa an Königliche und Fürstliche Höfe überbracht", dort „theuer verkaufft" und „theils zur Pracht, theils zum Kampff-Jagen ernähret"[26] würden.

Dieses Wissen über das Tier aus fremden Ländern ging in die zu Eleonore Magdalenas Namenstag aufgeführte „Introduttione d'un balletto" *La Vittoria della Fortezza* (1687) ein. Darin stehen Alexander der Große und Lysimachus einander gegenüber. Lysimachus, „deß Agathocles Sohn / einer der vornehmsten auß Macedonien", der „denen Wissenschaften / fürnehmlich aber der Welt-Weißheit sehr ergeben"[27] war,

hörte vielmahls deß Weltweißen / Callisthenes Sittenlehre an / und war ihme solcher gestalt geneigt / daß er selbigem / als er in deß Alexanders Ungand fiele / und in Ketten gefangen gehalten wurde / Hülff leistete / und ihn der Feßlen befreyte. Worüber Alexander erzörnend / alsobald verordnete / daß Lysimachus von einem Löwen zerrissen werde. Dem zufolg führte man ihn dem erwildten Thiere vor / und nach deme er sich gegen diesen gantz kühnmüthig genäheret / umbwickelte er den rechten Armen mit seinem Uberrock / stoßte selben den Löwen in den Rachen / und risse ihm die Zunge herauß / erledigte sich auch solcher gestalten der vorstehenden Gefahr. Dessentwegen er dann nochmahls von Alexander nicht minder seiner fürtrefflichen Tugend als verwunderbahren Stärcke halben sehr geliebet und werth gehalten wurde.[28]

---

24 Wrede: Türkenkrieger, Türkensieger (Anm. 13), 154–155.

25 Justus-Eberhard Passer an die Landgräfin Elisabeth Dorothea von Hessen-Darmstadt, 30. Juli 1682, zitiert nach Seifert: *Die Oper am Wiener Kaiserhof* (Anm. 12), 788.

26 Johann Heinrich Zedler: *Grosses vollständiges Universal-Lexicon aller Wissenschaften und Künste*, Bd. 18. Halle und Leipzig 1738, 216–218.

27 Niccolò Minato: *Sieg der Stärcke*. Libretto, dt. Übersetzung. Wien: Susanna Christina Cosmerovius 1687 (A-Wst A 24.376), ohne Paginierung.

28 Ebd.

Das wurde auf der Bellaria an einem „Lust-Orth vor der Stadt in Macedonien" gezeigt, „nechst an einem Wald: mit etlichen alten Klüfft-Gebäuden; und mit einem verschlossenen Gebäu / worinnen die Löwen verwahret seynd", und von Löwenwärtern bevölkert, die (in einem Tanz) die Löwen bändigten, bis Alexander dann in der 14. Szene befiehlt, man möge „nicht länger" verweilen, sondern „Lysimachus dem aller ergrimmsten von" seinen Löwen gegenüberstellen, und er werde sich „auch selbsten mit Zusehung dieses Kampffes ergötzen".[29] Löwenführer bringen den Löwen in der 15. Szene herbei – der Kampf kann beginnen, und wie könnte die überlegene Stärke von Lysimachus (in dem Leopold zu erkennen ist) besser ins Bild gesetzt werden als mit einem solchen Kampf gegen einen Löwen, den Lysimachus in der 17. Szene tötet. Entsprechend beeindruckt ist denn auch Alexander, dessen Macht- und Überlegenheitsanspruch angesichts einer solchen Tat zerrinnt.

Dieser Gattungstyp unter den Namenstagopern zielte auf visuelle Vermittlung von (Herrscher und Herrscherin rühmenden) Sinnbildern. Das Zeigen war wichtiger als das Sagen. In einer Kultur, in der Emblematik ein fest verankerter Wissensbestand war, konnte damit gerechnet werden, dass Kommunikation über Bilder auf dem Musiktheater sicher funktionierte.

## *3. Indien*

Kaiserin Eleonore Magdalena brachte zehn Kinder zur Welt, beginnend mit Joseph I., dessen Geburt 1678 mit *La Monarchia latina trionfante* im Hoftheater auf der Cortina gefeiert wurde, einer „aufwändigen Maschinenoper"[30], deren Opulenz Ausdruck der Erleichterung über die Thronfolgergeburt nach zwanzigjähriger Regentschaft von Leopold I. ist. Die staatspolitische Programmatik dieser *Festa musicale* ist offenkundig und wurde durch neun Kupferstiche im Libretto eindrucksvoll visualisiert: Joseph I. muss nicht mehr wie sein Vater Leopold I. mit Rössern gegen die Türken kämpfen (Abb. 1), sondern mit seinem Erscheinen beginnt ein neues Zeitalter. Der Vorhang öffnet sich für einen Helden (Abb. 2), dem kräftigere Tiere vom Ende der Welt zu Gebote stehen, mit denen er die Welt erobern kann. Daran lässt die Handlung von *La Monarchia latina trionfante* keinen Zweifel: Es geht um den Kampf zwischen den vier Weltreichen, personifiziert durch Ninos (den Herrscher der Assyrer), Dareios (den Herrscher der Perser), Alexander (den Herrscher der Griechen) und Caesar (den Herrscher der Römer). Der Sieg und damit die Vorherrschaft gehen letztlich an Caesar, den vielbeschworenen Ahnen der Kaiser des Heiligen Römischen Reiches Deutscher Nation – also an Joseph I.

[29] Ebd.

[30] Michael Ritter: *„Man sieht der Sternen König glantzen". Der Kaiserhof im barocken Wien als Zentrum deutsch-italienischer Literaturbestrebungen (1653 bis 1718) am besonderen Beispiel der Libretto-Dichtung*. Wien 1999, 97.

MARS ORIENTALIS
ET
OCCIDENTALIS.
Das ist:
Eine kurtze jedoch warhafftig-
Historische Erzehlung/
Sr. triumphierenden Römisch-
Kayserlichen Majestät
LEOPOLDI I.
des Gerechten/
Gegen die Unchristen in Orient, höchst-billig vorgenommene Belägerungen/ glücklich-erfolgte Eroberungen/ Sieghafft-gehaltene Feld-Schlachten u. d. g.
Und
LUDOVICI XIV.
des Tyrannisirenden
Königs in Franckreich/
Im Gegentheil wider die Christen in Occident unbilliger Weise beschehene Einfälle/ barbarische Einäscherungen so mancher schöner Städte und Flecken am gantzen Rhein- und Neckar-Strom/ und viel andere unterschiedliche Proceduren und Unbilden mehr/ ꝛc.
Mit unterschiedlichen Kupffern gezieret.
M. DC. LXXXIX.

Abb.1: Leopoldus – Pello Duos, Kupferstich (anonym). In: *Mars orientalis et occidentalis*, o. O. [Wien] 1689, Wien, Österreichische Nationalbibliothek, 77 Dd. 654.

Abb. 2: Elefanten, Kupferstich von Matthäus Küsel. In: Niccolò Minato (Text) und Antonio Draghi (Musik): *Die Sig-prangende Römische Monarchey* […]. Wien 1678, Wolfenbüttel, Herzog August Bibliothek, Hn 4° 13, http://diglib.hab.de/drucke/hn-4f-13/start.htm, 20. Mai 2016.

> ‚Der Elefant ist [...] das beträchtlichste Geschöpf dieser Welt', – so hebt Buffon das Elefantenkapitel seiner Naturgeschichte an [...]: ‚Er übertrifft alle Lebewesen der Erde an Größe und kommt an Klugheit dem Menschen nahe [...]'. In Buffons klassischer Darstellung erstrahlt der Elefant noch einmal in der vollen Glorie von Größe und Weisheit, mit der abendländische Betrachtung ihn umgeben hat, seit er zu Alexanders und Aristoteles' Zeiten imponierend, feierlich und gewandt in ihren Gesichtskreis trat [...]. Der Chorus der Alten ist sich über die einzigartige Intelligenz und Vernünftigkeit des Elefanten einig, und die erbaulich-reizenden Geschichten, die Plinius und Plutarch, Aelian und Oppian von ihm berichten, haben das Entzücken des Abendlandes gebildet, solange es klassisch gebildet war.[31]

Heinrich Zimmer, der große Indienforscher, von dem diese Zeilen stammen, verweist in seiner Natur-, Kultur- und Bewusstseinsgeschichte *Spiel um den Elefanten. Ein Buch von indischer Natur* auf Georg Christoph von Hartenfels *Elephantographia Curiosa* (1714): Sie habe

> antiken Quellen vertrauend, über den Elefanten mehr Material zur ‚Geschichte seines Ruhms' zusammengetragen, als daß sie seine Wirklichkeit erfaßte [...]. Denn seine einzigartige Gestalt, sein bedeutendes Wesen wahrte dem Elefanten die Wunderaura von Ferne und Fabel, auch als er der alten Welt seit Alexanders Zeit vertraute Erscheinung ward: – mitkämpfend in den Heeren der Diadochen, in den Schlachten Pyrrhus' und der Karthager, würdig einherschreitend im Staatspomp der Ptolemäer und den Festzügen der Römer.[32]

Von Hartenfels erwähnt, der Elefant sei „in Deutschland äußerst selten" und er habe „nur einen einzigen zu Gesicht bekommen", was ihm aber „an Fülle der Anschauung versagt blieb, besaß er an Buchwissen", denn er hatte „die antike Literatur durchgepflügt nach Stellen, wo sie den Elefanten erwähnt."[33]

Dieser indische ‚Held' trat 1678 mit *La Monarchia latina trionfante* in die habsburgische (Bühnen-)Welt – auch hier als Buchwissen im Kontext einer umfassenden Auseinandersetzung mit antiker Literatur, die deutliche Spuren im Musiktheater hinterließ: Nach zwei 1686 aufgeführten Opern, die das einsetzende Plutarch-Interesse des Wiener Hofes dokumentieren, griffen zwischen 1695 und 1699 sechs Opern auf Plutarch zurück, gipfelnd in einer Plutarch-Opern-Trias 1699. Im Zuge dessen kam es zu einer Wiederbegegnung mit dem Elefanten: *La Magnanimità di Marco Fabrizio*, 1695 zum Namenstag von Leopold I. aufgeführt, geht auf Plutarchs Parallelbiographien *Pyrrhos und Marius* zurück, und zwar auf die Kapitel 13 bis 21, in denen es um den Krieg zwischen Römern und Tarentinern geht. Zu Pyrrhos' Leuten gehört Kineas, ein Gesandter von großer Klugheit. Nach erfolglosem Verhandeln mit dem Gegner wird er mit dem Bescheid zu Pyrrhos zurückgeschickt, er solle seine Truppen abziehen, sonst werde man weiterkämpfen. Im Gegenzug schicken die Feinde nun ihrerseits einen Gesandten, der mit Pyrrhos

31 Heinrich Zimmer: *Spiel um den Elefanten. Ein Buch von indischer Natur*. Frankfurt am Main 1979, 19.

32 Ebd., 22.

33 Ebd., 21.

über die Freigabe von Gefangenen verhandeln soll. Es ist Marcus Fabricius, ein durch seine Kriegserfahrung hoch angesehener Mann: Er ist absolut unbestechlich (und nimmt trotz seiner Armut das von Pyrrhos angebotene Goldgeschenk nicht an), und er ist vollkommen furchtlos: Pyrrhos konfrontiert ihn, der noch nie einen Elefanten gesehen hat, mit dem größten seiner Elefanten. Fabricius aber bewahrt die Ruhe. Darin erkennen Pyrrhos und Kineas die Ebenbürtigkeit dieses Mannes und treten in philosophische Gespräche mit ihm ein, in denen Pyrrhos' „Bewunderung für die Gesinnung und den Charakter"[34] von Fabricius wächst.

Die Dramatisierung im Libretto von Donato Cupeda schiebt Motive übereinander, Personen (Pyrrhos und Kineas) ineinander, verteilt die Handlungen auf andere Personen, aber die Szene mit dem erschreckend großen Tier findet – allerdings völlig verwandelt – Eingang in das Libretto: Der Diener Lusco hat das Gold, das ihm Pyrrhos gab, nicht weisungsgemäß an Clelia weitergegeben, sondern vergraben. Als ihm Fabricius auf die Schliche zu kommen droht, versucht Lusco ihn mit Hinweis auf ein großes Tier von der Stelle zu verjagen und sagt: „Herr / begib dich doch hinweg; Ich hab erst hier ein wild- und ungeheueres Thier gesehen / es war länger und dicker / als du. Ich weiß nicht / war es ein Löw / oder ein Elephant. Fühle nur / fühle / wie mir das Hertz noch schlagt."[35]

## 4. *Afrika*

Afrika war in der Frühen Neuzeit ein „in geographischen Abschnitten" bekannter Kontinent, der „im traditionellen Weltbild" zwar fest verortet war, „dessen Erstreckung südlich der Sahara" jedoch „erst mit den portugiesischen Entdeckungsfahrten des 15. Jahrhunderts in das europäische Bewusstsein rückte und [...] als eine besonders fremdartige Weltzone empfunden wurde".[36] Noch im 17. Jahrhundert war Afrika als „geographischer Raum [...] Projektionsfläche für Phantasien des Anderen, des Fremden und Nichtidentischen"[37] und blieb „lange ein visuelles Amalgam aus exotischen Tierarten, monsterhaften Fischsorten, und abenteuerlichen Flussläufen".[38]

Petra Feuerstein-Herz hat die im „Zuge dieser Entdeckungsreisen" entstandenen kosmografischen Weltbeschreibungen Afrikas am Beispiel der Herzoglichen Bibliothek zu Wolfenbüttel, das heißt anhand von „Reise- und Missionsberich-

34 Ebd., 33.

35 Donato Cupeda: *Die Großmüthigkeit Deß Marcus Fabricius*. Libretto, dt. Übersetzung. Wien: Susanna Christina Cosmerovius 1695 (A-Wn 407.380-A M), 58.

36 Petra Feuerstein-Herz: Afrika in Wolfenbüttel – Zur globalen Kulturwahrnehmung. In: Claudia Brinker-von der Heyde [et al.] (Hg.): *Frühneuzeitliche Bibliotheken als Zentren des europäischen Kulturtransfers*. Stuttgart 2014, 177–198, hier 180.

37 Bernhard Klein: Randfiguren. Othello, Oroonoko und die kartographische Repräsentation Afrikas. In: Ina Schabert und Michaela Boenke (Hg.): *Imaginationen des Anderen im 16. und 17. Jahrhundert* (Wolfenbütteler Forschungen; 97). Wiesbaden 2002, 185–216, hier 185.

38 Ebd., 200.

te[n], Landeskunden und Topographien über den afrikanischen Kontinent“[39], untersucht und stützt sich dabei auf Marilia dos Santos Lopes Untersuchung zur *Rezeption des Wissens über Afrika auf dem deutschen Buchmarkt im 16. und 17. Jahrhundert.*[40] Bedenke man, so Petra Feuerstein-Herz, „dass über den afrikanischen Kontinent [...] eine vergleichsweise eher geringe Zahl von Büchern publiziert“ worden sei, erstaune es, „in welcher Breite [Herzog] August die entsprechende Literatur gesammelt“ habe. „Bei diesen Werken“ handele es sich

> überwiegend um Berichte von Pilger- und Missionsreisen, Kolonialschrifttum und Reisebeschreibungen, auch um einzelne topographische Werke. Neben den [...] frühen Zeugnissen des Leo Africanus und anderer scheint August kontinuierlich die Publikationen über den afrikanischen Kontinent verfolgt zu haben.[41]

Leider fehlt eine entsprechende Studie über die Büchersammlung von Kaiser Leopold I. Sicher waren aber auch dort die Karten des afrikanischen Kontinents bekannt, anhand derer Bernhard Klein im Band *Imaginationen des Anderen im 16. und 17. Jahrhundert*[42] den Wandel des europäischen Bildes von Afrika beschrieben hat – bis hin zur „wahrscheinlich erfolgreichste[n] Afrikakarte des 17. Jahrhunderts“ von Willem Janszoon Blaeu, die nach „1617 in zahlreichen Auflagen gedruckt“[43] wurde (Abb. 3). Darauf ist der Kontinent kartografisch und zugleich durch Menschen repräsentiert, die an den beiden Seiten der Karte klassifizierend angeordnet sind: „Eine klare Farbhierarchie platziert weiße Nordafrikaner an erster Stelle, nach unten nehmen die Figuren an Dunkelheit und Nacktheit zu.“[44]

Der 1697 zum Geburtstag von Eleonora Magdalena aufgeführte Einakter *Le Piramidi d'Egitto* führt in den Nordosten des afrikanischen Kontinents. Das Stück spielt auf einem Platz in Memphis, darauf (laut Libretto zwei, nach dem Kupferstich im Libretto) eine Pyramide, auf der Bilder und Zeichen zu sehen sind (Abb. 4). Das Stück kommt nahezu ohne Handlung aus: Es belehrt als Dialog des Königs von Ägypten mit je drei vornehmen Herren und Damen aus Ägypten, erschließt emblematische Wissensbestände[45] und zeigt die Anwendung dieses Wissens.[46]

---

39 Feuerstein-Herz: Afrika in Wolfenbüttel (Anm. 36), 180.

40 Ebd., 182. Marilia dos Santos Lopes: *Afrika. Eine neue Welt in deutschen Schriften des 16. und 17. Jahrhunderts* (Beiträge zur Kolonial- und Überseegeschichte; 53). Stuttgart 1992.

41 Feuerstein-Herz: Afrika in Wolfenbüttel (Anm. 36), 187–188.

42 Vgl. Klein: Randfiguren (Anm. 37).

43 Ebd., 207.

44 Ebd.

45 Vgl. dazu Reinhard Strohm: „Costanza e Fortezza“: Investigation of the Baroque Ideology. In: Daniela Gallingani (Hg.): *I Bibiena. Una famiglia in scena: da Bologna all'Europa* (Saggi e documenti; 188). Florenz 2002, 75–92, hier 76: „The passionate sentences with which Michel Foucault describes – or rather deplores – the shift in cultural attitudes from the sixteenth to the seventeenth century in Europe, seem to make the same point in two distinct domains (although they are strung together in a single rhetorical climax): one in the domain of the senses, the other in that of knowledge, memory and learning.“

46 Vgl. dazu Ritter: *„Man sieht der Sternen König glantzen“* (Anm. 30), 185–203.

Abb. 3: Joan Blaeu: Africa. In: Joan Blaeu: *Geographiae Blavianae. Volumen Nonum* […]. Amsterdam 1662, Göttingen, Niedersächsische Staats- und Universitätsbibliothek, GR 2 GEOGR 160:9 RARA.

Spilen in so düstrer Krufft
Heisset wol im Schatten spilen.

Bere. Daß im finstern man stets spilet/
Jeder bey sich selbst befindet/
Das Spil alles Liecht verhület/
Vnd wer spilt/ ist offt erblindet.

Kasse. Vnd nicht was schlechtes ist/ was ich gewonnen hab ; Dieser Schleyr hat die Eigenschafft/ daß er Erleuchtung gebe / die seltzamste Egyptisch Bilderschrifft/ vnd die geheimesten Sinnbilder außzulegen/ vnd dero wahrhafftig- ob gleich allertieffsinnigsten Bedeutnussen zu erklären.

Circ. Dises heisset sich der Göttlichen Tagend theilhafft machen.

Bero. Vnd ertheilet diser kostbare Schleyr einem jeden das Liecht der Weissagung?

Kasse. Vmb zu ergründen/ was jedes Zeichen für ein Geheimbnuß enthalte/ braucht es mehr nicht/ als daß man ihn bey sich habe.

Decor. Bero. Wunderliche Eigenschafft, seltzame Gabe!

Seso. Hier seynd die Piramiden/ hocherhobene Steine / viereckigte Säulen/ ob welcher vnterschiedliche Bilder/ Zeichen/ vnd verborgene Schrifften außgehauter stehen.

Circ. Last vns dise besehen.

Hier

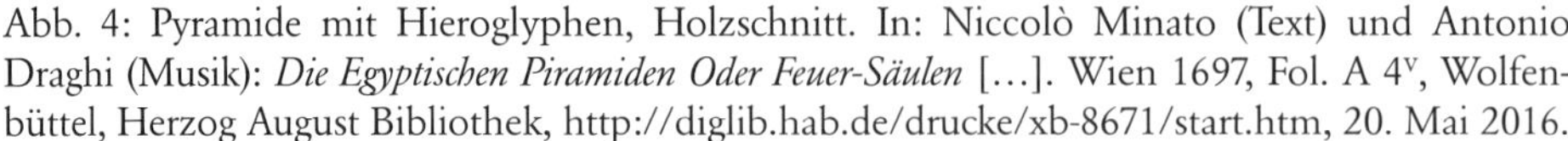

Abb. 4: Pyramide mit Hieroglyphen, Holzschnitt. In: Niccolò Minato (Text) und Antonio Draghi (Musik): *Die Egyptischen Piramiden Oder Feuer-Säulen* […]. Wien 1697, Fol. A 4v, Wolfenbüttel, Herzog August Bibliothek, http://diglib.hab.de/drucke/xb-8671/start.htm, 20. Mai 2016.

König Rassemitico reicht reihum jedem den goldgewirkten Schleier der Proserpina, den er in „deß Pluto Schatten-volle[r] Wohnung" errungen hat und der die Eigenschaft hat, „Erleuchtung [...] für die seltsame Egyptisch[e] Bilderschrifft" zu geben „und die geheimesten Sinnbilder außzulegen / und dero wahrhafftig- ob gleich allertieffsinnigsten Bedeutnussen zu erklären".[47] Erst kommen die drei Männer an die Reihe, unter Wirkung des Schleiers Bedeutungen erklären zu können. Das macht die Frauen nervös. Sie fühlen sich zurückgesetzt: „So setzet man uns noch den Männern nach?",[48] wenden sie gemeinsam ein und verkünden Unwillen und Zorn darüber (schließlich ist dieses ‚kluge' Bühnenstück eine Verbeugung vor der klugen Kaiserin). Dann ist die Reihe an den drei Frauen, aber nun ist es mit der Einhelligkeit nicht weit her, vielmehr müssen sie zunächst eine Regelung finden, wer von ihnen (die Schönste, die Älteste) zuerst zum Zuge kommen soll.

Abgesehen von diesem rudimentären Handlungsgerüst folgt die Dramaturgie des Stücks dem Prinzip des Wissenszuwachses: Unter der Wirkung des Schleiers zählt jede Person zunächst emblematisches Grundwissen auf. Als zum Beispiel Cirene endlich unter die Erleuchtung des Schleiers kommt, sieht sie gleich eine ganze Reihe von Sinnbildern vor dem inneren Auge:

> Der Schwan ist ein Sinnbild der Reinigkeit: Der Biber stellet vor die Liebe deß Lebens: und die Vorbildung deß jenigen / welcher seinen eignen Nutzen ohne deß Nächsten Schaden suchet / ist die Biene / welche von denen Blumen saugt / und sie doch nicht verderbet. [...] So lang das Crocodill lebt / so lang wachst es: Von eben so unersättlicher Art ist der Ehrgeitz / indem er immerdar zuenimt.[49]

Dann erläutert jede Person ein (im Libretto abgedrucktes) Emblem (Abb. 5) und überträgt dessen Bedeutung auf höfische Gegebenheiten, als werde die Fähigkeit zum Transfer des Grundwissens geprüft. Sesostre etwa muss die im Gesicht einem Hund gleichende Gottheit Anubis als Sinnbild der Treue entschlüsseln:

> Der Hund bellet die Feinde an / und schmeichlet den Freunden. Disem folge ein jeder Herrscher nach. Wer wol dienet / werde belohnt / wer übel dienet / weggejagt. Der Hund widersetzet sich durch sein Bellen denen Nachstellungen / und erweckt den jenigen / dem man nachstellet. Dises thue auch jeder vornehmer Hof-Bedienter: Wer übel handlet / dem widerseze er sich; und dem / der schlafft / erwecke er. Der Hund bewahret die Herde vor dem Wolff / und andern wilden Thieren : Der Fürst lasse gleichfals nicht zu / daß der Unschuldige denen Meineydigen Nachstellungen außgesetzet seye / und daß das unschuldige Lamb von den wilden Thieren zerrissen werde.[50]

---

47 Niccolò Minato: *Die Egyptischen Piramiden Oder Feuer-Säulen*. Libretto, dt. Übersetzung. Wien 1697 (A-Wn 406.739-B M), ohne Paginierung, http://diglib.hab.de/drucke/xb-8671/start.htm, 3. Februar 2016.

48 Ebd.

49 Ebd.

50 Ebd.

als wie Flügeln umb den Kopff / vnd in Gesicht wie ein Hund gestaltet? Was ist dises? vnd was bedeutet so selzame Bildnus.

Seso. Dise ist Anubis / eine der Gottheiten von Egypten / ein Erfinder der Sachen / welchen die Landschafft Cinopolis in Hunds-gestalt in ihren Tempel angebettet; nicht ohne sonderbahren Geheimnuß: Dann weilen der Hund ein Sinnbild ist der Treue / vnd bey disen verkehrt- vnd Tugendarmen Zeiten selten eine auffrechte Treue gefunden wird / so verdient wol derjenige / der mit der Treue beziehrt ist / vnter die Götter gestellt zu werden. Ich finde hier auch noch andere Geheimnussen. Der Hund bellet die Feinde an / vnd schmeichlet den Freunden. Disem folge ein jeder Herrscher nach. Wer wol dienet / werde belohnt / wer übel dienet / weggejagt. Der Hund widersetzet sich durch sein Bellen denen Nachstellungen / vnd erweckt den jenigen / dem man nachstellet. Dises thue auch jeder vornehmer Hof-Bedienter: Wer übel handlet / dem widerseze er sich; vnd dem / der schlafft / erwecke er. Der Hund bewahret die Herde vor dem Wolff / vnd andern wilden Thieren: Der Fürst lasse gleichfals nicht zu / daß der Vnschuldige denen Meineydigen Nachstellungen außgesetzet seye / vnd daß das vnschuldige Lamb von den wilden Thieren zerrissen werde.

Was hat vns nicht gelehrt<br>
Das weise Alterthum!<br>
Durch Schatten hats erklärt<br>
Der Nachwelt Eigenthum.

Cire.

Abb. 5: Anubis, Holzschnitt. In: Niccolò Minato (Text) und Antonio Draghi (Musik): *Die Egyptischen Piramiden Oder Feuer-Säulen* […]. Wien 1697, Fol. B 3v, Wolfenbüttel, Herzog August Bibliothek, http://diglib.hab.de/drucke/xb-8671/start.htm, 20. Mai 2016.

Die Männer entdecken unter der Wirkung des Schleiers die Geheimnisse von Vaterlandsliebe, Treue und Gleichmaß der Weltordnung, die Frauen werden bezüglich anderer Themen hellsichtig: Es geht um Treue, Standhaftigkeit, Gradlinigkeit und Nachfolge.

Musiktheater arbeitete, wie dieses Beispiel verdeutlicht, dem höfischen Wissenserwerb über die Fremde zu: Gewährsmann für Ägypten war am Habsburger Kaiserhof Athanasius Kircher, der bekannteste Ägyptenforscher des 17. Jahrhunderts. In ihrer Studie *Welterkenntnis aus Musik. Athanasius Kirchers „Musurgia universalis“ und die Universalwissenschaft im 17. Jahrhundert* hat Melanie Wald die *Musurgia universalis* als Fürstenspiegel beschrieben und auf deren „enge Bindung [...] an den die Musik liebenden und selbst ausübenden Kaiser Ferdinand III. und dessen Bruder Leopold Wilhelm“ hingewiesen: Das, was Kircher „von der Musik erkennt und darstellt“, solle, so Wald,

> eine breite Wirkung gerade bei denen gewinnen, die [...] ihre Prinzipien durch eigene Handlungen jenseits der reinen Musikausübung, nämlich gesellschaftlich umzusetzen vermögen. Damit stellt sich die *Musurgia* letztlich [...] als ein Fürstenspiegel dar und als die ideelle Begründung eines Friedens, der nicht als Unterdrückung jeden Dissenses imaginiert wird, sondern als Harmonie aufgrund von Verschiedenheiten.[51]

Aufgerufen wird dies schon in der Widmung der *Musurgia universalis* an Erzherzog Leopold Wilhelm, also den Onkel von Leopold I. Ein Blatt aus dem *Turris Babel* und ein Blatt aus dem Opernlibretto von *Le Piramidi d'Egitto* (Abb. 6a und b) machen augenfällig, woher das Wissen über Ägypten[52] am Wiener Hof kam.

Die fremde afrikanische Welt wird auch in der *Festa per Musica* namens *Il ritorno di Giulio Cesare Vincitore della Mauretania* von Giovanni Bononcini und Donato Cupeda aufgerufen,[53] die aus Anlass der glücklichen Rückkehr des Thronfolgers Joseph I. nach der Einnahme von Landau in der Rheinpfalz entstand und im Dezember 1704 aufgeführt wurde.

Gut platziert in der Mitte der *Festa* werden Julius Caesar, der Mauretanien unterworfen hat, und König Iuba II., „Ré d'Africa“, den Caesar dort gefangen genommen hat, einander gegenübergestellt. Die Szene zeigt die gewaltige kriegerische Überlegenheit Caesars und steigert das Gefälle zwischen Sieger und Besiegtem drastisch gegenüber den bisherigen Gepflogenheiten im Wiener Musiktheater, in

---

51 Melanie Wald: *Welterkenntnis aus Musik. Athanasius Kirchers „Musurgia universalis“ und die Universalwissenschaft im 17. Jahrhundert* (Schweizer Beiträge zur Musikforschung; 4). Kassel [u.a.] 2006, 180.

52 Vgl. dazu Melanie Ulz: Isis – Maria – Puza. Ägyptenfaszination und Kulturvergleich. In: Maria Effinger [et al.] (Hg.): *Götterbilder und Götzendiener in der Frühen Neuzeit. Europas Blick auf fremde Religionen* (Katalog zur Ausstellung vom 15. Februar bis 25. November 2012, Universitätsbibliothek Heidelberg). Heidelberg 2012, 59–68.

53 Donato Cupeda: Il ritorno di Giulio Cesare. Libretto, dt. Übersetzung von Liesel B. Sayre. In: Susanne Rode-Breymann und Heike Sauer (Hg.): *Programmheft zur Aufführung in der Hochschule für Musik Köln*. Köln 2003, 18–30. Giovanni Bonocini: *Il ritorno di Giulio Cesare*. Partitur. (A-Wn. Mus. Hs. 16.019)

Tolo. Jener Vogel/ welcher mit seinem Schnabel / den er zwischen die außgespreitzte Füsse sencket / ein Lateinisches A, vnd durch den Leib ein Hertze vorstellet ; Wer ist er ? vnd was soll er bedeuten ?

Decor. Mir scheinet keine Bilderschrifft mehr dunckel / auch die seltzamste weiß ich vnschwer außzulegen. Dieser Vogel ist der schwartze Storck/ vnd bedeutet den Mercurius/ welcher in der Alexandrinischen Landschafft in diser Gestalt angebettet worden. Durch das Lateinische A, welches den Anfang bedeutet/ stellet er vielmehr der Vernunfft/ als denen Siñen vor/ daß die Götter ein Anfang seynd alles Guten : vnd durch die Bildnuß deß Hertzen/ welches ein Vrsprung deß Lebens ist / erkläret er Geheimnuß weiß/ daß das Leben in dem bestehe / daß man die Götter im Hertzen führe. Der schwartze Storck ist ein Egyptischer Vogel / vnd verlasset Egypten niemahlen. Ein so schwaches Thier lehret den Menschen/ wie er sein Vatterland lieben solle. Er ist ein Feind der Schlangen / verjaget/ verfolget sie/ vnd machet sie verderben zwischen den Gesträuß vnd Dornhecken. Dises sollen auch die Könige thun / vnd die Schlangen verjagen.

Jener/ der als Fürst vnd Herr
Vber Land vnd Leuth regiert/
Tugenden lieb vnd verehr/
Hasse/ was sich nicht gebührt :

Mir,

Abb. 6a: Schwarzer Storch, Holzschnitt. In: Niccolò Minato (Text) und Antonio Draghi (Musik): *Die Egyptischen Piramiden Oder Feuer-Säulen* […]. Wien 1697, Fol. 2, Wolfenbüttel, Herzog August Bibliothek, http://diglib.hab.de/drucke/xb-8671/start.htm, 12. September 2016.

*Primæua literarum Ægyptiarum fabrica, & institutio facta à Tauto siue Mercurio Trismegisto.*

| | Character Zographus. | Figura literarum Vulgaris. | Græcorum ad eas affinitas. |
|---|---|---|---|
| I. | | ⲁ<br>ⲁⲅⲁⲑⲟⲥ ⲇⲁⲓⲙⲱⲛ dicitur, id est, Bonus Dœmon. | A |
| II. | | ⲅ<br>[illegible] dicitur, id est, Norma. | Γ |
| III. | | ⲇ<br>[illegible] dicitur, id est Bonus ager. | Δ |
| IV. | | V<br>Processus inferiorum ad superiora. Symbolum est. | Y |
| V. | | O<br>[illegible] dicitur, id est, Mundi Dominus. | O |

Abb. 6b: Schwarzer Storch. In: Athanasius Kircher, *Turris Babel, sive Archontologia qua primo Priscorum post diluvium hominum vita, mores rerumque gestarum magnitudo* […], *Buch 3, Linguarum divisio et transmigrationis Gentium Historia continetur*, Kapitel 9, Sektion 1, Amsterdam 1679, 177-178, Heidelberger Bestände digital http://digi.ub.uni-heidelberg.de/diglit/kircher1679/0205, 16. September 2016.

dem ebenbürtige Feinde einander gegenübergestellt worden waren. Caesar, der Inbegriff des sieghaften Helden, brüstet sich Juba gegenüber seiner für das Vaterland vollbrachten Taten und besingt die von ihm vollbrachte gerechte Rache und die von ihm geschossenen Pfeile in einer virtuosen Arie mit einem zwei Oktaven umfassenden Ambitus, als solle musikalisch vorgeführt werden, welchen Raum Caesar einzunehmen imstande ist. Juba antwortet mit einer melismenreichen, verängstigten Arie: Er hat im Krieg die Stärke (*fortezza*) des Caesarischen Arms (*braccio*) kennengelernt und spürt diese real an seinen Fesseln (*laccio*). Das Wertgefälle, die Wert-Unwert-Opposition zwischen Christen und Heiden, zwischen Europäern und (edlen) ‚Wilden'[54], wie von diesen beiden Arien markiert, wird noch deutlicher, nimmt man Caesars Arie hinzu. Auf ungewöhnliche Weise überlagern sich darin zwei Formprinzipien, Da-Capo-Arie und *Chaconne* auf ein viertaktiges fallendes Bassmodell, über dem zwei Soloviolinen virtuos diminuieren. Musikalische Mittel (Artifizialität, Beständigkeit im Bass, aber auch die Anspielung auf das Tanzlied) werden hier in den Dienst der Zeichnung eines vielschichtigen kaiserlichen Charakters genommen.

Habsburgische Stärke und mauretanische Unterlegenheit werden damit musikalisch vernehmbar – nicht im Sinne von musikalischem Exotismus, sondern im Sinne einer musikalischen Personencharakterisierung. Damit ist um die Jahrhundertwende ein erster Schritt getan hin zum musikalisch Hörbarwerden des Anderen, anfangs vor allem einer Musik *alla turca*, die Sache des 18. Jahrhunderts wurde.

## *Abbildungsnachweise*

| | |
|---|---|
| Abb. 1: | © Österreichische Nationalbibliothek, Wien. |
| Abb. 2: | © Herzog August Bibliothek, Wolfenbüttel. |
| Abb. 3: | Bernhard Klein: Randfiguren. Othello, Oroonoko und die kartographische Repräsentation Afrikas. In: Ina Schabert und Michaela Boenke (Hg.): *Imaginationen des Anderen im 16. und 17. Jahrhundert* (Wolfenbütteler Forschungen; 97). Wiesbaden 2002, 215, Abb. 7. |
| Abb. 4, 5 und 6a: | © Herzog August Bibliothek, Wolfenbüttel. |
| Abb. 6b: | © Heidelberger Bestände digital. |

[54] Vgl. Peter Strohschneider: Fremde in der Vormoderne. Über Negierbarkeitsverluste und Unbekanntheitsgewinne. In: Anja Becker und Jan Mohr (Hg.): *Alterität als Leitkonzept für historisches Interpretieren* (Deutsche Literatur. Studien und Quellen; 8). Berlin 2012, 387–416.

# „This borrow'd shape": Barbarische Fremdheit und heroische Täuschung in Elkanah Settles *The Conquest of China, by the Tartars* (1676)

*Christiane Hansen*

Das *heroic play*, wie es für die Bühnen der englischen Restaurationszeit entwickelt wurde, stellt die Frage nach der politischen Bedeutung des Heroischen an zentraler Stelle. Als „fictions of authority"[1] entwerfen die Stücke einen imaginären Raum, in dem politische und gesellschaftliche Ordnungen verhandelt werden und der so im Zentrum der kulturellen Selbstverständigung steht. Die Erosion heroischer Modelle in den 1660er und 1670er Jahren verweist dabei auf tiefer reichende gesellschaftliche und politische Probleme: Etablierte Heroisierungsmodelle waren vor dem Hintergrund politischer und konfessioneller Konflikte zu brisant oder – gerade im Nachgang des Bürgerkriegs – mit nicht konsensfähigen Figuren assoziiert, so dass die vielfach diagnostizierte Krise des Heroischen auf eben diejenigen Konflikte zurückverwies, auf deren Unterdrückung die restaurierte Monarchie aufbaute. Während so die Strategien heroischer Repräsentation von Macht zunehmend problematisch erschienen, blieb die späte Stuart-Monarchie abhängig von heroisch codierter Repräsentation und wurde vor diesem Hintergrund wahrgenommen.[2] Die mittelfristig scheiternde Integrationskraft des Hofs und die zunehmende Kritik an der höfischen Kultur waren wiederum mit einer Verlusterfahrung überschrieben, die sich als zunehmende Artifizialität und Reduktion heroischen Handlungspotenzials artikulierte.

Prägend für das Genre des *heroic play* ist das Handlungsmuster eines ‚Machttransfers': Als politische Extremsituation einer De- und Re-Konstruktion von Autorität, gerade in der projektiven Vergrößerung als ‚Eroberung', interferiert das Heroische mit staatlich monopolisierter Macht. Dies überschneidet sich mit der in der Eroberungssituation angelegten Perspektive auf kulturelle Differenz, wie sie Bridget

1 So Susan Staves: *Players' Scepters. Fictions of Authority in the Restoration.* Lincoln und London 1979. Vgl. zum *heroic play* außerdem Derek Hughes: *English Drama, 1660–1700.* Oxford 1996. Susan J. Owen: *Perspectives on Restoration Drama.* Manchester 2002. Susan J. Owen: *Restoration Theatre and Crisis.* Oxford 1997. Nancy Klein Maguire: *Regicide and Restoration. English Tragicomedy, 1660–1671.* Cambridge 1992. John Douglas Canfield: *Heroes and States. On the Ideology of Restoration Tragedy.* Lexington 2000. Brandon Chua: *Ravishment of Reason. Governance and the Heroic Idioms of the Late Stuart Stage, 1660–1690.* Bucknell 2014.

2 Ausführlich dazu Kevin Sharpe: *Rebranding Rule. The Restoration and Revoultion Monarchy 1660–1714.* New Haven, CT und London 2013. Paula R. Backscheider: *Spectacular Politics. Theatrical Power and Mass Culture in Early Modern England.* Baltimore, MD und London 1993. John Spurr: *England in the 1670s. This Masquerading Age.* London und Malden, MA. 2000.

Orr unter dem Schlagwort „Rehearsing Cultures" beschrieben hat.[3] Im gegebenen Zusammenhang ist entscheidend, dass sowohl die Konstruktionen kultureller Differenz als auch das Heroische selbst als Operationen zu verstehen sind, die auf Grenzziehungen beruhen und in denen Erfahrungen von Fremdheit oder Irritation angelegt sind.[4] Die Konjunktur außereuropäischer, meist orientalischer Schauplätze, wie sie für die *heroic plays* wiederholt diagnostiziert wurde, lässt sich zwar aus der spektakulären Ästhetik des Genres ebenso offensichtlich erklären wie aus dem projektiven Potenzial und der wachsenden politischen und ökonomischen Bedeutung der außereuropäischen Welt.[5] Darüber hinaus jedoch nutzen diese Texte Konstruktionen des Anderen und Fremden als Zugriffsmöglichkeiten auf das Heroisch-Exzeptionelle: Die Veräußerung heroischer Versuchsanordnungen macht die Wirkungsmechanismen heroischer Figurationen sichtbar.

Der vorliegende Aufsatz untersucht diese Konstellation am Beispiel von Elkanah Settles *The Conquest of China, by the Tartars* (1675/76).[6] Dieser Text greift auf fast zeitgenössische Ereignisse zurück, nämlich das Ende der Ming-Dynastie 1644 mit der Eroberung Chinas durch die Mandschu. Er forciert aber den englischen Bezugshorizont: Die kontrastive Repräsentation der feindlichen Lager nähert er an die Darstellungstradition von *Cavaliers* und *Roundheads* an, den beiden opponierenden Gruppierungen in der Zeit des englischen Bürgerkriegs.[7] Gleichzeitig über-

---

3 Bridget Orr: *Empire on the English Stage 1660–1714*. Cambridge 2001.

4 Verallgemeinernd lassen sich Verhandlungen des Heroischen im Rahmen einer kulturellen Arbeit an Grenzen perspektivieren, wie sie wesentlich Bernhard Giesen beschrieben hat: Bernhard Giesen: *Triumph and Trauma* (The Yale Cultural Sociology Series). Boulder, CO [u.a.] 2004. Bernhard Giesen: *Zwischenlagen. Das Außerordentliche als Grund der sozialen Wirklichkeit*. Weilerswist 2010.

5 Vgl. etwa Hughes: *English Drama* (Anm. 1). Canfield: *Heroes and States* (Anm. 1). Orr: *Empire* (Anm. 3). Cynthia Lowenthal: *Performing Identities on the Restoration Stage*. Carbondale, IL 2003.

6 Elkanah Settle: *The conquest of China, by the Tartars. A tragedy acted at the Duke's Theatre. London: Printed by T[homas]. M[ilbourn]. for W. Cademan, at the Popes-Head in the lower-walk of the New-Exchange, in the Strand*, 1676. Das Drama wird im Folgenden im fortlaufenden Text unter Angabe der Seitenzahl zitiert. Settle, der maßgeblich das Genre der *horror plays* prägte, gewann eine „reputation for gratuitous stage violence, bombastic heroic speeches, and lurid stage spectacle that had no literary merit" (Jeannie Dalporto: The Succession Crisis and Elkanah Settle's The Conquest of China by the Tartars. In: *Eighteenth Century: Theory and Interpretation* 45: 2, 2004, 131–146, hier 131). Dieser Wertung entsprechend bleibt die Forschung zu Settle punktuell, zum hier besprochenen Stück vgl. Hughes: *English Drama* (Anm. 1), 98–100. Orr: *Empire* (Anm. 3), 105–109. Jiming Yang: *Performing China. Virtue, Commerce, and Orientalism in the Eighteenth Century England, 1660 –1760*. Baltimore, MD 2011, 32–74. Dongshin Chang: *Representing China on the Historical London Stage: From Orientalism to Intercultural Performance* (Routledge Advances in Theatre and Performance Studies; 34). London 2015. – Von Sir Robert Howards Plänen zu einem stoffgleichen Stück ist nur ein Fragment erhalten; dieses entstand wohl um 1674, nachgedruckt in: *Collected Works of John Wilmot, Earl of Rochester*, hg. von John Hayward. London 1926, 241–247. Ein Briefwechsel indiziert, dass John Dryden eine Bearbeitung dieses Textes plante, diese ist jedoch ebenso wenig nachweisbar; vgl. Dalporto: Succession Crisis, 144.

7 *Roundhead* war ein zunächst abwertender Begriff für die parlamentarische Fraktion mit puritanischer Prägung. Als *Cavaliers* wurden umgekehrt die Royalisten um Charles I. (später

schreibt er die genretypische Eroberungshandlung mit der einer internen Revolution, die ganz offensichtlich auf die Ereignisse in England verweist. Dies wird am deutlichsten in den Cromwellschen Zügen der Lycungus-Figur, einem General der chinesischen Armee, der die königliche Macht an sich reißen will.[8] Gegen ihn wird Zungteus, der tartarische Thronfolger profiliert. Überlagert wird dieser Konflikt von einer Liebeshandlung: Zungteus liebt Amavanga, die Herrscherin einer chinesischen Provinz, die als Mann verkleidet gegen die Tartaren ins Feld zieht und ihn unerkannt zum Zweikampf herausfordert. Erst nachdem er sie vermeintlich erstochen hat, gibt sie ihm ihre wahre Identität zu erkennen.

Das Stück beginnt im tartarischen Lager mit der Exposition der Eroberungspläne und dem ersten Auftritt der verkleideten Amavanga. Der II. Akt kontrastiert damit den chinesischen Hof, wo Orunda, die einzige Tochter des alternden Herrschers, einen Ehemann und damit den chinesischen Thronfolger auswählen soll. Dies wird unterbrochen durch die Nachricht des unmittelbar bevorstehenden tartarischen Einfalls. Vor dem Hintergrund dieser politischen Bedrohung entwickelt sich im chinesischen Lager eine Intrigenhandlung: Quitazo, den Orunda als Thronfolger ausgewählt hat, liebt in Wirklichkeit Alcinda. Als Lycungus, den sie gegen den Rat ihres Vaters abgelehnt hat, dies aufdeckt, will die eifersüchtige Orunda Alcinda umbringen lassen. Orundas Intrige wendet sich jedoch gegen sie selbst, indem die von ihr engagierten chinesischen *villains* sie für die zu tötende Person halten und umbringen, während Lycungus Quitazo und Alcinda gefangen nehmen lässt und sich selbst zum König erklärt. Der scheiternde chinesische Herrscher überschreibt Zungteus – in deutlich dynastischer Symbolik – sein Reich mit dem eigenen Blut. Wie zuvor seine Ehefrauen nimmt er sich das Leben.[9] Zungteus jedoch gelingt es, Quitazo und Alcinda zu befreien und Lycungus zu überwinden. In der letzten Szene tritt schließlich auch Amavanga wieder auf und erklärt sich bereit, als seine Frau auf weitere politische und militärische Ambitionen zu verzichten.

An diesem Stück soll im Folgenden untersucht werden, wie die Differenzkategorie des ‚Barbarischen' als kulturdiagnostisch institutionalisierte, stark rhetorisierte Grenzziehung auf das heroisch Exzeptionelle appliziert wird. Auf die kaum zu unterschätzende Rolle des ‚Wilden' oder ‚Barbarischen' im politischen Imaginären des 17. Jahrhunderts ist vielfach hingewiesen worden. Weitgehend ungeklärt ist jedoch, wie dies spezifisch mit Projektionen des Heroischen interferiert, und zwar zu ei-

---

auch Charles II.) bezeichnet. Beide Bezeichnungen gehen mit einer langfristig verfügbaren Stereotypisierung von Habitusmustern einher; vgl. zusammenfassend unter anderem Blair Worden: *Roundhead Reputations. The English Civil Wars and the Passions of Posterity*. London [u.a.] 2001.

8 Die Figur ist bei Martini vorgeprägt; vgl. Dalporto: Succession Crisis (Anm. 6), 140–141.

9 In dieser spektakulären Szene greift das Stück am deutlichsten auf das Repertoire des *horror play* zurück: „*The Scene opens, and is discovered a Number of Murdred Women, some with Daggers in their Breasts, some thrust through with Swords, some strangled, and others Poyson'd; with several other Forms of Death*" (60).

nem Zeitpunkt, zu dem verschiedene kulturelle Verschiebungen und Konflikte am Heroischen zur Kristallisation kommen. Deshalb soll deshalb zuerst skizziert werden, welche Bedeutung dem ‚barbarischen' Diskurs in Verhandlungen des Heroischen zukommt. In einem zweiten Schritt wird die Semantik einer ‚tartarischen' Differenz in Settles Drama untersucht, um zu prüfen, wie diese an die Aporien des Heroischen in der Restaurationszeit gekoppelt wird. Anschließend widmet sich ein dritter Teil der Darstellung einer politischen Kultur im chinesischen Reich, die sich – wie zu zeigen sein wird – vor allem durch Täuschung und Ästhetisierung auszeichnet. Schließlich wird anhand der Begegnungen der beiden zentralen Figuren, Zungteus und Amavanga, die heroisch-admirative Wirkungsmechanik analysiert, die sich als Erfahrung des Fremden gestaltet. Auf dieser Grundlage wird erkennbar, wie Settles Drama das Heroische vereinnahmt und harmonisiert.

## *Heroisches im imaginären Jenseits von Kultur*

Projektionen eines vorpolitischen ‚Naturzustands' gewinnen in der zweiten Hälfte des 17. Jahrhunderts eine außerordentliche Bedeutung. Die Konjunktur dieser Denkfigur ist, so konstatiert Berensmeyer, „selbst für eine so polemische Epoche radikalen gesellschaftlichen Wandels erstaunlich":[10] Als Spekulation über das Jenseits kultureller Ordnung liefert der ‚Naturzustand' ein Passepartout, dessen sich in der englischen Restaurationszeit sämtliche politischen Gruppierungen in unterschiedlichen Zusammenhängen bedienen. Die Produktivität des ‚Barbarischen' in Verhandlungen des Heroischen ergibt sich vor allem aus der bezeichnend uneindeutigen Stellung des Heroischen in Entwürfen von ‚Kultur'. So dient das Heroische auf der einen Seite der Verständigung um die Normen und Werte, die als ‚Kultur' verstanden werden, und führt in symbolischer Verkörperung dieser Normen Kultur überhaupt erst herbei: das ‚Wilde' oder ‚Barbarische' wird zum agonal und normativ Anderen, in dessen Überwindung das Heroische sich manifestiert. Zugleich verweist das Heroische als Phänomen residualer Fremdheit auf das Überwundene zurück, auf einen anthropologisch also ‚roheren' Zustand, der sich – angeblich – durch höhere Authentizität und durch individuelle *agency* jenseits von rechtlich kodifizierten Ordnungen auszeichnet. Vor allem jedoch lässt sich in einer solchen rückwärtsprojizierenden Ausgrenzung eines ‚barbarischen' Fremden das eigene System politischer Legitimation validieren. Konstruktionen des ‚Barbarischen' sind so ganz spezifisch mit der Erfahrung des Bürgerkriegs verschränkt. Gegen diesen ‚barbarischen', gesetzlosen Hintergrund profiliert etwa Drydens panegyrisches Gedicht *Astraea Redux* (1660) die Restauration der Stuart-Monarchie als vergilische Wiederkehr eines Goldenen Zeitalters:

---

10 Ingo Berensmeyer: *„Angles of Contingency". Literarische Kultur im England des siebzehnten Jahrhunderts* (Anglia; 39). Tübingen 2007, 182. Christopher F. Loar: *Political Magic. British Fictions of Savagery and Sovereignty, 1650–1750.* New York 2014. Staves: *Sceptres* (Anm. 1), 253–314.

The rabble now such freedom did enjoy,
As winds at sea, that use it to destroy: [...]
They own'd a lawless, savage libertie;
Like that our painted ancestors so priz'd,
Ere empire's arts their breasts had civiliz'd.[11]

Analog zur römischen Eroberung Britanniens legitimiert sich folglich nicht nur der restaurierte Herrscher, sondern, abstrahierend, staatliche Ordnung überhaupt – „empire's arts" – als kulturstiftende Kraft. Dementsprechend wird in der Restaurationszeit der Vorwurf des ‚Barbarischen' gegen alles verwendet, was den Grundlagen der eigenen politischen Ordnung entgegengesetzt scheint.[12] In der rhetorischen Verflachung politischer und anthropologischer Naturrechtsdiskurse dient das ‚Barbarische' somit weniger der allgemeinen kulturellen Differenzierung denn einer normativen Ausgrenzung.

Figurationen des ‚Barbarischen' finden sich im Restaurationsdrama zunächst nur vereinzelt. Prominent ist der Selbstentwurf von John Drydens Almanzor im *Conquest of Granada* (1672), der sich als *noble savage* außerhalb politischer und religiöser Bindungen positioniert.[13] Bezeichnenderweise bleibt er jedoch nicht nur eine Einzelfigur, sondern wird schließlich in das christlich-spanische Reich integriert. Auch die vorrömische Vergangenheit Großbritanniens, die auf der elisabethanischen Bühne mehrfach aufgeführt wurde, gewinnt als dramatischer Stoff erst in den 1690er Jahren wieder Konjunktur, und zwar in dezidierter Abgrenzung zu den orientalischen Stoffen der *heroic plays*.[14] Im Falle der Eroberung Chinas ist jedoch entscheidend, dass die Tartaren nicht – wie etwa die vorrömischen Briten – die historisch überwundene, sondern die erobernde Kultur stellen. Diese Konstellation steht im Zentrum der europäischen Abhandlungen über die Tartaren. Martino Martinis *De Bello Tartarico* (Erstdruck 1654) wurde nicht nur – noch im gleichen Jahr – ins Englische, sondern auch ins Deutsche, Niederländische, Französi-

---

11 John Dryden: Astræa redux. In: *The Works of John Dryden*, Bd. 1, hg. von Edward Niles Hooker [et al.]. Berkeley, CA 1956, 22–31, hier 23. Vgl. zur Rhetorik der *Astraea* ausführlich Berensmeyer: *„Angles of Contingency"* (Anm. 10), 226–232. Ingo Berensmeyer: The Art of Oblivion: Politics of Remembering and Forgetting in Restoration England. In: *European Journal of English Studies* 10: 1, 2006, 81–96.

12 Vgl. dazu Jennifer Richards: Introduction. In Jennifer Richards (Hg.): *Early Modern Civil Discourses*. Basingstoke 2003, 1–18.

13 Almanzor erklärt, er sei „as free as Nature first made man | 'Ere the base Laws of Servitude began | When wild in woods the noble Savage ran" (John Dryden: *The Conquest of Granada*. The Works of John Dryden, Bd. 11, hg. von John Loftis [et al.], Berkeley, CA 1978, Teil I, I.i 207–209).

14 Vgl. insbesondere das Drama von George Powell (*Bonduca, or, The British heroine a tragedy, acted at the Theatre Royal by His Majesty's servants, with a new entertainment of musick, vocal and instrumental.* London: Printed for Richard Bentley, 1696), eine Bearbeitung von Fletchers *Bonduca*, sowie Charles Hopkins' *Boadicea* (1697). Ausführlich dazu Jodi Mikalachki: *The Legacy of Boadicea. Gender and Nation in Early Modern England* (English Literatur: Renaissance Studies). London und New York 1998, 115–149. Wendy C. Nielsen: Boadicea Onstage before 1800, a Theatrical and Colonial History. In: *Studies in English Literature, 1500–1900* 49: 3, 2009, 595–614.

sche, Spanische und Portugiesische übersetzt, Juan de Palafox y Mendozas Darstellung erschien 1671 in London als *The History of the Conquest of China by the Tartars*, einflussreich war außerdem der *Atlas Chinensis* (in englischer Übersetzung: London 1671), der ebenfalls einen Schwerpunkt auf die tartarische Eroberung legt.[15] Deutlich prominenter waren chinesische Stoffe in den Niederlanden, wo die kulturellen Kontakte und auch die kolonialen Interessen stärker ausgeprägt waren, sowie im Theater der europäischen Jesuiten, deren missionarische Interessen in China sich im ausgehenden 17. Jahrhundert verstärkten.[16] Die sehr unterschiedlich kontextualisierten Quellen betonen jedoch alle den Kontrast der beiden beteiligten Kulturen und die exemplarische politische Bedeutung der Eroberungshandlung: In der Konfrontation der Tartaren mit der chinesischen Hochkultur konstituiert sich das prototypische ‚Barbarische' nicht als eine alternative Ausprägung menschlicher Kultur, sondern als Gegensatz zu Kultur, der nur im Verhältnis zum angeblich Überlegenen überhaupt fassbar wird. Gleichzeitig wird die Kategorie des ‚Barbarischen' genutzt, um dem Un-Vertrauten, in den Parametern von Kultur womöglich gar nicht zu Beschreibenden, Evidenz zu verleihen. Sie ruft zudem eine bis in die Antike zurückreichende Tradition der Indienstnahme des ‚Barbarischen' zur kulturellen Selbstdiagnose auf, die in der Frühen Neuzeit etwa von Machiavelli oder Montaigne fortgesetzt wird.[17] In der englischen Restaurationszeit gewinnt diese jedoch eine spezifische Färbung.

Während die Tartaren schon im europäischen Spätmittelalter zum Inbegriff des ‚Barbarischen' avancierten, bleiben ihre Beschreibungen in Reiseberichten und

---

15 Martino Martini: *Bellum Tartaricum, or The conquest of the great and most renowned empire of China, by the invasion of the Tartars who in these last seven years, have wholy subdued that vast empire. Together with a map of the provinces, and chief cities of the countries, for the better understanding of the story*. London: Printed for John Crook [...], 1654. Arnoldus Montanus [et al.]: *Atlas Chinensis being a second part of A relation of remarkable passages in two embassies from the East-India Company of the United Provinces to the vice-roy Singlamong and General Taising Lipovi and to Konchi, Emperor of China and East-Tartary*. London: Printed by Tho. Johnson for the author. London, 1671. Vgl. zum Hintergrund Jürgen Osterhammel: *Die Entzauberung Asiens. Europa und die asiatischen Reiche im 18. Jahrhundert*. München 1998. Walter Demel: China im 17. Jahrhundert: Kriegsgebiet oder Friedensreich? In: Ronald G. Asch [et al.] (Hg.): *Frieden und Krieg in der Frühen Neuzeit: Die europäische Staatenordnung und die außereuropäische Welt*. München 2001, 543–560. Yang: Performing China (Anm. 6), 56–59. Robert Markley: *The Far East and the English Imagination, 1600–1730*. Cambridge 2006, 104–142.

16 Vgl. zum historischen Zusammenhang Dalporto: Succession Crisis (Anm. 6). Charles E. Ronan und Bonnie B. C. Oh (Hg.): *East Meets West: The Jesuits in China, 1582–1773*. Chicago 1988. Raymond Dawson: *The Chinese Chameleon: An Analysis of European Conceptions of Chinese Civilization*. London 1967.

17 Vgl. Loar: *Political Magic* (Anm. 10). Hinrich Fink-Eitel: *Die Philosophie und die Wilden. Über die Bedeutung des Fremden für die europäische Geistesgeschichte*. Hamburg 1994. Monika Fludernik: Der ‚Edle Wilde' als Kehrseite des Kulturprogressivismus. In: Monika Fludernik [et al.] (Hg.): *Der Alteritätsdiskurs des Edlen Wilden. Exotismus, Anthropologie und Zivilisationskritik am Beispiel eines europäischen Topos* (Identitäten und Alteritäten; 10). Würzburg 2002, 157–176. Christian Moser und Daniel Wendt: Das Barbarische – ein Grenzbegriff der Kultur. Einleitung. In: Carla Dauven-van Knippenberg [et al.] (Hg.): *Texturen des Barbarischen. Exemplarische Studien zu einem Grenzbegriff der Kultur*. Heidelberg 2014, 7–27.

Abhandlungen des 17. Jahrhunderts begrifflich unscharf. Die Tartaren werden erst in der Konfrontation, und vor allem aus der Differenz heraus evident: Wiederkehrende Aspekte sind eine unklar abgegrenzte Ausdehnung des Machtraums, das Fehlen einer konsequenten staatlichen Organisation und das Fehlen einer Stadtkultur. Ihre Typisierung bedient erwartbare Muster, die an antike Konstruktionen des ‚barbarischen' Anderen anknüpfen, vor dem Hintergrund der kulturellen Selbstdiagnosen der Restaurationszeit jedoch neue Relevanz gewinnen.[18] Prägend sei dabei die unverfälschte Einwirkung der Natur. So schreibt William Temple in seiner Abhandlung *Of Heroic Virtue* (1690) über die Tartaren: „The Tartars, by the hardness and poverty of their country and their lives, are the boldest and fiercest people in the world, and the most enterprising".[19] Stereotyp ist ebenfalls die Darstellung als ‚unverdorben' aufrichtig, also agierend jenseits von Täuschung und Illusion. Juan de Palafox y Mendoza etwa hält fest, die Tartaren seien „endued with many excellent Qualities, and shew themselves to be very noble and generous in all their Actions. They are very frank and open, and observe the performance of their word and promise very punctually in time of Peace, when they are out of fear of an Enemy".[20]

Die Darstellung des chinesischen Reichs ist scharf kontrastiv angelegt. Im Gegensatz zu anderen orientalischen Kulturen galt China im frühneuzeitlichen Europa nicht als Reich tyrannischer Willkürherrscher, sondern wurde mit herausragen-

18 Zentral sind Grausamkeit und Furchtlosigkeit im Kampf, so etwa Richard Blome: *A geographical description of the four parts of the world, taken from the notes & workes of the famous Monsieur Sanson, geographer to the French King, and other eminent travellers and authors to which are added the commodities, coyns, weights, and measures of the chief places of traffick in the world, compared with those of England, (or London) as to the trade thereof: also, a treatise of travel, and another of traffick, wherein, the matter of trade is briefly handled: the whole illustrated with variety of useful and delightful mapps and figures.* Gent 1670, 88–89: „they are very rude, barbarous, and revengeful, not sparing their *enemies*, who in revenge, they eate, first letting out their *Blood*, which they keep using it as *Wine* at their *Feasts*". Vorsichtiger formuliert Juan de Palafox y Mendoza: „The greatest Vice of the *Tartars* is, their Cruelty in War, where they are very sanguinary. And it is reported, that they have been transported to that excess, as to eat the Flesh of their Enemies, which is a most barbarous Inhumanity; but of this, there is no certain proof, neither doth it appear, that the whole Nation is guilty of that Vice; perhaps this was only the rage of some few of the most barbarous, and the very Dregs of the people." (Juan de Palafox y Mendoza: *The history of the conquest of China by the Tartars: together with an account of several remarkable things concerning the religion, manners, and customes of both nations, but especially the latter/ first writ in Spanish by Senõr Palafox y Mendoza and now rendred English.* London 1671, 449)

19 William Temple: *Miscellanea, the second part in four essays: I. Upon ancient and modern learning; II. Upon the gardens of Epicurus; III. Upon heroick vertue; IV. Upon poetry. The 2nd ed.* London: Printed by J. R. for Ri. and Ra. Simpson, 1690, 194.

20 Palafox y Mendoza: *The history* (Anm. 18), 447. Die Semantik der Aufrichtigkeit wird im Restaurationskontext besonders brisant: zum einen vor dem Hintergrund einer Selbstwahrnehmung als theatrale Kultur, zum anderen im Verweis auf den politischen Diskurs des Puritanismus; vgl. Berensmeyer: *„Angles of Contingency"* (Anm. 10), 234. Steven N. Zwicker: England, Israel, and the Triumph of Roman Virtue. In: Richard H. Popkin (Hg.): *Millenarianism and Messianism in English Literature and Thought 1650–1800.* Leiden [u.a.] 1988, 37–64.

der historischer Kontinuität und Stabilität in Verbindung gebracht. Ein außerordentlicher Grad an Zivilisiertheit manifestiert sich vor allem in Zuschreibungen zeitloser ‚Weisheit' und in einer idealen staatlichen wie bürokratischen Organisation. Wichtig ist aber, dass China nicht mit einem kriegerisch fundierten Moralkodex assoziiert wurde und – damit verbunden – auch keine heroische Signatur trug. So arbeitet etwa William Temple heraus, dass die friedliche Prosperität und die fehlende agonale Energie, auch im Sinne einer Effeminisierung, das Reich angreifbar machen: „the excellence of the Chinese wit and government renders them, by great ease, plenty, and luxury, in time effeminate, and thereby exposes them to frequent attempts and invasions of their savage neighbours".[21] In der Konfrontation Chinas mit den Tartaren liegt also eine Entkopplung von heroischem Habitus und politischer Größe vor, die in Settles Drama als Experimentierfeld genutzt wird, um Wesen und Geltungsansprüche heroischer Figurationen zu verhandeln.

## *Tartarische Differenz in heroischer Perspektive*

Die heroische Semantik, die in Settles *Conquest of China* aus der Darstellung der tartarischen Eroberer entwickelt wird, zielt wesentlich auf ein Phantasma menschlicher *agency*, das sich in Gewalt, Affekt und Körperlichkeit sowie in der Vorstellung radikalen Wandels manifestiert: Die politische Ordnung des chinesischen Reichs konstituiert sich so vor dem Hintergrund einer ‚barbarischen' Differenz. Die Eingangsszene stellt die Überschneidung eines *furor heroicus* mit einem *furor barbaricus* im Sinne eines seit dem Mittelalter tradierten Schreckbilds in den Mittelpunkt.[22] Die Rhetorik der Tartaren kreist um stark affektiv besetzte Schlüsselbegriffe wie *vengeance*, *rage*, *glory* oder *triumph*. Rekapitulationen vergangener Siege überschneiden sich mit ebenso plastischen Antizipationen ihres Siegs über das chinesische Reich: „Imperial Heads in Blood, and Thrones in Dust, [...] The falls of Kings, and Martyr'd City's flames" (2). Ein solcher *furor* manifestiert sich auch in der Metaphorisierung: Feuer wird als Leitmetapher dem eisigen Klima ihrer Herkunft entgegengesetzt und exponiert ein Volk, das der agonalen Macht seines Lebensraums überlassen wird.[23] Dabei bezieht Blut als zweite Leitmetapher die Ebene der Körperlichkeit ein: Ein Mangel an ‚Zivilisiertheit' wird folglich mit einer naturhaft-ursprünglichen, noch nicht von Kultur vermittelten Vitalität assoziiert. Der auf *agency* angelegten heroischen Semantik entspricht außerdem die un-

---

21 Temple: *Miscellanea* (Anm. 19), 194. Vgl. dazu Yang: Performing China (Anm. 6), 34–38. *Wit*, ein Schlüsselbegriff der höfisch-literarischen Kultur im späten 17. Jahrhundert, wurde auch von Davenant in den Zusammenhang von ‚Zivilisation' gestellt; vgl. dazu Loar: *Political Magic* (Anm. 10), 53.

22 Ein heroischer *furor* wird wichtig besonders im Hinblick auf Gewalt und Affekt; vgl. Helmut Birkhan: Furor Heroicus. In: Alfred Ebenbauer (Hg.): *Das Nibelungenlied und die Europäische Heldendichtung*. Wien 2006, 9–39.

23 Appellativ gewendet schon in Zungteus' einleitender Rede: „The Gods that froze your Climate, warm'd your Blood" (1).

terliegende Zeitstruktur. In der Semantisierung der Tartaren wird der Aspekt von *swiftness*, rascher Bewegung, in Selbst- und Fremdzuschreibungen wiederholt hervorgehoben und der in sich stagnierenden, vergangenheitsorientierten chinesischen Kultur gegenübergestellt. Dem korrespondiert schließlich eine explizite Abkehr von diskursiven, reflexiven Problemlösungen auf der tartarischen Seite.[24] Die für die chinesischen Akteure zentralen Dimensionen von Recht und Gesetz fehlen, stattdessen werden *custom*, *honour* oder *manliness* als Referenzwerte herangezogen, die noch nicht in eine Verrechtlichung übergegangen sind.

Spezifisch für den Kontext der restaurierten Monarchie erscheinen in diesem Zusammenhang zwei Aspekte. Erstens sind die im Stück zugrundegelegte Zeitstruktur und die Vorstellung grundlegenden Wandels für die Restaurationsepoche ganz offensichtlich problematisch besetzt. Die Hoffnung auf politische Stabilität, auf der die Restauration der Monarchie gründet, geht mit einem spezifischen, normativ grundierten Ordnungsverständnis einher, das – gerade unter dem Einfluss von Hobbes – auf einer entschiedenen Abgrenzung von einer ‚barbarischen' Ordnungslosigkeit beruht.[25] Das Heroische ist hier wieder ambivalent positioniert, da es einerseits normative Wertordnungen verkörpert, diese andererseits aber gerade durch deren Transgression sichtbar macht und zusätzlich mit Prozessen kultureller Dynamik assoziiert scheint. Indem die Repräsentation der kollidierenden Kulturen im vorliegenden Text jedoch sowohl die tartarische Figuration radikalen Wandels als auch die statische Größe des chinesischen Reichs problematisiert, greift Settles Drama einen Konflikt auf, den Andreas Anter als eine grundlegende Paradoxie von ‚Ordnung' beschrieben hat: Ordnung gewinnt Stabilität nur durch Flexibilität, die Ordnung nur garantieren kann, „indem sie Unordnung zuläßt, wenn nicht sogar institutionalisiert".[26] Insbesondere scheinen politische Systeme darauf angewiesen, die Notwendigkeit ihrer Ordnung präsent zu halten, was regelmäßig durch Rekurse auf ihren Gründungsakt, und damit den Zustand *vor* der Ordnung, geschieht.[27] Im Restaurationskontext einer *culture of oblivion*, die

---

[24] So beendet der tartarische König die einleitende Diskussion: „Disputes should be by Priests, not Monarchs made" (4).

[25] Andreas Anter zeigt, dass das politische Denken seit Hobbes nicht nur genealogisch auf das Problem der Ordnung zurückführbar ist, sondern Ordnung als „spezifisches *Ordnungswollen*" auch normativ zugrunde legt (Andreas Anter: *Die Macht der Ordnung. Aspekte einer Grundkategorie des Politischen*. Tübingen [2]2007, 60 [Hervorhebung im Original]).

[26] Ebd., 55. Vgl. ähnlich Giesen: *Zwischenlagen* (Anm. 4), 17–18.

[27] Anter: *Macht der Ordnung* (Anm. 25), 55. Anters Überlegungen überschneiden sich hier mit den Überlegungen zu Herausbildungen normativer Ordnungen, wie sie im Rahmen des Exzellenzclusters „Normative Ordnungen" (Frankfurt am Main) skizziert werden. Im Mittelpunkt dieser Überlegungen steht die Annahme, dass Normen nicht theoretisch isoliert existieren, sondern im Sinne einer „embedded rationality" in Institutionen, Bildern und insbesondere in „Rechtfertigungsnarrativen" verdichtet werden. Indem Rechtfertigungsnarrative über die bestehende Ordnung hinausweisen, bieten sie jedoch gleichzeitig Raum für Aushandlungsprozesse; vgl. Rainer Forst und Klaus Günther: Die Herausbildung normativer Ordnungen. Zur Idee eines interdisziplinären Forschungsprogramms. In: *Normative Orders Working Paper Series* 1, 2010, publikationen.ub.uni-frankfurt.de/opus4/frontdoor/

das Vergessen des Vorausgegangenen an entscheidender Stelle der politischen Ordnung implementiert, wird jedoch gerade dies unterdrückt und von Fiktionen dynastischer Kontinuität überlagert.[28] Spezifisch für das *heroic play* erscheint der Versuch, das Heroische im Zusammenhang von normativ-stabilisierenden, Veränderungsprozesse ausblendenden Narrativen anzuwenden.

Zweitens forciert Settles *Conquest of China* den spezifisch englischen Bezugshorizont, indem er die kontrastive Repräsentation der feindlichen Lager, wie erwähnt, an die Darstellungstradition von *Cavaliers* und *Roundheads* annähert, damit die zunehmende Enttäuschung über die restaurierte Monarchie ins Blickfeld rückt und gleichzeitig die genretypische Eroberungshandlung mit derjenigen einer internen Revolution überschreibt, die ganz offensichtlich auf die englische Revolution verweist. Indem also eine innere Bedrohung des chinesischen Reichs die außenpolitische Bedrohung überlagert, wird der Transfer der staatlichen Macht an die tartarischen Eroberer ausgeblendet. Zugleich legitimiert die Heroisierung der Zungteus-Figur die tartarische Herrschaft.[29] Zungteus wird zwar als herausragender tartarischer Krieger eingeführt, ist aber – gerade durch die Zerrissenheit zwischen Liebe und Krieg – als prototypische, und damit vertraute Figur eines *heroic play* gestaltet. Ferner berichtet er, in Friedenszeiten Teile seiner Erziehung in China genossen zu haben, vielsagend in der Phase seiner Mann-Werdung: „Where Child wears out, and growing Man appears" (6). Zungteus' heroische ‚Differenz' erweist sich so nicht nur in der exzeptionellen Verkörperung der tartarischen Tugenden, sondern auch in seiner Entfremdung von ihnen, die perspektivisch unterschiedlich bewertet wird: Kommt der chinesische Herrscher zu einer Höchstwertung,[30] so provoziert Zungteus aus Sicht der übrigen Tartaren, maßgeblich der seines Vaters und seines Ratgebers Palexus, den Vorwurf der Effeminisierung.[31] Da Männlichkeit bei den Tartaren als normativer Referenzwert gilt, wird jede Abweichung als ‚weiblich' abgewertet. Zugleich – und damit zusammenhängend – überschnei-

---

deliver/index/docId/8125/file/ForstGuentherDie_Herausbildung_normativer_Ordnungen._Zur_Idee_eines_interdisziplinaeren_Forschungsprogramms.pdf, 29. März 2016. Rainer Forst: Zum Begriff eines Rechtfertigungsnarrativs. In: Andreas Fahrmeir (Hg.): *Rechtfertigungsnarrative. Zur Begründung normativer Ordnung durch Erzählungen* (Normative Orders; 7). Frankfurt am Main [u.a.] 2013, 11–28.

28 Vgl., vor allem zum Fiktionscharakter, Berensmeyer: „*Angles of Contingency*" (Anm. 10), 215–216.

29 Diese Aufwertung der Eroberer entspricht in weiten Teilen der Darstellung bei Martini, der auf die Assimilationsleistung der Tartaren einerseits und die gewonnene Machtstabilität andererseits verweist – so auch in der Hoffnung auf neue Möglichkeiten jesuitischer Einflussnahme in China.

30 Der Verweis auf Zungteus' Exzeptionalität legitimiert dabei die eigene politische Resignation: „*Zungteus* has a mind so God-like, great, | And Generous, he can no Equal meet. When e'r he fights, unmatch't he has the Odds; | Who fights with him makes War against the Gods" (40).

31 So urteilt Palexus: „In this unmanly, and so mean design, | From Duty and from Honour you decline" (8); später Theinmingus: „Such an Effeminate design will shame | Thy sleeping Ancestors untainted Fame" (8).

det sich das Gendering der Figur mit kultureller Zugehörigkeit und Differenz, betont also Zungteus' Annäherung an die hochgradig zivilisierte, dabei aber als unheroische, feminisierte chinesische Kultur.

Entsprechend wird im Falle von Zungteus auch das Verhältnis des Helden zum politischen Machtmonopol doppelt pointiert: Erstens wird es mit einem Vater-Sohn-Konflikt auf der tartarischen Seite überschrieben, zweitens in der dynastischen Vereinnahmung durch den chinesischen Herrscher wiederum harmonisierend eingebunden. Indem Zungteus jedoch als genrespezifische heroische Figur eines heroischen Dramas erkennbar wird, wird er als solche auch evident, verliert also seine potenzielle Fremdheit: Die Transgressivität der heroischen Figur, wesentlich Affekt und Gewalt, wird auf den tartarischen Hintergrund der Figur verlegt, somit im vertrauten Rahmen kultureller Differenzzuschreibungen fixiert und in ihrem Irritationspotenzial sichergestellt. Die Zuschreibung heroischer Qualitäten an eine kulturell fremde Figur dient folglich – als vereinnahmender Mechanismus – einer Harmonisierung des Heroischen.

## *Versionen des Theatralen auf chinesischer Seite*

Während das tartarische Stereotyp auf Maskulinität, naturhafte Authentizität und kriegerische *agency* zielt, profiliert die Bühnenhandlung auf der chinesischen Seite den Aspekt der Täuschung. Assoziiert mit einer metadramatischen Ebene und codiert als kulturelle Opposition lenkt diese Verschränkung den Blick auf die Wirkungsmechanismen heroischer Differenz. Die theatrale Kultur am chinesischen Hof wird im II. Akt exponiert mit dem Maskentanz der zwölf möglichen Thronfolger, die sich dem König und der Prinzessin präsentieren: „*Enter twelve Princes in Masquerade, mask'd, Quitazo and Licungus being of them, a Maskal Dance is performed; which ended, the Princes unmask, and the King and Princes rise*" (10). Dramaturgisch zielt diese Szene in denjenigen Bereich von Künstlichkeit und Verstellung, die dem zuvor exponierten tartarischen Lager fremd ist: Gerade die für die Tartaren hervorgehobenen Dimensionen von Natur, Körperlichkeit, *agency* und rascher vorwärtsgerichteter Bewegung werden im Maskentanz distanzierend und ästhetisierend unterdrückt. Die zwölf Prinzen erweisen sich zudem als Spektrum von Entwürfen des Maskulinen – ganz deutlich im Kontrast zu den intern wenig differenzierten, ausgesprochen männlichen Tartaren. Zudem wird die chinesische Kultur nachdrücklich als eine visuelle gekennzeichnet: „let your Eyes | Mark out that worth" (10), weist der König seine Tochter an, und auch diese leitet ihre Überlegungen mehrfach vom Sehsinn ab.[32] Das ‚Barbarische' steht also einer hochgradig visuellen Inszenierung von Kultur entgegen, die nicht auf einen ästhetischen Be-

[32] Zuerst formuliert sie noch skeptisch („My Eyes my greatness wrong" [10]) und wirft auch ihrem Vater vor, sich vom Sehsinn täuschen zu lassen („How can your wandring fancy stray so far | That your weak Eyes their merit can compare" [11]). Sie bleibt aber selbst durchgängig auf der visuellen Ebene.

reich beschränkt ist, sondern ganz unmittelbar politische Entscheidungen herbeiführt.

In diesem Zusammenhang ist auch die Wahl der Tochter überaus bezeichnend. Der König beschreibt Quitazo in der Semantik eines Melancholikers („gloomy Face“, „angry and disdainful frown“, „Sullenness that scorns a Crown“ [10]), was durch die Tochter jedoch umgedeutet wird: „something seems Imperial in his brow“ (10); „His Gallantry is in that Look exprest“ (11); „see what charms his softer looks impart“ (11); „A Modesty in this dark brow I find; | The noblest mark of an Illustrious mind“ (11). Die Wertvorstellungen, die an eine Herrscherfigur geknüpft werden – *imperiality*, *gallantry*, *nobility* –, werden ebenfalls als visuelle Codes artikuliert. Indem Orunda als Frau, in der passiv distanzierten Rolle eines Publikums vor einer Bühne, über die politische Zukunft Chinas entscheiden muss, forciert die Szene nicht nur die Frage nach der Legitimation politischer Autorität, sondern perspektiviert sie im Rahmen frühneuzeitlicher Überlegungen zu Wahrnehmung und Illusion.[33]

Diese Exposition politischer Entscheidungen auf ästhetischer Grundlage zielt offensichtlich in den Bereich der spektakulären Repräsentation und Inszenierung königlicher Macht. Settle ergänzt dies mit Beispielen von Verstellung und Täuschung, die nicht primär dem ästhetischen Geltungsbereich zugeordnet sind. Diese sind in der metatheatralen Tektonik wiederum miteinander assoziiert: Orunda nutzt die Verkleidung, um sich in ihrer Rolle als eifersüchtige Liebende der politischen Verantwortung zu entziehen, Quitazo und Alcinda nutzen Schäferkostüme für ihr heimliches Treffen – ein Verweis auf die Tradition der pastoralen Dichtung.[34] Bezeichnenderweise wendet sich Orundas Intrige dann jedoch gegen sie selbst, da ihre eigene Identität durch die Verkleidung ebenso unkenntlich wird wie die ihres Opfers: So verteidigt sich der Mörder gegen den Vorwurf, die falsche Frau umgebracht zu haben, mit dem Hinweis „’Tis a Woman in disguise, | And ’tis by that Description that she Dies“ (48). Indem ausgerechnet die Verkleidung zum bestimmenden Merkmal wird, führt die Szene die Möglichkeiten zuverlässiger Identifizierung *ad absurdum*.

Die Intrige des Lycungus beruht ebenfalls auf Täuschung, dient aber umgekehrt der Anmaßung politischer Macht. Indem Lycungus seine individuelle *agency* einer göttlich legitimierten, statischen Macht entgegensetzt, formuliert er sein Vorhaben als Herausforderung der Götter, die er in die Rolle eines passiv bewundernden Publikums verweist:

---

33 Den epistemologischen Hintergrund diskutiert ausführlich Berensmeyer: *„Angles of Contingency“* (Anm. 10), 133–140.

34 So Quitazo: „For thus in borrow’d Shapes the Gods of old | In Masquerade did their Love-Parleys hold“ (45). Vgl. zum Bezugshorizont der pastoralen Dichtung Pilar Cuder-Dominguez: Reconceiving Gender Alterity. Political Commentary in Woman-Authored Plays (1669–1713). In: Rüdiger Ahrens (Hg): *The Construction of the Other in Early Modern Britain: Attraction, Rejection, Symbiosis* (Anglistische Forschungen; 433). Heidelberg 2013, 73–84, hier 80–81.

Ye Gods of *China*, if you are such tame
And inoffensive things, as our *Priests* frame,
Whose Pious Eares and Eyes and tender Sense
Delights in nought but Good and Innocence:
Draw back your Sun, and vele [sic.] your selves in night:
I shall Act Deeds, which all weak Eyes will fright.
But if the Nature of your God-Heads be
Couragious, savage, feirce and bold like me.
Heav'n wear no Clouds, and Gods take a full view:
Look and Admire at what my Hand dares do. (33–34)[35]

Durch die erneute Fokussierung auf die visuelle Wahrnehmung einerseits, das mittelbar weibliche Gendering der so apostrophierten Götter andererseits[36] rekurriert Lycungus auf die vorausgehende Maskentanzszene. Er profiliert außerdem seinen heroischen Selbstentwurf gegen eine göttliche Allwissenheit, die sich mit einem passiven Publikumsstatus überschneidet. Sein daraus abgeleiteter Revolutionsversuch gründet auf der Abhängigkeit politischer Autorität von militärischer Macht: Gehorsam, so argumentiert er, beruhe auf (Ehr-)Furcht. Solche könne jedoch nicht königliche Größe, sondern nur militärische Gewalt hervorrufen.[37] Konsequent löst er sich somit selbst aus der Rechtsverbindlichkeit souveräner Herrschaft. Im offensichtlichen Rekurs auf die Erfahrung des englischen Bürgerkriegs reflektiert die Passage so den Missbrauch heroischer Muster zur Anmaßung von Macht. Diese Haltung wird jedoch gerade nicht dem ‚barbarisch'-tartarischen Lager zugerechnet, sondern dem chinesischen Reich. Politische Ordnung wird damit als ein Zustand gefasst, der durch (pseudo-)heroische Selbstentwürfe ständig gefährdet bleibt.

Die chinesischen Auftragsmörder (*villains*) schließlich, die Orunda engagiert, werden immer wieder mithilfe eines ‚barbarischen' Vokabulars beschrieben: Sie erscheinen als „Rude Savage Villains" (47), animalisiert als „Barb'rous Dogg" (52) von einer „bruitish ignorance" (48). Entscheidend aber wird das semantische Spektrum von *furor*, Körperlichkeit und Affekt im Falle dieser Figuren nicht herangezogen: Ihre monströse Grausamkeit ist nicht ihr eigentliches Wesen, sondern – wie die Fähigkeit zur Verstellung – skrupelloses Kalkül.[38] Im Gegensatz zur Auf-

---

35 Der gestürzte König fordert komplementär dazu die Götter auf, angesichts solcher Verbrechen der Erde das Licht zu versagen: „Spangled with Bloody Comets may the Ayr | All hung with Black, the Garb of Horror wear, | Your Heav'n, and you more Night, more Darkness need | To be the fit Spectatours of this Deed" (57).

36 So sind Attribute der Götter („tender", „innocence", „weak", „fright") mit Weiblichkeit assoziiert, während Lycungus' Selbstentwurf („Couragious, savage, feirce and bold") auf Maskulinität abhebt.

37 Lycungus überkreuzt dabei politische, sakrale und wirkungsästhetische Ebenen: „But though we Souldiers through the World strike Awe; | We make Obedience, but Kings give it Law. | And all the Trophies of a Conquering Sword | Do but build Temples, where their Name's ador'd. | Men dread the Voice of Thunder, but admire | And Reverence the Gods that lend it fire" (54).

38 So konstatiert der 1st Villain auf Orundas Versuch, ihre königliche Autorität geltend zu machen: „Madam, we own no Soveraign but Gold" (47).

richtigkeit der Tartaren repräsentieren sie eine diabolische Kehrseite von Kultur, die Konzepte heroischen Handelns in eine an Auftrag und Gewinn ausgerichtete Verhaltenslogik überführt: „Though murd'ring I have my profession made; | No Artist but may fail once in his Trade" (48).

## *Heroische Täuschung als Erfahrung des Fremden*

Es ist jedoch die Amavanga-Figur, die den thematischen Komplex der Verstellung am deutlichsten auf das Heroische hin fokussiert. Amavanga, verkleidet als Mann in Rüstung, ruft als weibliche Stellvertreterin eines männlich imprägnierten Heroismus das den Chinesen scheinbar fehlende ‚Männliche' umso deutlicher auf. Jedoch ist ihr der amazonische Habitus gerade nicht selbstverständlich verfügbar, sondern sie äußert schon in der Eingangsphase massive Zweifel am Erfolg der eigenen Verstellung und an ihrem dafür notwendigen Mut: Ihre weibliche Identität scheint ständig durch die angenommene maskuline Rolle hindurch und stellt diese als Verkleidung aus. Eine solche Künstlichkeit haftet etwa den britisch-amazonischen Dramenfiguren nicht an: Dort steht im Gegenteil verstörende Brutalität im Vordergrund, die über das weibliche Gendering ausgegrenzt wird. Ein solches amazonisches Angstbild bedient Settles Amavanga gerade nicht: Während bei Zungteus ein primär ‚heroischer' Zug (codiert etwa als *courage*, *fierceness*, *resolution*) in seiner ‚tartarischen Natur' zu liegen scheint, ist Amazonisch-Heroisches bei Amavanga immer bereits Verstellung gegen ihre ‚Natur'. Dies perspektiviert Settle sowohl als Verstellungsleistung als auch als Effekt. Die Überlegungen zu Verstellung und Täuschung werden so mit einer wirkungspoetischen Reflexion auf die heroische Konstruktion verbunden. Das Gendering der Figur dient weniger einer Stellungnahme im Geschlechterdiskurs, als dass es die implizite Theatralität des heroischen Habitus bloßlegt: Auf derjenigen kulturellen Entwicklungsstufe, die dem chinesischen Reich zugeschrieben wird, ist das Heroische nur noch im theatralen Modus verfügbar.[39]

In der Anfangsphase der Handlung sucht Amavanga die eigene Verstellung noch als Wagnis heroischer Größe zu kennzeichnen und als solches zu legitimieren. Die Dimensionen, gegen die die Täuschung profiliert wird („World", „Empire") verstärken den Eindruck einer agonalen Leistung. Die Bildlichkeit assoziiert ihr Unternehmen jedoch zugleich mit Lycungus' Ambitionen:

---

39 Diese metadramatische Qualität wird durch die theatergeschichtliche Perspektive des Epilogs betont: Dort lässt Settle Mary Lee, die Darstellerin der Amavanga, reflektieren, dass im elisabethanischen Theater die Frauenfiguren von Männern gespielt wurden – auf der Restaurationsbühne, wo erstmals Schauspielerinnen auftraten, diese also konsequenterweise auch männliche Rollen übernehmen sollten. Entscheidend verortet Settle auch hier die Amavanga-Figur in einem ästhetischen Geltungsraum und hebt den Grenzbereich zwischen Rolle und verkleideter Identität hervor. Vgl. zur Anverwandlung des Amazonenmotivs ausführlich Yang: *Performing China* (Anm. 6), 32–74.

Amavanga in this borrow'd shape,
Will th'Eye of a deluded World escape:
All danger of discovery I defie.
Ile look, and speak, and act a part so high,
Shall cheat an Empire. (4)

Aus der Perspektive der erfolgreich getäuschten Tartaren gewinnt Amavanga gerade aus dieser Verstellung heraus jedoch heroische Züge, die als Erfahrung von Fremdheit gefasst werden: Der intransparente Grenzbereich von Identität und Rolle generiert eine spezifisch heroische Inkommensurabilität. Zwei Passagen aus dem Stück zeigen dies besonders deutlich. In der ersten trifft Zungteus erstmals mit der verkleideten Amavanga zusammen, die von ihrer ebenfalls verkleideten Vertrauten Vangona begleitet ist. Er zeigt sich nicht nur beeindruckt von der heroischen Größe des Gegners, sondern artikuliert auch die eigene Schwäche gegenüber der Figur und deren paralysierende Wirkung, die er sich nicht erklären kann. Ausweichend bedient er ein semantisches Spektrum des Magischen und – unklar davon abgegrenzt – des Sakralen. Während die unterliegende Erotisierung der Szene an dieser Stelle nur dem Publikum evident wird, fokussiert Zungteus' Reaktion die Nähe von Bewunderung und Staunen zu Verunsicherung und Furcht:

Ha! There's Enchantment there, and something stole
Through that soft Circle, has surpriz'd my Soul.
I cannot fear, and yet me thinks I quake
Dar'd by that breath, my trembling Spirits shake.
Great God's! what sudden Chill has seiz'd my blood;
Something – no matter what; be't ill, or good,
I blush for't, and 'tis gone. (4–5)

Wichtig ist, dass die so umrissene Reaktion gerade diejenige Ebene der Körperlichkeit betrifft, die bei den Tartaren mit dem unverfälschten heroischen Habitus verschränkt wurde. Erneut wird die visuelle Wahrnehmung betont („Something I feel so Sacred at thy sight" [5]). Als überwirklichen Einfluss betont Zungteus die irritierende körperliche Präsenz der in ihrer Wirkung nicht greifbaren Figur („Some Divine pow'r has humane likeness worne" [5]) und nähert diese sakral konnotierte Macht gleichzeitig dem Schrecken an („If supernatural pow'r this terrour draws" [5]). Im cartesianischen Verständnis des Admirativen ist dabei die ethische Qualität („ill, or good") des Auslösers nicht zu entscheiden. Vangonas Mahnungen, der offensichtlich irritierte Zungteus könne die Verkleidung durchschauen („a searching wonder in the Princes Eye" [4]), spiegeln schließlich eine erkenntnistheoretische Dimension des Staunens, wie sie die neuplatonische und christliche Erkenntnislehre prägt.[40] Indem Settle die Szene poetologisch auf die admirative

40 Berührt ist damit erstens der Überschneidungsbereich von staunender Bewunderung und Schrecken beziehungsweise Furcht, außerdem zweitens das ambivalente Verhältnis des Staunens zur Erkenntnis (so versteht die christlich-mittelalterliche Philosophie *stupor*, die Steigerungsform der *admiratio*, als Vernunft-Starre), und schließlich drittens die von Descartes geprägte Auffassung des Staunens als primär ästhetische Emotion; vgl. Nicola Gess:

Ästhetik des *heroic play* hin perspektiviert und deren Künstlichkeit herausarbeitet, geht er so über die dramatische Ironie der Begegnung deutlich hinaus.

Zweitens, und verschärfend, konfrontiert die Eingangsszene des III. Akts diese Überwältigung mit der Ebene der Gewalt. Im Rückblick auf das unmittelbar vorausgehende, aber szenisch ausgesparte Kampfgeschehen beschreibt Zungteus Amavanga als irritierend fremde Figur, die nicht das vertraute ‚Andere' der gegnerischen chinesischen Kultur verkörpert, sondern – aus diesem herausfallend – das eigene, martialisch geprägte Ethos spiegelt, überbietet und verfremdet. Diese admirative Perspektive manifestiert sich ein weiteres Mal als ein diffuses Bewusstsein von Unwirklichkeit. So rekapituliert er, bezeichnenderweise mit falscher Pronominalisierung:

> He Kills with such a gay undaunted Port;
> Fighting seems not his business, but his Sport.
> His Looks and Actions speak indifferent styles.
> Rage frowns in other Brows, in his it smiles.
> That makes him in this more than humane Task,
> Seem both to act a Slaughter, and a Mask. (22)

Die plastisch geschilderte Gewalttätigkeit der Figur driftet vom Barbarisch-Animalischen in ein zumindest der Tendenz nach auratisch-heroisches Spektrum. Bis auf die Wortebene an die Maskentanzszene anknüpfend, ist die Begegnung mit dem Heroischen als ästhetische Erfahrung gestaltet. Wiederum dient das Gendering der Amavanga-Figur der Bloßlegung von Konstruktion: Aus der verdeckten Erotisierung der vermeintlich männlichen Kriegerfigur formiert sich, letztlich als Täuschung, eine heroische Aura.

Bezeichnenderweise scheitert diese Illusion, als der Text in die genretypische Zweikampfszene hineinsteuert, die mit spezifisch heroischen Erwartungen besetzt ist. In einer Engführung der zentralen Themen wird diese bei Settle auf den Aspekt der Zivilisation hin perspektiviert: So nobilitiert Amavanga den Zweikampf in Abgrenzung von einer animalisch konnotierten, anonymen Schlacht von Massen, aber auch vom Duell mit Sekundanten als „Customary Barb'rousness" – als pseudozivilisierte Tendenz eines „Decrepit Age" (38). Ihrem grandiosen Selbstentwurf fehlt aber im Zweikampf die körperliche Entsprechung. Ihr Scheitern spiegelt im Gegenteil eben diejenige metaphorische Verzauberung ihres Gegners, wie sie zuvor etabliert wurde: „I'm charm'd even by that Courage – I am killed" (38). Amavanga übernimmt damit die auf sie selbst angewandte Symbolsprache, wendet sie aber auf eben diejenige Figur an, die jenseits von Verstellung agiert. Die Zweikampfsequenz ist so darauf ausgelegt, die nur oberflächliche Anmaßung einer heroischen Rolle bloßzulegen.

---

Staunen als ästhetische Emotion. Zu einer Affektpoetik des Wunderbaren. In: Martin Baisch [et al.] (Hg.): *Wie gebannt. Ästhetische Verfahren der affektiven Bindung von Aufmerksamkeit* (Litterae; 191). Freiburg [u.a.] 2013, 115–132. Stefan Matuschek: *Über das Staunen: eine ideengeschichtliche Analyse* (Studien zur deutschen Literatur; 116). Tübingen 1991, 24–79.

Bezeichnenderweise unterdrückt das Drama anschließend die Bedeutung der Amavanga-Handlung, indem Lycungus als Zungteus' eigentlicher Gegenspieler etabliert und letztlich überwunden wird. Das Schlusstableau der abgeschlossenen Eroberungshandlung charakterisiert die Sicherung politischer Stabilität und Kontinuität als Assimilations- und Ausgleichsbewegung.[41] Dabei wird die chinesische Krone zwischen dem tartarischen Eroberer und Quitazo geteilt, der – so Zungteus' programmatische Ansage des Eroberers – seine tartarische Natur zivilisieren soll: „Your Milder Presence will auspicious be | And Civilize my Rougher *Tartary*" (67). Zungteus will umgekehrt für die Verteidigung des Reichs einstehen: „I'le Teach their softer Nature Arms and War" (67). Dabei werden die verschiedenen Projektionen des Heroischen, neben Lycungus' scheiternder Machtübernahme vor allem der heroisch-amazonische Täuschungsversuch der Amavanga-Figur, als Irrtum gekennzeichnet: „I was compelled | and snar'd by glory to that fatal fight" (67), reflektiert Amavanga, die – durch einen göttlichen Eingriff gerettet – in ihre genretypische Rolle als Braut des heroischen Protagonisten überführt wird. Amavangas weibliche Tugend erweist sich damit nicht in der heroischen Tat, sondern im Verzicht auf politische *agency*. Auch im Fall der männlichen Hauptfigur beendet die dynastisch legitimierte Übernahme königlicher Autorität das im engen Sinne heroische Narrativ und löst die Reibung von heroischer Figur und politischer Institution auf: Die problematische Verweisstruktur des Heroischen auf das, was – in der normativen Einfärbung des 17. Jahrhunderts – der Kultur, im Sinne von politischer Ordnung, vorausgeht, wird in eine Assimilationsfigur übersetzt. Diese harmonisierende Konstruktion erweist somit eine generelle Schwierigkeit der un-tragischen Poetik des *heroic play*, welche die admirative Perspektivierung meist ohne den Heldentod sichern muss.[42]

Elkanah Settles *Conquest of China* zeigt beispielhaft im Kontext der frühen 1670er Jahre, wie Konstruktionen des Heroischen nicht nur in je spezifischen Kontexten stehen, sondern wie auch die diskursiven Felder, innerhalb derer diese überhaupt relevant werden, historisch variieren. Ausgehend von Konstruktionen einer ‚barbarischen' Differenz wird in Settles *Conquest of China* eine Semantik des Heroischen entwickelt, die deutlich auf Vitalität, Maskulinität, Ursprünglichkeit und Authentizität abhebt und die die rückwärtsverweisende Bindung des Heroischen an Fiktionen eines vorpolitischen Zustands aufzeigt. Ein anthropologischer Roh-

41 Die zeitspezifische Stoßrichtung dieser Schlussbildung betont auch Dalporto: „*The Conquest of China* represents a broad range of English political expectations and fears and seeks to assuage these fears by rewriting Chinese history as a way to universalize the innate endurance of the Restoration settlement." (Dalporto: Succession Crisis [Anm. 6], 134)

42 Dies als Grundproblem des Heroischen auch bei Giesen: „if the charismatic appeal to followers cannot stand the test of time, if it collapses suddenly or fades away in the routines of ordinary life [...], the hero is dethroned and sometimes turned into a perpetrator not just by outsiders but also by what was his own community before. [...] One way of preventing the routinization of charisma consists of killing the mortal hero in order to keep the sacred charisma alive" (Giesen: *Triumph and Trauma* [Anm. 4], 19).

zustand als Fiktion im politischen Imaginären, auf den das Heroische verweist, steht so weniger einer heroisch vollkommenen Kultur entgegen als einer hochgradig artifiziellen Inszenierung von Kultur, der das Heroische fremd geworden ist. Als zentrales und letztlich nicht aufzulösendes Problem heroischer Konstruktionen identifiziert der Text die Überkreuzung von naturhafter Authentizität, wie sie dem tartarischen Spektrum zugeordnet ist, mit dem Problemkomplex der Täuschung, der als Problem der eigenen politischen Kultur und der admirativen Ästhetik des *heroic play* gekennzeichnet wird.

Geschlechtliche und kulturelle Differenz dienen dabei der Bloßlegung der am Heroischen beteiligten Prozesse: Insbesondere anhand der tartarischen Reaktion auf die verkleidete Amavanga zeigt der Text auf, wie die Wirkung des Heroischen mit seiner zwischen Ästhetik, Erotik und Sakralität angesiedelten Macht gerade in der visuellen und physischen Unmittelbarkeit ihrer Wirkung opak bleibt und sich letztlich immer als Täuschung konstituiert. Die tartarische Eroberung Chinas als experimentelle Entkopplung von heroischer *agency* und politischer Größe im politischen Imaginären wird bei Settle entsprechend in ein Phantasma idealer Herrschaft aufgelöst, die das eigentlich Heroische nivelliert.

# John Drydens *Amboyna*: Verfremdungen des Heroischen im Kontext des Welthandels

*Barbara Korte*

Als der Soziologe Werner Sombart 1915 zwischen ‚Händlern' und ‚Helden' unterschied, wollte er einen Beitrag zur deutschen Weltkriegspropaganda leisten und grenzte eine deutsche „heldische" Weltanschauung und Kultur von einer englischen „händlerischen" ab. Letztere charakterisiert er als essenziell unheroisch, da sie unfähig wäre, „sich auch nur um Handbreite über die greifbare und alltägliche ‚Wirklichkeit' zu erheben".[1] Sombarts Schrift ist polemisch und zeitgebunden, aber sie lenkt den Blick auf eine Beziehung, die bereits früheren Epochen zum Problem wurde, als sich deren politisches und soziales Gefüge durch den Welthandel veränderte. In der frühen Neuzeit gewannen wohlhabende Kaufleute neben etablierten Eliten zunehmend an Einfluss. Für England hält Shankar Raman zwei Konsequenzen dieser Entwicklung fest: „the relative decline in the position of the peerage and the nobility – in particular, relative to the middle landowning groups and the mercantile strata – and ‚the weakening first of the financial resources and later of the prestige and influence of the Crown'."[2] Damit gekoppelt war die Frage nach der Heroisierbarkeit der merkantilen Akteure im Verhältnis zur traditionell heroisierbaren Aristokratie, also die Frage nach einer Erweiterung des sozialen Geltungsbereichs des Heroischen. Dieser Beitrag wird am Beispiel von John Drydens *Amboyna* (1673) zeigen, dass die Bühne des 17. Jahrhunderts die sozialen Verschiebungen in der englischen Gesellschaft und die durch sie bedingten (Re-)Figurationen des Heroischen explizit verhandelte, und zwar mit den Mitteln des *heroic play* und seinen Referenzen auf das kulturell Andere. ‚Fremde Helden' gehörten zum konventionellen, und das heißt auch aristokratischen, Personal des *heroic play*, das von Dryden maßgeblich konturiert wurde. [3] In *Amboyna* aber werden Händler zu Helden, und die so entstehende Verschiebung im Heroisierungssystem führt nicht nur zu einer Beugung der Gattungsnormen, sondern bringt auch die Kategorien von Identität und Alterität sowie von Eigenem und Fremdem in Bewegung. Um die hierdurch bedingten Irritationen des Stücks und seine spezifischen Verschränkungen des Heroischen mit dem Fremden nachvollziehen zu können, sind zunächst einige Kontexte aufzurufen.

---

1 Werner Sombart: *Händler und Helden. Patriotische Besinnungen*. München 1915, 9.

2 Shankar Raman: *Framing ‚India'. The Colonial Imaginary in Early Modern Culture*. Stanford, CA 2002, 219.

3 John Dryden: Of Heroique Playes. In: *The Works of John Dryden*, Bd. 11, hg. von John Loftis und David Stuart Rodes. Berkeley 1978, 8–18.

## *1. Heldentum, Welthandel und Theater im 17. Jahrhundert*

England erfuhr in der zweiten Hälfte des 17. Jahrhunderts nach Bürgerkrieg und Restauration der Monarchie (1660) eine Rekonfiguration seiner gesellschaftlichen und politischen Situation, die in zentraler Weise Aspekte herrscherlicher Autorität betraf. Diese Rekonfiguration manifestierte sich, angesichts der traditionellen Bedeutung des Heroischen für die Identitätsbestimmung und Legitimierung aristokratischer Führungsschichten, auch in der Auseinandersetzung mit Heldentum, seiner Definition und Zuschreibbarkeit. Ein prominenter Ort dieser kulturellen Verhandlung war die Bühne der mit der Monarchie restaurierten, königlich lizenzierten Theater und hier besonders das am Epos orientierte *heroic play*, das von der Mitte der 1660er bis zum Ende der 1670er Jahre eine kurze Konjunktur erlebte: Im Vers (bei Dryden anfangs sogar gereimt) und in betont hohem Stil wurden in dieser Gattung heroische Eigenschaften eines aristokratischen Figurenpersonals im Konflikt zwischen Liebe und Ehre zur Schau gestellt, aber auch in ihren Erosionstendenzen reflektiert.[4] Eine wichtige Rolle spielten dabei spektakuläre Effekte, die durch eine neue, aufwendige Bühnenmaschinerie ermöglicht wurden. Dass heroische Dramen häufig in ‚exotischen' Szenarien angesiedelt sind, interpretiert die Forschung meist als Übertragung von Problemen der ‚eigenen' Gesellschaft in eine ‚fremde' Umgebung, um sie dort wie in einem Spiegel betrachten und analysieren zu können.[5] Bei dieser Betrachtung ging es nicht nur um die auch nach der Restauration prekär gebliebene Autorität der Stuart-Könige, sondern auch um Fragen der *translatio imperii*,[6] da sich Englands Einfluss durch Kolonisierung und Handel im Verlauf des 17. Jahrhunderts immer weiter über den Globus in außereuropäische Gebiete ausdehnte und dabei in Konflikt mit anderen europäischen Kolonial- und Handelsmächten geriet – älteren wie Spanien und Portugal, und neuen wie den Niederlanden. Die Machtkonkurrenzen und -verschiebungen, die hier in Gang gerieten, wurden ebenfalls über Muster des Heroischen verhandelt, und mit ihren Stoffen waren Drydens bekannteste und erfolgreichste heroische Dramen für diesen Zweck bestens geeignet.

Drydens *The Indian Emperour* (1665) spielt zur Zeit der spanischen Eroberung Amerikas und bringt das Ende des Aztekenreichs und den Beginn der spanischen Weltherrschaft auf die Bühne. *The Conquest of Granada* (1670/71) inszeniert die Rückeroberung Spaniens von den Mauren. *Aureng-Zebe* (1675) spielt, fast zeitge-

4 Siehe hierzu auch den Beitrag von Christiane Hansen in diesem Band.

5 Siehe etwa folgende Standardwerke: Derek Hughes: *Dryden's Heroic Plays*. London [u.a.] 1981. Derek Hughes: *English Drama 1660–1700*. Oxford [u.a.] 1996. Nancy Klein Maguire: *Regicide and Restoration: English Tragicomedy, 1660–1671*. Cambridge 1992. Zur Darstellung neuer beziehungsweise elastisch gewordener Identitäten auf der Restaurationsbühne siehe auch Cynthia Lowenthal: *Performing Identities on the Restoration Stage*. Carbondale, IL [u.a.] 2003.

6 Siehe Bridget Orr: Poetic Plate-Fleets and Universal Monarchy. The Heroic Plays and Empire in the Restoration. In: Susan Green und Steven N. Zwicker (Hg.): *John Dryden. A Tercentenary Miscellany*. San Marino, CA 2001, 71–97, hier 71–72.

nössisch, im indischen Mugalreich, zu dem England im 17. Jahrhundert intensive diplomatische und Handelsbeziehungen pflegte. Gerade dieses Stück verdeutlicht daher, dass es zu kurz greift, wenn man die ‚Exotik' heroischer Dramen nur als Allegorisierung des Eigenen interpretiert: Indien hatte für Dryden und sein Publikum auch eine sehr konkrete, materielle Fremdheit, die durch Reiseberichte detailliert, differenziert und keineswegs nur ‚orientalistisch' vermittelt wurde.[7] Zu diesen Berichten zählte auch Drydens Hauptquelle für *Aureng-Zebe*, François Berniers *Travels in the Mogul Empire*. Dieser Reisebericht wurde 1671, bereits ein Jahr nach Erscheinen des französischen Originals, ins Englische übertragen. *Aureng-Zebe* verdankte seine aktuelle Relevanz für das zeitgenössische Publikum also nicht nur der Übertragbarkeit von Personal und Handlung auf die Stuart-Dynastie, sondern auch einem wesentlich durch Handelskontakte aufgebauten Interesse an und Wissen über Indien. Allerdings kommen in *Aureng-Zebe*, weil es ein prototypisch heroisches Drama mit ausschließlich aristokratischem Personal ist, Händler und merkantile Interessen weder zur Darstellung noch zur Sprache – ganz im Gegensatz zu Drydens zwei Jahre früher verfassten und am Theatre Royal aufgeführten Stück *Amboyna, or the Cruelty of the Dutch to the English Merchants*, das historische Ereignisse auf einer ost-indischen Gewürzinsel aufgreift. [8]

*Amboyna* – auf dem Titelblatt des Erstdrucks als „A Tragedy" ausgewiesen – hat ein Figurenpersonal, das in der Mehrzahl aus Vertretern englischer und holländischer Handelsgesellschaften besteht. Dazu gehört der Protagonist Towerson, der in der Forschung häufig als heroische Figur interpretiert wird,[9] auch wenn der Text des Dramas ihn zunächst schlicht als „an *Englishman*, part Captain, and part Merchant" einführt.[10] Gleichwohl lässt auch der Dramentext keinen Zweifel daran,

7 Siehe zum Indienbild vor 1800 etwa Jonathan Gil Harris (Hg.): *Indography. Writing the ‚Indian' in Early Modern England*. Basingstoke 2012, 3. Siehe zur Vielfalt englischer Indienbilder noch im kolonialen und protokolonialen Kontext auch Pramod K. Nayar: *English Writing and India, 1600–1920. Colonizing Aesthetics* (Routledge Research in Postcolonial Literatures; 18). London [u.a.] 2008. Rahul Sapra: *The Limits of Orientalism. Seventeenth-Century Representations of India*. Newark 2011. Speziell zur frühneuzeitlichen Reiseliteratur über Indien auch Kate Teltscher: *India Inscribed. European and British Writing on India 1600–1800*. Delhi [u.a.] 1995.

8 Zum weiten Verständnis von ‚Indien' in der frühen Neuzeit siehe Raman: *Framing ‚India'* (Anm. 2).

9 So etwa J. Douglas Canfield: *Heroes and States. On the Ideology of Restoration Tragedy*. Lexington, KY 2000, 110. Siehe auch Raman: *Framing ‚India'* (Anm. 2), 218: „The heroism of Dryden's Towerson contrasts strongly with the impression of Towerson one gleans from the minutes of the East India Company. These bureaucratic documents focus almost exclusively on his mercantile capabilities." Siehe auch Robert Markley: *The Far East and the English Imagination, 1600–1730*. Cambridge [u.a.] 2006, 165: Für Markley verkörpert Towerson „heroic attributes of love and honor, but they have been grafted onto a career EIC employee who seems to have cared more for profits than ideals. [...] To counter the spectre of Dutch evil [...] Dryden endows this EIC veteran with the traditional values of aristocratic honor and self-definition."

10 John Dryden: Amboyna. In: *The Works of John Dryden*, Bd.12, hg. von Vinton A. Dearing. Berkeley 1994, 1–77, hier I 2, 21–22. Alle folgenden Stellenangaben beziehen sich auf diese Angabe.

dass Towerson heroische Eigenschaften besitzt und vor allem mit einer heroischen Haltung in den Tod geht, wie aus seiner letzten Äußerung hervorgeht:

> [...] tell my friends I dy'd so as became a Christian and a Man; give to my brave Employers of the *East India* Company, the last remembrance of my faithful service; tell 'em I Seal that Service with my Blood; and dying, wish to all their Factories, and all the famous Merchants of our Isle, that Wealth their gen'rous Industry deserves; but dare not hope it with *Dutch* partnership. (V 1, 398–403)

Diese pathetischen Abschiedsworte, die gleich zweifach den Auftrag zur Weitergabe einer letzten Botschaft an die Nachwelt enthalten, richtet Towerson an einen anderen englischen Händler, seinen Freund Beamont. Sie heroisieren neben dem Protagonisten den gesamten englischen Überseehandel, seine Akteure und seine zentrale Institution im Indischen Ozean, die East India Company.

Eine solche Heroisierung von Händlern und Handel entsprach zur Entstehungszeit des Stücks weder Diskurstraditionen des Heroischen noch dramatischen Konventionen für die Darstellung der mittleren Stände. Bridget Orr hält fest: „The development of an oceanic, universal empire of trade was antipathetic to traditional modes of representation, which valued heroic ambition over the low avarice which was assumed to generate trade. [...] trade was remarkably resistant to heroic celebration."[11] So stellte auch die Bühne des 17. Jahrhunderts Händler bevorzugt in der ‚niederen' Gattung der Komödie dar,[12] und die zeitgenössische Erzählprosa – wie Richard Heads *The English Rogue* (1665)[13] oder Aphra Behns *Oroonoko* (1688)[14] – zeichnete ebenfalls eher kritische als heroische Bilder der neuen Koloni-

---

11 Bridget Orr: *Empire on the English Stage 1660–1714*. Cambridge [u.a.] 2001, hier 98. Zur kontroversen zeitgenössischen Diskussion über den globalen Handel der frühen Neuzeit siehe auch die Aufsatzsammlung von Barbara Sebek und Stephen Deng (Hg.): *Global Traffic. Discourses and Practices of Trade in English Literature and Culture from 1550 to 1700*. Basingstoke [u.a.] 2008.

12 Zur Komödie siehe Kap. 7 in Orr: *Empire on the English Stage* (Anm. 11); zum weiteren Kontext auch Daniel Fulda: *Schau-Spiele des Geldes. Die Komödie und die Entstehung der Marktgesellschaft von Shakespeare bis Lessing* (Frühe Neuzeit; 102). Tübingen 2005.

13 Bei Head wird der von materiellen Bedürfnissen angetriebene englische ‚Schelm' schließlich in Indien zum Kaufmann, der den Reichtum seiner indischen Frau für den eigenen Profit nutzt: „What money was got by my wife's trade, I laid out in such commodities the country afforded, as calicoes, pepper, indigo, green ginger, *etc.* and sold them immediately to the ships lying in the harbour, doubling what I had laid out; so that in short time I found my stock to increase beyond expectation. Such satisfaction my black received from me, that she thought she could not do enough to please me. I was an absolute monarch in my family; she and her servants willingly condescended to be my vassals; yet though I thus enjoyed the prerogative of an husband, yet I did not lord it too much; which won so much upon my wife's affection, and those that were concerned with her, that as soon as I desired anything, it was immediately performed, with much alacrity and expedition." (Richard Head und Francis Kirkman: *The English Rogue: Described in the Life of Meriton Latroon, A Witty Extravagant; being a complete history of the most eminent cheats of both sexes*. London 1928, 262–263)

14 Siehe zu *Oroonoko* unter anderem Siraj Dean Ahmed: *The Stillbirth of Capital. Enlightenment Writing and Colonial India*. Stanford, CA 2012, 25: „En route from Old World court to New World colony, it replaces romance conventions with the novel-form (*avant la lettre*): the fabulous with the scientific, a feudal economy with a commercial one, nobility with

alhändler. Wie zögerlich die Akteure der frühneuzeitlichen Expansion und des Handels heroisiert wurden, lässt sich nicht zuletzt an den Reiseberichten des 17. Jahrhunderts ablesen, die für die Beförderung des Handels und der Kolonisierung funktionalisiert wurden und ihre Akteure zu würdigen wussten. Aber selbst *Hakluytus Posthumous*, die monumentale Kompilation von Reisetexten, die Samuel Purchas 1625 auf der Grundlage seines Vorgängers Hakluyt veröffentlichte, ist mit der expliziten Bestimmung von Reisenden als „heroisch" auffällig sparsam und reserviert diese für Personen höheren Standes und jene elisabethanischen Freibeuter, die sich gegen die Spanier auch militärisch bewährten.[15] Es ist bezeichnend, dass noch Ende des 17. Jahrhunderts ein Pamphlet ausdrücklich deshalb gedruckt wurde, um der mangelnden Heroisierung Sir Francis Drakes entgegenzuwirken.[16]

Bezeichnenderweise vermeidet es auch Dryden in *Amboyna*, die von ihm heroisierten Händler tatsächlich als Helden zu bezeichnen: Die Wörter *hero* oder *heroic* treten im Text des Stücks nicht auf. Auch sonst scheint Dryden, den das Titelblatt des Erstdrucks als „Servant to his Majesty" auswies, das prekäre heroische Element seiner Händler gleichzeitig vermitteln und verschleiern zu wollen. So wurde der Vers, in dem die heroisch gestimmten Figuren zumindest zeitweise sprechen (wie Towerson in seiner oben zitierten Abschiedsrede), in der publizierten Fassung des

merchants, honor and fidelity with profit and duplicity, and sovereign character with private interest."

15 Samuel Purchas: *Hakluytus Posthumus or Purchas His Pilgrimes: Contayning a History of the World in Sea Voyages and Lande Travells by Englishmen and others*, 20 Bde. Cambridge 2014 [1905]. Hier werden zwar die Tapferkeit und der Ruhm von Reisenden und Seefahrern gelegentlich benannt, aber nur in Ausnahmefällen wird ihnen explizit ‚Heroizität' zugeschrieben. Drake und Raleigh werden unter den „Neptunian Heroes" aufgelistet (Bd. XVI, 135). Die ausführlichste Heroisierung erfährt Sir Robert Shirley, der im frühen 17. Jahrhundert Botschafter Englands am persischen Hof und wie sein Bruder Anthony als Reisender berühmt war. Die Brüder werden bezeichnet als „the Honorable, I had almost said Heroike Gentlemen" und mit Heroen der Antike verglichen: „And if the Argonauts of old, and Graecian Worthies, were worthily reputed Heroicall for Europaean exploits in Asia: what may wee thinke of the Sherley-Brethren, which not from the neerer Graecian shoares, but from beyond the European World, Et penitus toto divisis Orbe Britannis; have not coasted a little way (as did those) but pierced the very bowells of the Asian Seas and Lands, unto the Persian Centre" (Bd. X, 374). Ich danke Malena Klocke für die aufwendige Auswertung. Zwei französische Reiseberichte von Orienthändlern des späten 17. Jahrhunderts, Tavernier und Jean Chardin, bespricht Isabelle Morlin: Récits de voyages marchands dans la seconde moitié du XVIIe siècle: portrait du négociant en héros. In: *Études littéraires* 40: 2, 2009, 13–29. Morlin beobachtet, wie diese Texte den Status der Händler und die Anstrengungen und Erträge ihrer Reisen würdigen, allerdings weist auch sie keine explizite Verwendung der Bezeichnung ‚Held' nach.

16 *The English Heroe: or, Sir Francis Drake Revisited. Being a Full Account of the Dangerous Voyages, Admirable Adventures, Notable Discoveries, and Magnanimous Atchievements of that Valiant and Renowned Commander. […] Recommended as an Excellent Example to all Heroick and Active Spirits in these days to endeavour to benefit their Prince and Countrey, and Immortalize their Names by the like worthy Undertakings. Revised, Corrected, very much Inlarged, reduced into Chapters with Contents, and beautified with Pictures. By R.B. Licensed and Entred according to Order, March 30. 1687.* London: Printed for Nath. Crouch at the Bell in the Poultrey near Cheapside, 1687. Das Pamphlet ist in der British Library einsehbar.

Textes auf Drydens Wunsch wie Prosa gedruckt.[17] Gattungsmuster des heroischen Dramas werden in *Amboyna* also gleichzeitig evoziert und kaschiert.[18] Zudem ist das Stück durch einen komödiantischen Handlungsstrang kontaminiert, in dem die Ehefrau des Spaniers Perez ihren Gatten gleichzeitig mit einem Engländer und einem Holländer betrügt. Dryden selbst wertete das Stück in der Widmung an seinen Patron, Lord Clifford of Chudley, ab: „the Subject barren, the Persons low" (5). Auch in den Augen mancher späterer Interpreten ist *Amboyna* wegen seiner hybriden Gattungszugehörigkeit als künstlerisches Versagen zu werten: „The play's failure is precisely a function of the difficulty Dryden faced in attempting to dramatize a sordid and brutal story of colonial commercial competition: the actors in this tragedy were merchants, not soldiers, and as such inappropriate for heroic representation."[19] Demgegenüber soll im Folgenden argumentiert werden, dass Drydens im Kontext des Welthandels spielendes Stück *gerade* durch seine Abweichungen von Normen des heroischen Dramas einen komplexen und gerade in seinen Widersprüchlichkeiten aussagekräftigen Kommentar versucht: zum Verhältnis von Händler- und Heldentum, und zur Differenz beziehungsweise möglichen Konvergenz aristokratischer und merkantiler Werte. Dabei fungieren vielschichtige Konjunktionen von Eigenem und Fremden wie auch Identität und Alterität als Fokalisationspunkte, die für Drydens zeitgenössisches Publikum eine hohe Aktualität hatten.

## *2. Identitäten und Alteritäten im Kontext des Kolonialhandels*

*Amboyna* wurde – mit unverhohlen propagandistischen Absichten[20] – im Kontext des dritten Krieges zwischen England und Holland (1672–1674) verfasst und aufgeführt, also in Zusammenhang mit einem Konflikt, der vor allem um konkurrie-

---

17 Kommentar des Herausgebers der verwendeten Ausgabe (Anm. 10), 257. Zudem sind die Verse kaum gereimt, und das zu einer Zeit, als Dryden den Reim für seine heroischen Dramen noch nicht aufgegeben hatte.

18 Dieser wichtige Effekt des Stücks wird überlesen, wenn man es, wie der Herausgeber der verwendeten Ausgabe ([Anm. 10] 274–275), vor allem in der Tradition der älteren *domestic tragedy* liest, wie John Fletchers *The Island Princess* (uraufgeführt 1621 und in der Restaurationszeit wieder aufgeführt), dessen Handlung ebenfalls auf den Gewürzinseln angesiedelt ist. Siehe Andrew Hadfield: *Literature, Travel, and Colonial Writing in the English Renaissance 1545–1625*. Oxford 1998, 254–264. Raman: *Framing ‚India'* (Anm. 2), 155–188. Jeanette N. Tran: „Does This Become You, Princess?" East Indian Ethnopoesis in John Fletcher's The Island Princess. In: Jonathan Gil Harris (Hg.): *Indography. Writing the ‚Indian' in Early Modern England*. Basingstoke 2012, 197–207. Carmen Nocentelli: Spice Race: The Island Princess and the Politics of Transnational Appropriation. In: *PMLA* 125: 3, 2010, 572–588. Michael Neill: „Material Flames": The Space of Mercantile Fantasy in John Fletcher's The Island Princesse. In: *Renaissance Drama*, NS 28, 1997, 99–131. Ania Loomba: „Break her will, and bruise no bone sir": Colonial and Sexual Mastery in Fletcher's The Island Princess. In: *Journal for Early Modern Cultural Studies* 2: 1 (A Special Issue on Representations of Islam and the East, Spring/Summer), 2002, 68–108.

19 Orr: *Empire on the English Stage* (Anm. 11), 157.

20 Siehe unter anderem Markley: *The Far East* (Anm. 9), 159–161.

rende Handelsinteressen ausgetragen wurde.[21] Die Holländer werden in diesem Stück ohne Ausnahme und von Beginn an als ‚Andere' der Engländer präsentiert – nämlich als deren ehrlose Gegenspieler:[22] „No Map Shews *Holland* truer then our Play: | […] View then their Falshoods, Rapine, Cruelty" (Prolog 26–29). Der Epilog gipfelt in einem Verweis auf den Sieg Roms über die antike Handelsmacht Karthago, der den Englands gegen Holland antizipieren soll: „Let *Caesar* Live, and *Carthage* be subdu'd" (22). In *Amboyna* geht es aber nicht um einen Krieg zwischen Ländern, sondern um einen Konflikt im Jahr 1622, der vor allem jene Gesellschaften betraf, die den extrem profitablen Gewürzhandel für England und Holland betrieben: auf englischer Seite die East India Company, auf holländischer Seite die Verenigte Oost-Indische Compagnie. In diesem Handel waren Engländer und Holländer Kontrahenten, die aber die gleichen Ziele hatten und mit ähnlichen Mitteln agierten, was die Zuschreibung von Alterität komplizierte, gerade auch in der Konstellation der beiden europäischen Mächte mit dem kulturell exotischen Indien.

Da der Gewürzhandel für England und die Niederlande von nationaler Bedeutung war,[23] wurden beide Handelsgesellschaften im Verlauf des 17. Jahrhunderts mit quasi-staatlichen Rechten (Kriegführung und Kolonisation) ausgestattet und hatten erhebliche Autorität.[24] Zu der Zeit, in der das Stück spielt, waren die Holländer im Gewürzhandel allerdings mächtiger als die Engländer[25] und bescherten den Vertretern der East India Company auf Amboyna eine tiefe Demütigung: Obwohl zwischen der englischen und der holländischen Gesellschaft ein Vertrag bestand, wurden im Februar 1622 Mitglieder der englischen Faktorei auf Am-

21 In *Annus Mirabilis* (1667), seinem großen historisch-politischen Gedicht, hatte Dryden während des zweiten Krieges gegen Holland eine optimistische Prognose der Stuart-Herrschaft und ihrer Auswirkungen auf das Land versucht. Zu diesem Gedicht und seiner politischen Aussage, auch zum zeitgenössischen Handel, siehe Michael McKeon: *Politics and Poetry in Restoration England: The Case of Dryden's „Annus Mirabilis"*. Cambridge, MA 1975.

22 Zu antiholländischer Propaganda in England während der zweiten Hälfte des 17. Jahrhunderts siehe Joseph F. Stephenson: Redefining the Dutch: Dryden's Appropriation of National Images from Renaissance Drama in *Amboyna*. In: *Restoration: Studies in English Literary Culture, 1660–1700* 38: 2, 2014, 63–81.

23 Siehe Markley: *The Far East* (Anm. 9), 31: „Spices symbolized an ongoing transformation of the idea of surplus value: rather than a luxury, they increasingly seemed a necessity for maritime nations that made international trade a crucial component of their tax structures, financial planning, labor markets, investment strategies, and ideological self-definition. The challenge for the merchants of England, the United Provinces, and Portugal was to ensure that the extraordinary prices paid for pepper, nutmeg, mace, and cloves would offset the costs and risks of sending men, money, and ships halfway around the world and generate profits large enough to fund ongoing ventures."

24 Die 1657, also nach den Ereignissen auf Amboyna, erneuerte Charta verlieh der East India Company nicht nur ein festes Kapital, sondern auch Rechte, wie die holländische Gesellschaft befestigte Stationen im Indischen Ozean anlegen zu können. Siehe Ahmed: *The Stillbirth of Capital* (Anm. 14), 36. In der Handlung des Stücks sind es jedoch vor allem die holländischen Händler, die auf ihre Macht pochen.

25 So spricht Towerson ausdrücklich aus: „So weak are we, our Enemies so strong" (III 3, 163).

boyna aufgrund der Aussage eines Japaners (der selbst als Spion verdächtigt wurde) der Verschwörung und der Planung eines Angriffs auf das Fort der Holländer (das diese von den Portugiesen übernommen hatten) bezichtigt. Geständnisse wurden unter der Folter mit Wasser und Feuer erpresst, und schließlich wurden die meisten der verhafteten Engländer sowie der portugiesische – in Drydens Stück spanische – Aufseher der von den Holländern versklavten einheimischen Arbeitskräfte hingerichtet. Um den Hergang der Ereignisse wurde ein Pamphletkrieg geführt, und eines der Pamphlete, das die grausamen Folterungen mit großer Ausführlichkeit schildert, war Drydens Hauptquelle: Sir Dudley Digges' *A True Relation of the Unjust, Cruell, and Barbarous Proceedings against the English at Amboyna.*[26] Es wurde 1624 verfasst und war auch später noch weit verbreitet, weil es in Purchas' Sammlung Eingang fand. Hier findet sich die folgende Beschreibung Amboynas und der Präsenz der europäischen Handelsgesellschaften:

> This Amboyna is an Iland lying neere Seran, of the Circuit of fortie leagues, and giveth name also to some other small Islands adjacent. It beareth Cloves; for gathering and buying in wherof, the English Companie for their part had planted five severall Factories: the head and Rendevouz of all, at the Towne of Amboyna; and therin first, Master George Muschampe, and afterward Master Gabriell Towerson, their Agents, with directions over the smaller Factories at Hitto and Larica, upon the same Iland, and at Loho and Cambello, upon a point of their neighbouring Island of Seran. Upon these Ilands of Amboyna, and the point of Seran, the Hollanders have foure Forts; the chiefe of all is at the said Towne of Amboyna, and is very strong, having foure Points or Bullwarkes with their Curtaines, and upon each of these Points sixe great Pieces of Ordnance mounted, most of them Brasse. The one side of this Castle is washed by the Sea, and the other is divided from the Land with a Ditch of foure or five fathome broad, very deepe, and ever filled with the Sea. [...] Heere the English lived; not in the Castle, but under protection therof, in a house of their owne in the Towne; holding themselves safe, as well in respect of the ancient bonds of Amitie betweene both Nations, as of the strict conjunction made by the late Treatie before mentioned. [27]

Schon diese Beschreibung betont die ungleichen Machtverhältnisse zwischen Engländern und Holländern. Durch die Gewalt, die ihnen später angetan wird, werden die Engländer zu Opfern; Drydens Stück stilisiert sie mit seinen Referenzen auf das heroische Drama aber zu Opfer-Helden,[28] die Wertvorstellungen verkörpern, welche zu denen der Holländer in krassem Gegensatz stehen. Die angeblich fundamentale Alterität der Holländer ist die Folie, vor der die Engländer in Drydens Stück ihre eigene Identität als Welthändler definieren, wie auch Victor Raman festhält: „England and the English are characterized by an idealized disinterestedness, whose marks are generosity, gratitude, honor, heroism, and true religious faith. The

[26] Die sensationalistische Beschreibung der Grausamkeiten im Pamphlet bespricht Ayanna Thompson: *Performing Race and Torture on the Early Modern Stage* (Routledge Studies in Renaissance Literature and Culture; 9). London 2008, 102–109.

[27] Purchas: *Hakluytus Posthumus* (Anm. 15), Bd. X, 507–522, hier 507–508.

[28] Zum Verhältnis von Helden und Opfern siehe Bernhard Giesen: *Triumph and Trauma.* Boulder, CO 2004.

Dutch, on the other hand, incarnate a pure commercial interest that excludes all forms of faith, justice, and reciprocity."[29] Plakativ wird die Habgier der Holländer dem großzügigen, auf Teilen angelegten Handelsethos der englischen Händler entgegengestellt, etwa in einem Dialog zwischen Towerson und dem holländischen Gouverneur von Amboyna, Harman senior.[30] Hier sagt Towerson ausdrücklich: „This Ile yields Spice enough for both; and *Europe*, Ports, and Chapmen, where to vend them" (I 1, 215–217). Wenige Zeilen später wird diese Aussage noch einmal bekräftigt:

> And Sir, [...] what mean these endless jars of Trading Nations? 'tis true, the World was never large enough for Avarice and Ambition; but those who can be pleas'd with moderate gain, may have the ends of Nature, not to want: nay, even its Luxuries may be supply'd from her o'erflowing bounties in these parts: from whence she yearly sends Spices, and Gums, the Food of Heaven in Sacrifice: And besides these, her Gems of richest value, for Ornament, more than necessity. (I 1, 220–227)

Die so schon im I. Akt thematisierte heroisierte Identität der englischen Händler und ihr Kontrast zur niederen und unheroischen Gesinnung der holländischen Kaufleute sind auf komplexe Weise mit der Thematisierung kultureller Fremdheit verflochten, und hier kommt der konventionellen Figur der ‚exotischen Heldin' des *heroic play* eine entscheidende Rolle zu.

## *3. Heldentum und Fremdheit in* Amboyna

In der Welt von Drydens Stück gibt es unter den Einheimischen Amboynas (im Gegensatz etwa zu *The Indian Emperor*) keinen männlichen Helden. Der prototypische ‚exotische Held' des Restaurationstheaters scheint hier den Ausbeutungsprozessen des frühneuzeitlichen Handels bereits zum Opfer gefallen zu sein und existiert nur als Leerstelle. Außer einigen Tänzern, die in einer exotischen Szene zu Beginn des Dramas auftreten („*Enter Amboyners, Men and Women with Timbrels before them. A Dance*"), ist Ysabinda, „an Indian Lady", wie sie im Verzeichnis der *dramatis personae* bezeichnet wird, die einzige indigene Figur. Sie ist in mancher Hinsicht ein ostindisches Pendant zur indianischen Pocahontas und scheint (in postkolonialer Lesart) für die Feminisierung – oder Entmännlichung – ihrer ausgebeuteten Gesellschaft zu stehen. Vor allem entspricht Ysabinda aber dem Gattungsmuster des *heroic play*, nämlich als schöne, aristokratische und begehrte Exotin, die den Werten von Liebe und Ehre verpflichtet ist. In dieser Hinsicht trägt sie auch zur Nobilitierung und Heroisierung des Händlers Towerson bei, denn sie hat sich für ihn entschieden, mit ihm verlobt und ist für ihn zum Christentum übergetreten. Sie ist ihm treu geblieben, obwohl Towerson nach zwölf Jahren im Dienst der East India Company „with honor and great wealth" (I 1, 113–114)

---

29 Raman: *Framing ‚India'* (Anm. 2), 203.

30 Harmans Leibesfülle und sein bezeichnender früherer Beruf als Küfner werden in I 1, 146–149 ausdrücklich hervorgehoben.

nach England zurückgekehrt ist. Beamont betont in der 1. Szene, dass der soeben nach dreijähriger Abwesenheit – und in der Führungsposition eines „General of the Voyage" – wieder auf Amboyna eingetroffene Towerson Ysabindas Liebe verdient, denn seine fehlende aristokratische Herkunft wird durch seine charakteriche Exzellenz kompensiert:

> Were I to chuse of all mankind, a Man, on whom I would relie for Faith and Counsel, or more, whose personal aid I wou'd invite, in any worthy cause to second me, it shou'd be only *Gabriel Towerson*; daring he is, and thereto fortunate: yet soft and apt to pitty the distress'd; and liberal to relieve 'em: [...] if he has any fault, 'tis only that, to which great minds can only subject be, he thinks all honest, 'cause himself is so, and therefore none suspects. (I 1, 125–134)

Beamont bestätigt damit Eigenschaften, die Collins, ein anderer englischer Händler, schon einige Zeilen zuvor festgestellt hat: „our honest, and our gallant Countreyman, brave Captain *Gabriel Towerson*" (I 1, 106–107). Mit Tapferkeit, Aufrichtigkeit und Großmut besitzt Towerson wesentliche Tugenden, die im 17. Jahrhundert für Zuschreibungen des Heroischen Voraussetzung waren.

So flammt nach seiner Rückkehr auch die Liebe des heroischen Paares sofort wieder auf, und die unmittelbare Hochzeit wird beschlossen. Allerdings ist mit Towerson auch Harman junior zurückgekehrt, der Sohn des holländischen Gouverneurs. Nach einem weiteren Muster des *heroic play* wird er zum Liebeskonkurrenten des Helden und versucht Ysabinda für sich zu gewinnen; sie weist sein unehrenhaftes Werben jedoch dezidiert zurück: „you've done a most unmanly and ungrateful part, to court the intended Wife of him, to whom you are most oblig'd" (II 1,14–16). Die hier angesprochene Verpflichtung Harmans rührt daher, dass Towerson dessen Schiff gerettet hat, als es auf dem Weg nach Amboyna von Piraten angegriffen wurde. Mit dieser Tat wird Towerson auch mit der kämpferischen Tugend eines traditionellen Helden ausstaffiert, die zum Ärger seines Konkurrenten während der Hochzeitsfeierlichkeiten noch einmal aufgerufen wird, als auf Beamonts Anweisung das Lied „The Sea Fight" vorgetragen wird, das im ursprünglichen Aufführungskontext des Stücks an den aktuellen Krieg gegen die Holländer erinnerte.

Harman ist ein unwürdiger Konkurrent für Towerson, da sein Wertsystem nicht auf die Ideale von Ehre und Ehrlichkeit gebaut ist, sondern rein auf materiellen Gewinn. Towerson ist empört, als Harman mit ihm um Ysabinda feilschen will und ihm im Tausch für sie Handelvorteile anbietet: „I never gave you just occasion to think I wou'd make Merchandise of Love" (II 1, 81–82). Im Dreieck der Liebesbeziehung werden so, wie für die Konkurrenz im Gewürzhandel, heroische Gesinnung und merkantiles Interesse kontrastiert.

Nach der Eheschließung von Ysabinda und Towerson eskaliert der Konflikt zwischen den Rivalen und ihren jeweiligen Gemeinschaften. Harman juniors Strategie geht jetzt vom Handel zum Raub über. Er entführt die Braut vor ihrer Hochzeitsnacht und fordert sie auf, ihre Zuneigung und vor allem ihren Körper zwischen ihm und Towerson zu teilen: „You are a Woman; have enough of Love for him and me; I know the plenteous Harvest all is his: he has so much of joy, that he must labor under it. In charity you may allow some gleanings to a Friend" (IV 3, 30–33). Ysabinda weigert sich, wird von dem Holländer vergewaltigt, und in der 5. Szene des IV. Aktes findet Towerson seine Ehefrau geschändet und an einen Baum gefesselt.[31] Ihrer Ehre beraubt und ‚entwertet' fühlt sie sich ihres Ehemannes nicht mehr würdig:

> Love is now no more; Look on me as thou wou'dst on some foul Leaper; and do not touch me: I am all polluted, all shame, all o're dishonour; fly my sight, and, for my sake, fly this detested Isle, where horrid Ills so black and fatal dwell, as *Indians* cou'd not guess, till *Europe* taught. (IV 5, 13–17)

Nachdem sich auf der privaten Handlungsebene brutales Besitzstreben gegenüber heroischer Liebe und Ehre durchgesetzt hat, bleibt Ysabinda nur noch die Hoffnung auf einen heroischen Tod, entweder durch die Hand des Ehemanns (was dieser verweigert) oder den Suizid, der für sie eine edle und heroische Tat ist, die sich über alltägliche Moral erheben darf.[32] Da ihr Towerson allerdings die Selbsttötung verbietet, stirbt Ysabinda im Gegensatz zu exotischen Heldinnen in typischen *heroic plays* keinen Bühnentod, sondern kündigt nur ihr baldiges Ende durch Nahrungsverweigerung an. Bleibt der Frau also nur das heroische Erdulden und Sterben, kann Towerson zur aktiven Rache schreiten, um die Schande, die ihm und seiner Frau angetan wurde, zu vergelten. Nach einigen weiteren Komplikationen der Handlung tötet er Harman junior und stirbt bald darauf selbst infolge der Intrige der Holländer gegen die englischen Händler. Wie Ysabinda wird auch ihm der Tod *auf* der Bühne allerdings versagt, worin man einen weiteren Versuch Drydens sehen mag, dem Händler die vollendete Heroisierung eines aristokratischen Helden zu verweigern.

In dieser groben Handlungsskizze zeigt sich die Argumentationskonstellation des Stücks: Ysabinda als prototypische ‚fremde Heldin' des *heroic play* ist Angelpunkt eines Konflikts zwischen europäischen Händlern, der über heroische Tu-

---

31 Zum Vergewaltigungsmotiv auf der Restaurationsbühne und seinen Bezügen zu zeitgenössischer Politik siehe Jennifer L. Airey: *The Politics of Rape: Sexual Atrocity, Propaganda Wars, and the Restoration Stage*. Newark, DE 2012. Instruktiv für die Interpretation der Vergewaltigung in *Amboyna* ist dabei der Hinweis, dass bis ins 18. Jahrhundert Vergewaltigung in England (auch) als Eigentumsdelikt galt (7). Airey liest die Vergewaltigung Ysabindas als Mittel der Dämonisierung der Holländer, aber auch als Ausdruck der Schädigung, die England durch die Holländer erfährt: „The English have ceded their position of authority to the Dutch, the colonizers becoming the colonized in India. Ysabinda's death […] symbolizes the damage done to the English nation as the Dutch usurp English property, humiliate English men, and degrade them to the status of natives" (76).

32 „I grant, it is its great and general Law: But as Kings, who are, or should be above Laws, dispence with 'em when levell'd at themselves; Even so may man, without offence to Heaven, dispence with what concerns himself alone: Nor is death in it self an ill; then holy Martyrs sin'd, who ran uncall'd to snatch their Martyrdom: And blessed Virgins, whom you celebrate for voluntary death, to free themselves from that which I have suffer'd" (VI 5, 53–60).

genden verhandelt wird. Dabei vermischen sich aber Argumente, und es werden Paradoxien aufgerufen, die das Stück nicht auflösen kann. An der Oberfläche geht es um eine Diskreditierung der Holländer und Nobilitierung der Engländer. Aber gleichzeitig zu dieser Kontrastierung der Nationen werden andere, weniger eindeutige Aspekte mitverhandelt: die Interferenz von neuer Handels- und Kolonialmacht mit dem Kodex der traditionellen Standesgesellschaft sowie die Frage, wie sich die neue Rolle in der Welt auf die Identität der Engländer auswirkt. Diese sich kreuzenden Linien sollen im Folgenden genauer betrachtet werden.

Dass die staatlich sanktionierten Handelsgesellschaften des 17. Jahrhunderts über erhebliche Autorität verfügten, zeigt Drydens Stück deutlich am Beispiel der Holländer, welche die Insel Amboyna von ihrer Festung aus beherrschen, ihre Einwohner versklaven und fern von ihren Auftraggebern in Europa die Gesetze beugen. Dass auch englische Händler neue Autoritätsansprüche hatten, drückt das Stück vor allem über die Zuschreibung heroischer Eigenschaften aus, wodurch der traditionell aristokratische Geltungsanspruch des Heroischen erweitert wird. Dass Dryden es für opportun hielt, diese Erweiterung diskret anzusprechen, wurde bereits erwähnt. Die Heroisierung der Engländer dient aber vor allem dazu, sie als moralisch ‚bessere' Macht im Kolonialwarenhandel auszuweisen.

Die Beziehung zwischen Towerson, Harman junior und der von beiden begehrten Ysabinda ist in recht offensichtlicher Weise als Allegorie für den Wettbewerb der beiden neuen Akteure im Kolonialhandel interpretierbar: „the ‚Indian woman' becomes the site of a direct struggle between the two European powers who have taken over the mantle once worn by Spain/Portugal".[33] Dabei entspricht die Hingabe Ysabindas an Towerson einem Mythos, der den Akt der Kolonisation als Begehren der Kolonisierten erscheinen lässt und so zu legitimieren scheint: „the colonial myth of the native freely yielding him/herself up to the colonizer's protection and sovereignty".[34] Zu diesem Mythos passt, dass Ysabinda nicht als Amazone präsentiert wird, welche die Waffe ergreift, um sich oder andere zu verteidigen, sondern dass sie ihren heroischen Charakter nur in der Bereitschaft zum Suizid beweist. Dass sie sich gegen ihre Inbesitznahme wehren könnte, ist im Stück wie in der Ideologie des Kolonialhandels nicht angelegt. Für die Rache ihrer Schändung bedarf Ysabinda, ob als private Person oder als Allegorie der Kolonisierten, des heroischen Engländers, der die Vision einer ehrenvollen und konsensuellen Form des Kolonialhandels verkörpert – im Gegensatz zu den gierigen und gewaltsam agierenden Holländern, auf die das Stück alle Negativurteile über diesen Handel projiziert.

Allerdings macht Drydens Stück auch deutlich, dass der Gegensatz zwischen heroischen englischen Händlern und niederträchtigen holländischen Kaufleuten ein Konstrukt ist, dem die Wirklichkeit nicht standhält. Dies suggerieren sogar die

33 Raman: *Framing ‚India'* (Anm. 2), 212.
34 Ebd.

oben bereits zitierten Worte, die Ysabinda nach ihrer Vergewaltigung an Towerson richtet und in denen sie ihre Insel beschreibt als „this detested Isle, where horrid Ills so black and fatal dwell, as *Indians* cou'd not guess, till *Europe* taught" (IV 5, 15–17). Der hier ausgesprochene Kontrast wird zwischen ‚Indern' und *allen* Europäern gezogen. Während Ysabinda zwischen Towerson und Harman junior als Privatpersonen mit unterschiedlichen Werten sehr wohl unterscheidet, scheint sie dies für den Kolonialhandel nicht zu tun. Bezeichnenderweise ist auch das Teilen Ysabindas, das Harman junior Towerson vorschlägt und das auf privater Ebene pervers erscheint, nur eine Übertragung des gleichen Prinzips, das Towerson Harmans Vater für den Gewürzhandel vorgeschlagen hat. Solche Irritationen sind Teil der zahlreichen Widersprüche, mit denen *Amboyna* den Diskurs über heroische englische Händler entfaltet. So beobachtet auch Siraj Ahmed:

> Even as it employs the rhetoric of aristocratic honor, *Amboyna* insinuates that this rhetoric is now nothing more than a disguise for mercantile interests. In other words, the play's duplicity in regard to aristocratic values inculcates a reading practice that recognizes, behind the political ideology of the aristocracy, the political economy of the monopoly state.[35]

Besonders deutlich wird dies im komödiantischen Handlungsstrang des Stücks, der die Struktur des *heroic play* eklatant stört. Hier wird klar ausgesprochen, dass die Engländer trotz ihres heroischen Selbstverständnisses genauso handeln wie die Holländer. Der komödiantische Plot, der die heroische Haupthandlung spiegelt, hat sein eigenes Liebesdreieck zwischen Towersons Vertrautem Beamont, dem holländischen Fiskal und Julia, der (vermutlich indigenen[36]) Ehefrau des Spaniers Perez, der in holländischen Diensten steht, sich aber sein Ehrbewusstsein bewahrt hat und später mit den Engländern angeklagt wird. Die Abgrenzung der Engländer von den angeblich so anderen Holländern wird völlig aufgeweicht, wenn Beamont Julias Gatten ebenso die Hörner aufsetzt wie der Fiskal. Dryden lässt Julia dies sogar mit der Bildlichkeit des Gewürzhandels – beziehungsweise noch allgemeiner der *translatio imperii* von alten auf neue Kolonialmächte – kommentieren: „If my *English* Lover *Beamont*, my *Dutch* Love the *Fiscall*, and my *Spanish* Husband, were Painted in a piece with me amongst 'em, they wou'd make a Pretty Emblem of the two Nations, that Cuckold his Catholick Majesty in his *Indies*" (II 1, 226–230). Auch in anderer Hinsicht zeigt sich an Beamont, dass er trotz nobler Gesinnung gegen merkantile Prinzipien nicht immun ist. Obwohl er die Folter durch die Holländer tapfer erträgt, lässt Beamont es am Ende zu, dass er durch einen Tauschhandel gerettet wird: Als ihr Ehemann mit den Engländern hingerichtet werden soll, akzeptiert Julia das Angebot des Fiskal, sie zu heiraten, wenn dafür Beamont

35 Ahmed: *The Stillbirth of Capital* (Anm. 14), 41.

36 Die Quellen des Stücks legen nahe, dass Julia eine indigene Amboyanerin ist, während Drydens Text dies offen lässt. Siehe Candy B. K. Schille: „With Honour Quit the Fort". Ambivalent Colonialism in Dryden's *Amboyna*. In: *Early Modern Literary Studies* 12: 1, 2006, 1–30, http://purl.oclc.org/emls/12-1/schiambo.htm, 29. März 2016.

vom Tod verschont bleibt. Immer wieder scheint so die profane Welt des Handels durch die Folie heroischer Werte und Ideale hindurch. Nicht einmal Towersons heroischer Habitus kann sich wegen seiner Rücksichten auf die East India Company immer voll entfalten. Als er in der 1. Szene des II. Aktes im Wettbewerb um Ysabinda von Harman junior zum Duell herausgefordert wird, lehnt er dies mit Verweis auf seine offizielle Funktion ab; er ist hier offensichtlich kein autonom agierender Held, sondern unterwirft sich institutionalisierten Autoritäten:

> I'm not to be provok'd out of my temper: here I am a Publick Person, intrusted by my King and my Employers, and shou'd I kill you *Harman*, [...] I shou'd betray my Countreymen to suffer not only worse Indignities, then those they have already born, but for ought I know, might give 'em up to general Imprisonment, perhaps betray them to a Massacre. (II 1, 111–118)

Auch wenn *Amboyna* mit Towerson einen Händler zum Helden macht und so andeutet, dass Standesverhältnisse und mit ihnen Heroisierungssysteme durchlässig geworden sind, transportiert das Stück gleichzeitig die Skepsis, ob das Heroische in einer Welt, in der Handelsgesellschaften und materielle Werte den Ton angeben, überhaupt noch ein valides Ethos ist. Zumindest ist dieses Ethos im Stück beschränkt und prekär. So erscheint Towersons Vertrauen auf Ehre mehrfach als naive und fatale Gutgläubigkeit, und Beamont stellt sogar explizit fest: „*Towerson* is easy, and too credulous" (III 2, 112). [37] Sein heroischer, am Adel modellierter Habitus wirkt anachronistisch, so wie auch Ysabindas Glaube an Liebe und Ehre nach der Eroberung ihrer Insel durch den Handel überholt scheint. Laura Brown konstatiert deshalb eine heroische Nostalgie, die *Amboyna* (wie auch andere Dramen Drydens mit imperialer Thematik) durchzieht.[38] Die Handlung, die sich in diesem Stück um das Heroische entfaltet, mit einer ‚fremden Heldin' im Zentrum des Konflikts, steckt also voller Paradoxien und Ambivalenzen, die für England als Gesellschaft im Wandel und im Lichte der gesellschaftlichen Verschiebungen Ende des 17. Jahrhunderts kennzeichnend sind. Es ist daher konsequent, dass *Amboyna* in seinem letzten Akt auch ein bühnenästhetisch hoch wirksames Versatzstück des exotisch-heroischen Theaters ambivalent verwendet. Die Bühnenanweisung zur einzigen Szene des V. Aktes schreibt vor: „*The Scene opens, and discovers the English Tortur'd, and the Dutch tormenting them.*" In diesem Szenario wird das irritierende Verhältnis von Identität und Alterität, Eigenem und Fremdem theatralisch und konkret körperlich auf den Punkt gebracht.

---

[37] Siehe auch Ahmed: *The Stillbirth of Capital* (Anm. 14), 41: „The tragic flaw that eventually leads Towerson to his own execution is a peculiary aristocratic one: an ethical naïveté or credulity, a fidelty to the word, which conventionally characterizes the nobility and which the rise of merchant cunning throws into stark relief." Später findet sich dieselbe naive Gutgläubigkeit in der Figur des anachronistisch-heroischen Bacon in Aphra Behns *The Widow Ranter* sowie der Titelfigur ihres Romans *Oroonoko*. Siehe hierzu Barbara Korte: Aphra Behn's *The Widow Ranter*. Theatrical Heroics in a Strange New World. In: *Anglia*, 2015, 11–17.

[38] Laura Brown: Dryden and the Imperial Imagination. In: Steven N. Zwicker (Hg.): *The Cambridge Companion to John Dryden*. Cambridge 2004, 59–74, hier 70.

## 4. *Der verfremdete Heldenkörper*

Das *heroic play* des späten 17. Jahrhunderts wird nicht selten auch zum Theater der Grausamkeit. Dies erweist sich kaum eindringlicher als in den Folterszenen, die zum Repertoire dieser Stücke gehörten. Dass elaborierte Folterungen nun *auf* der Bühne und nicht *off-stage* stattfanden, hatte zumindest teilweise auch den Grund, dass sich mit den Bühnenmaschinerien der neuen Restaurationstheater solche Prozeduren spektakulär inszenieren ließen. In der Standardkonstellation wird dabei eine für Folterer und Publikum ethnisch fremde Figur gequält, wie etwa der Aztekenherrscher Montezuma in Drydens *Indian Emperour*, der im Ertragen der Tortur seine heroische Haltung beweist. Für Ayanna Thompson vollzieht sich in solchen Szenen eine drastische Zuschaustellung von Fremdheit:

> Highlighting their outward racial differences, the rack displaced these foreign bodies in extremely open, exposed, and vulnerable ways. Victims were often stripped of most of their clothing, and if one imagines the stage rack as holding the victim up vertically to be seen by the audience, the intense focus on the stretched and controlled body is even more vivid.[39]

Gerade die Folterszene aus *The Indian Emperour* dürfte dem Publikum von *Amboyna* noch im Gedächtnis gewesen sein, denn dieses Stück war bis Ende des Jahrhunderts populär,[40] und es bestand ein Bezug über die Besetzung, da Michael Mohun, der Towerson spielte, einige Jahre zuvor Montezuma verkörpert hatte.[41] Aphra Behn griff die Standardkonstellation der Folterszene in *Oroonoko* auf und ließ ihren „royal slave" in Surinam die Verstümmelung seines Körpers heroisch erdulden.[42] Von dieser Standardkonstellation weicht *Amboyna* allerdings signifikant

---

39 Thompson: *Performing Race and Torture* (Anm. 26), 15. Siehe auch Orr: *Empire on the English Stage* (Anm. 11), 59: „The machinery was not simply aesthetically effective: it functioned as an index of political, technological and cultural command in the world beyond Europe so often represented on the stage."

40 Siehe den Kommentar des Herausgebers zu *The Indian Emperour* in: *The Works of John Dryden*, Bd. 9, hg. von John Loftis. Berkeley 1966, 293–330, hier 294: „The success was lasting: for more than seventy years the play maintained a place in the repertories of the London theaters. [...] We may infer that it was performed frequently in the later seventeenth century because it was often reprinted and because in the early eighteenth century (when daily theatrical notices began to appear in the newspapers) it was still popular."

41 Ebd., 269.

42 Aphra Behn: Oroonoko. In: *The Works of Aphra Behn*, Bd. 3: *The Fair Jilt and Other Short Stories*, hg. von Janet Todd. London 1995, 50–119, hier 118: „He had learn'd to take Tobaco; and when he was assur'd he should Dye, he desir'd they would give him a Pipe in his Mouth, ready Lighted; which they did; And the Executioner came, and first cut off his Members, and then threw them into the Fire; after that, with an ill-favoured knife, they cut his Ears, and his Nose, and burn'd them; he still Smoak'd on, as if nothing had touch'd him; then they hack'd off one of his Arms, and still he bore up, and held his Pipe; but at the cutting of this other Arm, his Head Sunk, and his Pipe drop'd; and he gave up the Ghost, without a Groan, or a Reproach." In Southernes Adaptation von Behns Erzählung (1695 aufgeführt und veröffentlicht) wird diese Folterung nicht übernommen. Oroonoko stirbt hier durch eigene Hand.

ab. Zwar werden auch hier heroische Figuren gequält, aber sowohl Folterer als auch Gefolterte sind Europäer. Es besteht zwischen ihnen also keine ethnische Differenz, und Towerson klagt die Holländer auch explizit dafür an, dass sie die Engländer wie Einheimische behandeln und damit gewissermaßen zu Fremden *machen*: „we are not here your Subjects, but your Partners; and that Supremacy of power you claim, extends but to the Natives, not to us“ (V 1, 265–268).

Die Behandlung wie versklavte *natives* soll die Engländer erniedrigen. Dies wird für das Publikum aber dadurch konterkariert, dass sie die Folter ebenso tapfer ertragen wie die konventionellen fremden Helden des Theaters und dadurch nobilitiert werden. Die heroische Performanz der englischen Händler kulminiert in *Amboyna* in dem Moment, als Beamont mit Brennstäben an den Händen auf die Bühne geführt wird:

> Courage my friend, and rather praise we Heaven, that it has chose two such as you and me, who will not shame our Countrey with our pains, but stand like Marble Statues in their fires, scorch'd and defac'd perhaps, not melted down. So let 'em burn this Tenement of Earth; they can but burn me naked to my soul that's of a Nobler frame, and will stand Firme, Upright, and Unconsum'd. [...] Do, I'll enjoy the Flames like *Scævola*; and when one's roasted, give the other hand. (V 1, 331–345)

Towerson wird auf der Bühne nicht gefoltert, was man als weiteres Indiz dafür lesen kann, dass Dryden davor zurückschreckt, diesen Händler mit *allen* Mitteln des konventionellen Repertoires zu heroisieren. In der Handlung wird Towerson jedoch der seelischen Grausamkeit ausgesetzt, seine Landmänner leiden sehen zu müssen – während Harman senior und der Fiskal das Schauspiel unter Konsum von Alkohol und Tabak genießen. Als ‚Zuschauer‘ dieses Schauspiels auf der Bühne kommt Towerson die Funktion zu, die Wirkung der Folter meta-theatralisch zu kommentieren und dem Publikum vor der Bühne eine empathische Rezeption als angemessen auszuweisen – eine Empathie, welche die englischen Figuren und ihr englisches Publikum gegen die gefühllosen Holländer eint:

> I could weep tears of Blood to view this usage; but you, as if not made of the same Mould, see with dry eyes the Miseries of Men, as they were Creatures of another kind, not Christians, nor Allies, nor Partners with you, but as if Beasts, transfix'd on Theatres, to make you cruel sport. (V 1, 319–324)[43]

Gerade dieses Zitat verdeutlicht, wie vielschichtig die Alterisierungs- und Verfremdungseffekte sind, die in der Folterszene von *Amboyna* transportiert werden: Die Engländer werden hier wie *natives* im Kolonialhandel behandelt, agieren aber wie exotische Helden des Theaters. Die holländischen Folterer wiederum werden alterisiert, weil sie sich an Menschen vergehen, die eigentlich so sind wie sie selbst.[44] Und schließlich lässt der von Towerson gesprochene Text noch eine weitere Facette der Alterisierung anklingen, wenn er feststellt, dass die Folter mit Wasser und

---

43 Siehe ähnlich auch einige Zeilen später: „We have friends in *England* who wou'd weep to see this acted on a Theatre, which here you make your pastime“ (V 1, 368–369).

44 Siehe Thompson: *Performing Race and Torture* (Anm. 26), 15.

Feuer die menschliche Form der Engländer in einer Weise verändert, dass sie sogar ihrer Art entfremdet scheinen: „as they were Creatures of another kind" (V 1, 321–322).[45] Die hier aufscheinende Verfremdung, oder gar Entfremdung, lässt zumindest anklingen, mit welchen Kosten für die eigene Identität der Aufstieg Englands zu einer globalen Handelsmacht verbunden sein könnte.

Wie erwähnt, ist *Amboyna* wegen der vielen hier zum Ausdruck kommenden Widersprüche und Ambivalenzen als künstlerisches Versagen gewertet worden. Aber gerade in der ‚unreinen' Gattungszugehörigkeit des Stücks liegt auch ein besonderes semantisches Potenzial. Richard Kroll betrachtet Drydens *heroic plays* als Tragikomödien, die sich wegen ihrer generischen Indeterminiertheit in besonderer Weise für Gedankenexperimente eignen und Inkommensurablem Ausdruck verleihen können: „these plays – often spoken of as ‚tragicomedies' – became, for Dryden and others, heuristic devices by which their age could deliberate on issues which were for it the profoundest sources of anxiety."[46] Für *Amboyna* und seine Mischung aus *heroic play* und Komödie scheint dies umso mehr zu gelten. Mit seinen Abweichungen von Konventionen des *heroic play*, seinen irritierenden Differenzen und Konvergenzen – von Händlern und Helden und von Eigenem und Fremdem – lässt sich *Amboyna* als künstlerische Reaktion auf eine politisch und gesellschaftlich instabile Situation lesen, die durch Schwächen der herrschenden Dynastie ebenso bedingt wurde wie durch die Transformation Englands zu einem *global player* im Handel und in der Kolonisation.

---

45 So auch in Towersons Rede an Beamont: „Let me embrace you while you are a Man, now you must lose that form; be parch'd and rivel'd like a dry'd Mummy, or dead Malefactor, expos'd in Chains, and blown about by Winds" (V 1, 346–349).

46 Richard Kroll: *Restoration Drama and „The Circle of Commerce": Tragicomedy, Politics, and Trade in the Seventeenth Century*. Cambridge 2007, 3.

# Alexander der Große und der indische Raja Puru: Zur Exotik in einem Libretto Metastasios und in darauf basierenden Opern von Hasse und Händel[1]

*Ralph P. Locke*

Für Jürgen Thym

Im Verlauf der letzten fünf Jahrhunderte bedienten sich westliche Musiker einer breiten Palette musikalischer Gattungen, um Vorstellungen von exotischen Ländern und Völkern zu gestalten: von Volksliedern über abendfüllende Opern und Oratorien bis zu für die Laute komponierten fremdländischen Tänzen und heutigen Broadway-Musicals, ganz zu schweigen von der Musik für Filme und Videospiele. In den bisherigen Diskussionen darüber, wie das Exotische musikalisch evoziert wurde, blieben jedoch viele Opern des 17. und 18. Jahrhunderts unberücksichtigt, in denen nicht-europäische Hauptfiguren auftreten.[2] Vorliegende Studie soll dazu beitragen, die Erforschung des Exotischen in der westlichen Musik in eine neue Richtung zu lenken, indem Pietro Metastasios *Alessandro nell'Indie*, das Libretto einer *Opera seria* von 1729, deren Handlung auf dem indischen Subkontinent spielt, sowie zwei auf diesem Libretto basierende Opern, Händels *Poro re dell'Indie* (1731) und Hasses *Cleofide* (1731), untersucht werden.

---

1 Der vorliegende Beitrag ist eine etwas gekürzte Version meines Essays „Alexander the Great and the Indian Raja Puru: Exoticism in a Metastasio Libretto as Set by Hasse and by Handel", der demnächst in einer englischsprachigen Zeitschrift erscheinen wird. Beide Versionen sind Erweiterungen einiger Abschnitte aus meinem jüngsten Buch *Music and the Exotic from the Renaissance to Mozart* und wiederum anderer Absätze aus folgendem Artikel: Ralph P. Locke: Alien Adventures: Exoticism in Italian-Language Operas of the Baroque. In: *Musical Times* 150, Nr. 1909, 53–69. Eine kürzere Version des Artikels aus der *Musical Times*, übersetzt von Arnold Jacobshagen, erschien als: Ralph P. Locke: Exotismus in der Opera seria? In: Arnold Jacobshagen und Panja Mücke (Hg.): Händels Opern: Das Handbuch. Laaber 2009, Teilbd. 1, 221–235. Mein Dank gilt Rebekah Ahrendt, Lorenzo Bianconi, Margaret R. Butler, Regina Compton, Roger Freitas, Ellen T. Harris, Richard G. King, Nathan Link, Patrick Macey und Jürgen Thym, die so freundlich waren, Entwürfe dieser Studie gegenzulesen. Gewidmet sei dieser Beitrag Jürgen Thym, dem kenntnisreichen Wissenschaftler, gütigen Kollegen und Mitstreiter, der in hingebungsvoller Weise die Geschichte der Musikwissenschaft innerhalb der Eastman School of Music (University of Rochester ) – einer der musikalischen Praxis gewidmeten Musikhochschule – gestaltete.

2 Andere wichtige Gattungen, die ebenfalls oft aus der Diskussion um Musik und das Exotische ausgespart werden, sind das Bänkellied (Henry Howards Lied über drei Cherokee-Häuptlinge, um 1762), das *Ballet de cour* (zum Beispiel *La délivrance de Renaud*, 1617), das dramatische Oratorium (zum Beispiel Händels *Belshazzar*, 1745) und die *Opéra comique* aus der Zeit von Lesage (*Arlequin sultane favorite*, 1715). Zu den erwähnten Werken lege ich in meinem Buch (Ralph P. Locke: *Music and the Exotic from the Renaissance to Mozart*. Cambridge 2015) Fallstudien vor.

## *Exotismus ohne exotischen Stil*

Die bisherige Forschung hat Opern mit ‚exotischen' Figuren aus der Zeit vor 1750 vor allem aus zwei Gründen nicht berücksichtigt. Erstens sind fast alle Opern nach der Entstehung dieser Gattung um 1600 bis zur Mitte des 18. Jahrhunderts innerhalb weniger Jahre oder Jahrzehnte aus dem Repertoire verschwunden, selbst wenn sie bei Erstaufführung großen Beifall erhielten. Glücklicherweise fanden einige dieser Opern im 20. Jahrhundert ein neues Publikum. Dieser Trend der Wiederentdeckung hat sich in den letzten Jahrzehnten noch verstärkt, auch dank einfallsreicher und stilistisch feinfühliger Sänger und Instrumentalisten wie der Mezzosopranistin Gloria Banditelli, dem Countertenor Andreas Scholl und dem Cembalospieler und Dirigenten Christophe Rousset. Zweitens: Selbst wenn ein solches Werk kompetent aufgeführt wird, lassen sich Publikum, Kritiker und Fachleute oft von modernen Annahmen darüber leiten, auf welche Weise Musik Vorstellungen von Exotik evozieren kann. Insbesondere wird oft nach Spuren einer ‚exotischen Färbung' gesucht: musikalische Zeichen oder Codes der Andersartigkeit. Tatsächlich nehmen wir oft an, dass bestimmte musikalische Codes notwendige und hinreichende Bedingungen für Exotik sind, weil im Musiktheater seit dem späten 18. Jahrhundert bestimmte Stilelemente an prominenter Stelle verwendet wurden, die Komponisten und Publikum als Hinweise auf exotische Regionen interpretierten. Zu den oft untersuchten Beispielen gehören Mozarts *Die Entführung aus dem Serail* (1782), die auf effektive Weise den Janitscharen-Stil einsetzt (auch als *Alla turca*-Stil bekannt). Auch Puccinis *Madama Butterfly* (1904–1907) verwendet viele japanische und – wie neuere Forschungen ergeben haben – chinesische Melodien, integriert aber auch Grundelemente, die eindeutig dazu dienen sollten, ein imaginäres Japan zu evozieren, zum Beispiel die Pentatonik und die prominente Rolle der Harfe als Verweis auf die Koto.[3]

In meinen Büchern *Musical Exoticism: Images and Reflections* (2009) und *Music and the Exotic from the Renaissance to Mozart* (2015) bezeichne ich die Annahme, dass musikalischer Exotismus die Anwesenheit von eindeutig fremden – oder zumindest fremd wirkenden – musikalischen Stilmerkmalen voraussetzt, als das Paradigma des exotischen Stils:

> Das ‚Paradigma des exotischen Stils' identifiziert eine exotisierende Absicht oder Botschaft in einer Passage oder einem ganzen Werk, wenn (und nur wenn) stilistische Mittel

[3] Zu exotisierenden Konzeptionen und Merkmalen in Mozarts *Entführung* siehe Locke: *Music and the Exotic* (Anm. 2), 26–27, 308–313. Ralph P. Locke: *Musical Exoticism: Images and Reflections*. Cambridge 2009, 114–123. Für eine ähnliche Analyse von Puccinis *Madama Butterfly* siehe ebd., 175–213. W. Anthony Sheppard hat 2012 herausgefunden, dass zwei wichtige Motive in *Madama Butterfly* chinesische Ursprünge haben; siehe W. Anthony Sheppard: Music Box as Muse to Puccini's ‚Butterfly'. In: *The New York Times*, 15. Juni 2012, http://www.nytimes.com/2012/06/17/arts/music/puccini-opera-echoes-a-music-box-at-the-morris-museum.html?pagewanted=all&_r=1, 29. März 2016. W. Anthony Sheppard: Puccini and the Music Boxes. In: *Journal of the Royal Musical Association* 140, 2015, 41–92.

> verwendet werden, die (1) von zu diesem Zeitpunkt vorherrschenden Normen abweichen und (2) entweder von den musikalischen Traditionen eines dargestellten exotischen Ortes abgeleitet sind oder irgendwie als Hinweise auf diesen Ort verstanden werden können (zum Beispiel durch einen erfundenen Stil oder durch beabsichtigte Andeutungen von Fremdheit).[4]

Bezogen auf Werke wie die oben erwähnten Opern von Mozart und Puccini ist das Paradigma des exotischen Stils äußerst aufschlussreich, während es bei Werken aus der Zeit vor der Mitte des 18. Jahrhunderts oft nicht greift. Wenn zum Beispiel eine *Opera seria* aus dem frühen 18. Jahrhundert eine nicht-westliche Kultur oder nicht-westliche Personen darstellt, dann werden nur selten stilistische Elemente verwendet, die sich erkennbar von denen unterscheiden, die der Komponist verwendet hätte, spielte das Werk irgendwo in Europa und träten nur europäische Figuren auf, zum Beispiel Griechen oder Römer.

In einem Werk aus der Zeit vor der Mitte des 18. Jahrhunderts wurden Merkmale eines nicht-westlichen Schauplatzes, einer ethnischen Gruppe oder eines exotischen Individuums zum größten Teil durch *nicht-musikalische* Mittel inszeniert. Dazu gehörten etwa die Namen der Protagonisten, Details der Handlung und der dramatischen Darbietung auf der Bühne (insbesondere das Verhalten und die Reaktionen einer Figur), der genaue Text (Erklärungen, Rechtfertigungen), der von einer bestimmten Figur gesungen wird, und vielleicht einige ungewöhnliche Merkmale des Bühnenbilds und der Kostüme (wie etwa eine gemalte Kulisse, die auf einem Reisebericht basiert, oder ein mit gefedertem Turban ausgestatteter türkischer oder persischer Herrscher).[5]

Die Komponisten verstärkten diese Charakteristika oft durch die Musik, aber nicht indem sie musikalische Klänge und Stilmittel verwendeten, die irgendwie ‚fremd' klingen. Stattdessen setzten sie verschiedene normative Stilmittel ein, die Komponisten von Werken des Musiktheaters dieser Zeit zur Verfügung standen, um dem Gefühl des gesungenen Textes zu entsprechen. Mit anderen Worten: Die Absicht des Komponisten war es, die musikalische Begleitung eines bestimmten Moments innerhalb eines solchen Werks den Gefühlen, dem Verhalten sowie den aktuellen und zukünftigen Handlungen der jeweils singenden Figuren anzupassen. Wird ein persischer oder mongolischer Krieger zum Beispiel als leicht reizbar und aufbrausend gezeigt – eine von mehreren Eigenschaften, die besonders nicht-westlichen männlichen Herrschern, Kriegern und religiösen Autoritäten zugeschrieben wurde –, dann werden diese Gefühle durch die musikalischen Mittel dargestellt, mit denen die Komponisten üblicherweise den Eindruck von Zorn ver-

[4] Locke: *Music and the Exotic* (Anm. 2), 17–19. Vgl. ebd., 42–59. Die beiden Paradigmen wurden zum ersten Mal in folgendem Aufsatz erläutert: Ralph P. Locke: A Broader View of Musical Exoticism. In: *Journal of Musicology* 24, 2007, 477–521.

[5] Für Beispiele der Figurenzeichnung und des Bühnenbilds in Händels Opern, die sich auf Berichte von Reisenden aus dem Osten beziehen (zum Beispiel Aaron Hill, der den Entwurf für das Libretto für *Rinaldo* verfasst hat) vgl. Ellen T. Harris: *George Frideric Handel: A Life with Friends*. New York 2014, 107–113.

stärken: zum Beispiel dynamische Sprünge in der Gesangslinie oder eindringliche rhythmische Figuren in der Orchesterbegleitung. Solche Mittel trugen in der Oper der Zeit dazu bei, einen nicht-westlichen von einem westlichen Mann zu unterscheiden – obwohl es auch hier wieder namhafte Ausnahmen gibt. Aber solche Elemente erfüllen ihre Charakterisierungsfunktion, ohne dabei auf einen ‚exotischen' Musikstil zurückzugreifen – ja sogar ohne notwendigerweise überhaupt stilistischen Besonderheiten einzuführen. Aus diesem Grund ist es meist nicht hilfreich, das Paradigma des exotischen Stils auf Opern zu übertragen, die vor dem Aufkommen des *Alla turca*-Stils in der Mitte bis Ende des 18. Jahrhunderts entstanden.

Daher habe ich ein zweites, weiter gefasstes Paradigma zum Verständnis des musikalischen Exotismus vorgeschlagen. Es berücksichtigt zwar den Aspekt der ‚exotischen Färbung' des Stils, bezieht aber auch viele andere Aspekte ein, zum Beispiel den strategischen Gebrauch von eher konventionellen Charakterisierungsmitteln. Ich nenne dies das Paradigma der vollständig kontextualisierten Musik. Da das weiter gefasste Paradigma deutlich mehr Faktoren in die Untersuchung einbezieht, können auch Werke analysiert werden, die das Paradigma des exotischen Stils nicht erklären kann. Ich fasse das weiter angelegte Paradigma wie folgt zusammen:

> Das ‚Paradigma der vollständig kontextualisierten Musik' geht davon aus, dass bei der Repräsentation des Exotischen in der Musik potenziell jede Art von musikalischen Mitteln eingesetzt wird, inklusive jener, die zu einer bestimmten Zeit die stilistische Norm bildeten. In vielen Vokalwerken und Werken des Musiktheaters verdeutlichen die Worte den Ort (zum Beispiel die ethnische Identität einer Opernfigur), wodurch der Komponist die Freiheit gewinnt, eine breitere Palette von möglichen Verfahren anzuwenden, um diese Darstellung zu intensivieren. Der erste Teil des Paradigmas – ‚die ganze Musik' – erinnert uns daran, dass der Rezipient ruhig alle musikalischen Elemente und Passagen in einem Stück einbeziehen sollte, *inklusive all jener, die unter das Paradigma des exotischen Stils fallen*. Der zweite Teil, der auf den Kontext der Musik Bezug nimmt, kann sowohl Grundelemente der Gattung enthalten, als auch nicht-musikalische Konzepte – wie etwa kulturelle Stereotypen, die zur damaligen Zeit als gegeben angenommen wurden: zum Beispiel weit verbreitete Vorstellungen über türkische Sultane, türkische Haremsfrauen, nordamerikanische ‚Indianerhäuptlinge' oder chinesische Minister. Folglich berücksichtigt das Paradigma der vollständig kontextualisierten Musik auch die nicht-musikalischen Elementen wie den gesungenen Text, die Regieanweisungen, das Kostümbild, aber auch die kulturellen Einstellungen, die auf der Metaebene des Werkes liegen.[6]

Der vorliegende Beitrag illustriert die Vorzüge eines solchen weiter gefassten Paradigmas, indem er eines der am häufigsten vertonten Libretti des 18. Jahrhunderts und zwei seiner besonders erfolgreichen Vertonungen untersucht. Bei dem Libret-

6 Locke: *Music and the Exotic* (Anm. 2), 20–21. Vgl. Locke: *Musical Exoticism* (Anm. 3), 59–71. Einige andere Forscher haben die Notwendigkeit eines weiter gefassten Ansatzes erkannt. Harris hat überzeugend dargelegt, dass Händel in den West/Ost-Opern manchmal reiche und ungewöhnliche Klangmittel verwendete, um den östlichen Luxus zu porträtieren (zum Beispiel Cleopatra in *Alexander Balus*), aber dass er solche Klänge öfter den westlichen Figuren zugewiesen hat (zum Beispiel in *Rinaldo* und *Riccardo Primo*), um die größere Stärke und Tugend der Westler anzudeuten (Harris: *George Frideric Handel* [Anm. 5], 77–85, 103–107).

to handelt es sich um Pietro Metastasios *Alessandro nell'Indie* (*Alexander der Große in Indien*). Dieser kunstvolle Bühnentext wurde 1729 in einer Vertonung des angesehenen Komponisten Leonardo Vinci in Neapel uraufgeführt. Danach wurde er von zahlreichen Komponisten in Musik gesetzt – die Forschung hat 71 Vertonungen zusammengestellt –, wobei einige dieser Versionen viele Arien oder Rezitativpassagen herausgestrichen oder neue hinzufügt haben. Im Folgenden sollen zwei lose auf Metastasios Text basierende Opern genauer betrachtet werden: Georg Friedrich Händels *Poro re dell'Indie* und Johann Adolf Hasses *Cleofide*. Beide Opern wurden 1731 uraufgeführt: Händels Oper in einem öffentlichen Opernhaus in London, dem King's Theatre; Hasses Version mit einer stärker überarbeiteten Fassung des Librettos am Sächsischen Hof in Dresden. Die Gegenüberstellung und der Vergleich dieser beiden Vertonungen soll verdeutlichen, wie Nicht-Europäer von Komponisten italienischsprachiger *Opera seria* im 18. Jahrhundert dargestellt wurden.

## *Stereotype des Ostens und die griechisch-römische moralische Norm*

Die beiden männlichen Protagonisten in Metastasios Libretto *Alessandro nell'Indie* basieren auf historischen Personen: Alexander der Große und Puru,[7] ein berühmter Raja aus Paurava, einer Region im Punjab. Die Elefanten von Purus Armee wurden 326 v. Chr. am linken Ufer des Hydaspes von den Reitern der Griechen besiegt.[8] Metastasios Libretto greift Elemente aus mehreren älteren literarischen Versionen auf, darunter Racines Theaterstück *Alexandre le Grand* (1665). Dort hat jeder der beiden Herrscher einen Armeegeneral (Timagene für Alessandro, Gandarte für Poro). Auch die von Alexander und Poro umworbene weibliche Hauptfigur Metastasios ist in den antiken Quellen bezeugt: Cleofide ist die Herrscherin über die indische Region, die nur durch einen Grenzfluss von Poros Gebiet getrennt ist.[9] Metastasio war wahrscheinlich glücklich, einen Namen verwenden zu können, der eine etwas spätere ‚Kleo' anklingen lässt: die Königin Kleopatra von Ägypten, der bekannte Prototyp der östlichen Frau, die gleichermaßen schön und politisch versiert war.[10]

7 In den griechischen Quellen wird er ‚Poros' genannt und in den römischen ‚Porus'. In Metastasios Libretto wurden beide Namen zu ‚Alessandro' und ‚Poro' italienisiert.

8 Dieser Fluss ist auch unter dem Namen ‚Jhelam' bekannt und verläuft fast vollständig im heutigen Pakistan.

9 Kleophis (vermutlich abgeleitet vom sanskritischen Namen ‚Kripa') war laut verschiedenen griechischen und römischen Schriftstellern die Frau oder Mutter des Kriegsfürsten der Assakener, einem wichtigen Reitervolk im heutigen Peshawar-Tal. Einige der antiken Quellen behaupten, sie habe versucht, den griechischen Eroberer Alexander durch Geschenke und sogar Liebe zu besänftigen; die beiden römischen Autoren Curtius und Justinus berichten, sie habe ihm einen Sohn geboren.

10 Lucy Hughes-Hallett: *Cleopatra: Histories, Dreams and Distortions*. New York 1990.

Thomas Betzwieser zufolge beschränke sich der Exotismus in vielen Opern zu Metastasios *Alessandro*-Libretto lediglich auf die oberflächliche „Topografie", da die Handlung zwar in Indien spiele,[11] doch das ferne Land einfach als Schauplatz für eine herkömmliche *Opera seria* diene. Tatsächlich aber evoziert Metastasios Libretto lokalspezifische Besonderheiten auf mannigfaltige Art und Weise, etwa durch die Namen der indischen Figuren,[12] durch das konkrete Verhalten dieser Protagonisten und durch die Worte, die sie singen (Gefühle, Reaktionen). Zusätzlich beeinflussten sicherlich auch das Bühnenbild und andere visuelle Elemente – wie sie in den Regieanweisungen und (auch) in einigen gesungenen Worten nahegelegt werden – die Reaktion des Publikums.

Als eindeutig exotisierende Momente und Details in Metastasios Libretto lassen sich nennen:

1) In der Mitte des I. Aktes kommt Cleofide in Alessandros Lager, und zwar der Regieanweisung gemäß *„mit [...] vielen Indern, verschiedene Geschenke tragend"* von (in Cleofides Worten zu Alessandro) den „Klippen" und der „weiten östlichen Meeresküste" (I 13).[13] Die Regieanweisung im Libretto für die aufwendige Premiere von Hasses Oper in Dresden präzisiert sogar noch diese einheimischen Gaben: *„Tiger, Löwen und Körbe mit Gold und Perlen"*.[14]
2) An einer früheren Stelle in Metastasios Libretto nehmen zwei Inder Poros Schwester Erissena gefangen und bringen sie in Ketten zum griechischen Kom-

11 Thomas Betzwieser: *Exotismus und ‚Türkenoper' in der französischen Musik des Ancien Régime: Studien zu einem ästhetischen Phänomen* (Neue Heidelberger Studien zur Musikwissenschaft; 21). Laaber 1993, 16–17.

12 Besonders wenn man sich die obligatorischen italienischen Endungen wegdenkt, wird aus ‚Gandarte' wieder ‚Gandharta', wie in einer deutschsprachigen Aufnahme bei den Händelfestspielen in Halle von 1959: Händel: *Poros* [sic], dirigiert von Horst-Tanu Margraf. Edel CD 0093742BC. (Neuveröffentlichung 1998).

13 Der Einfachheit halber wird hier – sofern nicht anders angegeben – die Nummerierung der Akte und Szenen aus Metastasios *Alessandro*-Libretto von 1729 verwendet, auch wenn auf die Vertonungen von Händel und Hasse Bezug genommen wird; Auslassungen und Einfügungen durch die jeweiligen Bearbeiter des Librettos und die Komponisten dieser Opern führten zu einer etwas anderen Nummerierung der Szenen. Das Libretto von 1729 (veröffentlicht 1730) kann auf der Paduaner Webseite für Metastasios Libretti eingesehen werden: http://www.progettometastasio.it, 29. März 2016. In jeder Produktion oder Aufnahme können sich die Akt- und Szeneneinteilungen ändern, abhängig davon, wie viele Pausen es gibt, welche Nummern ausgelassen beziehungsweise gekürzt werden et cetera.

14 Hasse: *Cleofide* I 14. Das Libretto für diese Oper wurde in der ersten Auflage der hervorragenden CD unter der musikalischen Leitung von William Christie (Capriccio 10 193/96) als Faksimile nachgedruckt, aber nicht in der Neuauflage dieser Aufnahme im Jahr 2011 (Capriccio 7080). Es wurde auch in der kritischen Ausgabe, herausgegeben von Zenon Mojzysz, nachgedruckt, aber nicht in dem auf der kritischen Ausgabe basierenden Klavierauszug. Meine Übersetzungen basieren frei auf denen aus dem Beiheft der Aufnahme von Liesl B. Sayre und der kritischen Ausgabe (von Liesl B. Sayre [et al.] für das Englische und von Zenon Mojzysz [et al.] für das Deutsche). Händels *Poro re dell'Indie* ist als eine ebenso bemerkenswerte CD-Aufnahme zugänglich, unter der musikalischen Leitung von Fabio Biondi (Opus 111 OPS 30-113/115).

mandanten, um sich bei ihm einzuschmeicheln (I 3). Alessandro betrachtet dies als einen abscheulichen Akt. Er nennt die beiden Inder verräterische Schurken („Indegni!") und erklärt Erissena, dass er – im Gegensatz zu „anderen Feinden", womit er wahrscheinlich die Perser oder Skythen meint – Schönheit „respektiert" und keineswegs wünscht Erissena zu „schänden" („oltraggiarti"). Alessandro befreit die indische Prinzessin und schickt die beiden „Verräter" in Ketten zurück zu Poro, damit er sie bestrafen kann. Damit soll vermutlich angedeutet werden, dass das frauenfeindliche Verhalten und der dreiste Egoismus der beiden Verräter typisch für Länder sei, die weit entfernt von Griechenland liegen, der Heimat der aufgeklärten Gesinnung und moralischen Standhaftigkeit. So zeigt der westliche Held des Librettos die kulturellen Eigenschaften indischer Männer – und, allgemeiner: der männlichen Bewohner weit östlich von Europa gelegener Gegenden – in einem unvorteilhaften Licht zum Vergnügen des lesenden und hörenden Publikums.

3) Ein zentrales Element der letzten Szene von Metastasios Libretto ist eine kulturelle und religiöse Sitte, die eindeutig indisch ist, nämlich die hinduistische Tradition der Witwenverbrennung (Sati), bei der sich eine Witwe freiwillig verbrennen lässt – normalerweise auf dem Scheiterhaufen für ihren toten Ehemann. Dieser Brauch wird in vielen europäischen Schriften des 18. Jahrhunderts erwähnt.[15] Gegen Ende von Metastasios Libretto *Alessandro nell'Indie* (III 12) ist Cleofide verzweifelt, nachdem sie irrtümlich informiert wurde, ihr geliebter Poro habe sich in den Hydaspes gestürzt, um der Gefangennahme durch die Griechen zu entgehen. Cleofide bereitet sich vor, einen Scheiterhaufen zu besteigen, um der „Sitte" zu gehorchen, die durch ein „uraltes Gesetz" vorgeschrieben ist. Sie erwähnt, dass der Rauch – den das Publikum in diesem Augenblick vermutlich zu sehen beginnt – mit Gewürzen parfümiert ist. Damit findet sich im gesungenen Text ein weiteres exotisches Element: Gewürze waren zu Händels Zeit eines der wichtigsten Güter im Handel mit dem Osten. Alessandro, der konsterniert ist, Cleofide am Fuß des Scheiterhaufens zu sehen, spricht die (damals wie heute) archetypisch westliche Reaktion aus: Die Forderung, dass eine Witwe sich selbst verbrennen soll, sei „ein unmenschliches Gesetz, das man aufhalten muss, [und] das ich zu vernichten wissen werde" („legge inumana, che a bisogno di freno, che distrugger saprò").

4) Als Cleofide dabei ist, das Ritual der Witwenverbrennung durchzuführen, versteckt sich Poro in einem nahe gelegenen heidnischen Tempel, um Alessandro und Cleofide zu erstechen. Er glaubt nämlich irrtümlich, dass Cleofide zarte Gefühle für den griechischen Heerführer hegt. Als er sie belauscht und beobachtet, erkennt er die wahre Hingabe seiner Geliebten und tritt rechtzeitig

[15] Zum Beispiel berichtet Gottfried Taubert in *Kompendium zur Tanzkunst* von 1717, dass Frauen, welche die Witwenverbrennung verweigerten, zu Prostituierten und lasziven Tänzerinnen würden (Gottfried Taubert: *Rechtschaffener Tantzmeister, oder, Gründliche Erklärung der frantzösischen Tantz-kunst.* Leipzig 1717, 59–60).

hervor. Damit rettet er sie vor dem Scheiterhaufen. Indem Poro rechtzeitig handelt, ergibt sich ein weiterer Vorteil (für den Librettisten sowie für die westlichen Prinzipien der Toleranz und Duldsamkeit), nämlich dass Alessandro, der edelgesinnte imperiale Eroberer, sich nicht mehr mit Gewalt gegen die lokale Sitte stellen muss.[16]

5) Wir wissen nicht, ob bei der eindrucksvollen Premiere von Hasses *Cleofide* in Dresden tatsächlich echte Löwen und Tiger – oder Tänzer, die als solche verkleidet waren – auf die Bühne kamen oder ob das Opernpublikum sich diese anhand der gedruckten Regieanweisungen in ihren Libretti vorstellen musste. Wir wissen aber, dass es in dieser Produktion mehrere andere Elemente gab, mit denen der zeitliche Rahmen und die ethnischen Aspekte der Geschichte verdeutlicht werden sollten. Nach einem zeitgenössischen Bericht nahmen 54 Soldaten aus König Augusts Armee in der Schlachtenszene teil (II 5). Sie haben „das Ihrige bei der Bataille in der Opera mit gutem Fleiß und Geschicklichkeit verrichtet, wie sie denn mit Schildern auff die alte Griechische und Indianische Art zu fechten einige Zeit vorher exerciret worden".[17] Die Aufführung wartet auch mit drei unabhängigen *balli* auf, einer nach jedem Akt der Oper.[18] Im ersten dieser *balli* traten „marinari" (Seeleute) auf – vielleicht die Tänzer oder Schauspieler, die Cleofide und ihre Geschenke einige Minuten zuvor mit dem Schiff zu Alessandro gebracht hatten. Zum *ballo* nach dem II. Akt gehörten „Indiani" (weitere Details sind nicht überliefert) und der nach dem III. und letzten Akt bestand aus einem Tanz von lokalen „Bacc[h]anti"; damit waren im Kontext dieser Oper nicht weibliche Anhängerinnen des Dionysus beziehungsweise Bacchus gemeint, sondern einer indischen Gottheit der irdischen Liebe, die vermutlich als ungefähr äquivalent zu diesen westlichen Göttern angesehen wurde (vielleicht Kāmadeva, auch bekannt als Māra).[19]

---

16 Metastasio (1730), III 13. Cleofide hatte schon in einer früheren Szene der Oper darüber nachgedacht, sich in den Hydaspes zu werfen. Dies entspricht nicht gerade dem Verhalten westlicher Königinnen in Opern dieser Zeit, insbesondere nicht solchen, die als im Grunde bewundernswert dargestellt werden. Poro und Gandarte drohen in Metastasios *Alessandro*-Libretto ebenfalls mit Selbstmord im Verlauf der Oper. In Händels *Giulio Cesare* ist Cornelia, die Witwe des ermordeten römischen Generals Pompeo, eine bemerkenswerte Ausnahme; ihre Hoffnungslosigkeit war möglicherweise wenigstens verständlich zu dieser Zeit, da ihr schreckliches Entsetzen darüber gezeigt wird, in den Harem von Tolomeo gezwungen zu werden.

17 Aus einem quasi-offiziellen Bericht über den Tag in *Curiosa Saxonica* 75, 1731, 271, zitiert in: Zenon Mojzysz: *Cleofide, „Dramma per musica" von Johann Adolf Hasse. Untersuchung der Entstehungsgeschichte* (Hasse-Studien / Sonderreihe; 2). Stuttgart 2011, 54.

18 Die Musik und Choreografie dieser drei *balli* ist leider verloren. Jedoch werden die *balli* in der Originalausgabe des Librettos an prominenter Stelle erwähnt. Im Klavierauszug und in der Neuauflage der Capriccio-CD werden die *balli* nicht erwähnt.

19 Die letzte Szene der Oper mit dem Scheiterhaufen findet vor einem „Tempel des Bacchus" statt. Händels Oper tilgt unter anderem den Chor aus den III. Akt und den *ballo* für die Bacchantinnen (in diesem Fall die Tempelpriesterinnen) und vereinfacht im Verlauf der Oper einige der szenischen Effekte, jedenfalls nach den Regieanweisungen aus dem veröf-

Alle diese Details bestätigen Reinhard Strohms Annahme, dass Hasses *Cleofide* in ihrer vollständigen Fassung auf der Dresdener Bühne 1731 „ein relativ frühes Beispiel für echte Exotik und Chinoiserie im Musiktheater" war.[20]

## *Metastasios Raja als Antiimperialist und schlechter Anführer*

Die Auseinandersetzung des Libretto mit der Frage nach europäischer Identität und nicht-europäischer Alterität zeigt sich auch in einem anderen hervorstechenden Merkmal: dem wiederholten Anprangern des griechischen Imperialismus. Nachdem Cleofide Alessandro ihre Gaben präsentiert, erinnert sie ihn an die Städte und Felder, die er in ihrem Land zerstört habe, und das „extreme Leid", das dies verursacht habe. Was Poro anbelangt, so ist er noch immer Herrscher über große Gebiete Indiens, obwohl er emotionale Schwächen zeigt. Er erhält ebenfalls die Gelegenheit, seinem Unmut über die Griechen freien Lauf zu lassen und zwar in einer Weise, die auf jüngere Beispiele westlicher Gier anzuspielen scheint. Mit zunehmender Wut klagt er den griechischen Eroberer an, und im Verlauf der Tirade wechselt seine Anrede aus der respektvollen dritten Person in die beschuldigende zweite Person: „Welches Ziel treibt denn Alessandro in die Länder der Aurora, ihren Frieden zu zerstören? [...] Nun hast du schon zum Tribut die Welt überall verpflichtet. Doch die ganze Welt ist deinem Durst zu wenig?" (I 2). Poros General Gandarte lässt ähnliche Vorwürfe verlauten, als er, verkleidet als Poro, Alessandro gegenübertritt, genauso wie Alessandros eigener General Timagene in einem Monolog.[21] Diese wiederholten Anklagen sind ein Echo der im 17. und 18. Jahrhundert oft geführten Debatten über die moralische Bewertung der zeitgenössischen imperialistischen Unternehmungen der Spanier und anderer europäischer Mächte.[22] Poros lange und beindruckende Rede, die oben in Auszügen zitiert wurde, wurde fast komplett von Hasses Librettist übernommen.[23] Händels Librettist hingegen kürzte

fentlichten Libretto zu schließen. Vgl. Winton Dean: *Handel's Operas, 1726–41*. Woodbridge 2006, 169–173.

20 Reinhard Strohm: Hasses Oper ‚Cleofide' und ihre Vorgeschichte. In dem Beiheft zur ersten CD-Veröffentlichung der Aufnahme, die oben bereits angeführt wurde, 13–21, hier 13. Strohm meint mit „echt" vermutlich den Versuch, zumindest ungefähr korrekt zu sein; er verwendet den Begriff ‚Chinoiserie' anscheinend recht frei.

21 Gandarte: „Du willst, dass wir alle sterben" (Libretto von 1729, II 13); im Libretto für *Cleofide* (bearbeitet von Boccardi) folgt darauf: „Es gefiele dir, wenn der ganze Indus rot von Blut wäre". Timagene erklärt seine Absicht, die „unterdrückte Welt" vom „Joch" Alexanders zu befreien (*Alessandro*-Libretto von 1729, II 11).

22 Vgl. Locke: *Music and the Exotic* (Anm. 2), 76–77, 90–91, 230–232. Der Hörer vertraut Timagenes Äußerungen nicht ganz, weil Timagene, wie es im Libretto steht, Alessandros „geheimer Feind" ist. Timagene ist der Sohn von Cleitos, den Alexander der Große betrunken in einem Kampf getötet hat; und außerdem hat Alessandro gerade Timagenes Pläne vereitelt, Zugang zu Poros Schwester Erissena zu erlangen. Aber wir erkennen in diesen Worten auch eine echte westliche Sympathie für eroberte Völker.

23 Ausgelassen wurden einige spezifische Aussagen über Afrika und Asien.

sie drastisch, vielleicht aus Rücksicht auf die zeitgenössischen britischen Aktivitäten in Indien.[24]

So bewundernswert Raja Poros Ziele sein mögen, ihm fehlt Alessandros emotionale Stabilität und dessen Sinn für Prioritäten.[25] Im Verlauf der Oper verdächtigt Poro Cleofide immer wieder der Untreue.[26] Als er hört, dass Cleofide auf dem Weg sei, sich mit Alessandro zu treffen (I 9), befürchtet er, sie könnte nun dem westlichen Eroberer ihre Zuneigung schenken, und will sie sofort verfolgen. Sein General Gandarte erinnert ihn unverzüglich daran, dass er stattdessen den Kampf gegen die griechische Invasionsarmee anführen sollte.[27] In einer anderen Szene (II 7) – eine der wenigen, in denen Poro nicht von der Eifersucht beherrscht ist – offenbart er eine weitere problematische Eigenschaft: Impulsivität. Nachdem er – als Asbite, also als ein Mitglied des indischen Hofs, verkleidet – Alessandros Lager am Flussufer erreicht hat, enthüllt er aus Stolz seine wahre Identität.[28] Cleofide unterbricht ihn, kurz bevor er seinen wirklichen Namen preisgibt.

Im Gegensatz zu dieser Unbeständigkeit demonstriert Alessandro – in jeder Hinsicht das Beste, was der Westen zu bieten hat – bei vielen Gelegenheiten Milde und Selbstverleugnung. Er zeigt sogar Reue über das Leid, das er Indien gebracht hat, und beharrt darauf, dass er die Frauen in jedem eroberten Land respektiere. Erneut bestätigt sich diese Selbstbeherrschung am Ende der Oper. Obwohl Alessandro von Cleofide bezaubert ist, steht er der Wiedervereinigung mit ihrem langjährigen Geliebten Poro nicht im Wege. Er setzt beide auch wieder als Herrscher über ihre benachbarten Reiche ein, wenn auch in einer untergeordneten Position: als Monarchen, die einem imperialen Griechenland tributpflichtig sind.

Händel hatte fünf Jahre zuvor bereits eine Oper mit dem einfachen Namen *Alessandro* komponiert, allerdings mit einem ganz anderen Libretto, das den griechischen Eroberer in ein weniger vorteilhaftes Licht rückt. Zum einen erklärt er sich zum Gott, nachdem er eine indische Stadt (Oxidraca, ein erfundener Name) erobert hat – für diesen Akt des Größenwahns wird er prompt von dem aufrechten

---

24 Reinhard Strohm: Metastasio's ‚Alessandro nell'Indie' and Its Earliest Settings. In: Reinhard Strohm: *Essays on Handel and Italian Opera*. Cambridge 1985, 232–248, hier 239. Einige von Händels Freunden und Investoren seines Opernensembles waren auch am Überseehandel beteiligt. Vgl. Ellen T. Harris: With Eyes on the East and Ears in the West: Handel's Orientalist Operas. In: *Journal of Interdisciplinary History* 36: 3, 2006, 419–443, besonders 432–434. Harris: *George Frideric Handel* (Anm. 5), 76–113.

25 Dean kennzeichnet seinen Charakter treffend als „instabil und frenetisch, von Liebe und Eifersucht besessen" (Dean: *Handel's Operas* [Anm. 20], 180).

26 Vgl. Alvaro in Rameaus *Les Indes galantes*: Locke: *Music and the Exotic* (Anm. 2), 236.

27 In Hasses Libretto (in der Bearbeitung von Boccardi) heißt es „als Schwächling erscheinen" („debole comparir"). Die Worte, die Metastasio Gandarte an dieser Stelle in den Mund legt, scheinen Poro gegenüber respektvoller zu sein: „[deine] großen Vorhaben zu zerstören" („scomporre i gran dessigni").

28 Bei Händel: II 3; bei Hasse: II 7.

General Clito kritisiert.[29] Zum anderen fühlt dieser Alexander sich nicht nur zu einer östlichen Prinzessin, sondern sogar zu zweien hingezogen: Rossane, welche die Griechen als Gefangene aus Persien mitgebracht haben, und Lisaura, eine Skythin und damit in Alessandros Sicht eine „Barbarin“.[30] Ein Teil der Kunst einer Oper besteht darin, bekannte Elemente neu zu arrangieren. Vielleicht kamen manche Londoner Opernbesucher, die beide Händel-Opern sahen, sogar zu dem Schluss, dass Alexander der Große, nachdem er seine Lehren aus der Oper *Alessandro* im Jahre 1726 gezogen hat, sich fünf Opernsaisons später in seine kulturelle Rolle als bewundernswerte Heldenfigur gefügt hatte.

Metastasios Entscheidung, Alexander in *Alessandro nell'Indie* als affektkontrolliert zu präsentieren, hat den Vorteil, dass die Rolle des vernarrten Geliebten von einem anderen Mann gespielt werden konnte, und zwar nicht von einem anderen griechischen (oder römischen) Krieger, wie es in Opern aus dem frühen 18. Jahrhundert sonst oft der Fall war, sondern von einem indischen Raja. Indem er einem östlichen Mann moralische Schwäche zuschreibt, stützt sich der Librettist auf gängige Klischees über nicht-europäische Männer. Die Verbindung von fremder Ethnizität und Charakterschwäche entsprach kontrastiv dem europäischen Selbstbild und unterstützte mittelbar die imperialistischen Eroberungen und Handelsabkommen, die oft militärisch durchgesetzt wurden.[31] Wurde ein westlicher Mann vom Liebesverlangen übermannt – zum Beispiel Grimoaldo, der Herzog von Benevento, in Händels *Rodelinda* –, konnte er dennoch als potenziell guter Herrscher gedeutet werden, der lediglich von einem zynischen und ehrgeizigen Berater beeinflusst wird (Garibaldo). Dagegen erscheinen Poros wiederkehrende Habgier, Eifersucht und die Tatsache, dass er in der Schlussszene der Oper Cleofide und Alessandro auflauert, um sie zu ermorden, als Ausdruck einer inhärenten Unterlegenheit, ganz gleich, ob diese nun ethnisch, rassisch oder kulturell interpretiert wurde.

## *Verschiedene musikalische Arrangements und ihre Wirkung*

Ein Komponist, der Metastasios Libretto vertont, kann durch die Musik die Unterschiede im Verhalten der Repräsentanten des Westens und des Ostens entweder hervorheben oder herunterspielen. Für Autoren, die sich mit Händels und Hasses

29 Zu Clito in *Alessandro* (einer Figur, die auf der historischen Gestalt Cleitos basiert), vgl. Regina Compton: How to Enrage Alexander, or Towards an Understanding of Handel's Recitativo semplice and Theatrical Gesture. In: *Händel-Jahrbuch*, 62, 2016, 33–51.

30 Rossane ist in dieser Oper zweifellos das Äquivalent zur historischen Roxana, eine bekannte baktrische Frau, die Alexander 327 heiratete. Aber einige ihrer Eigenschaften scheinen denen einer Figur mit einem ähnlichen Namen, jedoch aus einer sehr viel jüngeren Zeit nachempfunden zu sein (siehe Anm. 41).

31 Zur Einstellung zu den europäischen Überseeeroberungen und den militärisch erzwungenen Handelsabkommen im frühen 18. Jahrhundert, besonders in Indien, Nord- und Südamerika und gegenüber dem Osmanischen Reich, vgl. Locke: *Music and the Exotic* (Anm. 2), 56–74, 75–100, 204–207 und 264–269.

*Alessandro nell'Indie*-Opern befasst haben, ist diese Frage meist nicht von zentraler Bedeutung. Sie beschäftigen sich stattdessen mit anderen (ebenfalls berechtigten) Fragen, etwa wie sich diese Opern zu den Konventionen und Themen der barocken *Opera seria* verhalten.[32] So argumentiert Reinhard Strohm zum Beispiel, dass Händels *Poro* der Intention von Metastasios Werk treu bleibe, indem er „den Kampf zwischen den Persönlichkeiten und Nationen [die im Zentrum früherer Versionen, etwa in Racines Stück, standen] auf die geistige Ebene des individuellen Gewissens versetzt".[33] Sven Hansell betont einen ähnlichen Gesichtspunkt: Metastasios *Alessandro*-Libretto lenke unsere Aufmerksamkeit von den Fragen geopolitischer Konflikte auf die verschiedenen amourösen Verwicklungen und Missverständnisse der einzelnen Figuren. In Hasses Vertonung *Cleofide* intensiviere der „kokettierende" Ton der Musik diese Verlagerung.[34]

Stimmung und Stil der verschiedenen musikalischen Stücke der beiden Alessandro/Poro/Cleofide-Opern variieren stark. Auf zwei Aspekte dieser vielfältigen Stimmungen und Stile möchte ich kurz eingehen, bevor ich einige Arien und Rezitative aus beiden Opern untersuchen werde.

1) Sowohl Händel als auch Hasse komponierten einen etwas merkwürdigen, vielleicht sogar exotisch klingenden orchestralen Marsch für den Moment, als Cleofide mit ihrem Gefolge von Geschenke tragenden Indern auftritt. In Händels Marsch (*Poro*: I 9) findet sich ein wiederholter, schwerfälliger Rhythmus aus drei langen Tönen, vielleicht ein Verweis auf die Figur des „exotischen Marsches", die – wie Miriam Whaples bemerkt hat – in der berühmten türkischen Szene von Molières und Lullys *Le bourgeois gentilhomme* eingeführt wurde und die für mehr als ein Jahrhundert einen Nachhall in Bühnenarbeiten von Rameau, Gluck, Dalayrac und Mozart fand.[35] Hasses Marsch (*Cleofide*: I 14) besteht aus einer lebendigeren und punktierten, aber genauso sturen und wenig anmutigen Figur. Diese unerwarteten, sogar unbeholfenen stilistischen Feinhei-

---

32 Dean: *Handel's Operas* (Anm. 19), 169–93. Frederick L. Millner: *The Operas of Johann Adolf Hasse* (Studies in Musicology; 2). London 1979, 103. Sven Hansell: Cleofide. In: *Grove Music Online*, http://www.oxfordmusiconline.com/subscriber/article/grove/music/O901081, 29. März 2016. Strohm: Hasses Oper ‚Cleofide' (Anm. 21), 17. Roland Dieter Schmidt-Hensel: *‚La musica è del Signor Hasse detto il Sassone...': Johann Adolf Hasses ‚Opere serie' der Jahre 1730 bis 1745: Quellen, Fassungen, Aufführungen* (Abhandlungen zur Musikgeschichte; 19.1–2). Göttingen 2009, Bd. 1: 210, 214, 216, 218, 226, 302; Bd. 2: 153–178. Dass die verschiedenen Verwicklungen in der Handlung in Dresden sehr wohl als Andeutungen auf bestimmte Personen am Hof verstanden worden sein könnten, argumentiert Strohm: Hasses Oper ‚Cleofide' (Anm. 21), 31. Diese Interpretation wird hinterfragt von Panja Mücke: *Johann Adolf Hasses Dresdner Opern im Kontext der Hofkultur*. Laaber 2003, 88. Strohms Sichtweise wird unhinterfragt übernommen von T.C.W. Blanning: *The Culture of Power and the Power of Culture: Old Regime Europe, 1660–1789*. Oxford 2002, 64–67.

33 Strohm: Metastasio's ‚Alessandro nell'Indie' (Anm. 24), 232, 236 (Zitat), 241, 245.

34 Hansell: Cleofide (Anm. 32).

35 Locke: *Music and the Exotic* (Anm. 2), 227–228, 313–315. Die Harmonie in Händels Marsch neigt auch dazu, zu lang auf der Tonika zu verweilen, um sich dann plötzlich in andere Tonarten zu stürzen.

ten könnten auch in der Art und Weise inszeniert worden sein, wie die Inder auf der Bühne marschierten, gestikulierten oder kostümiert waren;[36] vielleicht die einzigen Momente in beiden Werken, die sich dem Paradigma des exotischen Stils zurechnen lassen.

2) Auch wenn in einer Oper eine oder mehrere exotische Figuren auftreten, sollten wir vorsichtig sein, die üblichen Generalisierungen im Hinblick auf Opern aus dem frühen 18. Jahrhundert zu übernehmen. Der Hasse-Fachmann Zenon Mojzysz meint etwa, die Figuren der *Cleofide* seien „relativ einfach konzipiert" und man könne „sogar jedem Charakter einen einzigen beherrschenden Affekt zuordnen". Cleofides Antriebskraft zum Beispiel sei die Liebe.[37] Auch wenn dies zutreffen mag, so ist doch zugleich festzuhalten, dass Cleofide die Tiefe ebendieses einen Gefühls, ihrer Liebe zu Poro, auf ganz verschiedene Weisen auszudrücken vermag, die wiederum unterschiedlichen Charaktereigenschaften entsprechen. Dies macht sie zu einem gewissen Grad ambivalent und unberechenbar. Cleofide folgt einer durchdachten Strategie, um Alessandro zu Zugeständnissen zu überreden; sie zeigt Selbstbewusstsein und berechtigte Wut, nachdem Poro ihr unterstellt, sie sei nun Alessandro zugeneigt. Sie gibt sich verständlicher Verzweiflung hin, nachdem sie das falsche Gerücht von Poros Tod hört. Vielleicht am eindrücklichsten ist die Szene (I 13), in der sie durch einige schnelle taktische Entscheidungen fast ihr Ziel erreicht, Alessandros Begehren für sich zu wecken. So droht sie zum Beispiel abzureisen, als er ihre Geschenke zurückweist, denn sie könnte nirgends bleiben, wo ihre Gaben nicht willkommen wären. Dadurch ist Alessandro gezwungen, sie darum zu bitten, bei ihm zu bleiben. Als er im Versuch, seine Liebe zu ihr zu dämpfen, ihren Blick nicht erwidert, täuscht sie vor zu weinen. Cleofide deutet auch mehrfach an, sie sei von Alessandro bezaubert – sie preist laut „seine milden Züge, seinen achtungsvollen Blick und seine höfliche Rede" – und erklärt schließlich, als ihr wahrer Geliebter Poro verkleidet als Asbite erscheint: „Für Alessandro allein empfinde ich Liebe und bekenne […] Gefühle, die ich mit viel Mühe, o Herr, bisher verschwiegen habe." Während dieses langen und sehr manipulativen „Angriffs" auf Alessandro – er verwendet diesen Begriff *ad spectatores* – hält der griechische Eroberer mehrmals inne, um seine Fassung wiederzugewinnen und singt schließlich eine Abgangsarie, in der er sanft aber bestimmt erklärt, dass er ihr Verteidiger und Freund sein wolle, ihr aber sein Herz nicht schenken könne.[38]

Verführerisches und heuchlerisches Verhalten wurde in Opern des 18. Jahrhunderts oft westlichen Frauenfiguren zugeschrieben (zum Beispiel Poppea in Händels *Agrippina* und Antigona in seiner Oper *Admeto*). Nichtsdestoweniger könnte es sein,

36 Zu den absichtlich ungeschickten, unkoordinierten oder schwerfälligen Bewegungen von „Indern" aus verschiedenen Kontinenten im Ballett des Barock vgl.: Locke: *Music and the Exotic* (Anm. 2), 12–13, 83–84 (Abb. 4.5 und 4.6), 139–142, 146, 149.

37 In der Einführung zum Klavierauszug: vii–viii.

38 Er flüstert sich selbst Sätze zu, wie „Alma[,] costanza" (‚Sei ruhig mein Herz!').

dass Metastasio in diesem Libretto die verführerischen und heuchlerischen Worte und Taten Cleofide vor allem deshalb zugeschrieben hat, weil sie dem Osten und nicht Europa entstammt.[39] Hinter Cleofide stehen – in der Vorstellung gebildeter Personen des frühen 18. Jahrhunderts – die weitverbreiteten Bilder von mächtigen morgenländischen Frauen, zu denen nicht nur die große Kleopatra von Ägypten gehört, sondern auch muslimische Frauen wie Roxana (oder Roxolana), die, obwohl sie in der heutigen Ostukraine geboren wurde, Mitte des 17. Jahrhunderts in den Harem des osmanischen Sultans Suleimans I. kam.[40]

## *Die Arien als Charakterisierungsmittel*

Cleofides Versuch, Alessandros Gefühle zu beeinflussen, wird nur im Rezitativ vorgetragen. Die wechselnden Effekte, die ich beschrieben habe, hängen stark von den Fähigkeiten und der Sensibilität der jeweiligen Sängerin und den Mitgliedern der Continuo-Gruppe ab. Aber auch die Arien für Cleofide und Poro deuten oft exotische Elemente an, die direkter in den Noten der Partitur verankert sind und deshalb jede wenigstens halbwegs kompetente Darbietung beeinflussen mussten. Marita P. McClymonds hat darauf hingewiesen, dass es sich bei einer von Poros Arien, nämlich „Generoso risvegliati, o core" (II 4), vielleicht um eine Frühform des komischen türkischen Stils handeln könnte. Hasse hatte diese Arie aus einer seiner früheren Opern übernommen, *Gerone, tiranno di Siracusa* (Neapel, 1727).[41] Wie die oben erwähnten Märsche könnte diese Ausnahme vielleicht als frühes Beispiel des ‚exotischen Stils' betrachtet werden. Freilich bleibt fraglich, ob das

39 Atalanta aus Händels *Serse* teilt einige dieser Eigenschaften; sie ist wie die anderen Figuren jener Oper eine Perserin.

40 Über Roxana behauptete man, es sei ihr mit weiblichen Waffen gelungen, Suleimans einzige Frau zu werden, und sie habe es durch Klugheit und Hinterlist vermocht, einen Sohn, den er mit einer früheren Frau hatte, ermorden zu lassen, so dass ihr eigener Sohn der Nachfolger von Suleiman werden konnte. Vgl. Porträts und Informationen in Locke: *Music and the Exotic* (Anm. 2), 64–74. Die listige und willensstarke Rossane in Händels *Alessandro* – sie verlangt an einer Stelle, freigelassen zu werden – spiegelt Eigenschaften, die im frühen 18. Jahrhundert meist der historischen Roxana/Roxolana aus dem 16. Jahrhundert zugeschrieben wurden.

41 Marita Petzoldt McClymonds: Style as Sign in Some opere serie of Hasse and Jommelli. In: Reinhard Wiesend (Hg.): *Johann Adolf Hasse in seiner Zeit: Bericht über das Symposium vom 23. bis 26. März 1999 in Hamburg* (Hasse-Studien / Sonderreihe; 1). Stuttgart 2006, 179–192, hier 181. McClymonds hat vielleicht gespürt (obwohl sie es nicht erwähnt), dass es eine spezifische musikalische Ähnlichkeit zwischen dieser Arie und einer anderen gibt, die von einem türkischen Protagonisten in einer Oper gesungen wird, die fünfzig Jahre später komponiert wurde: Osmins „O wie will ich triumphieren", aus dem III. Akt von Mozarts *Die Entführung aus dem Serail* (1781). Der zweite Takt von Hasses Eröffnungsritornell donnert fünf Achtelnoten heraus und dann zwei Viertelnoten; das zweite Auftreten dieses rhythmischen Motivs endet auf der Tonstufe 3. Osmin singt fast das gleiche rhythmische Motiv („wie will ich triumphieren", das mit sechs wiederholten Noten beginnt) und endet jeweils mit der Tonstufe 3. Beide Komponisten begleiten das rhythmische Motiv mit Oktavsprüngen im Orgelpunkt.

Publikum bereits 1731 diese ungewöhnlichen stilistischen Aspekte in dieser Arie als eindeutig nicht-europäisch erkannte.

Typisch für diese beiden Opern ist es eher, dass Händel und Hasse das Exotische inszenieren, *ohne* auf ‚fremde' (oder eben sonderbare) stilistische Elemente zurückzugreifen. Die bekannteste Arie aus Hasses *Cleofide* ist „Digli ch'io son fedele", gesungen von der Titelfigur.[42] Cleofide richtet diese Arie an Alessandros General Timagene, während Poro als Asbite verkleidet anwesend ist. Sie versichert Poro ein weiteres Mal, dass sie ihn liebe und dass er seine Ungeduld zügeln solle: „Sag ihm [Poro], ich bleibe ihm treu […] und er solle noch nicht verzweifeln." Der Text zeigt erneut, dass die indische Königin in der Lage ist, ihre eigenen Ziele zu verfolgen, ohne den Verdacht oder Widerstand der anderen Anwesenden zu erregen. Zugleich erreicht die Musik im ausgewogenen Zusammenspiel von Melodik und kunstvoller dekorativer Wirkung eine Art parallele Virtuosität, die uns – durch die metaphorische Sprache kunstvollen Komponierens und grandiosen Gesangs – daran erinnert, warum sowohl Alessandro als auch Poro sich von dieser bemerkenswerten Frau angezogen fühlen.[43]

Eine frühere Szene zeigt noch anschaulicher, wie auch ohne exotische Stilmittel eine exotische Charakterisierung erreicht werden kann. In Metastasios Libretto (I 9) sehen wir erneut Raja Poros Schwierigkeiten, seine Gefühle zu kontrollieren. Gandarte hat ihn gerade angefleht, sich nicht länger in Cleofides mögliche Untreue hineinzusteigern. Poro gibt zu, dass er seinen militärischen und patriotischen Pflichten nicht nachgekommen ist („Du sprichst die Wahrheit, Freund, ich weiß es"), beginnt aber dann mit einer Arie, in der er versucht, sein feiges Verhalten zu entschuldigen. Der Text der Arie („Se possono tanto | Due luci vezzose") argumentiert, niemand, der nicht selbst dem Zauber zweier schöner Augen verfallen ist, könne verstehen, welche Qualen eine verliebte Person erleide. Metastasios Verse legen einem Komponisten alle möglichen Vertonungen nahe. Händels Musik in *Poro* betont das sinnliche Verlangen und den selbstmitleidigen Charakter des indischen Herrschers, indem er Poros Arie eine schleppende, zögerliche Qualität gibt, von Reinhard Strohm als „äußerst stilisierter Menuettrhythmus" bezeichnet. Die zarte, unheroische, vielleicht weibliche Qualität der Musik wird durch Händels Entscheidung unterstützt, die Orchestrierung auf die Streicher zu beschränken. Sie zeigt sich besonders deutlich im zarten Murmeln der Geigen *senza Cembalo*, das zuerst in den Takten 5 bis 8 zu hören ist.[44]

---

42 Diese Arie, mit einem ergänzenden Kommentar versehen, findet sich in vielen Ausgaben der *Norton Anthology of Western Music*, die in den USA im Bachelorstudium der Musikgeschichte sehr weit verbreitet ist.

43 Für die Premiere wurde die Rolle geschrieben für Hasses Frau, die berühmte Faustina Bordoni, und auch von ihr verkörpert.

44 Im Gegensatz dazu vertritt Strohm die Ansicht, Händels Vertonung wolle durch ihre Ernsthaftigkeit aufdecken, dass Poro „von der Tatsache gequält ist, dass er so vollständig von Eifersucht beherrscht ist" (Strohm: Metastasio's ‚Alessandro nell'Indie' [Anm. 24], 241). Vgl. Dean: *Handel's Operas* (Anm. 19), 176–177.

Hasses *Cleofide* geht mit diesen Versen anders um. Das Ritornell fügt Blasinstrumente zur Basis der Streicher und des Continuo hinzu, um eine größere Kraft zu entfalten. Poros Zeilen weisen „aggressive Rhythmen“ und „herausstechende Spitzentöne“ auf, wie sie Strohm richtig beschreibt.[45] Im Zusammenspiel mit den Worten ergibt sich der Effekt eines fast monomanischen Zorns. Hasses Poro scheint in verdrehter Weise stolz darauf zu sein, seiner leidenschaftlichen Eifersucht ausgeliefert zu sein, anstatt das Kommando über seine Armee zu übernehmen und die westlichen Invasoren zu bekämpfen. All diese verbalen und musikalischen Merkmale müssten zumindest einige der Opernbesucher in Hasses Zeit dazu veranlasst haben, Poro als wirklich fremd und kaum bewundernswert wahrzunehmen, besonders angesichts der würdevollen Worte und der im Allgemeinen sanften und zurückhaltenden Musik in den Arien des griechischen Eroberers Alessandro.[46]

Händel und Hasse präsentieren Poros Charakter auf ihre je eigene Weise als ein starkes Indiz für Indiens unzulängliche soziale Werte. Ähnliche Stereotype des liebestollen östlichen Mannes findet man auch in anderen Opern Händels, wie etwa *Tolomeo*, deren Titelheld auf dem ägyptischen Herrscher Ptolemaios Lathyros basiert, und in *Serse*, angelehnt an überlieferte Geschichten über Xerxes, den großen persischen Eroberer.[47] Ein noch extremeres, ekelerregendes Beispiel bietet ein

---

45 Strohm: Hasses Oper ‚Cleofide‘ (Anm. 20), 20. Der Text von Metastasios Arie an dieser Stelle („Se possono tanto“) wurde von Hasse und/oder Boccardi mit einer Musik aus einer Wut-Arie (für eine Königin aus dem Gebiet der heutigen Türkei) untermalt, die aus einer Oper entnommen wurde, die Hasse zuvor für Neapel komponiert hatte: *Attalo re di Bitinia*, 1728 (Libretto von Francesco Silvani). Aber wie Strohm betont, passt die Musik ausgesprochen gut zu den nacheinander erfolgenden „Gesten“ von Metastasios Versen, besonders der Entwicklung vom ausdrücklichen Protest, über kurze Protestsätze des Selbstmitleids, bis zum Ende mit Koloraturgesang, der eine Art Schluchzen ausdrückt. Die letzten Absätze aus Strohms Essay mit der Diskussion dieser Arie wurden bei der Neuauflage dieser Aufnahme 2011 weggelassen, genauso wie ein Essay von Helga Lühning.

46 Poro bekommt eine weitere intensive Arie – dieses Mal mit Rache als Thema – gegen Ende von Hasses *Cleofide* („Dov’è? Si affretti per me la morte“); das Orchester ist besonders bewegt mit schnellen Noten im *concitato*-Stil der Streicher, eine Art von Musik, die Alessandro Magno in diesem Werk nie zugeschrieben wird. Hasses Oper illustriert so McClymonds Argument, dass die ernsten Opern des 18. Jahrhunderts oft die Musik mit ‚hohem Stil‘ (tragisch, intensiv) einem schurkischen Charakter (zum Beispiel einer „starrköpfigen Hauptfigur“) zuordnen und dass die Arien ‚mittleren Stils‘ von militärischen Anführern gesungen werden, deren Benehmen eher zurückhaltend ist (McClymonds: Style as Sign (Anm. 42), 184). Als Alessandro in *Cleofide* eine Arie mit einem intensiven Gefühl anstimmt, geschieht dies als Reaktion auf das schlechte Verhalten einer anderen Person. Vgl. zum Beispiel die Arie „Vil trofeo d’un alma imbelle“, mit der die Szene beendet wird, in welcher der griechische Heerführer das Bitten seines Generals Timagene ablehnt, die schöne Erissena zur Sklavin zu machen. Das erinnert an Metastasios Grundprinzip, dass der Zorn eines Helden immer mit seiner sonst üblichen Selbstbeherrschung kontrastiert wird. Vgl. Francesco Cotticelli und Paologiovanni Maione: Metastasio: The Dramaturgy of Eighteenth-Century Heroic Opera. In: Anthony R. DelDonna und Pierpaolo Polzonetti (Hg.): *Cambridge Companion to Eighteenth-Century Opera*. Cambridge 2009, 66–84, hier 73–75, 80.

47 Dieser frühere Ptolemäer wurde zwischen 80 und 51 v. Chr. aus seinem Land vertrieben, bevor er sich mit der Hilfe Roms erneut als Herrscher über Ägypten etablieren konnte. Zu *Serse*, vgl. Locke: *Music and the Exotic* (Anm. 2), 252–253.

anderer Tolomeo, Ptolemaios XIII. Theos Philopator, der Bruder Kleopatras, in Händels *Giulio Cesare*. Dieser Tolomeo zwingt der aufrechten römischen Frau Cornelia mehrmals seine Liebe auf, nachdem er ihren Ehemann Pompeo (Pompeius Magnus) in einem fehlgeleiteten Versuch, Julius Cäsar zu gefallen, hatte enthaupten lassen.[48]

Eine Handlung mit einem indischen Raja, der wie in Händels *Poro* und Hasses *Cleofide* äußerst besitzergreifend liebt, erschien denjenigen im Publikum besonders plausibel, denen die Mehrfrauenehe und das Ritual der Witwenverbrennung in Indien bekannt waren. Die Polygamie war aus westlicher Sicht ein Beweis dafür, dass es der indischen Frau an unabhängiger Persönlichkeit fehlte. Solche Informationsfragmente, ganz gleich wie irreführend oder stark vereinfacht sie waren, wurden durch die erotischen Erzählungen bestärkt, die das westliche Publikum des frühen 18. Jahrhunderts in den kurz zuvor veröffentlichten Übersetzungen und Adaptionen von *Tausendundeiner Nacht* vorfanden. Auch wenn diese Sammlung aus dem Arabischen kam und schon lange in Orten wie Bagdad und Kairo zirkulierte, war sie doch auch mit jenem großen Teil Indiens verbunden, der von der Mitte des 16. Jahrhunderts bis ins frühe 19. Jahrhundert von den muslimischen Moguln beherrscht wurde. Europäischen Lesern war dies aus Zeitungen, Geschichtsbüchern und Reiseberichten bekannt.[49]

Diese kurzen Einblicke in ein Libretto und zwei darauf basierende Opern erinnern uns daran, dass in sehr vielen Opern vor 1750 nicht-europäische männliche und weibliche Figuren auftraten, die heldenhaft oder schurkisch, aufrichtig oder hinterhältig waren oder diese oder andere Eigenschaften auf ganz unterschiedliche Weisen in sich vereinten. Interessanterweise ist Cleofide sowohl heldenhaft als auch hinterhältig. Besonders bemerkenswert sind männliche Protagonisten wie Poro, die sehr weit von jedem aristotelischen Verhaltensideal entfernt zu sein scheinen.[50] Da Opern verhaltensdidaktische Ziele verfolgten, dienten solche Darstellungen eines aufbrausenden, selbstsüchtigen Anführers auch dazu, mit dramatischen Mitteln davor zu warnen, den Pfad der Tugend zu verlassen. Aber indem diese problematischen, manchmal bösartigen und abstoßenden Figuren einem fernen Land und

48 Dieser spätere Ptolemäer führte Krieg gegen Julius Cäsar. Kleopatra, seine Schwester, schloss sich mit Cäsar zusammen, und Ptolemaios ertrank auf der Flucht beim Versuch, den Nil zu durchschwimmen. Mehr über seine Darstellung in Händels *Giulio Cesare*: Locke: *Music and the Exotic* (Anm. 2), 153–56. Locke: Alien Adventures (Anm. 1), 53–69.

49 Bestimmte Erzählungen aus *Tausendundeiner Nacht* stammen ursprünglich aus Indien oder Persien oder verweisen explizit auf diese Orte. Zum Ursprung, der Zusammenstellung und der europäischen Verbreitung dieser riesigen Sammlung vgl. Robert Irwin: *The Arabian Nights: A Companion*. London 1994, und verschiedene Essays in Ulrich Marzolph [et al.] (Hg.): *The Arabian Nights Encyclopedia*, 2 Bde. Santa Barbara, CA 2004. Für eine Illustration aus dem 18. Jahrhundert, welche die islamische Präsenz überall in Asien betont, vgl. Locke: *Music and the Exotic* (Anm. 2), 61–62 (Abb. 3.5).

50 Für weitere solche Fälle wie beispielsweise die Titelrollen in Händels *Serse*, *Tolomeo* und *Tamerlano*, sowie Tolomeo in *Giulio Cesare*, vgl. Locke: *Music and the Exotic* (Anm. 2), 250–258, 261–266. Locke: Alien Adventures (Anm. 1).

einer fernen Kultur zugeschrieben wurden, schützte man sich davor, dass ein Vertreter der Regierung, der Kirche, Rezensenten oder jemand im Publikum sie als Spitze gegen heimische Fürsten oder politische, religiöse oder soziale Trends ‚zu Hause' verstehen konnte.

Wer Repräsentationen des exotischen ‚Anderen' in der westlichen Kultur untersucht, sollte die Operngeschichte berücksichtigen. Nur wenn wir uns mit den Details dieser Werke genau befassen, können wir verstehen, welche Bedeutung ein Werk in seiner eigenen Zeit hatte – nicht zuletzt, wie darin vorherrschendes Wissen (oder ‚Wissen') sowie zeitgenössische politische Debatten, ethnische Vorbehalte und Gender-Vorurteile verarbeitet wurden. Auch im Hinblick auf seine heutige Bedeutung ist dies relevant. Schließlich haben die Fragen, um die es auf der Opernbühne damals ging – dazu gehören die grundlegenden menschlichen Spannungen zwischen der individuellen Erfüllung und der sozialen Verantwortung, aber in einigen Werken auch die besonderen Spannungen zwischen Nationen, Kulturen, Religionen, Osten und Westen et cetera – weiterhin eine große Bedeutung für unser Leben und unser Handeln in einer modernen, immer stärker globalisierten Welt.[51]

[51] Vgl. Ralph P. Locke: Musicology and/as Social Concern: Imagining the Relevant Musicologist. In: Nicholas Cook und Mark Everist (Hg.): *Rethinking Music*. Oxford 1999, 499–530.

# Friedrichs II. *Montezuma* (1755): Ein aztekischer *Anti-Machiavel*

*Achim Aurnhammer*

Die spanische Eroberung Mexikos unter Hernán Cortés beschäftigte die europäische Imagination seit ihrer Anklage durch Bartolomé de Las Casas' *Historia general de las Indias* (1552). Getragen wurde die Kritik an Cortés und seiner Vernichtung des Aztekenreichs zum einen von grundsätzlichen Bedenken gegenüber der Behandlung amerikanischer Ureinwohner, zum anderen von einem anti-spanischen Ressentiment, das durch politische Ängste und konfessionelle Vorbehalte geschürt wurde. Insbesondere auf den protestantischen Bühnen des 17. und frühen 18. Jahrhunderts erfreute sich der *Conquista*-Stoff daher einiger Beliebtheit, auch weil er die Möglichkeit bot, den Kampf der Azteken gegen die Spanier nach Mode der Zeit mit exotischem Kolorit auszuschmücken. William Davenants Maskerade *The Cruelty of the Spaniards in Peru* (1658, Musik von Matthew Locke) behandelt vorrangig die Eroberung Perus, inspirierte aber John Drydens *The Indian Emperour* (1665), das den dramatischen Konflikt zwischen Montezuma und Cortés in den Mittelpunkt stellt und den Aztekenkönig erstmals als edel und stolz porträtiert. Das Schwesterstück *The Indian Queen* (1664), von Dryden gemeinsam mit Richard Howard verfasst, wurde 1695 von Henry Purcell zur Semi-Oper erweitert. Im Zuge der Aufklärung wuchs die Faszination für die amerikanische *Conquista* weiter an. Wenngleich Alexis Pirons Tragödie *Fernand Cortez où Montezume* (1744) versucht, die spanische Eroberung zu rehabilitieren, blieb der Grundtenor kritisch. Bereits in Bernard de Fontenelles *Dialogues des Morts* (1683) entspinnt sich eine Diskussion zwischen Cortés und Montezuma, in welcher der Azteke mit der Stimme der Vernunft und Menschlichkeit spricht und das zivilisatorische Überlegenheitsdenken der Europäer anprangert.

Womöglich angeregt durch Fontenelles *Dialogue*, gestaltete auch König Friedrich II. von Preußen das Motiv einer Begegnung der Alten und der Neuen Welt.[1] In seiner Tragödie *Montezuma* wird der Titelheld als guter Fürst präsentiert, während der spanische Konquistador eben jene machiavellistische Herrschaftsauffassung vertritt, die Friedrich II. in seinem Traktat *Anti-Machiavel* (1740) zu widerlegen suchte. Friedrich verfasste seine Azteken-Tragödie in französischer Sprache, sein italienischer Hofdichter Giovan Pietro Tagliazucchi übertrug sie in ein ita-

[1] Friedrich II. besaß Fontenelles Werke in verschiedenen Ausgaben; siehe Bogdan Krieger: *Friedrich der Große und seine Bücher*. Leipzig 1914, 160. 1773 verfasste der König selbst ein Totengespräch, nämlich den *Dialogue des morts entre Madame de Pompadour et la Vierge Marie*. Siehe Friedrich II.: *Totengespräch zwischen Madame de Pompadour und der Jungfrau Maria*, hg., übers. und kommentiert von Gerhard Knoll. Berlin ²2000.

lienisches Libretto,[2] das der Hofkapellmeister Carl Heinrich Graun vertonte.[3] Am 6. Januar 1755 wurde in der Königlichen Oper Unter den Linden in Berlin *Montezuma* als *Tragedia per musica* uraufgeführt. Zur Uraufführung erschien ein italienisch-deutsches Textbuch in Paralleldruck; wer die zeilengerechte deutsche Übersetzung verfasst hat, ist unbekannt. Nach sechs Wiederholungen im Januar 1755 ging die *Opera seria* erst wieder nach dem Siebenjährigen Krieg zum Karneval 1771 in Szene, wozu das italienisch-deutsche Textbuch fast unverändert neu gedruckt wurde.[4]

## *1. Forschung*

Friedrichs II. *Montezuma* ist ebenso gut erforscht wie die musikalische Gestaltung durch Carl Heinrich Graun. Das Bühnenwerk gilt als beachtlicher „Vorläufer der Gluck'schen Reform-Oper".[5] Die Berliner Uraufführung ist zum 250. Jubiläum

---

2 Vgl. Anon. [Friedrich II., Kg. von Preußen]: *Montezuma. Tragédie en trois actes* (mit frz. Vorrede von [Giovan Pietro] Tagliazucchi). Berlin (J. G. Michaelis) o. J. [1755]. Auf die Autorschaft Friedrichs des Großen wird antonomastisch, aber unmissverständlich hingewiesen: „La Poësie est l'ouvrage d'un Esprit sublime" (7). Das italienische Libretto mit anonymer zeilengetreuer Übersetzung erschien unter folgendem Titel: Anon. [Giovan Pietro Tagliazucchi]: *Montezuma. Tragedia per musica da rappresentarsi nel Regio Teatro di Berlino per ordine di Suà Maestà il Re nel Carnovale del MDCCLV. / Montezuma[,] ein musicalisches Trauerspiel[,] welches auf Sr. Königl. Maj. In Preussen allergnedigsten Befehl auf dem Berlinischen Schauplatz währendem Carneval des 1755sten Jahrs aufgeführt werden soll.* Berlin (Haude und Spener) o. J. [1755]. Auf diese Ausgabe beziehen sich im folgenden die eingeklammerten Akt-, Szenen- und Seitenzahlen im Text. Die metrische Struktur von Tagliazucchis italienischer Version blieb bislang unbehandelt. In den sangbaren *Versi sciolti* der Rezitative wechseln meist *Endecasillabi* mit *Settenari* ab. Reime kommen nur als Paarreime vor, die reimlosen Verse dominieren. Die fast durchgängig in *Settenari* abgefassten zweiteiligen Arien beziehungsweise Kavatinen weisen überwiegend Reimverse mit komplexeren Reimformen auf, aber auch zahlreiche Waisen. Diese freie Reimbehandlung rechtfertigt Tagliazucchi unter Berufung auf „Despreaux", gemeint ist Nicolas Boileau-Despréaux (1636–1711), der maßgebliche Theoretiker des französischen Klassizismus.

3 Zu Graun vgl. Christoph Henzel: Graun, Carl Heinrich. In: *Musik in Geschichte und Gegenwart*, Personenteil, Bd. 7. Kassel [u.a.] $^{2}$2002, 1506–1525, sowie Hans-Joachim Bauer: Carl Heinrich Graun. In: Carl Dahlhaus und das Forschungsinstitut der Universität Bayreuth (Hg.): *Pipers Enzyklopädie des Musiktheaters. Oper. Operette. Musical. Ballett*, Bd. 2. München und Zürich 1987, 555–560, zu *Montezuma* besonders 557–560.

4 Vgl. Anon. [Giovan Pietro Tagliazucchi]: *Montezuma. Tragedia per musica da rappresentarsi nel Regio Teatro di Berlino per ordine di Sua Maesta il Re nel Carnovale del MDCCLXXI. / Montezuma, ein musicalisches Trauerspiel welches, auf Sr. Königl. Maj. in Preussen allergnedigsten Befehl auf dem Berlinischen Schauplatze, währendem Carneval des 1771sten Jahrs aufgeführt werden soll.* Berlin (Haude und Spener) 1771. Vgl. die bibliografisch exakte Aufstellung von Reinhart Meyer (Hg.): *Bibliographia dramatica et dramaticorum*, 2. Abt.: Einzeltitel, Bd. 18 (1755–1757). Tübingen 2003, s. v. Tagliazucchi, Giampietro (Jean Pierre), 182–185.

5 Vgl. das Vorwort des Herausgebers in Carl Heinrich Graun: *Montezuma*, hg. von Albert Mayer-Reinach (Denkmäler deutscher Tonkunst 1, 15). Wiesbaden und Graz 1958 [Leipzig 1904], V–XXIII, hier XI. Knappe, aber eindringliche Musikanalysen liefert Nadège Bourgeon: La figure du conquérant dans l'opéra 'Montezuma' de Carl-Heinrich Graun et Frédéric II de Prusse. In: Irène Mamczarz (Hg.): *Le héros légendaire sur les scènes du théâtre et de l'opéra*. Florenz 2001, 259–266.

neu inszeniert sowie in einer eigenen Ausstellung und einem wissenschaftlichen Symposium gewürdigt worden.[6] Die Forschung hat die Personenkonstellation des *Montezuma* mit Friedrichs Machiavelli-Kritik parallelisiert,[7] die Idealisierung des Aztekenkaisers mit der Sympathie eines aufgeklärten Monarchen erläutert[8] und die Abwertung des Hernán Cortés[9] mit der sogenannten *leyenda negra* erklärt, derzufolge Spanien im 18. Jahrhundert allgemein als Hort der Gegenaufklärung galt. Schließlich wurde der *Montezuma* sowohl auf seinen historischen Kern als auch motiv- und diskursgeschichtlich auf die Literarisierungen der Begegnung von Alter und Neuer Welt bezogen.[10] Dennoch ist manches ungeklärt: Strittig blieb etwa die

---

6 Vgl. dazu Ruth Müller-Lindenberg (Hg.): *Friedrichs Montezuma. Macht und Sinne in der preußischen Hofoper (26.1.–24.6.2012). Publikation zur Sonderausstellung im Musikinstrumenten-Museum des Staatlichen Instituts für Musikforschung Preußischer Kulturbesitz.* Berlin 2012. Vgl. die Online-Publikation unter http://friedrich-montezuma.de, 29. März 2016.

7 Vgl. Arndt Krieger: Moral und Geschichte: Die Oper ‚Montezuma' von Friedrich dem Großen. In: Wilhelm G. Busse und Olaf Templin (Hg.): *Der einsame Held.* Tübingen und Basel 2000, 125–145.

8 Vgl. etwa Heinz Klüppelholz: Die Eroberung Mexikos aus preußischer Sicht. Zum Libretto der Oper ‚Montezuma' von Friedrich dem Großen. In: Albert Gier (Hg.): *Oper als Text. Romanistische Beiträge zur Libretto-Forschung* (Studia Romanica; 63). Heidelberg 1986, 65–94. Er erklärt in seinem *close reading* die angeblich „flächige Figurenkonzeption" und „aufklärerische Thesenhaftigkeit" (92) mit einer gewissen Distanz Friedrichs, der dem idealisierten ‚edlen Wilden' doch nicht „die gleiche in der Natur des Menschen begründete Vernunft zuerkennen [wolle] wie sich selbst" (94).

9 Aus Gründen der Einheitlichkeit markiert die Schreibweise ‚Cortés' hier durchgängig die historische Person, während für die Bühnenfigur die Schreibweise ‚Cortes' aus Friedrichs *Montezuma* übernommen wird.

10 Heinz Klüppelholz (Anm. 8) rekonstruiert umständlich die Ereignisgeschichte von Cortés' Eroberung und legt seiner Studie weder das historische Libretto noch die Edition der Partitur zugrunde, sondern eine aktualisierte Strichfassung, die Herbert Quander im Jahre 1981 für Herbert Wernickes Inszenierung des *Montezuma* im Berliner Hebbel-Theater angefertigt hat. Vgl. dazu auch die diversen, sich stark überschneidenden und repetitiven Studien von Jürgen Maehder, die alle von Tzvetan Todorovs Bestimmung der Entdeckung der Neuen Welt als der Entdeckung des Anderen überhaupt ausgehen: Jürgen Maehder: The Representation of the ‚Discovery' on the Opera Stage. In: Carol E. Robertson (Hg.): *Musical Repercussions of 1492. Encounters in Text and Performance.* Washington und London 1992, 257–279, wo mit breiten Zitaten der Wandel des Amerikabildes dokumentiert wird. Jürgen Maehder: Mentalitätskonflikt und Fürstenpflicht. Die Begegnung von mittelamerikanischem Herrscher und Conquistadór auf der barocken Opernbühne. In: Michael Walter (Hg.): *Text und Musik. Neue Perspektiven der Theorie* (Materialität der Zeichen A; 10). München 1992, 131–179. Etwas präziser gefasst in: Jürgen Maehder: Die Opfer der Conquista. Das Volk der Azteken auf der Opernbühne. In: Peter Csobádi [u.a.] (Hg.): *‚Weine, weine, du armes Volk'. Das verführte und betrogene Volk auf der Bühne*, Bd. 1 (Wort und Musik; 28). Anif und Salzburg 1995, 265–287 (mit einem Anhang der Kolumbus- und Montezuma-Opern zwischen 1600 und 1992). Jürgen Maehder: Ein königliches Libretto. Probleme der Librettoforschung, dargestellt am Montezuma-Libretto Friedrichs des Großen. In: Udo Bermbach und Wulf Konold (Hg.): *Gesungene Welten. Aspekte der Oper* (Oper als Spiegel gesellschaftlicher Veränderungen; 2 / Hamburger Beiträge zur öffentlichen Wissenschaft; 10). Berlin und Hamburg 1992 (mit einem Verzeichnis von Kolumbus- und Cortés-Opern). Jürgen Maehder: Cristóbal Colón, Motecuzoma II. Xocoyotzin and Hernán Cortés on the Opera Stage – A Study in Comparative Libretto History. In: *Revista de Musicología* 16, 1993, 146–184 (mit einer bibliografischen Präzisierung der Liste der Kolumbus- und Cortés-Opern).

literarhistorische Bedeutung von Friedrichs *Tragedia per musica*. So wurde wegen mancher sprachlicher Parallelen Voltaires Tragödie *Alzire, ou les américains* als Prätext angeführt.[11] Allerdings ist die Strukturanalogie, die in der Konstellation der edlen Inkaprinzessin Alzire zwischen dem Inkafürsten Zamore und dem gewalttätigen Spanier Don Gusman vorliegt, zu unspezifisch, und der einzige onomastische Bezug, der mehrfach erwähnte, aber nie auftretende Zamoro, wirkt allenfalls wie eine ironische Markierung.[12] Da ein fundierter literar- und motivgeschichtlicher Vergleich des *Montezuma* mit den Amerika-Dramen und -Opern des 17. und 18. Jahrhunderts noch aussteht, ist die Originalität von Friedrichs Bühnenwerk nicht abschließend geklärt.[13]

## *2. Konzeption und Quellen*

Im Folgenden soll Friedrichs Heroisierung des fremden aztekischen Herrscherpaars untersucht werden. Legt die Stoffwahl eine spezifische Exotisierung nahe, ist die Heroisierung Montezumas und seiner Braut Eupaforice vorrangig durch die Gattung der Oper bedingt und somit in einem musik- und gattungsgeschichtlichen Kontext zu sehen. Wie wir aus der Korrespondenz mit seiner Schwester Wilhelmine und dem Grafen Francesco Algarotti wissen, zielte Friedrich, seitdem er im Spätsommer 1753 seine *Tragedia per musica* begonnen hatte, auf eine moderne mu-

11 Vgl. Ronald S. Ridgway: Voltairian bel canto: Operatic Adaptations of Voltaire's Tragedies. In: *Studies on Voltaire and the Eighteenth Century* 241, 1986, 125–154, besonders 138–143, sowie die ausgewogene Studie von Babette Kaiserkern: Spiegelungen: Friedrich II., Montezuma (1755) und Voltaire. In: Brunhilde Wehinger und Günther Lottes (Hg.): *Friedrich der Große als Leser*. Berlin 2012, 185–201.

12 Kaiserkern: Spiegelungen (Anm. 11), 200–201, sieht im sechs Mal genannten, aber „nie in persona auftretenden Zamoro" eine „Chiffre des intertextuellen Epitextes", in der Friedrich den Abgang Voltaires aus Berlin thematisiere. Zum Verhältnis zur *Alzire* vgl. auch die mehr essayistische als quellengestützte rezeptionshistorische Rekonstruktion der Opernerlebnisse des portugiesischen Gesandten, des Akademiepräsidenten Maupertuis und des Staatsministers von Podewils durch Georg Quander: Montezuma als Gegenbild des großen Friedrich – oder: Die Empfindungen dreier Zeitgenossen beim Anblick der Oper ‚Montezuma' von Friedrich dem Großen und Carl Heinrich Graun. In: Hellmut Kühn (Hg.): *Preußen: Dein Spree-Athen. Beiträge zu Literatur, Theater und Musik in Berlin* (Preußen: Versuch einer Bilanz. Ausstellungskatalog in fünf Bänden, Bd. 4). Reinbek 1981, 121–134, besonders 129–130. Gegen einen unmittelbaren Einfluss spricht auch, dass Friedrichs Montezuma-Tragödie eine frühere Episode der spanischen Eroberung Südamerikas behandelt, und die Religion bei ihm im Unterschied zu Voltaires *Alzire* nur eine nebensächliche Rolle spielt.

13 Vgl. Marion Fürst: Mit Federschmuck und Friedenspfeife. Der Amerikaner in der europäischen Oper des 17. und 18. Jahrhunderts. In: *Musica* 47, 1993, 21–24. Fürst vergleicht Friedrichs *Montezuma* ganz knapp mit Purcells Semi-Oper *The Indian Queen* und mit Jean Philippe Rameaus Ballet héroique *Les Indes Galantes*. Maehders zahlreiche Studien (Anm. 10) bleiben mehr additiv als komparativ. Motivgeschichtlich in eine breite Diachronie eingebettet ist die Studie von Susanne Detering: Friedrich II.: Camouflage und Selbstverteidigung im Bild Montezumas. In: Susanne Detering: *Kolumbus, Cortés, Montezuma: Die Entdeckung und Eroberung Lateinamerikas als literarische Sujets in der Aufklärung und im 20. Jahrhundert*. Weimar 1996, 196–214.

sikdramatische Realisation: So bevorzugte er statt der traditionellen dreiteiligen *Da capo*-Arien die knappere zweiteilige Arienform der gefühlvollen liedartigen Cavatine.[14] Außerdem lockerte er die „strenge Scheidung von Handlung im Rezitativ und lyrischer Reflexion, Handlungsstillstand in der Arie"[15] auf und integrierte die Ballette an den Aktschlüssen in die Dramenhandlung. Vor allem aber löste er die Oper von dem gattungstypischen *lieto fine*, dem glücklichen Ende:[16] Seine ‚musikalische Tragödie' endet mit dem Tod der indigenen Protagonisten Montezuma und Eupaforice. Dass Friedrich die Tradition der *Opera seria* aber nur modifizierte und nicht mit ihr brach, zeigt neben wenigen *Da capo*-Arien, die er den Hauptrollen Montezuma und Eupaforice zugestand, und der genretypischen Gefängnisszene, die zu Beginn des III. Akts die Peripetie einleitet,[17] das exotische Dekor. Die „Auszierung der Schaubühne", eine „neue Erfindung" des königlichen Theaterdekorateurs Giuseppe Galli Bibiena, illustriert Exotik wie Gewalt der Handlung. So zeigt die Eingangsszene „drey große Gänge von Palmen in dem Kayserlichen Garten", ein Gefängnis bildet das erste Bühnenbild des III. Aktes (Abb. 1), während die

---

14 Für seine Vorliebe führt Friedrich dramenökonomische Gründe an und beruft sich als Vorbild auf Hasse, vgl. den Brief Friedrichs an Wilhelmine, Markgräfin von Bayreuth: „Quant aux cavatines, j'en ai vue de Hasse qui sont infinement plus joilies qu les airs, et qui passent rapidement. Il ne faut de preprises que lorsque les chanteurs savent varier la musique; mais il me semble que, d'ailleurs, il y a de abus à répéter quatre fois la même chose" (*Friedrich der Große und Wilhelmine von Baireuth*, Bd. 2: *Briefe der Königszeit 1740–1758*, hg. von Gustav Berthold Volz, dt. von Friedrich Oppeln-Bronikowski. Leipzig 1926, besonders 266–270); zum Terminus ‚Cavatine' vgl. Frauke Schmitz-Gropengießer: Cavata, cavatina/Kavatine, cabaletta. In: *Handwörterbuch der musikalischen Terminologie*, Lieferung 39, 2005. Vgl. Sabine Henze-Döhring: *Friedrich der Große. Musiker und Monarch.* München 2012, besonders 85–92, hier 86. Im italienischen Textbuch des *Montezuma* finden sich allerdings nicht jeweils zwei *Da capo*-Arien für die beiden Protagonisten, wie Friedrich im Brief an seine Schwester Wilhelmine vom 16. April 1754 noch vorsah, vielmehr nur eine einzige für Montezuma (I 1) und drei für Eupaforice (I 5, I 9 [Schluss I. Akt] und II 13 [Schluss II. Akt]), von denen zwei als effektvolle Aktschlüsse eingesetzt sind; vgl. Graun: *Montezuma* (Anm. 5).

15 Susanne Oschmann: Gedankenspiele: Der Opernheld Friedrichs II. in Preußen. In: Klaus Hortschansky (Hg.): *Opernheld und Opernheldin im 18. Jahrhundert. Aspekte der Librettoforschung. Ein Tagungsbericht* (Schriften zur Musikwissenschaft aus Münster; 1). Hamburg und Eisenach 1991, 175–193, hier 189. Auf den *Montezuma* geht Oschmann in ihrem Überblick aber nur knapp ein (184–187).

16 „Ab dem Jahr 1750 endeten beinahe alle in Berlin aufgeführten Werke – mit Ausnahme der Hochzeits- bzw. Sommeropern – ohne *lieto fine*. Für die Opern *Coriolano*, *Il Mithridate*, *Britannico*, *Semiramide*, *Montezuma*, *I Fratelli Nemici* und *Merope* wählte man statt der zeitgenössischen Gattungsbezeichnung *Dramma per musica* jeweils den Untertitel *Tragedia per musica*" (Claudia Terne: Friedrich II. von Preußen und die Hofoper. In: Michael Kaiser und Jürgen Luh (Hg.): *Friedrich der Große und der Hof. Beiträge des zweiten Colloquiums in der Reihe „Friedrich300" vom 10./11. Oktober 2008*, 1–38, hier 29, http://www.perspectivia.net/publikationen/friedrich300-colloquien/friedrich-hof/Terne_Hofoper, 29. März 2016).

17 Siehe Michele Calella: Die Opera seria im späten 18. Jahrhundert. In: Herbert Schneider und Reinhard Wiesend (Hg.): *Die Oper im 18. Jahrhundert. Handbuch der musikalischen Gattungen*, Bd. 12. Laaber 2001, 45–62, hier 53. Vgl. dazu den informativen Überblick mit einigen Hinweisen zur musikalischen Gestaltung solcher Szenen von Helga Lühning: Florestans Kerker im Rampenlicht. Zur Tradition des Sotterraneo. In: Helga Lühning und Sieghard Brandenburg (Hg.): *Beethoven zwischen Revolution und Restauration.* Bonn 1989, 137–204.

Abb. 1: Carl Friedrich Fechhelm: Bühnenbild zu *Montezuma*, III 1, 1755, Öl auf Leinwand, 90 × 100 cm, Potsdam, Stiftung Preußische Schlösser und Gärten Berlin-Brandenburg, GK I 12008.

Schlussszene „ein[en] große[n] mit Säulen umgebene[n] Hof" zeigt, „zwischen welchen man einen Theil von der in Brand gesteckten Stadt Mexico siehet" (A4r). Ein überliefertes Kostümbild bestätigt die äußerliche Exotisierung des Personals (Abb. 2 und 3).

Inwieweit bestimmt eine Heroisierung des Aztekenherrschers Friedrichs Tragödie, welche die militärische Niederlage dramatisiert, die Motecuzoma II. (‚Der Traurige') im Jahre 1519 gegen die spanischen Eroberer um Hernán Cortés erlitt? Eine heroisierende Wirkungsabsicht liegt durchaus nahe, zumal Friedrich seine antispanische *Opera seria* ausdrücklich als aufklärerisches Medium erachtete, „à reformer les mœurs et à detruire les superstitions".[18] Heroisierungen kommen auf der

[18] Zur Helden- und Herrscherdarstellung unter anderem Reinhard Wiesend: Der Held als Rolle: Metastasios Alexander. In: Klaus Hortschansky (Hg.): *Opernheld und Opernheldin im 18. Jahrhundert. Aspekte der Librettoforschung. Ein Tagungsbericht.* Hamburg und Eisenach 1991, 139–152. Vgl. Brief Friedrichs II. an Francesco Algarotti vom Oktober 1753. In: Francesco Algarotti: *Briefwechsel mit Friedrich II.*, hg. von Wieland Giebel, nach dem ital.

Abb. 2: Carl Friedrich Fechhelm: Re Americano, Figurine für den mexikanischen Kaiser Montezuma, 1754, Berlin, Sammlung Louis Schneider.

Bühne in Konfiguration, Handlung und Sprache zum Ausdruck. Sie setzen innerhalb des Figurenpersonals neben einer moralisch vorbildlichen Gestalt ein Kollektiv voraus, das den Helden verehrt, und einen Gegenspieler, der ihn – *ex negativo* – kontrastiv verherrlicht. Da die oft typologisch markierte heroische Konfiguration erst in der Inszenierung ihre performative Dynamik gewinnt und durch die Handlung wie sprachliche Kommunikation beglaubigt wird, ergibt sich ein gezieltes *close reading* als Vorgehen: Ob und wie Montezuma und seine Braut in Friedrichs Tragödie heroisiert werden, wird zunächst auf der Handlungsebene untersucht und durch die Analyse der Diskursebene perspektiviert.

Original aus dem Jahr 1799 mit einem Vorwort des Übersetzers Friedrich Fursten. Berlin 2008, 112–114.

29

Montezuma — Janvier 1755

1 — Montezuma = habit Mexicain de drap Amadori
d'or garny des plumes rouges blanches, et noires,
la broderie en argent, orné des perles, et des
pierreries. — Un baudrier de veloux noir
un casque de meme avec des perles, et des
pierreries.

2 — Cortés = habit Espagnol de velour noir brodé Porporino
en or — Cuirasse de satin noir a paillets d'accier,
le Manteau de velour noir brodé en or, le
chapeau, et baudrier de velour noir garnys des
pierreries.

3 — Tezeuco = habit Mexicain de satin aurore Romani
brodé en argent, et garny des plumes. le Manteau
de satin bleu foncé garny des plumes et brodé
en argent — le baudrier de velour noir garny des
pierreries.

4 — Pilpatoè = habit Mexicain de drap d'argent Pavolino
brodé en or, et garny des plumes, le Manteau de
satin bleu celeste, le baudrier de velour noir
le tout orné des plumes, et pierreries.

5 — Narves = habit Espagnol de satin ponceau Martinengo
brodé en argent, le manteau de meme, la
Cuirasse de drap d'argent en paillets d'accier,
chapeau et baudrier de velour noir ornés des
pierreries.

6 — Eupaforice = habit Mexicain de satin Astrua
marin de meme que la Mante richement garny
en argent avec 2. corps un de satin noir, l'autre de
satin vert garny des pierreries.

7 — Erissena = habit Mexicain de satin bleu de Roi Gasparini
la Mante de meme brodés en argent, et de gaze
d'argent claire; le corps du meme satin orné
des perles, et pierreries.

Abb. 3: Kostüm-Inventar der Oper *Montezuma*, Berlin, Geheimes Staatsarchiv Preußischer Kulturbesitz, I. HA Geheimer Rat, Rep. 36 Hof- und Güterverwaltung, Nr. 2627.

Für seine Tragödie hat Friedrich zwar historiografische Werke konsultiert, vor allem die maßgebliche Abhandlung von Antonio de Solís y Ribadeneyra,[19] aber die komplexe Geschichte der Eroberung Mexikos stark gerafft und die innerspanische Auseinandersetzung zwischen Cortés und Narves ganz übergangen. Auch wenn die kriegerische Kulturkollision zwischen den Europäern und den indianischen Ureinwohnern relativ spät ein literarisches Sujet geworden war, war Friedrichs *Montezuma* keineswegs die erste musikdramatische Gestaltung der spanischen Eroberung des Aztekenreichs. Vorausgegangen war ihm Antonio Vivaldis *Motezuma* aus dem Jahre 1733 nach einem Libretto von Girolamo Giusti.[20] Giusti/Vivaldi hatten freilich den Stoff operngemäß verharmlost, indem der Krieg zwischen der mexikanischen und spanischen Partei durch die kultur-, religions- und parteiübergreifende Liebe zwischen Motezumas Tochter Teutile und Fernandos Bruder Ramiro befriedet wird. Das Opfer eines Menschenpaars, welches das von den Mexikanern befragte Orakel verlangt, gilt schließlich mit dem christlichen Sakrament der Ehe als erfüllt. Friedrichs *Montezuma* kommt der historischen Wahrheit viel näher, indem er auf ein glückliches Ende verzichtet und stattdessen den Tod des Aztekenherrschers und das grausame Gemetzel darstellt, das die Spanier unter den Azteken anrichteten.

Doch mehr als historisches Interesse prägt aufklärerische Parteinahme Friedrichs *Tragedia per musica*. In eindeutiger Sympathielenkung wird Montezuma als großmütiger Fürst vorgestellt, der gerade wegen seines Seelenadels Opfer der Grausamkeit und Habgier der spanischen Eroberer wird. Es ist bezeichnend, dass in der tragischen Konstellation der Gegenspieler und „Tyrann“[21] Cortes nicht namentlich genannt wird, sondern im Fremdkollektiv der „Spanier“ oder „barbarischen Gäste“ aufgeht:

> Der damahls regierende Kayser von Mexico, Montezuma, erlaubte den Spaniern auf guten Glauben, den Eintritt in sein Reich; aber, er spürte hernach allzuspät die Wirckung eines gar zu leichtgläubigen Vertrauens, und einer unzeitigen Großmuth, als die ihm das Leben kostete. Das betrübte Ende dieses guten Monarchen, welcher der Grausamkeit und dem Geitze seiner Gäste barbarischer Weise aufgeopfert wurde, hat also den Stoff zu diesem Trauerspiele gegeben. (A3$^{r}$)

Noch schärfer konturiert Tagliazucchis dramentheoretische Leservorrede zur französischen Prosatragödie die Opposition der Konstellation:

> On trouvera danz Montézuma le Heros qu'exige la Tragedie, un tendre Pére de son Peuple dont il fait les delices, un Prince juste, sage, magnanime, modeste dans sa prospérité, intrepide dans ses malheurs: S'il est sensible à une tendre passion, son amour n'est que

19 Die französische Übersetzung von 1704 war in drei der acht friderizianischen Bibliotheken vorhanden, vgl. Krieger: *Friedrich der Große und seine Bücher* (Anm. 1), 125. Zu den Differenzen und Übereinstimmungen der Montezuma-Figur bei Antonio de Solís vgl. Kaiserkern: Spiegelungen (Anm. 11), 197–199.

20 Während Giustis Libretto überliefert ist, galt die Partitur der Oper lange als verschollen, um deren imaginäre Aufführung der kubanische Schriftsteller Alejo Carpentier seinen Roman *Concierto baroco* (1974) kreisen lässt.

21 So Friedrich in einem Brief an Algarotti vom Oktober 1753 (Anm. 18).

l'effet de sa vertu: s'il pousse trop loin la confiance et la sécurité, c'est un deffaut naturel aux grandes Ames, et qui semble leur être permis. Cortés est fourbe, avare, et cruel; ces caractéres opposés produisent sur le Theâtre les plus grands éffets: ils y sont ce l'ombre est dans le Tableau.[22]

Montezuma wird als tragischer Held präsentiert: Seine Eigenschaften „Vater seines Volks", „gerecht", „großmütig", „bescheiden im Reichtum, unerschrocken im Unglück" typisieren ihn als guten Fürsten, seine Schwächen, „vertrauensselig" und „sorglos", werden als Zeichen seiner Seelengröße aufgewertet. Sein Gegenspieler Cortes wird dagegen nur knapp als „schlau", „habgierig" und „grausam" charakterisiert und explizit als Kontrastfigur bezeichnet. Die beiden feindlichen Lager sind zwar nach der Zahl der Statisten und der Ballette ausgewogen;[23] doch hinsichtlich der stimmlichen Präsenz dominiert eindeutig die mexikanische Partei, auf die fünf der sieben Gesangsrollen entfallen. Im Zentrum stehen Montezuma, der „Kayser von Mexico", und seine königliche Braut Eupaforice. Dem Liebespaar ist jeweils eine Dienerfigur zugeordnet,[24] hinzu tritt der kaiserliche General Pilpatoe. Dagegen repräsentieren nur Ferdinando Cortes als „Haupt der Spanier" und der Hauptmann Narves die spanische Partei.[25]

Diese Parteinahme setzt sich in der Anlage der dreiaktigen Tragödie fort. Der I. Akt gehört ausschließlich den Mexikanern, im II. und III. Akt kommt es auf der Bühne zu den solchermaßen perspektivierten Kulturkollisionen.

---

22 Vgl. Tagliazucchi: Au Lecteur. In: Anon. [Friedrich II., Kg. von Preußen]: *Montezuma. Tragédie en trois actes* (mit frz. Vorrede von [Giovan Pietro] Tagliazucchi). Berlin (J. G. Michaelis) o. J. [1755], 3–7, hier 4, Übersetzung: ‚Man wird in Montezuma den Helden finden, den die Tragödie verlangt, einen zärtlichen Vater seines Volkes, dessen ganze Freude er ist, einen gerechten Herrscher, weise, großherzig, bescheiden in seinem Reichtum, unerschrocken im Unglück: Wenn er für eine zärtliche Leidenschaft empfänglich ist, dann ist seine Liebe nichts Anderes als das Ergebnis seiner Tugend: wenn er zu vertrauensselig ist und sich zu sicher fühlt, dann ist das ein natürlicher Fehler großer Seelen, der ihnen erlaubt zu sein scheint. Cortes ist hinterlistig, habgierig und grausam; diese gegensätzlichen Charaktere sind auf der Bühne am effektvollsten. Sie haben denselben Effekt wie der Schatten auf einem Bild.'

23 So entsprechen sich die Gefolgsleute von Montezuma und Cortes. Die je sechs Tänzerinnen und Tänzer agieren einmal als spanische Matrosen, dann als „Mexicaner", um sich schließlich in der tragischen Schlussszene, welche die Plünderung Mexikos durch die Spanier darstellt, zu mischen.Vgl. die letzte Szenenanweisung: „Die Spanier laufen zur Plünderung. Die Täntzer mischen sich in spanischer Kleidung unter die Soldaten, plündern die Stadt, und bemächtigen sich der Mexicanischen Frauen, die sich vertheidigen, und sehr lebhafft ein Ballet formiren, welches sich mit dem Chor anhebet, so das Mexicanische Volck singet, das erschrocken und in Verwirrung die Flucht nimmt." (III 5, 139)

24 Tezeuco, ein „Bedienter der Kayserlichen Krone", sowie Erixene, „Vertraute der Königin".

25 Während Montezuma, den in der Berliner Uraufführung der berühmte Alt-Kastrat Giovanni Amidori spielte, und seine Braut Eupaforice, verkörpert von der damaligen Starsopranistin Giovanna Astrua, jeweils vier Arien singen, entfallen auf Cortes, verkörpert durch den Alt-Kastraten Porporino, lediglich drei Arien.

## *3. Handlungsstruktur*

Der I. Akt stellt den mexikanischen Hof als ein Idyll des Friedens vor. Doch bleibt das exotische Setting äußerlich, denn der Diener Tezeuco bezeichnet seinen Herrn Montezuma wie einen aufgeklärten europäischen Fürsten als „Tröster", „Wohltäter", „Erretter", und „Vater deines Volcks" – im Italienischen bezeichnenderweise „Padre della Patria" (I 1, 14–15), was dieser – wie Friedrich in seinem *Anti-Machiavel* – als seine bloße „Pflicht" („il mio dovere") abtut (I 1, 14–15). Eingespiegelt wird die ‚fremde Wahrnehmung' aber in der Schilderung der spanischen *Conquistadores*. Der Bericht des kaiserlichen Generals Pilpatoe invertiert die übliche europäische Alteritätsperspektive auf die Neue Welt. Den Azteken erscheinen die Europäer nun als „die fremden und furchtbahren Helden", die „auf schwimmenden | Und starcken Festungen große Meere durchschiffe[n]" (I 2, 17), ihre Feuerwaffen seien „Ungeheuer", so „schnell [...], daß kein Gedancke es begreifen kann" (I 2, 19) und man nicht wisse, ob die dreihundert „Fremdlinge", „Menschen oder Götter sind" („vomini, o Die") (I 2, 20–21). Trotz der Warnungen seiner besorgten Geliebten und seines Generals gewährt Montezuma den stolzen Fremden Gastrecht, die durch ihren Hauptmann Narves einen gebührenden Empfang für „die Helden" fordern, „welche der Himmel mit dem Donner hat bewafnen wollen" (I 7, 39). Den I. Akt beschließt eine Kontrastmontage: Eupaforice, „zwischen Hoffnung und Furcht" hin- und hergerissen, erklärt sich in einer märtyrerhaften Gebets- und Liebesarie zum Liebestod für Montezuma bereit:

> Höret meine Wünsche, o ihr Götter!
> Verlanget ihr ein Opfer?
> Tödtet mich, hier ist meine Brust,
> Aber rettet meinen Geliebten! (I 9, 47)

Dieser ängstlichen Arie folgt ein „Ballet von Schifs-Leuten", das die selbstherrlichen spanischen Konquistadoren präsentiert.

Montezuma, so kann festgehalten werden, hat in seinem Hof das kollektive verehrende Gegenüber, das jedoch seine Entscheidung, den Fremden Gastrecht zu gewähren, anzweifelt. Ein mögliches Heldentum Eupaforices deutet sich bereits in ihrer Arie an und konkretisiert sich mit dem eskalierenden Konflikt.

Im II. Akt gewinnt die Kulturkollision Gestalt: Cortes tritt erstmals auf, und die spanische Partei wird isoliert vorgestellt. Im Dialog mit seinem draufgängerischen Hauptmann Narves erweist sich Cortes als perfekter Macchiavellist, wie ihn Friedrich II. in seinem *Anti-Machiavel* geschildert hatte:

> Die Eroberung von Mexico soll meiner Klugheit
> Allein gehören. Wir müssen uns der List
> Und des Betrugs bedienen; ich will,
> Daß *Montezuma* durch sich selbst falle, und sich
> Eines Verbrechens schuldig mache, damit ich
> Das Recht haben möge, ihn zu bestraffen.
> Laßt uns noch Verstellung gebrauchen. (II 1, 49, 51)

Die italienische Wendung „Dissimuliam" („Dissimulons encore" [frz. 26]), für ‚verstellen', die Cortes am Ende des Dialogs mit Narves als Maßregel für das Verhalten gegenüber Montezuma ausgibt, verrät die doppelte Zielrichtung des Angriffs. Denn die *dissimulatio* galt als jesuitische Verhaltensregel, seitdem Machiavellis Maxime der *simulatio* diskreditiert war. Mit der Geringschätzung der „gottlosen und verfluchten Heyden" (II 1, 51) kontrastiert die gastfreundliche Begrüßung der „stranieri Eroi" durch das mexikanische Volk in Gestalt des Chors:

Venite, intrepidi stranieri Eroi
Tolti al terribile furor del mare.
Cari, e pregevoli sarete a noi,
E al nostro amabile Imperator.[26]

Montezumas Großmut, Cortes zu seiner Hochzeit einzuladen und die spanischen Truppen in den kaiserlichen Palast einzulassen, kontrastiert mit der Heimtücke des Cortes, der mit seinen Leuten „die Kayserliche Leib-Wacht" überwältigt und die Maske der Verstellung fallen lässt: Er will nicht nur Montezuma gefangen nehmen, sondern „sogar seine Braut für [s]ich rauben" (II 5, 65). Den Heiratsplan erklärt Cortes dem erstaunten Hauptmann Narves („Wie? Könntest du eine Barbarin heyrathen! Eine Heydin! O Himmel" [II 5, 67]) mit machiavellistischem Machtkalkül:

Ja, Freund, man muß alles unserem
Nutzen aufopfern. Verstellung, Kühnheit,
So gar die Liebe,
Alles muß dienen, sich einer
Eroberung zu versichern [...]. (II 5, 67)

Erst in dem Streitgespräch mit Montezuma, welches das Zentrum der Tragödie bildet, camoufliert Cortes den machtpolitischen Staatsstreich als christlich-religiöse Mission: „Unser Gesetz will, daß wir die Götzen-Diener verabscheuen, | Welche barbarischen Göttern menschliche Opfer bringen" (II 7, 71). Als Montezuma sich gegen seine Entmachtung mit dem Degen zur Wehr setzt, wirft ihm dies Cortes zynisch als Bruch der „Gast-Freyheit" vor und lässt ihn unter dem Vorwand der eigenen Sicherheit in Ketten legen. Doch Montezuma fügt sich nicht in die Rolle des unterwürfigen Entmachteten. Indem er Cortes die Rolle eines Tyrannen zuweist, stilisiert er sich selbst in der Schlussarie des siebten Auftritts zum todesmutigen Märtyrer:

Ich empfinde alle Schrecken meines tyrannischen
Schicksals; ich werde mich aber nicht
Durch Kleinmuth von der Furcht
Ueberwältigen lassen, und du sollst
Mich nicht zittern sehen.

[26] „Kommt ihr tapfere fremde Helden, die ihr | Von der schrecklichen Wuth des Meeres gerettet worden. | Ihr sollt uns und unserm | Geliebten Kayser werth und willkommen seyn." (II 2, 53).

Barbar! Wo ist der Tod?
Komm, und nimm mir das Leben.
Es ist besser tapfer umkommen,
Als unter Scham und Spott
Das Leben zu erhalten. (II 7, 79)

Nachdem Eupaforice vergeblich die Freilassung Montezumas erbeten und sich in einer Rührszene von dem Gefangenen verabschiedet hat, macht Cortes ihr einen Heiratsantrag. Sein kolonialistisch-persuasives Argument, sie gehöre kulturell eher zu Europa als zu Mexiko, verfängt aber nicht:

CORTES. [...]
Die Annehmlichkeiten
Die dir die Natur verliehen hat,
Gehören nicht für einen barbarischen Printzen, du könntest deine Größe erhalten,
Wenn – – – Ach glaube mir,
Daß die Europäer mehr als die Mexicaner
Deinen Werth zu schätzen wissen, und daß es Hertzen giebet,
Die dich besser zu verehren wüsten.
EUPAFORICE. Ich verabscheue die Europäer, wenn ihre
Sitten den deinigen gleichen. (II 9, 87)

Auf die erpresserische Drohung, nur ihre Einwilligung könne den gefangenen Montezuma retten, reagiert Eupaforice in einer ambivalenten Arie zunächst mit märtyrerhafter Todesbereitschaft, dann mit einem Fluch:

Barbar, dessen vermessener Anblick (*Zum Cortes.*)
Mir ein Abscheu ist, du willst mir
von Liebe reden?
[...]
Nein Unwürdiger, du sollst niemahls
Die Frucht deiner Verbrechen genießen,
Du bist ein grausames Ungeheuer!
Ich schwöre, daß ich meinem Geliebten
Bis zum Tode treu seyn will.
Möchte doch heute auf dich
Und auf deine gottlosen Gefährten
Der Zorn des Himmels seinen
Blitz fallen lassen! (II 9, 89, 91)

Mit der Peripetie, der Gefangennahme Montezumas, steigt Eupaforice zur heroischen Gegenspielerin von Cortes auf. Sie organisiert unter der Devise „Entweder überwinden, oder sterben" (II 11, 95) eine militärisch-politische Gegenoffensive und schwört trotz ungünstiger Nachrichten mit einer heroischen Rede ihre engsten Vertrauten auf den Kampf gegen die Spanier ein.[27]

[27] „[...] Ich selbst will an der Spitze seyn, | wir wollen unsere Tyrannen | ausrotten" (II 12, 99). Für „diese[n] große[n] Gedancke[n]" (ebd.), „entweder unsern Monarchen | retten, oder mit ihm sterben" (ebd.), erntet sie Zustimmung, so dass den II. Akt ein „Ballet von Mexicanern" hoffnungsfroh beschließt (103).

Den III. Akt eröffnet eine für die italienische *Opera seria* genretypische Gefängnisszene:[28] In einem langen *Accompagnato*-Monolog räsonniert der gefangene Montezuma über den jähen Glückswechsel und mahnt sich zu stoischer Geduld, bis er vom – ebenfalls genretypischen – Besuch seiner Braut Eupaforice überrascht wird. Auch wenn sie ihm mitteilen muss, dass auf keine militärische Unterstützung von außen mehr zu hoffen sei, finden beide Trost in ihrer unverbrüchlichen Liebe. In rasch wechselnder, gelegentlich gar stichomythischer Rede, die in zwei – für die Berliner Oper ganz untypischen – Duetten gipfelt, den einzigen in *Montezuma*, versichern sich die beiden ihrer Bereitschaft zum Liebestod:

EUPAFORICE. Ach! Mit einer so reinen Liebe
MONTEZUMA. Ach! Mit einer so schönen Treue
BEYDE. Müßen wir entweder herrschen,
  Oder zusammen sterben. (III 1, 115)

Graun hat die Kerkerszene als Peripetie musikalisch markiert, indem er sie wie die Katastrophe am Schluss mit einem umfangreichen *Accompagnato*-Rezitativ beginnen lässt – die Streicher, die mit den Achtel- und Sechzehntel-Akkordbrechungen einen Klangteppich weben, bekräftigen die resignativen Gedanken und Emotionen, die Montezuma im Monolog äußert. Graun weicht in der Kerkerszene von der üblichen Abfolge Rezitativ – Arie ab und fügt vom *Accompagnato* über *Secco*-Partien und die eingelegte Kavatine eine große Szene bis zum Duett der Liebenden zusammen (Abb. 4). Auf diese Weise integriert er Eupaforice in die Heroisierung Montezumas.

Da Cortes von Eupaforices Geheimplan, die Spanier im Schlaf zu überwältigen, erfährt und seinerseits nun die Mexicaner, die vom verzweifelt kämpfenden Pilpatoe angeführt werden, umbringen lassen will, entschließt sich das Liebespaar zur gemeinsamen Flucht. Doch während Cortes den mexikanischen General Pilpatoe gefangen nimmt und ihm „die grösten Martern" androht (III 4, 125), wird das flüchtige Kaiserpaar von Narves überwältigt. Cortes wirft Montezuma in einem affektisch aufgeladenen Streitdialog Hochverrat vor: „Du bist der einzige Urheber der Rebellion […], | Du hast die gantze Zusammenverschwörung angesponnen" (III 5, 129), und eröffnet ihm das Todesurteil: „Wisse also, | Daß die Todes-Strafe dich erwartet" (ebd.). Während Montezuma sein Verhalten als Notwehr rechtfertigt, verteidigt Eupaforice ihren Widerstand mit naturrechtlichen Argumenten: „Bedencke, daß keine Creatur auf der Welt lebet, | Welche sich unterdrücken ließe, ohne sich zu wehren, | Und daß wir dasjenige gethan haben, | Was unsere Pflicht von uns erforderte" (III 5, 131). Cortes' Angebot, Montezuma am Leben zu lassen, wenn dieser auf Eupaforice verzichten würde, lehnen beide ab, und Eupaforice unterscheidet in einer Arie den militärischen Sieger Cortes von den „wahren Helden", die „menschliche Empfindungen" haben (III 5, 132–133). Während Montezuma und seine Getreuen „zum Gericht geschleppt" werden, gehört der

[28] Siehe Calella: Die Opera seria im späten 18. Jahrhundert (Anm. 17), 53.

Abb. 4: Auszug aus dem Duett von Montezuma und Eupaforice in III 1.

Schluss Eupaforice, die sich als „eine rächende" und Cortes „verfolgende Furie" gebärdet: Sie hat die Stadt in Brand setzen lassen, um den Spaniern weder Untertanen noch Reichtümer ausliefern zu müssen und tötet sich schließlich in einem heroischen Akt selbst – „*Sie stößt sich einen Dolch in die Brust*", um sich „nicht von | Meinem zärtlichen Liebhaber trennen" zu müssen: „Unsere Seelen sollen sich in diesem Augenblick vereinigen" (III 5, 137, 139). Diese Schlussszene mit Eupaforices *Accompagnato* (213) wächst direkt aus der letzten Arie heraus und vermittelt so musikalisch die Katastrophe.

Den Schein des Missionars im Dienste der spanischen Majestät, den Cortes noch mühsam wahrt, als er den Befehl zu Plünderung und Tötung der Einwohner gibt, widerlegt die grausame stumme Szene, die zum Chor der besiegten Mexikaner überleitet, als bloßen Vorwand:

> *Die Spanier laufen zur Plünderung. Die Täntzer mischen sich in Spanischer Kleidung unter die Soldaten, plündern die Stadt, und bemächtigen sich der Mexicanischen Frauen, die sich vertheidigen, und sehr lebhafft ein Ballet formiren, welches sich mit dem Chor anhebet, so das Mexicanische Volck singet, das erschrocken und in Verwirrung die Flucht nimmt.* (III 5, 139)

Der Chor, der das Stück beschließt, ruft die „gerechten Götter" um Hilfe: „Errettet uns! | Laßt euch zum Mitleid bewegen!" (III 5, 141).

## *4. Heroisierungen und Deheroisierungen*

Im I. Akt erscheint Montezuma vor allem dadurch als heroische Figur, dass sein Hof ihn loyal verehrt. Montezumas Gefangennahme erzeugt ein heroisches Vakuum, das Eupaforice sukzessive füllt. Indem Montezumas Braut das Heft des Handelns übernimmt, wird sie wie dieser zur heroischen Figur. Die Heroisierung der beiden Figuren beschränkt sich nicht nur auf die Handlungsebene, sondern erfolgt ebenso auf der musikalischen und sprachlich-diskursiven Ebene.

### *4.1 Perspektivismus von Heroisierung und Deheroisierung*

In einem Drama mit Held und Gegenspieler sind Heroisierung und Deheroisierung wechselseitig gebrochen. Dieser Perspektivismus zeigt sich in Friedrichs *Montezuma* ebenso wie eine dramatische Dynamik in den Selbst- und Fremdcharakterisierungen. Während die mexikanische Partei die Eindringlinge zunächst als „Fremde", „Helden", „Spanier", ja sogar „Götter" bezeichnet, gebrauchen die Spanier von Anfang an den Begriff ‚Barbar', um die indigene Gruppe zu diskreditieren: ‚Barbar' (‚Barbaro' / ‚Barbari') fungiert hier als Antonym zu ‚Held' (‚Eroe' / ‚Eroi'). So eröffnet Narves den ersten innerspanischen Dialog mit dem Satz: „Hier sind wir endlich, dem Himmel sey Danck! | In den Mauern, wo der Barbar seinen Hof hat" (II 1, 49) und diskreditiert damit später den Heiratsplan von Cortes (II 5, 67). Cortes benutzt den Begriff relativ selten: Zwar nennt er einmal den Diener Tezeuco einen „Barbare[n]" (II 5, 65), den kaiserlichen General Pilpatoe bezeichnet er verächtlich als „Mexicaner" („Soldaten, jagt diesen Mexicaner | Aus dem Pallast fort" [II 7, 73]), doch verwendet er hauptsächlich strafrechtliche Termini. So beschuldigt er den Aztekengeneral der „Untreue" („Du bist ein Rebelle" [III 4, 125]) und wirft dem auf der Flucht ergriffenen Montezuma Verfassungsbruch vor: „Du bewaffnest das rebellische Reich, | Du stifftest Meutereyen, du suchst | Mein Blut zu vergießen" (III 5, 127).

Unter den Azteken dagegen signalisiert die Verwendung des Begriffs ‚Barbar' die Anagnorisis, den tragödienspezifischen Umschlag von Unkenntnis in Kenntnis: Montezuma bezichtigt Cortes, nachdem er dessen Falschspiel durchschaut hat, als „Barbar[en]" und „barbarische[n] Feind" (II 6, 69, 73), und dämonisiert ihn gar zum „abscheuliche[n] Ungeheuer [...], | Welches die Hölle ausgespien hat" (II 7, 75). Auch Eupaforice schimpft Cortes gleich zwei Mal einen „Barbar[en]", als er sie zur Heirat überreden will (II 9, 89). Mit der Peripetie kommt es zur Opposition einer ethnisch bestimmten kollektiven Identität und Alterität: Im antonomastischen Ethnikum „Mexicaner" grenzt man sich von den „Spanier[n]" ab (II 11, 95), die man überdies moralisch als „Tyrannen" pejorisiert (II 12, 99). Als Montezumas Fluchtversuch zum Vorwand für einen Hochverratsprozess dienen soll, verweigert er den juristischen Diskurs, auf den sich Cortes verlegt, und kriminalisiert seinerseits das Verhalten von Cortes: „Barbarischer Räuber meines Reichs, und du unterstehst dich noch | Mich einen Rebellen zu nennen?" (III 5, 127). Er beschuldigt ihn einer falschen Propaganda („da alle Sachen | Einen andern Nahmen bekommen" [III 5, 129]), nennt ihn „Tyrannen" (ebd.) und reklamiert Religionsfreiheit (ebd.). In den Vorwurf, dem angeblichen Verfechter des ‚richtigen' Glaubens jegliche Religion abzusprechen, stimmt auch Eupaforice ein, für die Cortes ein „Gottloser! Unmenschlicher!" ist (III 5, 131), dessen „Barbarey" die Gegengewalt provoziert habe (ebd.).

In der musikalischen Umsetzung von Graun sind die Worte ‚Eroe'/‚Eroi' (‚Held'/‚Helden') beziehungsweise ‚Barbaro'/‚Barbari' (‚Barbar'/‚Barbaren'), die in den Arien meist als Anrede vorkommen, nicht spezifisch ausgeziert.[29] Das Heroische als Haltung wird musikalisch anders vermittelt, nämlich durch fanfarenartigen Hornmotive und/oder in der langen, stark ausgezierten und mit prägnanten Rhythmen versehenen Koloratur auf „trionfar" in der Arie „Vegga, che alfin" (I 3, 24) des Pilpatoe.[30] Beide Mittel begegnen auch in Eupaforices Arie „L'onor del soglio" (II 13, 102), in welcher der hier exorbitant verzierte Begriff „viltà" einerseits die Barbarei der Spanier, zugleich aber auch den heroischen Mut der Königin charakterisiert.[31]

---

[29] Vgl. etwa die Passagen in der Partitur von Graun: *Montezuma* (Anm. 5), 78–79, wo im Empfangschor die Bezeichnung „stranieri eroi" noch als Ehrentitel für die fremden Gäste aus Spanien gebraucht wird. Dass „eroe" für Graun kein Schlüsselwort für die musikalische Ausdeutung ist, zeigt auch die Arie von Narves „Vedrai fra queste mura". Hier ist im B-Teil (57) „eroi" auf eine kleine Floskel gelegt, diese dann aber chiastisch ausgetauscht.

[30] Vgl. Graun: *Montezuma* (Anm. 5), 28–33, hier 29.

[31] Ebd., 155–162.

Der Schlüsselbegriff ‚Barbaro' wird prägnant eingesetzt, um das ungastliche, feindliche Verhalten, aber auch die Zumutung Cortes' gegenüber Montezumas Braut zu kennzeichnen und zu verurteilen. Zwei Mal ist ‚Barbaro' als ‚Devise' hervorgehoben, das heißt als ein einzelnes Wort, das am Anfang einer Arie oder eines Arienteils isoliert steht und dann nach einem kurzen Zwischenspiel wiederholt wird: jeweils im *Allegro*-Teil einer Arie Montezumas („Del mio destin tiranno" [II 7, 78]) als auch in einer Arie der Eupaforice („Barbaro, che mi sei fiero" [II 9, 88]).[32] Durch den Tempowechsel in beiden Arien, ein fortschrittliches Gestaltungselement, das Graun anwendet, um die konstrastierenden Affekte zu unterstreichen, wird das heftige „Barbaro" hervorgehoben und als musikalisches Motiv durch denselben Rhythmus (punktierte Viertel, Achtel, Viertel) und dasselbe Intervall (Quartsprung nach unten) markiert.

### *4.2 Typologische Heroisierung*

Vieles spricht dafür, dass Friedrich der Große mit seinem *Montezuma* die dramatische Probe aufs Exempel seiner Machiavelli-Widerlegung liefern wollte. Tatsächlich wird Cortes in Friedrichs *Anti-Machiavel* als Beispiel eines „Glücksritters" genannt.[33] Wie Friedrich „dem Laster die Decke der Tugend wegzureißen" bemüht ist,[34] so entlarvt sich in der Tragödie der Eroberer Cortes selbst als macchiavellistischen Erfolgspolitiker, während Montezuma zum idealen Fürsten nach Maßgabe von Friedrichs *Anti-Machiavel* stilisiert wird. Montezuma ist wie „ein liebender Vater" zu seinem Volk, bagatellisiert dies selbst aber als „[s]eine Pflicht" (I 1, 14–15), ist freigiebig,[35] sorgt sich um das Wohl seiner Untertanen (Kap. 17). Vor allem aber ist er ehrlich und ‚verstellt' sich nicht, wie es Cortes im Sinne Machiavellis praktiziert, „dem Lehrmeister der Tyrannen und der Verstellungskunst" (Kap. 18). Und schließlich willigt Montezuma erst in einen Krieg gegen die Spanier ein, als es das einzige, und, wie Friedrich betont, „rechtmässig[e]" Mittel ist, „einen widerrechtlichen Angriff zu steuren, wohlbegründete Rechte zu erhalten, die Freyheit der Welt in Sicherheit zu stellen, und der Ehrsüchtigen Gewaltthätigkeiten und Unterdrückungen zu vermeiden".[36]

Neben dieser antimachiavellistischen Heroisierung entspricht die Figur des Montezuma aber noch einem zweiten typologischen Muster, dem des Märtyrers in der tragischen Märtyrer-Tyrannen-Konstellation. Den Protagonisten zeichnet eine

32 Ebd., 121 sowie 134.

33 [Friedrich II.:] *Anti-Machiavel oder Versuch ein Critik über Machiavels Regierungskunst eines Fürsten* [Anti Machiavel, hg. von Voltaire, 1740, dt.]. Frankfurt und Leipzig 1745, 205–397, besonders Kap. 25, 368–381, hier 377: „Sogar einem Fernando Cortez mußten die innerlichen Kriege der Amerikaner zur Bezwingung Mexikos behilflich sein".

34 Ebd., besonders Kap. 26, hier 382.

35 Ebd., besonders Kap. 16, hier 305: „Ich kenne keinen Helden, der es [freigebig] nicht gewesen wäre".

36 Ebd., besonders Kap. 26, hier 392.

Arglosigkeit aus, die der raffinierten Strategie des „Tyrannen" Cortes nicht gewachsen ist. Zwar reagiert Montezuma auf seine Verhaftung mit heftigen Vorwürfen, doch er entpersonalisiert seinen Zorn zum „Schrecken [s]eines tyrannischen | Schicksals" (II 7, 79) und „erschreckliche[m] Schicksal" (III 1, 105). Gerade in dem pathetischen *Accompagnato*-Monolog der Gefängnisszene III 1 zeigt Montezuma, wenn er über das wechselnde Glück reflektiert und sich selbst zur „Apathía" mahnt, eine stoisch-heroische Größe: „Laßt uns mit Gedult ein Uebel ertragen, | Das wir nicht ändern können! […] So laßt uns, ohne über die Vorsicht Klage zu führen, | Getrost unserem Schicksal entgegen gehen" (III 1, 109). Gerade in seiner Schlussarie, in der er seine Todesbereitschaft gelassen verkündet, gewinnt Montezuma die heroischen Züge eines – epikureischen – Märtyrers: „Ich überliefere ohne Furcht | Dem Schooße der Natur eine reine Seele, | Und meinen Körper den Elementen, | Denen er seine Geburth zu dancken hat" (III 5, 135).[37]

Beruht das Heldentum Montezumas zum einen auf der Kontrastfigur Cortes, zum andern auf seinem monologisch verbürgten Stoizismus, so kommt zum dritten die heroische Liebe zwischen Montezuma und Eupaforice hinzu. Während Montezuma seinen politischen Handlungsspielraum zunehmend einbüßt, übernimmt seine Braut Eupaforice sukzessive die Lenkung der Geschehnisse. Ist sie am Anfang nur treu liebende, besorgte Ratgeberin, wandelt sie sich im Verlauf des Stücks zur eigentlichen Heroine. Sie widersteht Cortes' erpresserischem Heiratsantrag, besticht die Gefängniswächter, um zu ihrem Geliebten zu gelangen, wagt einen Fluchtversuch, entwickelt den Plan einer militärisch-politischen Gegenoffensive und verhindert, indem sie Stadt und Palast in Brand setzt, dass dem Sieger Untertanen und Gold zur leichten Beute werden. Vor allem aber wird sie zur bestimmenden Figur der Tragödie durch ihren heroischen Selbstmord, den sie selbstbestimmt als demonstrativen Liebestod inszeniert. Selbst Montezuma überrascht die Tatkraft seiner Braut: „Ich hätte niemahls geglaubt, daß du mit | Den vielen Tugenden, die ich in dir verehrt habe, | Noch so vielen Muth verbändest" (III 2, 117). Die dynamische Konzeption der Eupaforice lobte schon Friedrichs Schwester Wilhelmine nach der Lektüre des Libretto-Entwurfs: „Das schöne Geschlecht ist Dir viel Dank schuldig; denn es kommt in Deiner Oper glänzend weg. Die Königin von Tlascala ist eine echte Heldin ohne Schwäche, voller Standhaftigkeit und um Mittel nie verlegen."[38] Und Friedrichs italienischer Librettist lobt in seiner Leservorrede die Virago als die heimliche Heldin:

---

[37] Eine ähnlich stoische Haltung gegenüber dem Wandel des Glücks zeigt Eupaforice in der Schlussszene des II. Akts („Die Tapfern können allein das Glück ändern" [II 13, 101]).

[38] Wilhelmine von Bayreuth an Friedrich II., 24. Mai 1754 (Anm. 14), 269–270. Eine analoge Figurenkonstellation prägt bereits die Oper *Coriolano*, in der in Gestalt der Volumnia eine selbstbewusste Frauenfigur einem eher wankelmütigen Titelhelden zur Seite gestellt ist. Vgl. Peter Schleuning: ‚Ich habe den Namen gefunden, nämlich Montezuma': Die Berliner Hofopern *Coriolano* und *Montezuma*, entworfen von Friedrich II. von Preußen, komponiert von Carl Heinrich Graun. In: Klaus Hortschansky (Hg.): *Traditionen – Neuansätze: Für Anna Amalie Abert (1906–1996)*. Tutzing 1997, 493–518.

> Je ne feray mention que du Role d'Eupaforice, qui es tun [sic!] de plus intéressans de la Piéce. On trouve dans cette Princesse un de ces Caractéres, qui s'sttachent tous les coeurs. Elle ne cesse de donner à Montezuma les plus sages conseils pour le tirer de la fatale securité: Elle brave la fureur et l'inhumanité de ses Tyrans; Elle entreprend tout pour rompre les fers de son Epoux, et pour le vanger: Quel courage, quelle intrépidité![39]

## *5. Fazit*

In Friedrichs Tragödie *Montezuma* werden der exotische Protagonist und mehr noch seine Gefährtin zu heroischen Figuren überhöht. Zu dieser Heroisierung tragen neben einem doppelten Perspektivismus, der die arglose Großmut der indigenen Gruppe mit der Heimtücke der Eroberer kontrastiert, typologische Charakterisierungstechniken bei: So wird Montezuma gegen die machiavellistische Kontrastfigur Cortes zum aufgeklärten Fürsten idealisiert und im tragischen Modell von Märtyrer – Tyrann zum stoischen Märtyrer erhöht. Zugleich wird seine Braut Eupaforice sukzessive zur Virago heroisiert und gewinnt durch ihren Freitod antike Größe. Damit repräsentiert in Friedrichs *Montezuma* die Neue Welt die humanistischen Werte der europäischen Antike, während die spanischen Konquistadoren zu skrupellosen, ehrgeizigen und habgierigen Machtpolitikern enthumanisiert werden, die mit der katholischen Religion einen brutalen Eroberungskrieg camouflieren.

## *Abbildungsnachweise*

Abb. 1: Ruth Müller-Lindenberg (Hg.): *Friedrichs Montezuma. Macht und Sinne in der preußischen Hofoper (26.1.–24.6.2012). Publikation zur Sonderausstellung im Musikinstrumenten-Museum des Staatlichen Instituts für Musikforschung Preußischer Kulturbesitz.* Berlin 2012, 108.

Abb. 2: Rolf Badenhausen (Hg.): *Die Bildbestände der Theatersammlung Louis Schneider im Museum der Preußischen Staatstheater Berlin. Systematischer Katalog.* Berlin 1938.

Abb. 3: Ruth Müller-Lindenberg (Hg.): *Friedrichs Montezuma. Macht und Sinne in der preußischen Hofoper (26.1.–24.6.2012). Publikation zur Sonderausstellung im Musikinstrumenten-Museum des Staatlichen Instituts für Musikforschung Preußischer Kulturbesitz.* Berlin 2012, 55.

Abb. 4: Carl Heinrich Graun: *Montezuma*, hg. von Albert Mayer-Reinach (Denkmäler deutscher Tonkunst 1, 15). Wiesbaden und Graz 1958, 187.

[39] Tagliazucchi: Au lecteur (Anm. 2), 4–5.

# Muslimische Helden: Die Kreuzzüge im Musiktheater

*Albert Gier*

Das Thema der Kreuzzüge gerät im frühneuzeitlichen Europa vor allem über die Rezeption der beiden großen Ritterromanzi aus Ferrara, von Ludovico Ariostos *Orlando furioso* (1516/1532) und Torquato Tassos *Gerusalemme liberata* (1581), ins Blickfeld – wobei die Geschichte vom Spanienfeldzug Karls des Großen, die dem *Orlando furioso* zugrunde liegt, die Thematik in zeitliche Ferne rückt und sagenhaft überhöht: Um 1100, also zur Zeit des Ersten Kreuzzugs, entstand die älteste, in der Handschrift der Bodleiana in Oxford überlieferte Fassung des altfranzösischen *Rolandlieds*.[1] In der Auseinandersetzung zwischen christlichen Franken und ‚Heiden', das heißt Muslimen, ergreift der anonyme Autor (wie kaum anders zu erwarten) dezidiert und einseitig Partei für die christliche Seite: „Païen unt tort e chrestïen unt dreit"[2].

Von dieser holzschnittartigen Sichtweise mag Torquato Tasso nicht allzu weit entfernt gewesen sein: Seine *Gerusalemme liberata* ist durchaus als Kreuzzugspropaganda, als Appell an die Zeitgenossen zu verstehen, es Gottfried von Bouillon und seinen Mitstreitern gleichzutun (zur Zeit der osmanischen Expansion im östlichen Mittelmeerraum unter Soliman II. [1520–1566] hatte das Thema neue Aktualität gewonnen). Ariost dagegen hat die versunkene Welt der Ritter aus ironischer Distanz behandelt. Die kriegerische Auseinandersetzung zwischen Christentum und Islam, Orient und Okzident (konkret: die Belagerung von Paris durch den nordafrikanischen Herrscher Agramante) bildet im *Orlando furioso* lediglich den Hintergrund einer bunten Reihe von Episoden um prominente (christliche wie muslimische) Kämpfer, die sich persönlichen Ruhm, und vor allem die Liebe einer Dame zu erwerben suchen.[3] Dabei richtet sich das Begehren der meisten Ritter auf Angelica, die wunderschöne Tochter des Königs von Catai (in China), die Matteo Maria Boiardo als Störfaktor und Unruhestifterin in seinen *Orlando innamorato* (1486) eingeführt hat, an den Ariost anschließt.

---

1 *La chanson de Roland*, hg. von Cesare Segre (Dokumenti di filologia; 16). Mailand [u.a.] 1971.

2 Ebd., V. 1015.

3 Vgl. zuletzt Paul Geyer: *Von Dante zu Ionesco. Literarische Geschichte des modernen Menschen*, Bd 1: *Dante, Petrarca, Boccaccio, Machiavelli, Ariost, Tasso*. Hildesheim [u.a.] 2013, 212–222, hier 215.

Gleich im ersten *Canto* des *Orlando furioso*[4] findet sich eine emblematische Szene:[5] Angelica, die Karl der Große in die Obhut eines älteren Herrn gegeben hat, damit sie seine Ritter nicht länger durcheinanderbringt, flieht zu Pferd und wird von Rinaldo verfolgt – zu Fuß, denn in einer Schlacht, welche die Christen verloren haben, ist ihm sein Pferd Baiart abhandengekommen. Der Sarazene Ferraù versucht unterdessen vergeblich, seinen Helm, der ihm in den Fluß gefallen ist, herauszuangeln; auf Angelicas Hilferufe hin attackiert er ihren Verfolger. Wie Rinaldo ist auch Ferraù verliebt in Angelica, die sich davonmacht, ohne das Ende des Kampfes abzuwarten. Der Franke gibt daraufhin seinem Gegner zu bedenken, dass unter diesen Umständen keiner von ihnen eine Chance hat, die Dame für sich zu gewinnen; es wäre besser, einen Waffenstillstand zu schließen, Angelica einzufangen und dann erst um sie zu kämpfen (ob das Objekt ihrer Begierde den einen, den anderen oder einen Dritten bevorzugt, scheint belanglos). Ferraù ist einverstanden, er lässt den fränkischen Fußgänger sogar mit auf seinem Pferd reiten. Der Erzähler kommentiert:

> Oh gran bontà de' cavallieri antiqui!
> Eran rivali, eran di fé diversi,
> E si sentian degli aspri colpi iniqui
> per tutta la persona anco dolersi;
> e pur per selve oscure e calli obliqui
> insieme van senza sospetto aversi. [6] (OF I, 22, V. 1–6)

Christliche wie muslimische Ritter sind bei Ariost Repräsentanten einer kulturübergreifenden Elite, die sich durch gemeinsame Wertvorstellungen und ein ähnliches Lebensgefühl miteinander verbunden weiß. Die Bewunderung des Erzählers wird freilich mehrfach ironisch gebrochen: Rinaldo, der Ritter ohne Ross, und der nach seinem Helm fischende Ferraù geben beide ein leicht groteskes Bild ab, das nicht unbedingt ihre Vortrefflichkeit (*bontà*) spiegelt. Auch die zwei Männer auf einem Pferd wirken ein bisschen lächerlich; und der Leser erinnert sich, dass Rinaldo („il buon figliol d'Amone" [OF I, 21, V. 6]) zu den Söhnen Haimons gehört, die alle vier bequem Platz auf dem Rücken Baiarts hatten.[7] Da der leider durchgegan-

---

4 Ludovico Ariosto: *Orlando furioso* [=OF], hg. von Cesare Segre (I Meridiani collezione). Mailand 2006.

5 OF I, 10–26.

6 „O Biederkeit der alten Rittersitten! | Die Nebenbuhler waren, die entzweit | Im Glauben waren, bittern Schmerz noch litten | Am ganzen Leib vom feindlich wilden Streit, | Frei von Verdacht und in Gemeinschaft ritten | Sie durch des krummen Pfades Dunkelheit." (Ariost: *Der rasende Roland*, 2 Bde., übers. von Johann Dietrich Gries (1804–1809). München 1980, Bd. 1, 10–11. It. *bontà* ist mit ‚Biederkeit' kaum angemessen wiedergegeben.)

7 Rinaldo ist der Renaut de Montauban der altfranzösischen *Chanson de geste* (*Renaut de Montauban* oder *Les Quatre Fils Aymon*, Ende 12. Jahrhundert); in Italien war der Stoff spätestens seit dem 15. Jahrhundert bekannt (*Innamoramento di Rinaldo da Monte-Albano*, gedruckt 1474). Nachdem der junge Ritter Renaut-Rinaldo von Karl dem Großen zum Tode verurteilt worden ist, weil er im Streit seinen Neffen erschlagen hat, flieht er mit seinen Brüdern auf Baiart in die Ardennen; vgl. Werner Wunderlich: Haimonskinder. In: Rolf

gen ist,[8] muss sich Rinaldo für einmal mit einem weniger prominenten Reittier begnügen. Und schließlich ist die Überlegung, die der Paladin anstellt – man muss den Bären (oder die Dame) erst erlegen, bevor man das Fell verteilen kann – kaum als besonders chevalersk zu bezeichnen.

Im *Orlando furioso* werden christlich-muslimische Liebesgeschichten als zumindest möglich dargestellt. So verliebt Rodomonte sich in Isabella und Angelica hat Dutzende fränkischer Verehrer. Im Zentrum stehen die Heldenjungfrau Bradamante, Rinaldos Schwester, und der Sarazenenkrieger Ruggiero, in denen Ariost wie Boiardo die Stammeltern des Hauses Este sieht, in dessen Auftrag der *Orlando innamorato* wie der *Furioso* entstanden. Freilich waren Ruggieros Vorfahren Christen,[9] und er selbst fühlt sich innerlich längst der Religion seiner Ahnen zugehörig[10] und wäre nicht nur um Bradamantes willen ohne Weiteres bereit zu konvertieren. Er zögert nur deshalb, weil sich das Kriegsglück unterdessen gegen Agramante gewendet hat: Seinen Herrn zu diesem Zeitpunkt im Stich zu lassen, wäre unedel.[11] Was das Verhältnis der Geschlechter betrifft, scheint es zwischen Christen und Nichtchristen kaum kulturelle Unterschiede zu geben: Angelica[12] manipuliert ihre fränkischen und sarazenischen Verehrer mit gleicher Virtuosität. Dass sie sich zuletzt in einen Muslim verliebt, scheint Zufall, es hätte ebensogut ein Christ sein können.

Das Frauenbild christlicher wie muslimischer Ritter scheint bei Ariost von einer merkwürdigen Ambivalenz geprägt: Einerseits ist die Dame die Gebieterin, deren Gunst sich der Mann durch Gehorsam und nie ermüdenden Einsatzwillen verdienen muss, andererseits wird sie als Beute betrachtet und, wenn sich die Gelegenheit bietet, auch behandelt[13] – genau das haben zum Beispiel Rinaldo und Ferraù im ersten *Canto* mit Angelica vor. Dass die Christen als potenzielle Vergewaltiger erscheinen, mochten Leser und Opernbesucher des 17. und 18. Jahrhunderts weniger erstaunlich finden als die Bereitschaft der Sarazenen, um Angelicas oder anderer Damen willen mühevolle und langwierige Abenteuer auf sich zu nehmen, denn die Vorstellung, die sich europäische Männer vom Verhältnis der Geschlechter in der islamischen Welt machen, scheint in jener Zeit maßgeblich von der so fremdartigen Einrichtung des Harems bestimmt: Reiche und mächtige Orientalen, so

Wilhelm Brednich (Hg.): *Enzyklopädie des Märchens. Handwörterbuch zur historischen und vergleichenden Erzählforschung*, Bd 6. Berlin und New York 1990, 385–396.

8 OF I, 12, V. 3.

9 Vgl. OF XXII, 35; XXXVI, 70–72 (Hector von Troja als Stammvater seiner Familie).

10 OF XXII, 35, V. 1/2; XXV, 89, V. 5/6.

11 Vgl. seinen Brief an Bradamante: OF XXV, 86–89.

12 Da sie aus Catai, also aus China stammt, dürfte sie weder Christin noch Muslimin sein. Ihre Religionszugehörigkeit wird weder bei Ariost noch bei Boiardo thematisiert; in der Auseinandersetzung zwischen Franken und Sarazenen steht sie auf der Seite dieser letzten (Boiardo zufolge wollten Angelica und ihr Bruder möglichst viele von Karls Rittern in eine Falle locken und gefangen nehmen, um die Kampfkraft der Franken zu schwächen).

13 Dazu Albert Gier: Ludovido Ariostos *Orlando furioso*: die Dichtung des Sowohl – Als auch. In: *Italienische Studien* 7, 1984, 5–21, hier 15–21.

denkt es sich etwa Montesquieu in den *Lettres persanes*[14] (1721), kaufen sich Frauen, die als willenlose Objekte einzig und allein dem Vergnügen ihres Besitzers zu dienen haben. Für das Publikum Vivaldis oder Händels war vermutlich ausgemacht, dass auch Ferraù, Sacripante oder Rodomonte einen Harem zu Hause hatten. Wenn sie dennoch ohne viel Aussicht auf Erfolg Angelica hinterherlaufen, statt sich daheim verwöhnen zu lassen, zeigt das, dass sie vorrangig dem durch die Romanliteratur vermittelten, konfessionsübergreifenden Klischee des fahrenden Ritters und erst in zweiter Linie zeittypischen Vorstellungen vom Lebensstil der orientalischen (muslimischen) Oberschicht entsprechen.

Allein die Opernadaptationen von Episoden des *Orlando furioso* bieten eine Fülle von für unsere Fragestellung relevanten Aspekten, die im Rahmen eines solchen Beitrags unmöglich vollständig behandelt werden können. Im Folgenden weise ich schlaglichtartig auf wenige repräsentative Tendenzen in den Ariost-Opern hin, gehe dann kontrastiv auf ein Beispiel für Tasso-Rezeption in der *Opera seria* ein und skizziere abschließend die Sicht der romantischen Oper auf die Kreuzzugsthematik.

Giulio Rospigliosi setzt im Libretto *Il palazzo incantato*[15], das er für Luigi Rossi schrieb (Rom 1642), Atlantes Zauberschloss in Szene, das mit Recht als *mise en abyme* von Ariosts Romanzo bezeichnet wurde:[16] Der Magier Atlante will verhindern, dass Ruggiero und Bradamante zusammenkommen, denn gemäß einer Prophezeiung soll Ruggiero bald nach ihrer Heirat den Tod finden. Er erschafft deshalb einen Palast, in dem Ritter durch ein Trugbild und eine Stimme festgehalten werden, in denen jeder die Geliebte zu erkennen glaubt;[17] Rospigliosi versammelt dort die Protagonisten bekannterer und weniger bekannter Episoden aus dem *Orlando furioso*, die über die Liebe und ihre Sehnsucht nach der geliebten Person räsonieren. Ruggiero und Bradamante sind die Protagonisten des einzigen durchgehenden Handlungsstrangs (Bradamante wird eifersüchtig, wenn sie Rugggiero mit Angelica sieht, erst im Schlussakt versöhnen sich die beiden), vielen anderen Figuren geben kurze Auftritte die Gelegenheit, ihre jeweilige Geschichte zu rekapitulieren. Sie alle scheinen die gleichen Wünsche und Nöte zu haben, unabhängig von ihrer Religionszugehörigkeit: Am Ende des I. Akts finden sich Christen (Bra-

---

14 [Charles-Louis Baron de] Montesquieu: *Lettres persanes* (Classiques Garnier), hg. von Paul Verrière. Paris 1971; vgl. die Briefe Nr. 2, Nr. 20 und vor allem die Brieffolge Nr. 147–161 zur Bestrafung der angeblich untreuen Frauen.

15 Text abrufbar unter http://www.librettidopera.it/palinc/palinc.html, 29. März 2016 [=PI]. Vgl. Volker Kapp: Das Barberini-Theater und die Bedeutung der römischen Kultur unter Urban VIII. Versuch einer literaturhistorischen Einordnung des Schaffens von Giulio Rospigliosi. In: *Literaturwissenschaftliches Jahrbuch, Neue Folge* 26, 1985, 75–100.

16 Vgl. Brigitte Burrichter: Der Zauberer und der Autor – Atlantes Zauberwelt als *mise en abyme* des *romanzo*. In: Cornelia Klettke und Georg Maag (Hg.): *Trugbildnerisches Labyrinth – Kaleidoskopartige Effekte. Neurezeptionen des Orlando furioso von Ariosto* (Horizonte; 9). Tübingen 2006, 17–26.

17 Vgl. OF XII, 1–22.

damante, Orlando, Fiordiligi) und Muslime (Ferraù, Mandricardo, Marfisa) zusammen in der Klage: „Oh, quanto è duro il non trovar, chi s'ama!" (PI I 15, S. 31) Im II. Akt sagt Atlante Angelica die Begegnung mit Medoro voraus, in den sie sich verlieben wird.[18] Ob der junge Mann Christ oder Muslim ist, erwähnt er nicht, und sie fragt auch nicht danach. Rospigliosis Personal bildet eine interreligiöse und interkulturelle Gemeinschaft von Liebenden – die kleine Minderheit der Verächter der Liebe besteht übrigens aus der Muslimin Marfisa[19] und dem christlichen Ritter Astolfo[20], das heißt, selbst hier herrscht Parität!

Von Atlantes Zauberschloss und von der Verbindung Bradamantes mit Ruggiero ist auch in Ortensio Mauros Drama *Orlando Generoso* für Agostino Steffani[21] (Hannover 1692) die Rede, im Zentrum stehen hier allerdings Angelica, Orlando und Medoro. Mauro – dadurch, so scheint es, unterscheidet sich sein Buch von allen anderen Opern nach Ariost – verlagert die Handlung nach Catai, in Angelicas Heimat: Die Prinzessin ist mit ihrem geliebten Medoro heimgekehrt, aber auch Orlando, Ruggiero und Bradamante haben den Weg in den Fernen Osten gefunden.

Ariost hat darauf verzichtet, Medoro mit Orlando zu konfrontieren: Nachdem Angelica den verwundeten Medoro gesund gepflegt hat, macht sich das glückliche Paar auf die Heimreise. Orlando findet ihr Liebesnest, erkennt, dass Angelica für ihn verloren ist, und verliert prompt den Verstand. Bei einer letzten, flüchtigen Begegnung erkennt er sie nicht mehr.[22] Der Leser erfährt auch nicht, wie sich die Beziehung zwischen Angelica und Medoro entwickelt: Die Prinzessin schließt natürlich eine Mesalliance, denn Ariosts Medoro ist zwar mutig und tapfer,[23] aber von niederer Herkunft.[24] Vermutlich wird sie befehlen, und er wird gehorchen, aber der Dichter sagt es uns nicht.

Ortensio Mauros Medoro dagegen unterwirft sich Angelica vollständig;[25] wenn die beiden in eine prekäre Lage geraten – nicht nur Orlando erhebt Anspruch auf Angelica, auch ihr eigener Vater verliebt sich in seine Tochter, die er nicht wieder-

18 PI II 10.

19 PI I 3.

20 PI II 13.

21 Ortensio Mauro: *Orlando Generoso* [=OG]. Drama per il Theatro d'Hannover MDCXCII [1692], http://diglib.hab.de/drucke/textb-320/start.htm, 29. März 2016. Vgl. auch Albert Gier: Damen, Ritter, Waffen und Liebe. Ariosts *Orlando furioso* auf der Opernbühne. In: *Händel-Jahrbuch* 57, 2011, 307–332, hier 327.

22 OF XXIX, 58–66: Den wahnsinnigen Orlando hat es nach Spanien verschlagen; an der Küste trifft er das Liebespaar, das im Begriff ist, sich nach China einzuschiffen. Obwohl er Angelica nicht erkennt, fühlt er Begehren und verfolgt sie; sie benutzt ihren Zauberring, um sich unsichtbar zu machen, und fällt vom Pferd, dessen sich Orlando bemächtigt. In den folgenden *Canti* ist von Angelica nicht mehr die Rede.

23 Er wagt (aus eigenem Antrieb) sein Leben, um seinen toten König angemessen zu begraben (OF XVIII, 167–XIX, 13), und wird dabei schwer verwundet.

24 OF XVIII, 165, V. 2.

25 Vgl. OG II 13, S. 76: „Ciò ch'à te piace, approvo, | Mi son legge sourana i tuoi uoleri."

erkennt[26] –, bleibt Medoro ganz passiv und überlässt es der Geliebten, einen Ausweg zu finden. Im Gegensatz zu allen anderen Figuren im Libretto[27] ist er nicht eifersüchtig, obwohl er am meisten Grund dazu hätte, und vertraut Angelica blind.[28]

Einerseits ist die Macht der Liebe universell, niemand, weder Christ noch Muslim, kann ihr widerstehen, so stellt es Atlante fest.[29] Andererseits gibt es sehr wohl Gradunterschiede: Angelica gesteht ein, dass sie „per un bel sembiante, il fasto mio, | La gloria, la fortuna, | La patria, e l' Genitor posi in oblio“ (OG III 10, S. 109), womit sich die Thronerbin[30] von Catai extrem verantwortungslos verhält. Orlando weiß, dass er in König Galafros Reich nichts zu suchen hat, eigentlich soll er im belagerten Paris an Karls Seite kämpfen,[31] aber die Liebe zu Angelica ist (noch) stärker als sein Pflichtgefühl. Zuletzt freilich wird Orlando seinen Egoismus überwinden, auf Angelica verzichten und seine Aufgabe als *miles christianus* erfüllen.

Im *Orlando furioso*, und auch in Ortensio Mauros Libretto,[32] ist Medoros Hilfsbedürftigkeit, die bei Angelica zuerst Mitleid, dann Liebe hervorruft,[33] eine Folge seiner Tapferkeit: Er hat gegen eine Übermacht gekämpft und ist verwundet worden. Andere Librettisten machen ihn zum Schwächling: In Grazio Bracciolis *Orlando* (1727, Musik Antonio Vivaldi[34]) vermag er sich im Kampf mit Ruggiero nicht zu behaupten, denn, so muss er sich von Angelica sagen lassen, seine Fähig-

26 Zweifel an seiner Aufrichtigkeit scheinen angebracht: Orlando weist ihn ausdrücklich darauf hin, dass er seine Tochter vor sich hat, aber Galafro glaubt ihm nicht (OG II 6); seine Aussage „Di così bel sembiante | Godo in cambio di Padre esser Amante“ (OG II 6, S. 62) klingt irritierend zweideutig.

27 Bradamante wird eifersüchtig, wenn sie Ruggiero mit Angelica sieht, die er vor Räubern gerettet hat (OG I 14), und macht ihm eine Szene (OG II 4); Orlando beobachtet Angelica und Medoro, die Eifersucht läßt ihn den Verstand verlieren (OG II 10); der Wahnsinnige hält Bradamante für Angelica und spricht zärtlich mit ihr (OG II 11), was Ruggiero, der von Orlandos Zustand noch nichts weiß, eifersüchtig macht (OG II 12); Galafro wird eifersüchtig, wenn er hört, Angelica sei „mit einem Krieger“ (Medoro) gesehen worden (OG III 5).

28 Vgl. OG II 9: „Pur che tu sia leale | Non mi curo di Rè ne di Riuale.“

29 OG II 20: „Così senza piazer uan tutti errando, | E tien ogn'un de la pazzia d'Orlando.“ Aus dem Zusammenhang wird klar, dass das Zauberschloss allegorisch als das erotische Begehren zu verstehen ist, dem niemand zu widerstehen vermag.

30 Ihr Bruder Argalia ist von Ferraguto (Ferraù) im Kampf getötet worden, wie Boiardo erzählt; es scheint nicht, dass der König noch weitere Kinder hat.

31 OG I 11, S. 34.

32 Vgl. Angelicas Erklärung (OG III 10): „Jo sprezzai mille Eroi, | Mà da la vista di guerrier piagato | Nel curar le sue piaghe | Restai ferita, e ne diuenni amante“.

33 Vgl. OF XIX, 20.

34 *Orlando* [=BO]. Dramma per musica, Da Rappresentarsi nel Teatro di Sant'Angelo L'autunno dell'anno 1727. In Venezia, 1727, Appresso Martino Rossetti in Merceria all'Insegna della Pace. Das Buch wurde erstmals 1713 (von Giovanni Alberti Ristori) vertont, ein erster *Orlando* Vivaldis wurde 1714 aufgeführt. Vgl. auch Albert Gier: Orlando geloso. Liebe und Eifersucht bei Ariost und in Grazio Bracciolis Libretto. In: Klaus Hortschansky (Hg.): *Opernheld und Opernheldin im 18. Jahrhundert. Aspekte der Librettoforschung. Ein Tagungsbericht* (Schriften zur Musikwissenschaft aus Münster; 1). Hamburg und Eisenach 1991, 5 –70, hier 69–70.

keiten liegen auf anderen Gebieten: „Schönheit und Liebe" sind seine Waffen, ein Schwert kann seine „weiche Hand" nicht führen.[35]

Bei Braccioli wie auch in anderen Libretti entspricht Medoro dem Klischee des verweichlichten Orientalen, und wird so gleichsam zum Antitypus Orlandos. Natürlich repräsentiert jener unkriegerische Medoro nicht die muslimische Streitmacht (und erst recht nicht das muslimische Rittertum, dem er gar nicht angehört): Sacripante, Mandricardo, Ferraù oder der schreckliche Rodomonte liefern hinreichende Beweise ihrer Tapferkeit.[36] Dennoch scheint der Gegensatz zwischen dem christlichen Helden und dem effeminierten Muslim in den Libretti signifikant.

Nach seinem *Orlando* schrieb Braccioli das Buch zu *Rodomonte sdegnato*, das Michelangelo Gasparini in Musik setzte (1714).[37] Die Geschichte spielt auf der „Insel der Mörderweiber",[38] in einem Amazonenstaat, der auch bei Ariost, allerdings in gänzlich anderem Zusammenhang, vorkommt.[39] Nach der Niederlage gegen Karl den Großen vor Paris hat sich Bracciolis Agramante mit seinen Getreuen auf diese Insel geflüchtet. Da sich die Damen wenig gastfreundlich zeig-

---

35 BO III 9: „Disdicono, mio Sposo | Alla molle tua destra | E al tenero tuo sen | Spada, e furore! | Son bellezza ed amore | L'armi tue, il tuo vigor".

36 In Nunziato Portas *dramma eroicomico Orlando Paladino*, das unter anderem von Joseph Haydn vertont wurde (1782; Text mit moderner deutscher Übersetzung: Joseph Haydn: Orlando paladino. Dramma eroicomico in tre atti. Ritter Roland. Heroisch-komische Oper in drei Akten, übers. von Roberto Scoccimarro. In: Innsbrucker Festwochen der Alten Musik GmbH [Hg.]: *Joseph Haydn. Orlando Paladino*. Innsbruck 2009, 108–243, http://www.altemusik.at/fileadmin/user_upload/02_Programm/Programmbuch_als_Download/Orlando_ALM09.pdf, 29. März 2016), treten der hasenherzige Medoro und der gewalttätige, prahlerische Rodomonte gemeinsam auf. Während dieser sich seiner Heldentaten rühmt (vgl. Arie Nr. 6: „Sono il re di Barbaria, | e il valor dell'alma mia | S'ode ovunque rimbombar. | Mostri orribili e giganti | Fatti ho a pezzi come offelle | più che in ciel non vi son stelle | O vi sono arene in mar"), verfällt Medoro in Schockstarre, sobald er von Orlandos Ankunft auf Alcinas Insel erfährt: Angelica beschwört ihn zu fliehen und sich zu verstecken, er aber kann sich nicht entschließen (Arie Nr. 13: „Parto. Ma, oh dio, non posso. | Resto. No, vil mi rendo."). Etwas später scheint er entschlossen, die Auseinandersetzung mit Orlando zu suchen, lässt sich aber von Angelica umstimmen. Zu Beginn des II. Akts hat er an einem menschenleeren Strand Zuflucht gesucht, aber der „einsame schreckliche Ort" („In questo solitario orrido luogo" [II 3, S. 169]) macht ihm auch wieder Angst.

37 *Rodomonte sdegnato* [=RS]. Dramma per Musica. Da Rappresentarsi nel Teatro di S. Angelo. Il Carnovale dell'Anno 1714. Del Dottor Grazio Braccioli [...] In Venezia, M.DCCXIV. Appresso Marino Rossetti. In Merzaria all'Insegna della Pace. – Ein Zweitdruck (Titelblatt identisch, bis auf den Zusatz „Seconda Impressione, con nuova Aggiunta") aus dem gleichen Jahr ist bis Szene II 16 mit der Erstfassung identisch; in der Schlussszene des II. Akts (II 17) beginnt Belisa nicht zu delirieren, wenn sie sich auf Alerias Thron setzt (wie im Erstdruck), sondern der Thron verwandelt sich in einen Strudel, der sie verschlingt. – Im III. Akt des Zweitdrucks treffen die Ritter auf eine Hirtengesellschaft, die mit Rundgesang und Pfänderspielen eine Hochzeit feiert. Nachdem Rodomonte Aleria überwunden hat, verliebt er sich in sie, beide werden ein Paar (III 7); Doralice entscheidet sich nicht selbst für Mandricardo, sondern sie bittet Amor um ein Orakel, das ihr jede Hoffnung auf Elbanios Liebe nimmt.

38 Vgl. Argomento, S. 7: „il Regno delle Donne Omicide"; vgl. OF XIX, 57, V. 2.

39 OF XIX, 43–XX, 96: Ein Sturm verschlägt Marfisa, Astolfo und mehrere andere Ritter auf die Insel, wo die Frauen Waffen tragen, während die Männer in Frauenkleidern gehen und Frauenarbeit verrichten; die Ritter können fliehen, nur Astolfo bleibt auf der Insel zurück.

ten, hat er ihre Hauptstadt belagert, zweifelt aber unterdessen am Erfolg des Unternehmens und ist zum Rückzug entschlossen. Die handelnden Figuren gehören fast ausschließlich Agramantes Heer oder Gefolge an. Die Mörderweiber sind nur durch ihre Königin Aleria vertreten, christliche Ritter sind gar nicht beteiligt.

Die Geschichte liest sich wie eine Illustration der Maxime des Grafen Bussy-Rabutin: „Quand on n'a pas ce que l'on aime, il faut aimer ce que l'on a“:[40] Rodomonte liebt Doralice, macht aber zuletzt[41] seiner Gegenspielerin Aleria einen Heiratsantrag. Diese wiederum fühlt sich gleich zu zwei Sarazenenrittern hingezogen, zu Armindo und zum hübschen Elbanio, der auch Doralice gefällt, aber leider – welche Verschwendung – nicht an der Liebe, sondern nur an Waffentaten interessiert ist, weshalb Doralice zuletzt Mandricardo nehmen muss. Einzig das Paar Armindo und Belisa steht von Anfang bis Ende treu zueinander.

Die von Rodomonte und Mandricardo umworbene Doralice erweist sich als oberflächlich und berechnend: Anfangs scheint sie geneigt, Mandricardo zu erhören, aber nur mangels besserer Alternativen.[42] Wenn der hübsche Elbanio auftaucht, ist sie tief beeindruckt.[43] Später erklärt sie ihren beiden Langzeit-Verehrern, sie dürften sich nicht wundern, wenn sie Elbanio vorzöge, schließlich sei er der attraktivste von ihnen dreien.[44] Dennoch erwartet sie, dass Mandricardo und Rodomonte ihrem Idol beistehen (um Freiheit für sich und seine Gefährten zu erringen, will Elbanio es mit zehn Gegnern[45] aufnehmen). Wer ihr diesen kleinen Gefallen tut, darf immerhin auf einen zärtlichen Blick und eine Liebkosung rechnen. Solche Koketterie passt weder zu den von Montesquieu beschriebenen Haremsdamen noch zu den Frauen in den Geschichten aus *Tausendundeine Nacht*, die Antoine Galland zwischen 1704 und 1717 in französischer Übersetzung publizierte.[46] Ähnliches könnte man eher bei zeitgenössischen Pariser *salonnières* finden.

Rodomonte ist nicht ohne Grund stolz auf seine Körperkraft und Geschicklichkeit im Umgang mit den Waffen (zu Beginn ist er ganz allein in die belagerte Stadt eingedrungen und hat dort offenbar viel Schaden angerichtet)[47]; sein finsterer

---

40 In einem Brief an Mme de Sévigné vom 23. Mai 1667, in: Madame de Sévigné: *Correspondance I (mars 1646 – juillet 1675)*, hg. von Roger Duchêne (Bibliothèque de la Pléiade). Paris 1972, 86. Der Herausgeber weist (928) den Prolog der Komödie *L'Inconnu* von Thomas Corneille (1675) als Quelle nach.

41 Nur im Zweitdruck des Librettos (Anm. 37).

42 „In penuria d'amanti“ (RS I 2).

43 „Oh questo è un volto | Che sollecita l'Alma“ (RS I 4).

44 „Non vi stupite; egli è più bel di voi“ (RS II 11).

45 Bei Ariost werden Fremde, die auf die Amazoneninsel kommen, gefangen genommen, es sei denn, einer von ihnen vermöchte zehn Männer im Kampf zu besiegen und im Bett zehn Mädchen zu befriedigen (die er anschließend heiraten muss, denn auf der Insel teilen sich jeweils zehn Frauen einen Mann). Bei Braccioli sind es zehn Statuen, die Aleria durch einen Zauber zum Leben erweckt.

46 Vgl. Heinz Grotzfeld: Antoine Galland. In: Rolf Wilhelm Brednich (Hg.): *Enzyklopädie des Märchens. Handwörterbuch der historischen und vergleichenden Erzählforschung*, Bd 5. Berlin und New York 1987, 660–662.

47 RS I 3.

Blick,[48] seine grobe Art zu reden[49] sind aber nicht dazu angetan, eine Frau für ihn einzunehmen. Er ist genügend von sich überzeugt um zuzustimmen, wenn Agramante vorschlägt, Doralice selbst solle ihren Gatten wählen.[50] Da sie sich für Mandricardo entscheidet, spuckt er allerdings Gift und Galle und fordert ihn zum Schwertkampf, was Agramante nicht zulässt.[51] Später, wenn sich zeigt, dass beide Rivalen gegen Elbanio keine Chance haben, verdammt Rodomonte die Frauen in Bausch und Bogen und will gar an Alerias Amazonen Rache nehmen,[52] die für Doralices Flatterhaftigkeit nun wirklich nichts können.

Rodomonte steht in der Tradition der hünenhaften, über gewaltige Körperkraft verfügenden ‚heidnischen' Kämpfer der mittelalterlichen Heldenepik, vom Fierabras der altfranzösischen *Chanson de geste* (12. Jahrhundert) über Rainouart[53] in der Wilhelmsgeste bis zu Luigi Pulcis *Morgante* (1478). Durch sein stark ausgeprägtes Selbstbewusstsein macht er sich nicht lächerlich, da er seinen Worten Taten folgen lässt; komisch ist (bei Ariost) allenfalls seine erfolglose Werbung um Doralice, und (in Bracciolis Libretto) die wütende Reaktion darauf. Obwohl die Figur kaum spezifisch muslimische Züge aufweist, scheint es bezeichnend, dass christliche Ausprägungen des durch Rodomonte verkörperten Typus in der mittelalterlichen und frühneuzeitlichen Tradition zu fehlen scheinen.

Während Ariost im Wesentlichen die kriegerischen, vor allem aber erotischen Abenteuer einer kultur- und religionsübergreifenden Oberschicht erzählt, wobei die Überlegenheit der christlichen gegenüber der muslimischen Religion als selbstverständlich vorausgesetzt, aber nur an wenigen Stellen thematisiert wird, stehen sich bei Tasso die Christen als Gottesstreiter und ihre muslimischen Gegner als Armee der Hölle gegenüber. Beim Teufelskonzil, das im vierten *Canto* (GL IV, 1–19) der *Gerusalemme liberata* geschildert wird,[54] fordert Plutone die Höllengeister auf, den Erfolg des Kreuzzugs mit allen Mitteln zu verhindern; gleich darauf wird erzählt, wie Idraote, der Fürst von Damaskus, seine Nichte Armida ins christliche Lager schickt, um dort Unruhe zu stiften,[55] zweifellos hat ihn ein Dämon auf diese Idee gebracht.

---

48 Vgl. Doralice: „Il fosco ciglio, e la sdegnosa voce | In donzella, Signore, | Son di spavento, e non cagion d'amore" (RS I 12).

49 Doralice: „Che rozi accenti" (RS II 2).

50 RS II 2.

51 RS II 3.

52 „Donne a regnar, donne dell'vom nimiche | Non soffre lo sdegnato Rodomonte" (RS II 12).

53 Rainouart ist in Frankreich aufgewachsen (als Küchenjunge im Palast Ludwigs des Frommen), erweist sich aber (in der *Chanson de geste Aliscans*, zweite Hälfte des 12. Jahrhunderts) zuletzt als Sohn des Sarazenenkönigs.

54 Torquato Tasso: *Gerusalemme liberata* [=GL], hg. von Lanfranco Caretti (I Meridiani Collezione). Mailand 2006.

55 GL IV, 20–26.

Muslime, die Tasso positiv zeichnet, haben stets irgendeine Affinität zum Christentum: Die Heldenjungfrau Clorinda ist Tochter christlicher Eltern,[56] die Sarazenenprinzessin Erminia liebt heimlich den christlichen Ritter Tancredi und entfernt sich deshalb innerlich von der Religion ihrer Väter. Selbst die teuflische Armida kann um den Preis ihrer Konversion[57] rehabilitiert werden.

Bis etwa zur Mitte des 18. Jahrhunderts orientierten sich Librettisten, die den Armida-Stoff behandeln, gewöhnlich an Tassos manichäistischem Religionsverständnis.[58] Besonders deutlich wird das in Giacomo Rossis (und Aaron Hills) *Rinaldo*-Libretto für Georg Friedrich Händel[59] (London 1711): Der christlichen Sphäre sind hier eine arkadische Natur und das Licht des Tages, Armida Monstren, Dämonen und das Dunkel der Nacht zugeordnet. Bei ihrem ersten Auftritt[60] erscheint die Zauberin auf einem von feuerspeienden Drachen gezogenen Wagen, als Eskorte wünscht sie sich „schreckliche Furien"; Rinaldos Verlobte Almirena treffen wir unmittelbar danach an einem „Lustort mit Quellen, Alleen und einer Voliere, in der die Vögel fliegen und singen".[61] Armida entführt sie mittels einer „schwarzen Wolke voll schrecklicher Monstren, die unter lautem Gebrüll Feuer und Rauch speien";[62] Almirena klagt später, sie sei „mit der Kraft des *Höllen*schlunds aus dem teuren *Himmel* ihres Glücks" gerissen worden.[63] Wenn Armida die Gestalt Almirenas annimmt, um Rinaldo zu verführen, erkennt er in ihr „die Hölle in der Maske des Paradieses".[64] Auch die Normsysteme und Verhaltensmuster der Christen sind denen der Muslime diametral entgegengesetzt: Zu Beginn scheint das Ziel, die Eroberung Jerusalems, zum Greifen nahe, und Rinaldo würde gern gleich Hochzeit

---

56 Sie ist die Tochter des äthiopischen Königspaars, vgl. GL XII, 21–25.

57 Zuletzt gibt sie sich ganz in die Hand Rinaldos (GL XX, 136, V. 7/8: „– Ecco l'ancilla tua; d'essa a tuo senno | dispon, – gli disse – e le fia legge il cenno."), der sie natürlich auffordern wird, sich taufen zu lassen.

58 In den Armida-Opern der zweiten Hälfte des 18. und des frühen 19. Jahrhunderts wird der Gegensatz von Himmel und Hölle zum Konflikt zwischen (aus der Rolle der Protagonisten in der Gesellschaft resultierender) Pflicht und individuellen Gefühlen; dazu Albert Gier: Ecco l'ancilla tua… Armida in der Oper zwischen Gluck und Rossini (mit einem Seitenblick auf Antonín Dvořák). In: Achim Aurnhammer (Hg.): *Torquato Tasso in Deutschland. Seine Wirkung in Literatur, Kunst und Musik seit der Mitte des 18. Jahrhunderts.* Berlin und New York 1995, 643–660. Zur Stoffgeschichte vgl. auch Jérôme Pesqué: Quatre siècles de livrets d'opéra en compagnie de Renaud et d'Armide. In: Danielle Buschinger (Hg.): *Quatre siècles de livret d'opéra. Actes du Colloque de Saint-Riquier (9–10 et 11 Octobre 2002).* Amiens 2004, 170–184.

59 Vgl. auch Klaus Pietschmann: Rinaldo (HWV 7a / b). In: Arnold Jacobshagen und Panja Mücke (Hg.): *Händels Opern* (Das Händel-Handbuch; 2), Teilbd. 2. Laaber 2009, 54–62.

60 *Rinaldo* [=RR]. Opera. Da rappresentarsi nel Reggio Teatro a Londra. Printed by Tho. Howlatt […] London MDCCXI. In: E. T. Harris (Hg.): *The Librettos of Handel's Operas*, Bd. 2. New York und London 1989, 1–75, hier I 5.

61 RR I 6, S. 24: „Luogo di Delizie con Fonti, Viali, ed Vccelliere, in cui Volano, e cantano gli Vccelli."

62 RR I 7, S. 28: „discende una Nube negra ripiena di Mostri horribili, che mandano fuori Fiamme, e fumo, con gran Muggiti".

63 RR II 4, S. 38: „Colla Forza d'Abisso | Rapirmi al caro Ciel de' miei Contenti!"

64 RR II 7, S. 36: „V' è l'Inferno con un vel di Paradiso."

machen, aber Goffredo verfügt: Erst die Arbeit, dann das Vergnügen, und Almirena stimmt zu.[65] Dagegen fordern die Sirenen als Sprachrohr der Sphäre Armidas die Liebenden auf, „den Mai ihrer jungen Jahre" der Liebe zu weihen und sich nicht durch „ein Trugbild der Ehre" davon abhalten zu lassen.[66] Während Almirena und Rinaldo einander selbstverständlich treu sind, würde Armidas Liebhaber Argante, der König von Jerusalem, die Zauberin nur allzu gern mit der hübschen Christin betrügen,[67] obwohl er vor der Eifersucht und „höllischen Wut" seiner Freundin einen Heidenrespekt – *c'est le cas de le dire* – hat;[68] dabei hätte Armida gar keinen Grund sich aufzuregen, ist sie doch selbst von dem hübschen Rinaldo fasziniert.

In Libretti der romantischen Zeit finden sich solche Symmetrien nicht mehr. Viele Texte handeln von christlich-muslimischen Familiengeschichten, und nicht immer sind die Christen die verständnisvolleren und barmherzigeren. Das gilt schon für Gaetano Rossis Buch zu Giacomo Meyerbeers *Crociato in Egitto*[69] (Venedig 1824): Eine Truppe des Johanniterordens wurde während des sechsten Kreuzzugs (1248–1254) in Ägypten fast vollständig aufgerieben; Armando, der einzige Überlebende, verwandelt sich in einen Ägypter, tritt unter dem Namen Elmireno in den Dienst des Sultans von Damiette und macht in den folgenden Jahren eine beachtliche militärische Karriere. Sein Onkel Adriano, der Großmeister des Ordens, und seine Verlobte Felicia halten ihn für tot. Armando verliebt sich in Palmide, die Tochter des Sultans (er erregt ihre Aufmerksamkeit, indem er „unter den Mauern ihres abgelegenen Harems"[70] eine Romanze singt). Seinetwegen wird sie Christin, die beiden heiraten heimlich und haben einen Sohn, der, wenn die Handlung der Oper einsetzt, vielleicht vier oder fünf Jahre alt ist.

Sultan Aladino schätzt ‚Elmireno' sehr und will ihm seine Tochter zur Frau geben,[71] ohne zu ahnen, dass die beiden – nach christlichem Ritus – längst verheiratet sind. Die Situation eskaliert, sobald Adriano zu Friedensverhandlungen nach Damiette kommt: Er erkennt Armando, schimpft ihn einen Verräter und will ihm nur verzeihen, wenn sein Neffe dem Sultan seine wahre Identität offenbart, zum Orden zurückkehrt und Felicia heiratet (obwohl diese mit Rücksicht auf Palmide

65 RR I 1.

66 RR II 3, S. 34: „Il vostro Maggio | De' bei verdi Anni | O cari Amanti | Sempre costanti | Sfiorate in Amor; | Nè un falso Raggio | D'Honor v'affanni, | Ch' e sol beato | Chi Amante amato | Possede un bel Cor."

67 RR II 4.

68 RR II 4: „Scopo saremo entrambi | D'Amor geloso, e d' infernal Furore."

69 Gaetano Rossi und Giacomo Meyerbeer: *Il crociato in Egitto* [=CE]. Melo-dramma eroico, Teatro La fenice. Venedig 1824, http://www.librettidopera.it/crociato/crociato.html, 29. März 2016.

70 CE I 12: „Sotto le mura | Del mio remoto harem".

71 Bei der Hochzeitszeremonie (die abgebrochen wird, weil Armando im Habit der Johanniter erscheint und sich zu erkennen gibt) wird der *Gran Profeta*, also Mohammed, als schützende Instanz angerufen.

und das Kind bereit wäre, auf ihren Verlobten zu verzichten). Aladino ist empört, dass man ihn derart hintergangen hat, und lässt Armando ins Gefängnis werfen. Er befiehlt sogar, das Kind, seinen Enkel, zu töten, ehe er sich von Palmide umstimmen lässt und verzeiht.

Adriano dagegen scheint unversöhnlich. Erst als er von Palmides Konversion erfährt, gibt er nach – unter der Bedingung, dass sie sich öffentlich zum Christentum bekennt und den Johannitern folgt. Auf den Einwand, sie könne ihren Vater nicht verlassen, antwortet er: „Il tuo Dio prima"[72], was nun allerdings recht fanatisch klingt. Mit dem Abfall seiner Tochter vom Glauben ihrer Väter kann Aladino sich aber nicht abfinden, eine bewaffnete Auseinandersetzung, die mit der Vernichtung der Christen enden müsste, scheint unvermeidlich.

Um dennoch ein glückliches Ende herbeizuführen, zitiert Rossi den Schluss von Pietro Metastasios *dramma per musica Ezio* (1728): Aladinos Großwesir Osmino hat eine Verschwörung angezettelt, um den Sultan zu stürzen (wie Metastasios Patrizier Massimo Kaiser Valentiniano beseitigen wollte), Armando rettet Aladino das Leben (wie der von Valentiniano zu Unrecht verdächtigte und eingekerkerte Feldherr Ezio seinem undankbaren Herrn im Augenblick der Gefahr beistand). Natürlich ist der Sultan daraufhin bereit zur Versöhnung, er stimmt der Verbindung von Palmide und Armando nachträglich zu, und mit den Johannitern wird er künftig in Frieden leben.

Unter den hier betrachteten Opern ist *Il crociato in Egitto* die erste, in der zumindest *en passant* von einem Harem die Rede ist; auch „der Prophet" wird einmal erwähnt.[73] So etwas wie Lokalkolorit ist damit zumindest angedeutet; die Libretti des frühen 18. Jahrhunderts hatten einen Bezug auf muslimische Institutionen und Lebensverhältnisse noch bewusst vermieden.[74]

Knapp zwanzig Jahre nach Giacomo Meyerbeers *Crociato* lässt Verdis Librettist Temistocle Solera in *I Lombardi alla prima crociata*[75] (Mailand 1843) Acciano, den Tyrannen von Antiochia, und seine Gefolgsleute den „allah terribile" anrufen, er möge vom Himmel herabsteigen, um die Kreuzritter, die als Vergewaltiger, Räuber und Mörder bezeichnet werden, zu bestrafen.[76] Andererseits beschimpfen die

---

72 CE II 14.

73 Siehe Anm. 71.

74 Bracciolis *Orlando finto pazzo*-Buch (für Vivaldi, 1714) rekurriert für den Zauber, den Ersilla (sie entspricht Boiardos Falerina, wie das Personenverzeichnis präzisiert) und Tigrinda ausführen, noch auf antike Vorstellungen: Der I. Akt spielt in einem Pluto und Demogorgon (einem Erdgeist) geweihten Tempel, in dem es Altäre für Hekate und Phlegethon gibt; Ersilla ruft den „hohen Herrn des Avernus" (Pluto) an, ein Schwert, das bei der Zeremonie Verwendung findet, ist „dem König der Styx" (Pluto) geweiht, et cetera; vgl. *Orlando finto pazzo*. Drama per musica da Rappresentarsi in S. Angelo l'Autunno 1714 del Dottor Grazio Braccioli [...] in Venetia per Marino Rossetti in Merceria alla Pace.

75 Temistocle Solera und Giuseppe Verdi: *I Lombardi alla prima crociata* [=LC], Dramma Lirico. Teatro alla Scala, Mailand 1843, http://www.librettidopera.it/lombacro/lombacro.html, 29. März 2016.

76 LC II 1.

Christen den „stolto allah", dem eine „heilige Stimme" das Ende seiner Tage ankündigt.[77]

Auch *I Lombardi* sind zunächst und vor allem eine Familiengeschichte: Pagano liebte Viclinda, sie aber hat sich für seinen Bruder Arvino entschieden. Der Verschmähte floh, nachdem er seinen glücklichen Rivalen niedergestochen hatte; Jahre später kehrt er aus dem Exil zurück, um seine Rache zu vollenden. Er will den Bruder töten, bemerkt aber nicht, dass nicht dieser, sondern ihrer beider Vater in Arvinos Zimmer schläft, und ermordet ihn. Um seine Schuld zu sühnen, zieht sich Pagano als Einsiedler nach Palästina zurück und findet in den Akten II bis IV mehrfach Gelegenheit, den Kreuzfahrern aus der Lombardei, die unter Arvinos Kommando stehen, nützlich zu sein, bis er beim Sturm auf die Mauern Jerusalems tödlich verwundet wird.

Der Tyrann Acciano hat nur einen kurzen Auftritt in der ersten Szene des II. Aktes, außer den Schmähreden gegen die Kreuzfahrer darf er kaum etwas singen oder sagen. Seine Frau Sofia ist längst heimlich zum Christentum konvertiert, ihrer beider Sohn ist ebenfalls bereit, diesen Schritt zu tun – vor allem einer christlichen Gefangenen wegen, die er liebt und die seine Gefühle erwidert;[78] es handelt sich um Arvinos Tochter Giselda, die von Accianos Leuten aus dem Lager der Christen entführt wurde. Arvino, Pagano und ihre Soldaten dringen in Accianos Harem ein, um Giselda zu befreien (hier ist vom Harem nicht nur die Rede, er wird sogar auf der Bühne gezeigt). Als die junge Frau hört, Acciano und Oronte seien beim Angriff auf den Palast ums Leben gekommen, verdammt sie in ihrem Schmerz über den Tod des Geliebten den Kreuzzug als „schändlichen Wahnsinn", die nur dazu diene, die Gier nach Gold zu befriedigen, und dem Willen Gottes zuwiderlaufe:

No! Giusta causa — non è iddio
La terra spargere — di sangue umano;
È turpe insania — non senso pio
Che all'oro destasi — del monsulmano!
Queste del cielo — non fur parole...
No, dio no'l vuole — no, dio no'l vuole![79] (LC II 9)

Diese Rede mochte noch in den Ohren mancher Zeitgenossen Giuseppe Verdis blasphemisch klingen. Arvino hätte seine Tochter dafür getötet, wenn Pagano ihn nicht zurückgehalten hätte.

Im III. Akt stellt sich heraus, dass Oronte nicht tot, aber lebensgefährlich verletzt ist; Giselda erkennt, dass er nicht überleben wird, und klagt den „grausamen Gott" an, der ihr schon die Mutter genommen hat und ihr jetzt die Liebe raubt,

---

77 LC II 5.

78 LC II 2.

79 „Nein! Es ist bei Gott keine gerechte Sache, die Erde mit menschlichem Blut zu tränken; es ist schändlicher Wahnsinn, nicht fromme Vernunft, der vom muslimischen Gold geweckt wird! Das waren nicht die Worte des Himmels ... Nein, Gott will es nicht, Gott will es nicht!" Der letzte Vers negiert expliziert den Schlachtruf der Kreuzritter: „Dieu le veut!".

die ihr einziger Tost war.[80] Pagano tadelt sie für diese blasphemischen Reden. Oronte stirbt, unmittelbar nachdem er aus Paganos Hand die Taufe empfangen hat; den Leib konnte der fromme Mann nicht retten, aber wenigstens für die Seele ist damit gesorgt. Im letzten Akt wird Giselda durch eine Vision, die ihr Oronte unter den seligen Geistern im Himmel zeigt, wunderbar getröstet.[81] Ob für den Zuschauer das verheißene Paradies – und die Schlußapotheose, das Bild der Stadt Jerusalem, über der die Fahnen der Kreuzritter wehen – oder Giseldas Anklagen gegen Gott und die Menschen schwerer wiegen, wird wesentlich von seinen eigenen religiösen Überzeugungen abhängen. Das *Lombardi*-Libretto scheint jedenfalls kaum geeignet, die Vorstellung vom Agnostiker oder Atheisten Verdi zu entkräften.[82]

Auffällig viele Krypto-Christen oder Beinahe-Christen finden sich unter den Muslimen der Kreuzzugsopern; Ruggiero bei Ariost, Clorinda bei Tasso, und in der Zeit der Romantik werden es noch mehr: Armando und Palmide in Meyerbeers *Crociato*, Sofia und Oronte in Verdis *Lombardi*. In der Frühen Neuzeit sind Ruggieros Herkunft (aus christlicher Familie) und seine Sympathie für die Religion seiner Ahnen natürlich ein Beweis für die Überlegenheit des Christentums über den Islam, der einen so vortrefflichen Ritter wie Ruggiero anscheinend nicht aus eigener Kraft hervorzubringen vermag. Im frühen 19. Jahrhundert, einer Zeit radikaler Veränderungen in Politik, Gesellschaft, Wirtschaft und Technik, die nicht wenige Menschen überfordert haben dürften, mag das Motiv noch eine andere Bedeutung haben: Der gläubige Christ Armando ist als Muslim ‚Elmireno' ebensowenig an seinem rechten Platz wie Verdis Manrico (*Il Trovatore*), der eigentlich Graf Luna ist, als Räuberhauptmann. Indem solche Plots die Malaise dieser Figuren fokussieren und damit ins Bewusstsein der Zuschauer heben, wird deren eigener Orientierungsverlust nicht kompensiert, aber vielleicht erträglicher gemacht.

Im 19. Jahrhundert, das zeigen Verdis *Lombardi* sehr deutlich, bietet die Kreuzzugsthematik auch Gelegenheit, zu aktuellen Problemen Stellung zu beziehen und etwa Kritik an religiösem Fanatismus, Kolonialismus oder Imperialismus zu üben. Dafür sei abschließend ein weiteres Zeugnis angeführt: Richard Wagner verfasste zwischen 1841 und 1843 den Libretto-Entwurf *Die Sarazenin*.[83] Hauptfigur ist Manfred, der illegitime Sohn Kaiser Friedrichs II., der seine Ansprüche auf die Krone nicht durchzusetzen vermochte und 1266 im Kampf gegen Karl von Anjou den Tod fand. Zu Beginn erinnert die ‚Prophetin' Fatima (die Titelheldin) an den

---

[80] LC III 6: „Tu la madre a me togliesti, | M'hai serbata a dì funesti… | Sol conforto è al pianto mio | Questo amore, e il togli a me… | Tu crudel…"

[81] LC IV 2.

[82] Vgl. auch Albert Gier: Leere Transzendenz in der säkularisierten Welt. Verdi, *Requiem*, *Stiffelio* – Wagner, *Jesus von Nazareth*, *Parsifal*. In: Norbert Abels (Hg.): *Verdi & Wagner. Folkwang Symposion 2013. 14 Beiträge zu ihrem 200. Geburtstag*. Frankfurt am Main 2014, 71–91.

[83] Richard Wagner: *Neue Text-Ausgabe chronologisch und vollständig*, hg. von Rüdiger Jacobs, Bd III. Halle und Frankfurt am Main 2013, 157–190 [=WS].

fünften Kreuzzug (1228–1229):[84] „Der Templer niedre Rotte" habe den Kaiser verraten und dem Sultan al-Kamil (ca. 1180–1238) ausliefern wollen, aber Zelima, „der Gläubigen Schönste", habe diesen dazu bewegen können, das Angebot nicht anzunehmen und Friedrich zu warnen. Die beiden Herrscher „schwuren ew'ge Freundschaft sich" (der historische Friedrich schloß mit al-Kamil einen Vertrag, der die Rückgabe von Jerusalem, Bethlehem und Nazareth an die Christen regelte), Zelima wurde Friedrichs Geliebte (wie sich am Ende herausstellt, ist Fatima ihrer beider Tochter). Wagner lässt die Utopie einer friedlichen Koexistenz der Religionen aufscheinen:

> Beglückt umarmte sich Christ und Muselmann. Denn er, der große Kaiser, war nicht Christ, nicht Muselmann, er war ein Gott, und als ein Gott verehrt lebt er noch heut im Morgenland. (WS, 159)

Musiktheater-Werke, die historische oder fiktionale Episoden aus der Chronik der Kreuzzüge zum Vorwurf nehmen, können entweder die Gemeinsamkeiten muslimischer und christlicher Ritter (so in den Opern nach Ariost) oder ihre radikale Verschiedenheit im Sinne eines Gegensatzes von Gut und Böse, Gott und Teufel oder Ähnlichem (in den Opern nach Tasso) behaupten; sie können einen nahezu zeit- und ortlosen Orient in Szene setzen wie im *Ancien Régime* oder Lokal- und Zeitkolorit zumindest andeuten wie in romantischer Zeit. Zudem können sie Bezüge zur Gegenwart herstellen, indem sie ihre Figuren (ironisch persiflierend wie in den Ariost-Opern) als Zeitgenossen porträtieren oder indem sie (wie bei Wagner und Verdi) eine für die eigene Zeit bedeutsame, allgemeine Aussage formulieren. Dem bunten Strauß von Möglichkeiten entspricht die Vielfalt musikalisch-dramatischer Erscheinungsformen, von denen im Rahmen dieses Beitrags nur wenige Beispiele präsentiert werden konnten.[85]

---

84 WS, 158–159.

85 Vgl. auch Albert Gier: „'Oh Richard ô mon roi'. Richard Löwenherz im Musiktheater". Erscheint in den Akten der Ringvorlesung „ Richard Löwenherz – ein europäischer Herrscher im Zeitalter der Konfrontation von Christentum und Islam", Universität Bamberg, Zentrum für Mittelalterstudien, Sommersemester 2016.

# Römische Helden aus der chinesischen Fremde: Paul Weidmanns ‚Originaltrauerspiel' *Usanquei, oder die Patrioten in Sina*

*Christoph Deupmann*

Auf einer horizontalen, räumlichen Achse der Alterität lag China vom europäischen Standpunkt aus gesehen die längste Zeit an einem äußerst weit entfernten Punkt. Zwar gab es am Ende des 12. bis zur Mitte des 13. Jahrhunderts christliche Missionen in Khanbalig (Peking) und im südchinesischen Zaytou (heute Quanzhou), seit der Rückkehr der Missionare 1338 erlosch jedoch der Kontakt zwischen dem mongolischen Kaiserreich und der römischen Kirche. Dokumentierte chinesisch-europäische Beziehungen gab es erst wieder zu Anfang des 16. Jahrhunderts, als portugiesische Seefahrer den Handelsweg nach Kanton bereisten. Dass Nachrichten aus China, dem „Endlose[n]", Europa bis dahin immer „viel zu spät" erreichten, also bei ihrem Eintreffen „längst veraltet" waren,[1] wie es in Franz Kafkas Erzählfragment *Beim Bau der chinesischen Mauer* (1917) heißt, wird durch die Anekdote exemplifiziert, der zufolge Christopher Kolumbus auf seiner Entdeckungsreise von 1492 ein Schreiben des spanischen Königs an den Großkhan von Katai mit sich führte, obwohl es dort seit über einem Jahrhundert gar keinen Großkhan mehr gab.[2]

Im 18. Jahrhundert hatte sich die Situation dagegen grundlegend geändert. Denn mit der jesuitischen Mission im 17. Jahrhundert hatte die „fruchtbarste Zeit der euro-chinesischen Beziehungen"[3] eingesetzt; von da an vermehrten Reiseberichte und historische Nachrichten die Kenntnisse über chinesische Wirtschaft, Kultur, Religiosität und Geschichte. Zudem war man in Europa auch ästhetisch und spirituell auf den ‚chinesischen Geschmack' (*goût chinois*) gekommen. Diese China-Mode manifestierte sich nicht nur in der Vorliebe für chinesisches Porzellan und Lackarbeiten, die ihren Weg in die europäischen Kunstkammern fanden, sondern auch im gelehrten Schrifttum, das – wie Philippe Couplets *Confucius Sinarum Philosophus* (1687) oder Gottfried Wilhelm Leibniz' *Novissima Sinica* (1697) – nicht zuletzt am Konfuzianismus Interesse zeigte. Aber auch auf europäische Bühnen fanden chinesische Schauplätze und Helden Eingang, wie Pietro Metastasios Libretto *L'Eroe Cinese* (1752) oder Voltaires Tragödie *L'Orphelin de la Chine*

---

1 Franz Kafka: Beim Bau der chinesischen Mauer. In: Franz Kafka: *Gesammelte Werke in zwölf Bänden*, hg. von Hans-Gerd Koch, Bd. 6: *Beim Bau der chinesischen Mauer und andere Schriften aus dem Nachlaß in der Fassung der Handschrift*. Frankfurt am Main 1994, 65–80, hier 71 beziehungsweise 74.

2 Adrian Hsia: *China-Bilder in der europäischen Literatur* (Saarbrücker Beiträge zur vergleichenden Literatur- und Kulturwissenschaft; 49). Würzburg 2010, 9.

3 Ebd., 11.

(1755) belegen.[4] Diese Vorliebe für ‚fremden' Helden begründet sich aus dem Distanzierungsprinzip der klassizistischen Tragödie: Wählt sie ihre Stoffe auch vorzugsweise aus der zeitlich entlegenen griechisch-römischen Antike, sind die Helden eines so weit entfernten Schauplatzes wie China schon durch die Fremdheit ihrer Kultur auf Abstand gebracht. Dass solche geografisch-kulturelle Entferntheit gegebenenfalls sogar einen geringen historischen Abstand auszugleichen vermag, hat etwa Jean Racine anlässlich seiner in Konstantinopel spielenden Zeitgeschichtstragödie *Bajazet* (1672) begründet:

> Les personnages tragiques doivent être regardés d'un autre œil que nous ne regardons d'ordinaire les personnages que nous avons vus de si près. On peut dire que le respect que l'on a pour les héros augmente à mesure qu'ils s'éloignent de nous: *major e longinquo reverentia*. L'éloignement des pays répare en quelque sorte la trop grande proximité des temps. Car le peuple ne met guère de différence entre ce qui est, si j'ose ainsi parler, à mille ans de lui, et ce qui en est à mille lieues.[5]

Räumliche (horizontale) und zeitliche (vertikale) Alterität sind demnach, was die Distanzierungswirkung angeht, austauschbar; die spezifische Perspektivik der Tragödie vergrößert den Helden in jedem Fall umso mehr, aus je größerer Ferne er auf die europäische Bühne geführt wird. Helden aus fremden Kulturen sind daher gewissermaßen antike Helden der Gegenwart: „On les regarde de bonne heure comme anciens."[6]

Das 1771 publizierte „Originaltrauerspiel" *Usanquei, oder die Patrioten in Sina* des inzwischen vergessenen, mit 76 Dramen jedoch überaus produktiven Wiener Hofbeamten, Dramatikers und Librettisten Paul Weidmann (1746–1810) reiht sich in die auf der deutschsprachigen Bühne freilich mehr über Übersetzungen hergestellte[7] China-Rezeption des 18. Jahrhunderts ein. Dass Weidmann nicht zu den kanonischen Autoren der deutschsprachigen Dramenliteratur zählt, lässt sich bereits an seiner zeitgenössischen Beurteilung in Johann Christoph Friedrich Schulz' humoristisch-wertungsfreudigem *Almanach der Bellettristen und Bellettristinnen für's Jahr 1782* ablesen: „Ein Allerweltsschmierer! War vor einiger Zeit noch Schauspieler in Wien [...]. Wir haben unter andern eine Originalschaubühne (drei Bände enthaltend 10 Stük) von ihm, die leicht das fadeste, elendeste, unverdauteste Zeug enthalten mag, das je auf die Bühne gebracht worden!"[8] Das scharfe Urteil begründet sich offenbar dadurch, dass Weidmann zu den späten Vertretern des klassi-

---

[4] Ebd., 29.

[5] Jean Racine: Bajazet. In: Jean Racine: *Œuvres complètes*, Bd. 1: *Theâtre – Poésies*, annotiert und kommentiert von Raymond Picard. Paris 1950, 521–592, hier 530–531.

[6] Ebd., 531.

[7] Vgl. Voltaire: *Der Waise in China. Ein Trauerspiel von fünf Aufzügen*, übers. von Ludwig Korn. Wien 1763.

[8] Friedrich Schulz: Weidmann. In: Friedrich Schulz: *Almanach der Bellettristen und Bellettristinnen für's Jahr 1782*. Hannover 2005, 205. In einem Jahreskalender steht außerdem der Name Weidmann neben dem Datum vom „28. Montag" des „Wintermond[s]" (Januar) mit dem Wetterkommentar: „– Regen – Kot – daß man stekken bleibt!" Die Zuschreibung des Schauspielerberufs beruht auf einer Verwechslung Paul Weidmanns mit seinem Bruder Joseph.

zistischen Dramas, also zu den Adepten Johann Christoph Gottscheds zählt, dessen Nachahmer, Schulz zufolge, allesamt „jämmerlich auf die Nase" gefallen seien und „Püffe links und rechts" hätten einstecken müssen.[9] Diese negative Einschätzung wird von der Literaturgeschichtsschreibung des 19. Jahrhunderts übernommen: Noch Karl Goedekes *Grundriß zur Geschichte der deutschen Dichtung* (1857–1881) nennt Weidmann „[e]ine[n] der oberflächlichsten Vielschreiber; arm an Erfindung, ohne örtliche Färbung".[10] Dass Weidmanns Alexandrinertragödien in der zweiten Hälfte des 18. Jahrhunderts etwa gegenüber dem bürgerlichem Trauerspiel Lessings nicht das literaturgeschichtlich erfolgreiche Paradigma repräsentieren, macht das absprechende Urteil im Sinne einer Literaturgeschichtsschreibung verständlich, die es eher mit den ‚Siegern' hält.[11] Die Kritik an der mangelnden „örtliche[n] Färbung" trifft aber besonders die zu Beginn der 1770er Jahre veröffentlichten Dramen Weidmanns, die ‚fremde' Helden auf die deutschsprachige Bühne bringen:[12] *Usanquei* (1771), *Pizarro, oder die Amerikaner* (1772), das an Voltaires religionskritische Tragödie *Mahomed* (1741) angelehnte „Originaltrauerspiel" *Mostadhem, oder der Fanatismus* (1772) sowie *Hababach, oder die Eifersucht im Serail* (ebenfalls 1772). Es drängt sich daher die Frage auf: Wie fremd sind Weidmanns ‚fremde' Helden wirklich?

## 1.

Der Stoff zu Weidmanns *Usanquei* ließ sich etwa in Antonio Forestis *Der Historischen Welt-Carten* (1722) nachlesen, wo im Kapitel über „[d]ie Leben der Kaysern in China" von einer Rebellion unter ihrem mächtigsten Anführer Ly in den Jahren 1638 bis 1644 berichtet wird. Der Erfolg der Rebellion wird bei Foresti mit einem entschlussunfähigen Hof in Peking in Verbindung gebracht, dessen ‚Räte' auf die baldige Selbsterledigung der Aufständischen setzten und vor allem eigennützige Ziele verfolgten. Nach den Eroberungen der Königreiche Honan und Xansi sei der Rebellenführer Ly aber „also stoltz und aufgeblasen [geworden], daß er aus einem Heer-Führer der Räuber sich des Tituls eines Kaysers anmassete" und die Hauptstadt Peking belagerte.[13] Vom legitimen Kaiser Hoaicumus entmachtete

9 Vgl. Friedrich Schulz: Gottsched. In: Friedrich Schulz: *Almanach der Bellettristen und Bellettristinnen für's Jahr 1782*. Hannover 2005, 67–73, hier 68. Gottsched selbst hält Schulz für „beinahe vergessen": „Seine Poetik, Lustspiele und übrigen Werke lies't kein Mensch mehr." (73)

10 Karl Goedeke: *Grundriss zur Geschichte der deutschen Dichtung aus den Quellen*, Bd. 5: *Vom siebenjaehrigen bis zum Weltkriege*. Dresden [2]1893, 313–315, hier 313.

11 Zur Kritik dieser Auffassung von Literaturgeschichte vgl. bereits Karl Eibl: Bürgerliches Trauerspiel. In: Hans-Friedrich Wessels (Hg.): *Aufklärung. Ein literaturwissenschaftliches Studienbuch*. Königstein 1984, 66–87, hier 81.

12 Vgl. in diesem Zusammenhang auch Paul Weidmann: *Soliman vor Wien. Ein Originaltrauerspiel von fünf Aufzügen*. Wien 1775.

13 Antonio Foresti: *Historische Welt-Cart*, Bd. 6: *Die Leben der Mahometanischen Califen, wie auch der Ottomanischen und Chinesischen Kaysern*. Augsburg 1722, 690.

Höflinge öffneten aus Rache die Tore der Residenz, in die Ly mit einem Heer von dreihunderttausend Mann einziehen konnte. Als der Kaiser sich auch von vielen der ihm zur Verfügung stehenden sechshundert Soldaten verlassen sah, mit denen er „rühmlich unter denen Feinden zu sterben" beabsichtigte, schrieb er in der Not der Verfolgung, zurückgezogen in den „Hof-Garten", „auf den Saum seines Talars" sein politisches Testament:

> Die Meinige haben mich verlassen, anjetzo mache mit mir, mein Feind, was Dir gefällig ist, schone aber meines Volcks, und beleydige dasselbe nicht. Hierauf ergriffe er einen Dolchen, und wolte seine erwachsene Tochter tödten, damit sie nicht diesen rebellischen Raubern in die Händ gerathen möchte, es wiche aber dieselbe dem Stoß aus, und wurde nur in dem Armb verwundet, worüber sie in eine Ohnmacht fiele. Zuletzt legte er sich aus Verzweifflung die Kayserliche Leib-Binde um den Halß, und erhenckte sich in dem sechs und dreyssigsten Jahr seines Alters.[14]

Ly verspottete noch den Leichnam des Kaisers, nachdem er den Kaiserthron in Besitz genommen hat. – Die historische Katastrophe sieht Foresti als Bestätigung des „Spruch[s] der Weisheit": „Daß ein jeder Mensch mit eben denjenigen Waffen gestraffet wird, mit welchen er gesündiget hat."[15] Beim Feldzug gegen den kommandierenden General Usanquei bei Leaotum, der „das Kriegs-Wesen wohl verstunde" und mit seinem siebzigtausend Mann starken kaiserlichen Heer „am meisten zu fürchten ware", griff Ly zu einer List: Er ließ

> den Vatter des Usanquei an die Stadt-Mauren führen, mit Bedrohung, daß er denselben, wofern er ihme die Stadt nicht übergeben würde, mit einem schmerzlichen Todt wollte hinrichten lassen. Usanquei ware auf diesen Anblick eben so standhafftig, als er vorhero gewesen ware, und bate auf der Maur mit gebogenen Knyen den Vatter um Verzeyhung, mit diesen Worten: daß er dem Vatterland und seinem Fürsten mehr als ihm verpflichtet wäre, dahero er bey diesen Umständen der Zeit für besser hielte, zu sterben, als einem Tyrannischen Rauber zu dienen. Der Vatter konte nicht weniger, als diese Großmüthigkeit des Sohns zu loben [...].[16]

Usanquei verbündete sich mit den „Tartarn", mit denen er bis dahin im Krieg gelegen hatte, durch Zusagen und Geschenke, so dass sein Heer nun sechzigtausend Mann Verstärkung erhielt, und schlug Ly in die Flucht. Als Ly sich mit seinen geraubten Schätzen absetzen wollte, wurde er von den eigenen Soldaten getötet. Usanquei aber hatte die Rechnung ohne die Verbündeten gemacht: Die Tataren kamen „ehender, als er es gern sahe", um ihren Lohn einzufordern, so dass sich der Heerführer in die „mittägige[n] Königreiche" zurückzog und „den Uberrest seiner Tagen mit der unauslöschlichen Mackel zuzubringen [hatte], daß er durch seine Unbeachtsamkeit [sic.] ein Verräther seiner eigenen Natian [sic.] und durch die Ursach des Glücks der Tartarn gewesen seye."[17]

---

14 Ebd., 691.
15 Ebd.
16 Ebd., 692.
17 Ebd.

Kein Zweifel, dass der politische Stoff aus der chinesischen Geschichte des 17. Jahrhunderts eine ideale Vorlage für ein heroisches Drama liefert, sofern der ethisch schwerwiegende Makel vom Helden genommen wird, das chinesische Reich trotz des erfochtenen Sieges letztlich seinen Feinden ausgeliefert zu haben. Weidmanns Trauerspiel spart daher das unrühmliche Ende Usanqueis aus und lässt es mit dem Triumph über den Usurpator im Bündnis mit den unverhofft eintreffenden Tataren schließen, was in der Folge freilich das Tragödienschema durchkreuzt: Der Held rettet nicht nur seinen Vater, sondern erhält auch die Hand der kaiserlichen Tochter zum Preis für seinen Heldenmut. Auf die *hamartia*, den moralisch geringfügigen Fehler des Helden, kann das Trauerspiel daher verzichten.[18] Tragödienkonform beschönigt hat Weidmann auch die Rolle des der zitierten Geschichtsquelle zufolge eher schwachen Kaisers Zunchin, der, wie die Exposition mitteilt, nicht von eigener Hand, sondern durch die Hand des Usurpators Ly stirbt.

Im Ganzen genügt das Drama dem Distanzierungspostulat des klassizistischen Trauerspiels gleich doppelt, indem es einen aus europäischer Sicht *prima facie* ‚fremden', chinesischen Stoff adaptiert, der zeitlich bereits durch immerhin mehr als ein Jahrhundert der Gegenwart entrückt ist. Statt mit dem Untergang des Helden endigt *Usanquei* jedoch mit dem Triumph der politischen wie der poetischen Gerechtigkeit:

> O jauchze Vaterland! O jauchzt geliebte Brüder!
> Heut kehrt der sanfte Fried in unsre Staaten wieder;
> Die Tugend ist belohnt; sie schwimmt in Freud und Glücke!
> Das Laster ist bestraft, und läßt nur Schaur zurücke. (V 5, 71) [19]

Dass Weidmann das Schauspiel dennoch als „Originaltrauerspiel" bezeichnet hat, rechtfertigt sich durch die ernste, staatspolitische Handlung, deren *potenzielle* Tragik – der bis in den V. Akt drohende Untergang der heroischen Figuren Usanquei, Us und Zuckia – die eigentlich untragische Schlussgebung überwiegt. Im Übrigen aber entspricht es ganz dem Schema der klassizistischen, von Gottsched in der deutschen Dichtung des 18. Jahrhunderts etablierten „Dramaturgie der Bewunderung":[20] Von der Ständeklausel – nur der Usurpator Ly wird als „entlaufener Sklav" (I 1, 5) sozial diskreditiert – über den fünfaktigen Aufbau, den prägnanten, nicht-manieristischen Hochstil der paar-gereimten Alexandriner bis hin zur strikten Beachtung der aristotelischen Einheiten von Zeit, Ort und Handlung

---

18 Vgl. dazu Johann Christoph Gottsched: Versuch einer Critischen Dichtkunst. Anderer besonderer Theil. In: Johann Christoph Gottsched: *Ausgewählte Werke*, hg. von Joachim Birke und Phillip Mitchell, Bd. VI, 2. Berlin und New York 1973, 312–314 (X. Capitel: Von Tragödien oder Trauerspielen, § 5 und 6).

19 Paul Weidmann: *Usanquei, oder die Patrioten in Sina. Ein deutsches Originaltrauerspiel in Versen von fünf Aufzügen.* Wien 1771, I 1, 5. Alle Zitate aus Weidmanns *Usanquei* werden im Folgenden mit Angabe von Akt, Szene und Seite belegt.

20 Vgl. Albert Meier: *Dramaturgie der Bewunderung. Untersuchungen zur politisch-klassizistischen Tragödie des 18. Jahrhunderts* (Das Abendland, N.F.; 23). Frankfurt am Main 1993.

genügt es den Forderungen der Gottschedschen Tragödienpoetik,[21] zu denen sich Weidmann auch explizit bekannt hat.[22] Die an verschiedenen Orten Chinas stattfindende kriegerische Handlung wird ganz auf den Schauplatz des „Kaiserlichen Pallast[es]" in Peking konzentriert ([2]); die Kampfhandlungen, die den finalen Triumph der gerechten Partei herbeiführen, werden dagegen meist durch Botenberichte vermittelt, Ly jedoch in senecaischer Trauerspieltradition durch Usanqueis Mitstreiter Jevam auf offener Bühne erdolcht (V 4, 67). Auch wenn es keine Angaben über den Zeitumfang gibt, impliziert die *liaison des scènes* eine enge zeitliche Begrenzung. Weidmanns Drama macht zudem im Sinne aufklärerischer Nützlichkeit die chinesische Geschichte zum Katheder allgemeingültiger moraldidaktischer Einsichten, indem es bereits auf dem Titelblatt den (fälschlich Seneca zugeschriebenen,[23] aber nichtsdestoweniger mit altabendländischer Autorität versehenen) „Lehrsatz"[24] plaziert, dem zufolge politische Hybris sich selbst bestraft: „Iratus ad poenam Deus si quos trahit | Auferre mentem prius solet iis | Suas ut in Clades velut cæci ruant."[25] Dieselbe moralische „Lehre" zieht der Heldenvater Us unmittelbar aus dem Geschehen am triumphalen Schluss, indem er die *allegorische* Funktion der Fabel[26] aus der chinesischen Historie unterstreicht:

Tyrannen siegen nur, bis sie zur Strafe reifen,
Dann pfleget sie der Zorn der Allmacht zu ergreifen;
Wenn sie in ihrem Stolz schon zu den Sternen klettern;
So stürzt ein Blitz herab die Frevler zu zerschmettern! (V 5, 71)

Der Dramenschluss lenkt den fremden Stoff also in eine universal gültige Moral, von der den Zuschauer oder Leser am Ende kein kultureller Abstand mehr trennt.

## 2.

Die Dramenhandlung ist mit „Glückswechsel", Verkleidung, Täuschung und unverhofftem Wiedersehen ein Musterbeispiel für das, was Gottsched unter einer „verworrenen" Handlung versteht (und in seinem ersten „Originaltrauerspiel" *Der Sterbende Cato* selbst verwirklicht hat).[27] Gelangt Usanquei schon unerkannt als Gesandter seines Heeres in den Kaiserpalast zur Unterredung mit Ly, tauscht er in der Schlacht am Ende noch einmal die Rolle mit einem Vertrauten, um seinen

21 Vgl. Gottsched: Versuch einer Critischen Dichtkunst (Anm. 18), 309–335.

22 Vgl. William Kirk: *Die Entwicklung des Hochstildramas in Österreich von Metastasio bis Collin.* Wien 1978.

23 Tatsächlich entstammt das von Weidmann mit „Senec." ausgewiesene Zitat einer lateinischen Übersetzung von Lycurgus' *Oratio in Leocratem.*

24 Gottsched: Versuch einer Critischen Dichtkunst (Anm. 18), 317 (§ 11).

25 ‚Wenn der zornige Gott welche der Strafe zuführt, pflegt er ihnen zuvor den Verstand zu rauben, damit sie wie Blinde in ihr Unheil stürzen.'

26 Vgl. Heide Hollmer: *Anmut und Nutzen. Die Originaltrauerspiele in Gottscheds ‚Deutscher Schaubühne'* (Theatron; 10). Tübingen 1994, 79.

27 Gottsched: Versuch einer Critischen Dichtkunst (Anm. 18), 322 (§ 19).

Tod zu inszenieren und damit Ly aus seiner vorteilhaften Stellung hervorzulocken. Die fingierte Todesnachricht treibt seinen Vater und die ihm verlobte Kaisertochter Zuckia an den Rand des Suizids, den letztere schon der Exposition zufolge angesichts der Ermordung ihres Vaters und der verheerten Hauptstadt zu vollziehen versucht hat (I 1, 7). In letzter Minute erreicht der Held jedoch unversehrt den Palast, so dass der erneute, unverhoffte Glückswechsel desto leidenschaftlicher ausfällt: „ALLE SCHREYEN. Usanquei! – *Us und Zuckia stürzen sich in seine Arme, und rufen beide in einer Art von Trunkenheit.* Mein Erretter!“ (V 5, 68)

Die kathartische[28] Wirkung des Stücks wird durch eine motivische Verkomplikation des Stoffes unterstützt: Indem der Usurpator Ly Vater und Verlobte des Helden Usanquei in Geiselhaft nimmt, stellt er diesen in den Konflikt zwischen Liebe und patriotischer Pflicht. Ly bietet dem Heerführer Freundschaft, Beteiligung an der Macht und das Leben der Gefangenen an, schließlich sogar die Billigung seiner Heirat mit Zuckia, die er zunächst selbst zu heiraten beabsichtigt hat. Usanquei kann nicht das Leben des gefangenen Vaters „ums Wohl des Staats erkaufen“, aber auch nicht „für ihn in offnem Felde raufen, | sonst übt der Bösewicht an ihm die schwärzste Rache!“ (III 6, 40) Die Last, zwischen Vaterland, Freundschaft und Liebe wählen zu müssen, spitzt sich zu einer Bewährungsprobe stoisch-politischer Pflichterfüllung zu: „Wie ist mein Herz getheilt! O Pflichten, schwere Pflichten!“ (III 8, 43) Da jedoch ein mit dem eigenen Blut geschriebenes Testament des ermordeten Kaisers ihn zur Rache am Usurpator verpflichtet – „Usanquei, räche mich, mein Volk hat mich verrathen; | Ich sterbe!“ (IV 1, 46) – und Zuckia zudem nach inneren Kämpfen ihre Liebe als Preis für die Erfüllung dieses Auftrags aussetzt, entscheidet sich Usanquei für die patriotische Pflicht: „Der Schluß ist schon gefaßt, mein König hat gesprochen!“ (IV 1, 47)

Der Konflikt wiederholt sich auf Seiten Us' und Zuckias: Während der hohe Richter Us noch die private Bindung zugunsten der Staatloyalität eindeutig zurückzustellen vermag, so dass auch der Paratext seine „Standhaftigkeit“ explizit hervorhebt,[29] weiß die Kaisertochter zwischen „Pflichten“ und „Menschlichkeit“ (V 2, 61) schwerer zu wählen. Ihre emotionale Bewegtheit bildet das Zentrum der Emotionalisierungsstrategie des Dramas; Zuckia ist weit weniger stoische Heldin als Us, vielmehr Liebende und (zumindest in ihrer Tyrannenmordfantasie) leidenschaftliche ‚Rächerin‘ des getöteten Vaters und des Staates. Sie scheut nicht einmal davor zurück, dem Tyrannen im Fall der Zwangsverheiratung „[a]m heil'gen Altar“ die Brust zu „durchstossen“ (III 6, 41): „Mit Wollust will ich sehn, die schwarzen

---

28 Zur Katharsis-Theorie der „Originaltrauerspiele“ vgl. Hollmer: *Anmut und Nutzen* (Anm. 26), 79–88.

29 „*(Er drückt Zuckia die Hand, und sagt mit Standhaftigkeit.)* | Die Rach' laß ich zum Erbe meinem Sohne!“ (II 4, 26) Vgl. auch Us' Selbstbeschreibung gegenüber seinem Sohn Usanquei: „die Mittel sind unsäglich, | Wodurch er mich versucht, doch ich blieb unbeweglich!“ (IV 1, 44). Dieselbe stoische Haltung wird auch dem Kaiser Zunchin zugeschrieben: „Wohlan, so laßt uns denn allein im Streit erblassen! | Rief Zunchin unbewegt“ (IV 1, 46).

Säfte rauchen; | Die lasterhafte Seel aus diesem Körper hauchen!" (III 1, 32) Die unangefochtene Hintansetzung der persönlichen Beziehungen durch Us ist als Appell des politischen Dramas an die Zuschauer und Leser qua Staatsbürger zu verstehen, die Loyalität gegenüber dem „Wohl des Staats" (III 4, 35) allen privaten Neigungen voranzustellen, aber die affektintensive Darstellung zielt auf mehr: auf Mitleid, Schrecken und Bewunderung. Weidmanns Drama erweist sich damit als exemplarischer Text nicht so sehr des klassizistischen Tragödienparadigmas schlechthin, sondern jener Mischformen von poetischem Rationalismus und Emotionalismus, welche die Dramenproduktion zwischen Klassizismus und Empfindsamkeit insgesamt gekennzeichnet hat.[30]

Im Blick auf die dem Heldenschema zugeordneten Figuren setzt das Drama auf eine Empathie, welche die Zuschauer oder Leser am Beispiel der ‚fremden' Figuren kulturell unspezifische emotionale Dilemmata intensiv nachempfinden lässt. Die Dramenhandlung steigert den Konflikt zwischen menschlichen und staatspolitischen Pflichten beziehungsweise privaten Bindungen jedoch nicht zur Aporie, sondern löst den Konflikt dadurch auf, dass die vom Usurpator Ly angebotene Alternative sich als taktische Täuschung erweist. Mithin hat die dem Helden eröffnete Option, Vater und Verlobte durch Einwilligung in die Machtbeteiligung zu retten, nie wirklich bestanden. Usanqueis Entscheidung für das Vaterland und gegen „Freundschaft und [...] Liebe" (III 8, 43) erweist sich angesichts dieser uneigentlichen Wahl als einzig angemessene Entscheidung und kommt der Bewunderungswürdigkeit des fehlerlosen Helden zugute. Dieses Heldenschema, das auch auf der Textoberfläche immer wieder durch unrechtmäßige Ansprüche Lys und positive Zuschreibung an Usanquei thematisch sowie der Erprobung ausgesetzt wird („Itzt schweigt der Held, itzt siehst du nur den Menschen beben!" [IV 2, 49]), wird am Ende in sein Recht eingesetzt. Nicht durch einen Fehler (wie in Gottscheds *Sterbendem Cato*) wird der chinesische Held dem Publikum nähergebracht,[31] sondern durch einen affektintensiven Konflikt, der letztlich nur im Einklang mit der Norm stoischer Beständigkeit gelöst werden kann.

## 3.

Auf der Oberfläche des (Lese-)Dramas wird die Fremdheit des Stoffes vor allem durch ‚gelehrte' Anmerkungen markiert, die fremdsprachige Bezeichnungen und Gegebenheiten der chinesischen Gesellschaftsordnung und Religion erklären: Von der Hauptstadt „Cambalu oder Peking" (I 1, 6) über die Gottheit Xangti als „das höchste Wesen, welches die Sekte der Philosophen in Sina anbetet" (I 1, 7)[32] – ge-

---

30 Vgl. dazu Meier: *Dramaturgie der Bewunderung* (Anm. 20), 33 u.ö.

31 Vgl. ebd., 111.

32 Vgl. dazu den Eintrag in Johann Heinrich Zedler: *Grosse vollständige Universal-Lexicon Aller Wissenschafften und Künste*, Bd. 60. Halle und Leipzig 1749, Sp. 595 (Art. „Xangti"): „ein chinesisches Wort, welches höchster Kayser bedeutet. Und des allerhöchsten GOttes Nah-

meint sind die Anhänger des „Cungfucius“ (II 3, 22) – bis zu Quoam, wie „ein Edler des Landes“ genannt wird (I 2, 10), erzeugt Weidmanns Stück Fremdheit auf sprachlicher Ebene, um sie durch erläuternde Annotationen semantisch aufzulösen und damit zugleich fremdkulturelles Wissen an die deutschsprachigen Leser zu vermitteln. Dem Exotismus, den die Inszenierung auf der Bühne durch Bühnenbild und Kostüm sinnlich vermitteln kann, entsprechen im gedruckten Text nicht zuletzt die allgegenwärtigen, unvertrauten chinesischen Namen der *dramatis personae*.

Im Gegensatz dazu ist die Staatshandlung – die Geschichte eines militärischen Usurpators und der bedrängten Anhänger des legitimen Fürsten – in der deutschsprachigen Literatur alles andere als unvertraut: Als unbeugsamer, kaisertreuer Jurist steht der Gerichtsvorsteher Us dem Titelhelden von Andreas Gryphius' barockem Trauerspiel *Großmüthiger Rechtsgelehrter oder Sterbender Aemilius Paulus Papinianus* (1659) nahe;[33] die zentrale Position als Held des Dramas wird ihm von seinem Sohn Usanquei nur durch dessen aktive Rolle bei der Niederschlagung der Rebellen streitig gemacht. Aber auch das Ethos der chinesischen Helden wird durch eine Haltung abgebildet, die dem Deckungsbereich konfuzianischen Denkens mit dem europäischen Neustoizismus beziehungsweise dem christlich-stoischen Jesuitendrama entspricht, an dem sich Weidmanns Drama ethisch orientiert – auch wenn diese Haltung besonders im Fall der Kaisertochter Zuckia durch emotionale Konflikte hindurch erkämpft werden muss. Loyalität und Gehorsam gegenüber staatlicher Autorität, Eltern und Ehemann zählen ebenso zu den „Grundbeziehungen“ des Konfuzianismus.[34] Schon Leibniz hatte eine Affinität zwischen chinesischer und christlicher Religion und Philosophie herausgestellt, die auch der christlichen Mission günstige Bedingungen zu bereiten schien.

*Befremdend* wirkt allenfalls auf dieser semantischen Ebene das wiederholt ins Spiel gebrachte Motiv des Freitods, der von der Exposition an eine ethisch zulässige Option der positiven Dramenfiguren darstellt: „Lebwohl mein Vaterland! es ist, und bleibt beschlossen, | Noch eh der Mörder naht, sey diese Brust durchstossen!“ (V 2, 64) Ganz ähnlich wie in Gottscheds *Sterbendem Cato* wird die „Meinung von dem erlaubten Selbstmorde“[35] einem fremdkulturellen Glaubenssystem zugeschrieben, das sich potenziell als Fehler der heldischen Figuren herausstellen kann.

men bei denen Chinesern anzeiget.“ Der Artikel vermerkt, dass die Jesuiten in China die Bezeichnung „bedenkenlos“ übernahmen.

33 Diese Nähe zu Gryphius' ‚säkularem‘ Märtyrerdrama hat möglicherweise auch William Kirk dazu veranlasst, mit Bezug auf die Opferbereitschaft Us' und Zuckias Weidmanns *Usanquei* als „Märtyrerdrama“ zu bezeichnen (dem allerdings die Märtyrer fehlen). Vgl. Kirk: *Die Entwicklung des Hochstildramas in Österreich* (Anm. 22), 97.

34 Vgl. Ingrid Schuster: *Vorbilder und Zerrbilder. China und Japan im Spiegel der deutschen Literatur 1773–1890*. Bern [u.a.] 1988, 57.

35 Johann Christoph Gottsched: Sterbender Cato[,] ein Trauerspiel, nebst einer Critischen Vorrede, darinnen von der Einrichtung desselben Rechenschaft gegeben wird. In: Johann Christoph Gottsched: *Ausgewählte Werke*, hg. von Joachim Birke, Bd. 2: *Sämtliche Dramen*. Berlin 1970, 1–114, hier 17.

Doch anders als in Gottscheds Tragödie ergreifen die Dramenfiguren diese Option nicht. Der Suizid aus politischen Gründen bleibt damit ein fremdkulturelles Zitat, das keine funktionelle Bedeutung für die Gestaltung ihrer Rollen hat. In ethischer Perspektive sind Weidmanns chinesische Held(inn)en dem deutschsprachigen Publikum daher kaum fremder als der römische Stoiker Cato. Im Gewand kultureller Fremde ließ sich die christlich-stoische Lehre indes möglicherweise dem Interesse des Publikums mehr verbinden als im gewohnten Stoffkreis der abendländischen Geschichte.

# Goethes Heldin Iphigenie: Zu einer Morphologie des Fremden

*Gabriella Catalano*

## 1.

Als in den 1930er Jahren der Winckelmann-Kenner Walther Rehm von einem „iphigenischen Griechentum" sprach,[1] war Goethes Drama längst zum klassischen Paradigma der modernen Begegnung der deutschen Literatur mit der Antike geworden, so dass der Name der Heldin als selbstverständliches Aktualisierungsattribut der Antike gelten konnte. Gleichzeitig zeigt die Aussage Rehms, dass die modellbildende Geltung von Goethes Adaption des Iphigenie-Stoffes einen Diskurs des Klassischen initiiert hat, der mit dem Ideal eines Heldentums und der damit verbundenen subjektbildenden Funktion zusammenhängt. Beide – davon wird die Rede sein – entstehen nicht zuletzt aus dem spannungsvollen Verhältnis zwischen dem Eigenen und dem Fremden.[2] Die Frage der Identität – sowohl der Protagonistin als auch der Griechenwelt – erwächst in Goethes Schauspiel aus einer Polarität, die Außen- und Innenwelt involviert. Angenommen, die Dynamik zwischen Autonomie und Heteronomie würde die Subjektbildung im 18. Jahrhundert charakterisieren, so ließe sich das exemplarisch an Goethes dramatischem Versuch beobachten, der die Welt der Antike auf der Bühne vergegenwärtigt.[3] Mit der Verabschiedung des antiquarischen Modells geht die Inszenierung der Antike als Suche nach einer Balance zwischen dem modernen Subjekt und der mythischen Welt einher. Dabei werden die innewohnenden Ambivalenzen nicht eliminiert (was gegen eine unproblematische modellbildende Funktion spricht), sondern fruchtbar gemacht. Bezeichnend ist, dass das klassische Werk *par excellence* den Begriff des Fremden durchschaut und vielfältig versteht. Es ist daher kein Zufall, wenn das griechische Drama Goethes nicht im attischen Griechenland, sondern im Land der Taurer spielt. Schon Adorno hat hervorgehoben, dass „die pragmatische

---

1 Walther Rehm: *Griechentum und Goethezeit. Geschichte eines Glaubens*. Leipzig 1936, 132.

2 Auf die „Akzentuierung der Fremdenthematik" in Goethes Schauspiel in Bezug auf die Stofftradition geht Aloys Wierlacher ein: Aloys Wierlacher: Ent-fremdete Fremde. Goethes Iphigenie auf Tauris als Drama des Völkerrechts. In: *Zeitschrift für Deutsche Philologie* 102, 1983, 161–180. Das Problem der „Selbstbegründung moralischen Handelns in einer alten Geschichte" wird von Klaus Weimar analysiert: Klaus Weimar: „Ihr Götter!". In: Wilfried Barner [et al.] (Hg.): *Unser Commercium: Goethes und Schillers Literaturpolitik* (Veröffentlichungen der Deutschen Schillergesellschaft; 42). Stuttgart 1984, 303–327, hier 313.

3 Vgl. Helmut Pfotenhauer: Zerstückelung und phantasmatische Ganzheit: Grundmuster ästhetischer Argumentation in Klassizismus und Antiklassizismus um 1800 (Winckelmann, Moritz, Goethe, Jean Paul). In: Elena Agazzi und Éva Kocziszky (Hg): *Der fragile Körper. Zwischen Fragmentierung und Ganzheitsmuster*. Göttingen 2005, 121–131.

Voraussetzung der *Iphigenie* [...] Barbarei“ sei.[4] Eine solche Prämisse macht den Schauplatz zum Anhaltspunkt einer Morphologie des Fremden, die dessen Typisierung als Variation versteht. Wenn sich Orest am Ende des Dramas „den Fremden für die Fremden“ nennt,[5] deutet er auf die Perspektivierung des Fremdseins hin. Damit relativiert er den mannigfaltig auftauchenden Alteritätsbegriff: Das Fremde wird nicht ein für alle Mal bestimmt, vielmehr bildet es einzelne Konstellationen. Anders gesagt, verlangt das Fremde den Gestus der Interpretation, das heißt der Aufgabe einer ästhetischen Formulierung, die den modernen Mythos des Klassischen arrangiert.

In der scheinbaren Linearität des dramatischen Aufbaus entspricht die Morphologie des Fremden der Konstruktion von archetypischen Figuren, deren Gegen- und Miteinanderspielen Iphigenies Heldentum umringt. Repräsentiert die aufklärende Liste der *dramatis personae* die Projektionsfläche einer elementaren Ordnungsstruktur, die auf der Gegenüberstellung von Einheimischen und Fremden basiert, so bleibt das Schauspiel der abstrakten Übersichtlichkeit des Plans dennoch nicht treu. In Goethes Interpretation beruht der antike Stoff auf einer beziehungsreichen Konfrontation zwischen Einheimischen und Fremden, welche die vorgestellte Ordnung bezweifelt. Auch der Raum der Handlung, der das Rollenspiel auf einen gemeinsamen Nenner bringt, ist weit davon entfernt, lediglich die Raumeinheit des *Iphigenie auf Tauris* betitelten Dramas zu bezeichnen. Vom Titel her definiert, spricht sie die fiktionale Textdimension an: nicht die der geografischen Wahrheit entsprechende Halbinsel wird als Handlungsort fixiert, der Raum wird eigentlich als eine Insel evoziert (die Präposition ‚auf‘ ist Indiz dafür), welche Trennung, Isolation und Distanz bedeutet. Somit wird das Fremde fiktional konkret markiert, und die Ferne als Voraussetzung des Anderen und einer anderen Existenz suggeriert, die dem Experiment des Klassischen entgegenkommt. Isoliert, beinah statuarisch könnten in der Abgeschlossenheit der Bühne die Dramenfiguren wirken, wenn nichtsdestoweniger ihre dramatische Präsenz durch die Mobilität des Sprachflusses gekennzeichnet wäre, der die nicht festlegbare emotionale Welt zum Ausdruck bringt und über dies hinaus die Ambivalenz der Sprache in den Vordergrund stellt. Nebenbei sei auch bemerkt, dass die Regieanweisungen, die sowohl in der Prosa- als auch in der Versfassung minimal angelegt sind, erst vermittels der Sprache Landschaft, Umgebung und affektorientierte Hinweise vermitteln. Auf das Ufer als topografische Grenzfiguration der Ferne von einem verlorenen Ursprungsort bezieht sich Iphigenie selbst am Anfang des Schauspiels, wobei die Schwelle der Bühne die innere Unruhe der Protagonistin metatheatralisch signalisiert.

---

4 Theodor Wiesengrund Adorno: Zum Klassizismus von Goethes Iphigenie. In: Theodor Wiesengrund Adorno: *Noten zur Literatur IV*. Frankfurt am Main 1974, 12.

5 Johann Wolfgang Goethe: Iphigenie auf Tauris. In: Johann Wolfgang Goethe: *Sämtliche Werke, Briefe, Tagebücher, Gespräche*, Abt. I, Bd. 5: *Klassische Dramen*, hg. von Dieter Borchmeyer. Frankfurt am Main 1988, 616, V. 2051. Von nun an werden Goethes Werken aus dieser Ausgabe (FA) mit Hinweise auf Abteil und Bände zitiert. Nachweise aus dem Drama erfolgen im Folgenden mit Versangabe unmittelbar im Text.

Aus dem Ufer als dem Ort des Heimatverlusts und des inneren Exils ergibt sich die melancholisch gefärbte Seelenlage Iphigenies, sich selbst fremd zu sein, die im Archetext des Euripides keinen Platz fand. Die Funktion des Eingangsmonologs bei Euripides, das Stück formal und inhaltlich zu präsentieren (in der griechischen *Iphigenie* galt der Monolog auch als Prolog, wie es sonst nur bei *Elektra* der Fall war), hat Goethe übernommen und variiert. Im Eingangsmonolog der Euripideischen *Iphigenie* steht die individuelle Geschichte unter der Obhut der Genealogie. An dieser Stelle erzählt Iphigenie ihre Existenz, indem sie von Pelops ausgehend die Historie der Tantaliden beziehungsweise deren Mythos resümiert. Der Bruch der Kontinuität wird lediglich als Drohung dargestellt, wie die Zerstörung des väterlichen Hauses in der Traumerzählung der Heldin zeigt. An die Stelle der Genealogie, das heißt der zeitlichen Kontinuität zwischen Gegenwart und Vergangenheit, tritt in Goethes *Iphigenie* das Fremdsein als entscheidende Konnotation der seelischen Verfassung der Heldin. Zur Ferne und zur Fremde verurteilt, kann sie dem nicht entgehen, wie der Bote Arkas gleich bestätigt: Iphigenies rhetorische Frage: „Kann uns zum Vaterland' die Fremde werden?" (V. 76) findet in der chiastischen Antwort des Arkas „Und dir ist fremd das Vaterland geworden" (V. 77) eine aufklärende Behauptung. Die sprachliche Symmetrie deutet auf eine gedankliche Asymmetrie, die das Eigene und das Fremde als Gegensätze präsentiert.

Von Anfang an wird deutlich, dass Iphigenies Alleinsein auf der Bühne die Distanz einer wesenseigenen Entfremdung ankündigt. Die Möglichkeit einer heroischen Lösung des Konflikts ist noch fern: ein „ehrenvoller Tod" (V. 28) sei nur den Männern gewährt, sagt sie, indem sie eine alternative Interpretation der Heldenfigur präfiguriert, die mit äußeren Taten nicht identisch ist. Wenn sie später die weibliche Freiheit für sich beansprucht („Ich bin so frei geboren als [sic.] ein Mann" [V. 1858]) und damit auf der Autonomie ihres aufklärerischen Denkens besteht, zielt sie auf einen Heroismus, der ideal und ethisch Mann und Frau gleichermaßen meint. Die Idealisierung eliminiert jedoch nicht den Konflikt, sondern vergeistigt ihn. Da die zeitliche und räumliche Distanz Agamemnons Tochter die „Greuel" ihres Hauses „später und tiefer fühlen" (V. 1048–1049) ließe, auch wenn die Heldin am Ende des Dramas zu sich selbst und nach Griechenland zurückkehrt, wird die Heimkehr ins eigene Land durch die Erfahrung in der Fremde geprägt sein: Die innere Resonanz von Vergangenheit hat sich als das Kennzeichnen der modernen Seele etabliert. Die innere Spaltung, die sich in der Zeit der Absonderung und des Nachdenkens in ihre Seele eingegraben hat, wird nicht vergessen sein.

Als Gegenspieler zu Iphigenie tritt Thoas, der Nicht-Grieche, auf. Er wird als der Fremde, der Barbar, präsentiert, aber sein Anderssein wird nicht als endgültig postuliert. Erfordert der Mythos Griechenland die Kontrastfolie des barbarischen Landes, so erhält das Fremde auch humane Züge.[6] Die für die griechische Kultur gän-

6 Über die reziproke Abhängigkeit des Barbarischen vom Ideal der griechischen Humanität und zur Raumeinteilung als Visualisierung dieser Opposition vgl. Markus Winkler: *Von*

gige Opposition von Hellenen und Barbaren mit der daraus folgenden Diskriminierung der Barbaren als Fremden schlechthin wird in Goethes Drama angezweifelt, denn die Liebe für die griechische Priesterin hat bei Thoas einen Wandel eingeleitet. Sinnbild dafür ist die Aufhebung des Menschenopfers. Der König der Taurer nimmt den Widerspruch zwischen Eigenem (seinem Volk und seinen Sitten) und Fremdem (Iphigenies Humanismus) auf sich. Deswegen steht er einsam und isoliert da: „Ein einsam hülflos Alter, ja vielleicht | Verwegnen Aufstand und frühzeit'gen Tod“ (V. 162–163) – so in den Worten des Arkas – bedrohen nun sein Weiterleben unter den Skythen. Nachdem er im Krieg am Tod seines Sohnes Rache geübt hat, verrät die eingetretene Leere des Herzens die Unbestimmtheit seines Daseins. Als sich Iphigenie seiner Liebe verweigert, setzt er mit willkürlicher Geste das Menschenopfer wieder ein. Damit tritt ein Markenzeichen der Differenz mit aller Gewalt nochmals in den Vordergrund. Ins Zentrum der Aufmerksamkeit gerückt, unterscheidet das Blutritual die Barbaren von den griechischen Gästen. Anders verläuft es auf der sprachlichen Ebene: Hier durchschaut der Barbar Thoas die Widersprüche der zivilisierten Welt, indem er die Rhetorik der schönen Seele kritisiert. Die kultivierte Form ihrer Sprache diene nur dazu, die Wahrheit zu verschleiern („Man spricht vergebens viel, um zu versagen; | Der andere hört von allem nur das Nein“ [V. 450–451]). Sogar der gängige Topos der Reinheit der Priesterin wird infrage gestellt. Auf die Herausforderung Iphigenies („Verdirb uns – wenn du darfst“ [V. 1936]) reagiert Thoas mit einer Infragestellung der Harmonie der griechischen Welt: „Du glaubst, es höre | Der rohe Scythe, der Barbar, die Stimme | Der Wahrheit und der Menschlichkeit, die Atreus, | Der Grieche, nicht vernahm?“ (V. 1936–1939). Anders gesagt, wird die Priesterin der Wahrheit der Unwahrheit beschuldigt. Aber nicht nur darin bestehen die Widersprüche der Griechenwelt. Auch grausame Taten kennt sie, wie die Geschichte des Atreus bezeugt.

Trotz der gravierenden und untilgbaren Unterschiede, die Zivilisation und Barbarei trennen, ist Thoas zur Versöhnung bereit: Die Griechen werden befreit, und dic Priesterin Dianas wird ihre Heimat wiederfinden. Das „freundliche Gastrecht“ (V. 2153), das Iphigenie in ihren letzten Worten vom Herrscher der Taurer verlangt, zielt von ihrer Seite auf die Aufhebung der Trennung, das heißt auf den Traum einer Versöhnung, welche die Differenzen utopisch abbaut. Im gleichen Atemzug wird das von den Griechen verlassene Land damit allerdings als fremd gebrandmarkt und die Trennung endgültig festgelegt. Beherrscht das ganze Schauspiel die Opposition der Einheimischen und der Fremden durch ihre paarweise Anordnung und die Zentralität der Protagonistin als Vermittlerin zwischen den Sphären, zeugt das Ende von der Niederlage der barbarischen Welt: Thoas bleibt allein zurück, während die drei Griechen als eine neue Konstellation des Eigenen die Insel verlassen. Erscheinen Thoas letzte Abschiedsworte „Leb wohl“ (V. 2174) als Gestus des Friedens, sind sie doch der Sprachlosigkeit nah. Die Kargheit der Sprache weist auf

*Iphigenie zu Medea. Semantik und Dramaturgie des Barbarischen bei Goethe und Grillparzer* (Untersuchungen zur deutschen Literaturgeschichte; 133). Tübingen 2009, 5–7.

ein utopisches Potenzial hin: Ihre Form lässt etwas noch Vage-Seiendes ahnen. Was Realität ist, wird als Grenzüberschreitung dargestellt: Iphigenie hat auf Lüge und List verzichtet und gerade damit ihre Freiheit zurückgewonnen. Deswegen erweist sich ihr Verlassen der Insel als eine Möglichkeit des Heroischen.[7] Erst wenn Iphigenies Parabel zu Ende ist, kann sie sich als Heldin zeigen, denn ihre Außerordentlichkeit bestätigt sie als poetisch verbindende Instanz zwischen Räumen und Zeiten. Die Willkür der mythischen Urzeit wird durch den Eintritt in die Geschichte beziehungsweise in die humane Zwiespältigkeit aufgehoben.

Genau genommen kann sich die Überlebende aus Tantalus' Haus, als die sich Iphigenie bezeichnet, als Heldin der Wahrheit nur darstellen, wenn sie bereit ist, dem Paradox des Griechisch-Barbarischen (der Greuel ihres Geschlechts) in ihrem Leben nicht zu entweichen. Sie kehrt aus der fremdem in die eigene Welt zurück, aber die lakonischen Worte des Königs lassen den Zwiespalt in ihrer Identität erkennen. Diese Spaltung bedeutet gleichzeitig die Möglichkeit eines ethischen Heldentums, das die Widersprüche duldet. Nicht zufällig wird das „duldende Widerstreben" aus der Distanz der späteren autobiografischen Erzählung in *Dichtung und Wahrheit* zu dem Merkmal einer neuen, sich vom radikalen Sturm und Drang distanzierenden Phase der Auseinandersetzung mit der griechischen Mythologie.[8]

Vor diesem Hintergrund lässt sich behaupten, dass der Leser, der mit einem festen Begriff des Eigenen und des Fremden sowie des Griechischen und Ungriechischen, des Antiken und Modernen an Goethes *Iphigenie* herantritt, enttäuscht wird. Dies hat Schiller bald erkannt, indem er besonders auf eine verinnerlichte Figuration des Fremden, das heißt auf die Furien hingedeutet hat, die Orest an seine Vergangenheit erinnern und ihn innerlich verfolgen. Nicht nur behauptet Schiller in einem Brief vom 22. Januar 1802, dass „ohne Furien kein Orest" sei, darin sähe er das „Bedenklichste" im ganzen Stück – die „Ursache seines Zustands" läge nur „im Gemüt", sein „Zustand" sei „eine zu lange und zu einförmige Qual, ohne Gegenstand".[9] An Orest kann Schiller die „Grenzen des alten und neuen Trauerspiels"[10] messen. Wenn auch aus einer kritischen Perspektive liest Schiller Goethes Drama unter dem Zeichen der Differenz. Zu wenig äußere Handlung sei vorhanden, zu sehr das Unsichtbare der Gefühle in den Vordergrund gestellt, was aus Schillers Sicht einen Mangel an dramatischem Effekt bedeutet. Das Fremde wird hier mit dem Unsichtbaren gleichgesetzt, das aber bei Goethe die antike Welt der Griechen mit der modernen Dominanz der Gefühle verknüpft. Dass die Sprache der Götter auf der Bühne nicht vernehmbar ist, folgt aus der Verinnerlichung des Gebots und

---

7 Vgl. Nikolas Immer und Mareen von Marwyck: Vorwort und Prolog. Helden gestalten. Zur Präsenz und Performanz des Heroischen. In: Nikolas Immer und Mareen von Marwyck (Hg.): *Ästhetischer Heroismus. Konzeptionelle und figurative Paradigmen des Helden* (Edition Kulturwissenschaft; 22). Bielefeld 2013, 11–28.

8 Johann Wolfgang Goethe: *Dichtung und Wahrheit*, hg. von Klaus-Detlef Müller, FA I, Bd. 14, 697.

9 FA I, Bd. 5, 1307.

10 Ebd.

als Hinweis auf den unergründlichen Willen der Götter, der nur subjektiv (daraus entsteht das Missverständnis beim Orakelspruch) gedeutet werden kann. Dies gilt auch für die Welt der Heroen. In der Konfrontation zwischen Orest und seinem Freund Pylades wird die handelnde Rolle letzterem zugewiesen. Er glaubt daran, dass die Taten der Helden von Dichtern gesungen werden können: „Wir möchten jede Tat | So groß gleich tun als wie sie wächst und wird | Wenn Jahre lang durch Länder und Geschlechter | Der Mund der Dichter sie vermehrend wälzt" (V. 681–684). Tat und Dichtung sind bei Pylades so verknüpft, dass Orest ihn mit Odysseus vergleicht. Auf das ironisch nuancierte Appellativ gleich reagierend beansprucht Pylades aber die Subjektivität der Projektionen als einzige Möglichkeit, eine Heldenwelt zu konstruieren: „Ein jeglicher muß seinen Helden wählen, | Dem er die Wege zum Olymp hinauf | Sich nacharbeitet" (V. 763–765). Mit seinen Worten enthüllt der Stratege Pylades, wie die modernen Heldentaten mit ihrer idealisierten Ästhetisierung gekoppelt sind.

## 2.

Kurz vor seinem Tod nennt sich Winckelmann in einem Brief aus Italien an Christian Gottlob Heyne einen „leichten Fußgänger".[11] Damit spielt er auf die Vorstellung eines Fremden an, der das neue Land behutsam beschreitet und mit Augen vermisst. Das denkende Auge, das Winckelmann schon vor seinem italienischen Aufenthalt in der Beschreibung der Dresdner Galerie bemüht hatte, findet in Rom die begehrte Wirklichkeit einer historischen und sinnlichen Betrachtung. Das aus dem Johannesevangelium stammende Motto („Komm und Sieh") – auch schon in Dresden erprobt – wird in der Hauptstadt der Welt zur Sehpraxis. Den Spuren Winckelmanns folgend verweilt der Wanderer Goethe in Italien, wo er bekanntermaßen die Versfassung seines Dramas *Iphigenie auf Tauris* vollendet. Die pygmalionartige Belebung der antiken Welt, die der Weimarer Dichter auf dem klassischen Boden Italiens erlebt, hat mit neuen Facetten der Ferne und der Nähe, des Eigenen und des Fremden zu tun: „Mir geht es sehr wohl, ich finde mich immer mehr in mich zurück und lerne unterscheiden was mir eigen und was mir fremd ist", schreibt Goethe aus Rom am 16. Juni 1787.[12] Mit anderen Worten: Die Unterschiede animieren zu einem System der Zugehörigkeit, welche erst die Voraussetzung für den Austausch bildet.

Aus einer sich neu abzeichnenden Verschränkung von Topografie und Chronologie tritt die Anlage des modernen Reisenden zutage, Bezüge lesbar zu machen. In Italien übt Goethe vor allem eine Praxis des Vergleichs, die mit der Vielfalt der Natur und der Kunst zusammenhängt: Sein Klassizismus geht aus der Anerken-

---

11 Johann Joachim Winckelmann: *Briefe. Kritisch-historische Gesamtausgabe*, Bd. 3. Berlin 1956, 357.

12 Johann Wolfgang Goethe: *Italienische Reise*, hg. von Christoph Michel und Hans-Georg Drewitz, FA I, Bd. 15/1, 375.

nung der Entfernung beziehungsweise der Differenzen hervor, die gleichzeitig die Mehrschichtigkeit der Epochen einbezieht. So schreibt der deutsche Dichter bald nach seiner Ankunft in Rom:

> Wenn man so eine Existenz ansieht, die zweitausend Jahre und darüber alt ist, durch den Wechsel der Zeiten so mannigfaltig und vom Grund aus verändert, und doch noch derselbe Boden, derselbe Berg, ja oft dieselbe Säule und Mauer, und im Volke noch die Spuren des alten Charakters, so wird man ein Mitgenosse der großen Ratschlüsse des Schicksals und so wird es dem Betrachter von Anfang schwer zu entwickeln, wie Rom auf Rom folgt, und nicht allein das neue auf das alte, sondern die verschiedenen Epochen des alten und neuen selbst aufeinander.[13]

Die Mehrschichtigkeit findet ihre poetische Variante im Bild des Schattens. In der Versfassung der *Iphigenie* erwirbt der Schatten eine metonymische Funktion, welche die Heldin für sich beansprucht: „Selbst gerettet, war | Ich nur ein Schatten mir, und frische Lust | Des Lebens blüht in mir nicht wieder auf" (V. 88–90), sagt die Priesterin Dianas. Das Enjambement markiert einerseits die Trennung und lässt andererseits die Kontinuität des Schattendaseins in der Vergangenheit und in der Gegenwart erkennen. Der Schatten repräsentiert gleichzeitig das dramatische, das heißt poetische Dasein der fiktiven Heldin und die mythische Existenz der Priesterin. In beiden Fällen versinnbildlicht der Schatten das Fremd- beziehungsweise Entferntsein vom Altertum. „Nur aus der Ferne, nur vor allem Gemeinen getrennt, nur als vergangen muß das Altertum uns erscheinen" – schreibt Goethe in seiner Biografie Winckelmanns, indem er einen Satz aus einem Brief Humboldts aufgreift.[14] Er weiß, dass beim Archegeten der Kunstgeschichte zeitliche und räumliche Weite die Verschränkung von Sinnlichem und Ideellem, Gegenwärtigkeit, Anschaubarkeit und Sehnsucht nach einer unwiederbringlichen Vergangenheit voraussetzt. Die Kopräsenz von Geschichte und Vergegenwärtigung wird am Ende der Geschichte der Kunst im Bild der Liebenden versinnbildlicht, die vom Ufer des Meeres im sich entfernenden Segel den Schattenriss des Geliebten zu sehen glaubt:

> Wir haben, wie die Geliebte, gleichsam nur einen Schattenriß von dem Vorwurfe unsrer Wünsche übrig; aber desto größere Sehnsucht nach dem Verlohrnen erwecket derselbe, und wir betrachten die Copien der Urbilder mit größer Aufmerksamkeit, als wie wir in dem völligen Besitze von diesen nicht würden gethan haben.[15]

In dieser „Allegorie der Archäologie"[16] wird die Doppelidentität des Schattens mit der Doppelidentität der Kopie gleichgesetzt. Als Medien der Kunst avancieren

---

[13] Ebd., 140.

[14] Johann Wolfgang Goethe: Winckelmann und sein Jahrhundert. In: Johann Wolfgang Goethe: *Ästhetische Schriften*, hg. von Friedmar Apel, FA I, Bd. 19, 190.

[15] Johann Joachim Winckelmann: *Geschichte der Kunst des Altertums*, hg. von Adolf H. Borbein [et al.], Bd. 1. Mainz 2002, 838.

[16] Charlottte Kurbjuhn: *Kontur. Geschichte einer ästhetischen Denkfigur* (Quellen und Forschungen zur Literatur- und Kulturgeschichte; 81). Berlin und Boston 2014, 251.

beide als Projektionen beziehungsweise als Surrogate einer verlorenen Vergangenheit. Die Entfernung verlangt nach einer Rückgewinnung, die auf Medialisierung basiert.

Zweifellos wird Goethes Aufenthalt in Italien nicht nur von der Erfahrung der Kunst markiert, sondern auch vom breiten Spektrum ihrer Vermittlung: Museumssäle, *tableaux vivants*, Fackelbeleuchtungen der Statuen und nicht zuletzt die in der römischen Wohnung gesammelten Gipsabgüsse gewinnen die vergegenwärtigende Kraft eines Erinnerungsrituals: Die Junoköpfe und die Jupiterbüste kann er täglich in seinem Zimmer in der Via del Corso anschauen. War der monumentale Junokopf Goethes erste Liebe in Rom, ersetzt die Kopie die Einzigartigkeit des Originals, wie auch seine Iphigenie nur aus der seriellen Wiederholung des tradierten Stoffes erwachsen kann. Erst die Vervielfältigung ermöglicht die Aneignung, erst dadurch prägt sich die fremde und faszinierende Originalgestalt ins Gedächtnis ein. Durch die Nicht-Identität der Reproduktion realisiert Goethe eine Sehübung, die darauf zielt, die Kunstform zu verinnerlichen. Der Umgang mit antiken Gestalten kann von der Performativität von Inszenierungen profitieren; man denke etwa an die *tableaux vivants* von Lady Hamilton, denen Goethe in Neapel beiwohnt:

> Iphigenie war das wohlgetroffene Bildnis der Lady Hamilton, welche damals auf dem höchsten Gipfel der Schönheit und des Ansehens glänzte. Auch eine der Furien war durch die Ähnlichkeit mit ihr veredelt, wie sie denn überhaupt als Typus für alle Heroinen, Musen und Halbgöttinnen gelten mußte.[17]

Im *tableau* von Lady Hamilton erlangt Iphigenie ihre Funktion als Urbild wieder: Die Typisierung ermöglicht den Wiedergebrauch. Im Übrigen werden wiederholtes Betrachten und wiederholtes Lesen und Schreiben in Italien konsequent kultiviert. Mit der Entdeckung der Originale gehen Vermittlung und Kopien einher. Sowohl die bildende als auch die poetische Kunst brauchen Vervielfältigung und Übertragung in andere Materialien. Was für Marmor und Gips gilt, gilt auch für Prosa und Blankvers. Beide veranschaulichen den Gestus der Wiederaufnahme. Das Schauspiel *Iphigenie* geht auf die Antike als Transformationspotenzial ein: als Literatur *au second degré*.[18] Die *inventio* beziehungsweise die Fiktionalisierung entspricht der Aneignung beziehungsweise der Annäherung. Zu dieser Strategie gehört auch das bildliche Programm zur Veröffentlichung des Dramas. Am 13. Januar 1787 schreibt Goethe an den Verleger Göschen, der seine gesammelten Werke in Leipzig publiziert:

---

[17] Goethe: *Italienische Reise* (Anm. 12), 408.

[18] Vgl. Werner Frick: „La Querelle des anciens et des anciens". Tragödienexperimente in der Ära der Weimarer Klassik. In: Werner Frick (Hg): *Die Tragödie. Eine Leitgattung der europäischen Literatur*. Göttingen 2003, 218–251.

> Die Titelkupfer des vierten Bandes lasse ich hier stechen, wie auch zwey Vignetten eine über den Anfang der Iphigenie und eine zu Ende des Stücks, dazu Sie die Güte haben werden Plaz zu lassen.
> Alle drey Stücke sind nach anticken Basrelief gezeichnet und werden den Leser zum Sinne des Altherthum<s> näher leiten.[19]

Obwohl der allgemeine Hinweis auf antike Basreliefs nicht der Realität entspricht,[20] ist bezeichnend, dass Goethe für die Publikation des Schauspiels im Rahmen der Werksammlung ein Bildprogramm formuliert, das die Nähe der Ferne darstellen soll. Insgesamt werden vier Bilder im Band der Göschen-Ausgabe das Schauspiel *Iphigenie* präsentieren. Die vom Zeichner und Stecher Johann Heinrich Lips gezeichneten Anfangs- und Schlußvignetten reproduzieren beziehungsweise interpretieren einen im Museo Pio Clementino ausgestellten Orestsarkophag (um die Mitte des 2. Jahrhunderts), während das von Lips gelieferte Frontispiz auf ein Muster – die *Pitture di Ercolano e contorni* (Neapel 1757) – zurückgreift, das antike Vorbilder aufgreift. Seinerseits bringt das von Adam Friedrich Oeser gezeichnete Titelkupfer die Vermittlung der Rezeption ans Licht, denn in seinem Bild – Thoas, Orest und Iphigenie darstellend – wird die Tradition der italienischen Renaissancemalerei mitgedacht. Die Visualisierung auf der Buchseite geht über den Text hinaus: Die kleinen Illustrationen am Textkopf und am Textende nehmen nicht auf Goethes Text Bezug, sondern auf die mythische Vor- und Nachgeschichte. Dargestellt ist Orest als Muttermörder und dann in Delphi. Somit greifen die Illustrationen in die Erzählung des griechischen Stoffes ein. Aber nicht nur das: Sie nehmen den Erzählfaden wieder auf und weisen konnotativ auf die Antike hin. Diesem Zweck dienen antike wie moderne Vorbilder, die nebeneinander gestellt werden. Kommt den Illustrationen die Aufgabe zu, „den Sinn der Antike" zu erwecken, so deuten sie doch vor allem auf den Zwischenraum der Interpretation hin.

Verstand Winckelmann die Abbildungen seiner Geschichte des Altertums als „Zierde und Beweis",[21] repräsentieren sie nun konnotativ die Wiederbelebung der Antike. Bei Goethe gehören sie zum pädagogischen Vorhaben: Er versteht die bildliche Darstellung als Bestandteil des Leseaktes, was er auch in Bezug auf das Bild von Angelika Kaufmann bemerkt:

> Angelika hat aus meiner Iphigenie ein Bild zu malen unternommen; der Gedanke ist sehr glücklich und sie wird ihn trefflich ausführen. Den Moment da sich Orest in der Nähe der Schwester und des Freundes wiederfindet. Das was die drei Personen hinter einander

---

19 Johann Wolfgang Goethe: *Italien – Im Schatten der Revolution. Briefe. Tagebücher, Gespräche vom 3. September 1786 bis 12. Juni 1794*, hg. von Karl Eibl, FA II, Bd. 3, 216.

20 Das Bildprogramm der Illustrationen hat Ruth Bielfeldt untersucht: Ruth Bielfeldt: Antike Sarkophag-Bilder für Goethes „verteufelt humane" Iphigenie. In: *Pegasus. Berliner Beiträge zum Nachleben der Antike* 7, 2005, 163–186. Zu Lips vgl. Joachim Kruse: *Johann Heinrich Lips 1758–1817: Ein Zürcher Kupferstecher zwischen Lavater und Goethe*. Coburg 1989.

21 Vgl. Ernst Osterkamp: Zierde und Beweis. Über die Illustrationsprinzipien von J. J. Winckelmanns „Geschichte der Kunst des Altertums". In: *Germanisch-Romanische Monatsschrift* 39, 1989, 301–325.

> sprechen, hat sie in eine gleichzeitige Gruppe gebracht und jene Worte in Gebärden verwandelt. Man sieht auch hieran wie zart sie fühlt und wie sie sich zuzueignen weiß, was in ihr Fach gehört. Und es ist wirklich die Achse des Stücks.[22]

Als Pendant zum Stück setzt das Bild eigene Akzente, denn in der Auswahl der Szene veranschaulicht die Illustration deren Textlektüre. Macht die Aufführung den Text wieder lebendig, so entspricht die Visualisierung auf der Buchseite dem Programm der Aktualisierung der Antike. Die musealisierte Kunst, der Goethe in Italien begegnet, verweist auf Zirkulation und Verbreitung der Bilder im neuen Horizont der Mobilität: Sowohl die Kunstobjekte als auch die Bilder werden in einem Rahmen präsentiert, der die Leerstellen aufhebt und in eine Montage überführt, die das Klassizitätsverständnis zum Ausdruck bringt.[23]

Vorausgesetzt, dass die ethische Idealisierung Iphigenie als Heldin konstruiert, dient ihre Visualisierung im klassizistischen Gewand zur Konkretisierung des Bildes. Damit wird das Fremde der fernen Welt der Antike eigen gemacht.[24] Aus der historisierenden Distanz der Moderne entsteht ein konstruiertes, mediales Altertum: „es ging gar nicht um ‚das Bild' der Göttin, Iphigenie ist dieses Bild", schreibt Arthur Henkel in seinem bahnbrechenden Aufsatz von 1965.[25] Die Identität zwischen dem Bild der Göttin, welche die Griechen entführen müssen, und der Dramenfigur Iphigenie zeigt die Heldin als ein Scheinbild, das Konkretes und Abstraktes in sich vereinigt. Eine solche Kombination lässt sich auch bei der Urpflanze bemerken, über die Goethe bekanntlich in der Zeit seiner Italienreise reflektiert. Der in Italien geschulte Methodentransfer zwischen Kunst und Natur hinterlässt auch in der Iphigenie-Gestalt seine Spuren.[26] Als Urbild sammelt Iphigenie die Variation einer Grundgestalt in sich, welche die westliche kulturelle Tradition zu bieten hat. Bekannt ist die Stelle der *Italienischen Reise*, an der Goethe ein Bild der Heiligen Agathe mit Iphigenie in Berührung bringt:

> Trifft man denn gar wieder einmal auf eine Arbeit von Raphael, oder die ihm wenigstens mit einiger Wahrscheinlichkeit zugeschrieben wird, so ist man gleich vollkommen geheilt und froh. So habe ich eine heilige Agathe gefunden, ein kostbares, obgleich nicht ganz

[22] Goethe: *Italienische Reise* (Anm. 12), 221.

[23] Daniela Gallo: Quale storia dell'arte antica nel Museo Pio Clementino (1770–1796)? In: Barbara Marx und Karl-Siegbert Rehberg (Hg.): *Sammeln als Institution. Von der fürstlichen Wunderkammer zum Mäzenatentum des Staates*. München und Berlin 2006, 153–162.

[24] Auf die zeitliche, historische Distanz bei der kulturellen Frage der Fremdheit im späten 18. und frühen 19. Jahrhundert weist Andrea Polaschegg hin: Andrea Polaschegg: Athen am Nil oder Jersualem am Ganges? Der Streit um den kulturellen Ursprung um 1800. In: Alexandra Böhm und Monika Sproll (Hg.): *Fremde Figuren. Alterisierungen in Kunst, Wissenschaft und Anthropologie um 1800* (Stiftung für Romantikforschung; 31). Würzburg 2008, 41–66, hier 41–42.

[25] Arthur Henkel: *Goethe-Erfahrungen. Studien und Vorträge*. Stuttgart 1982, 61–83, hier 81.

[26] Johannes Grave und Jonas Maatsch: Das Allgemeine im Anschaulichen. Morphologische Reihen in Goethes Sammlungen. In: Thorsten Valk (Hg.): *Heikle Balancen. Die Weimarer Klassik im Prozess der Moderne* (Schriftenreihe des Zentrums für Klassikforschung; 1). Göttingen 2014, 287–310, hier 295.

> wohl erhaltenes Bild. Der Künstler hat ihr eine gesunde, sichere Jungfräulichkeit gegeben, doch ohne Kälte und Rohheit. Ich habe mir die Gestalt wohl gemerkt, und werde ihr im Geist meine Iphigenie vorlesen, und meine Heldin nichts sagen lassen, was diese Heilige nicht aussprechen möchte.[27]

Es lässt sich konstatieren, dass moderne mythische Figuren das Resultat eines Synkretismus sind, der Bilder aus der antiken Götterwelt oder aus dem religiösen Vorrat der christlichen Kunst zusammenfügt. So gesehen, zeigt Goethes Schauspiel exemplarisch, dass die verschiedenartigen Traditionen nicht miteinander konkurrieren. Vielmehr demonstriert die Variation der Tradierung die Existenz eines Archetyps, bei dem sich Held und Märtyrer überlagern. Iphigenie zeichnet sich als Heldin und Märtyrerin zugleich ab, oder, anders gesagt, sie ist Heldin, weil sie Opfer war. So betrachtet, fällt ihre Geschichte mit einem gezielten Kulturprogramm zusammen. Aus der Projektion des heroischen Bildes ergibt sich die Möglichkeit einer Individualisierung. Beide – das Heroische und das Individuum – erfordern Bilder, die das Bildungsprogramm vergegenständlichen.

Dass in diesem Zusammenhang Urbilder und Nachbilder identisch sind, wird mustergültig auf der Ebene der Künstlerikonografie dargelegt. Nicht von ungefähr gehört die Iphigenie-Gestalt zum Bild Goethes in Italien: Im bekanntesten Bild des Dichters, Tischbeins *Goethe in der Campagna di Roma*, ist ein Fries mit Orest und Iphigenie zu sehen.[28] In seiner Attitüde das Modell eines Flussgottes aufnehmend wird hier der Dichter von einer montageartigen Anhäufung von Kunstwerken umgeben, die verschiedene Epochen der Kunstgeschichte kennzeichnen. Mit seiner Präsenz verbildlicht der Dichter die Vermittlung zwischen Gegenwart und Vergangenheit, was auch Karl Philipp Moritz in seiner Reise eines Deutschen nach Italien literarisch bestätigt:

> Auf einem Platze, wo man von einem halben Cirkel von Bäumen eingeschlossen wird, ist die Mauer des Gartens durchbrochen; und man blickt auf einmal mitten aus dem Überfluss von Kunst und mannigfaltiger Pracht, in die öde einsame Gegend, von welcher der Garten umgeben ist; dies macht einen äußerst romantischen Kontrast, und auf diesem Fleck hat Goethe seine Iphigenie vollendet.[29]

Als Schreibort gehört das arkadische Ambiente der Villa Borghese zum Portrait des Dichters *en plein air*, der metaphorisch an der Schwelle von Natur und Kunst, Gegenwart und Vergangenheit steht. Die Tätigkeit des Schreibens und das dramatische Produkt der *Iphigenie* machen den Kontrast zwischen der begrenzten Schönheit der Parkanlage und der öden Realität der Außenwelt ästhetisch fruchtbar. *Iphigenie* wird für Moritz zum Sinnbild eines auf die Antike zurückgreifenden Autors,

---

27 Goethe: *Italienische Reise* (Anm. 12), 114–115.

28 Über die Vorlage des Reliefblocks in der ersten zeichnerischen Fassung und in der zweiten Fassung des Bildes von Tischbein siehe Bielfeldt: Antike Sarkophag-Bilder (Anm. 20), 180, Anm. 14.

29 Karl Philipp Moritz: *Reisen eines Deutschen in Italien*, hg. von Heide Hollmer und Albert Meier, Bd. 2. Frankfurt am Main 1997, 660.

dessen Identität mit einer fernen und fremd gewordenen Welt verknüpft wird. *Iphigenie* scheint das Werk zu sein, an dem sich diese Aneignung vollziehen kann. Mit anderen Worten wird Goethes Schauspiel *Iphigenie auf Tauris* zu einem modernen Urdrama der Wiederverwendung der Antike aus der fremden und fernen Perspektive der Moderne. Da der Dichter aus Weimar in Italien mit dem Fremden und Fernen der antiken Vergangenheit im Zusammenhang mit Annäherungsmethoden experimentiert, versteht er seine Aufgabe als Dichter als vermittelnde Instanz. Er appelliert an eine Kunst der Wiederholung, die Differenzen moduliert und das Fremde der Antike dem modernen Publikum poetisch näherbringt. Dies gilt nicht nur für die Gräzismen oder für die antikisierende Sprache, insgesamt vollbringt die italienische Versfassung sprachlich eine „Kunst der Übergänge",[30] welche die Vergangenheit erkennbar macht und gleichzeitig aktualisiert. Jegliche Normativität der Nachahmung wird damit infrage gestellt und durch das Prinzip der Transformation ersetzt. Der denkende Künstler setzt diesen Prozess in Gang.

## 3.

1969 berief sich Joseph Beuys auf Goethes *Iphigenie*,[31] als er in einer Kunstaktion auftrat, in der Goethes Verse wieder zu hören waren. Zwei Jahre nach dem in der Neuen Rundschau erschienenen Aufsatz Adornos über Goethes *Iphigenie* ließ Beuys Goethes Drama im Theater am Turm anlässlich der Experimenta 3 in Frankfurt zu Wort kommen: Ein Wort aus der Fremde eines Tonbands begleitet die Performance der Künstlers, der selbst auftritt, Geräusche und Verse vorträgt. Die dichterische Sprache wird in der Materialität der mit dem Tonband aufgenommenen Stimme evoziert. Während ein weißes Pferd Heu frisst, waren aus einem Lautsprecher einige von Claus Peymann und Wolfgang Wien montierte und vorgelesene Szenenausschnitte aus Goethes *Iphigenie* und aus Shakespeares *Titus Andronicus* zu hören. Das in beiden Dramen thematisierte Verhältnis von Kunst und Tod, Rache und Heilung wird im Umfeld einer Aktion hervorgerufen, die Abstraktes und Konkretes korrelieren lässt. Inzwischen trat der Künstler im Pelzmantel zwischen der Künstlichkeit der Kunst und der Natürlichkeit der Natur als Vermittler auf: Er spielte auf zwei aus der Dunkelheit sich abhebenden Konzertbecken, deren Musik sich mit den Literaturzitaten und den Tierlauten mischte. Mit der nomadischen Kultur der Tataren vertraut, verbindet Beuys assoziativ Kunstwerke aus der westlichen Tradition in einem schamanischen Ritual der Verarbeitung des Todes. In der Mitte steht der Zuschauer, der mit dem Künstler identisch ist. In seiner kollektiven

---

30 Henkel: *Goethe-Erfahrungen* (Anm. 25), 62.

31 Auf Beuys' Performance verweist Stephan Nienhaus: I luoghi della speranza. Ifigenia in Tauride di Goethe e la musica di Beethoven. In: Giovanni Cipriani und Antonella Tedeschi (Hg.): *Risonanze. Forme e contenuti della memoria dell'antico*. Campobasso 2014, 353–364, hier 361.

Auffassung der Kunst inszeniert Beuys für sich und sein Publikum das Echo der Tradition: „Ich (Ich selbst die Iphigenie)“,[32] lautet seine Aussage im Zeichen einer entfremdeten Duplizität und Redundanz des Künstlers, der die ferne und fremde Tradition auf sich bezieht.

32 Joseph Beuys: *Ich (Ich selbst die Iphigenie)*. München 2011.

# Andere Helden: Morphologien des Heroisch-Fremden im Tanztheater des 19. Jahrhunderts

*Claudia Jeschke / Gabi Vettermann*

Das fremde Heroische zeigt sich auf den Ballettbühnen im 19. Jahrhundert als fragmentiertes, deformiertes Heldentum. Fremde, Helden und Heldinnen, fremde Helden und Heldinnen sind zwar präsente, wenn auch uneindeutige, komplexe Figuren – in doppelter Hinsicht: Auf der Ebene der Personalfiguration als auch im Umgang mit traditionellen Strukturen tänzerischer Inszenierung verweisen sie zunächst auf das Entwurfspotenzial des Fremden allgemein.[1] Gleichermaßen und über das theatrale Möglichkeitsspektrum des Fremden hinaus intensivieren oder stören fremde Helden und Heldinnen die Auseinandersetzung mit zeittypischen szenischen Qualitäten durch Kollusion und Kollision: Indem sie Fragmente von heldischem Außeralltäglichem, Exzeptionellem affirmativ beziehungsweise deformativ verkörpern, explorieren sie (tanztheater-relevante) ästhetische und strukturelle Verschiebungen und Morphologien des Heroischen.[2] Anhand dreier Beispiele soll diese Verstörung durch fremde Helden deutlich gemacht werden: *Danina, oder Joko, der brasilische Affe*, (1826/1830), *Quasimodo ou La Bohémienne* (1859) und *La Péri* (1842/1843).

Ein Charakteristikum des Fremden, des fremden Heroischen im Tanztheater des 19. Jahrhunderts – so die These – ist, dass es vor allem paarweise funktioniert, wobei das ‚Paar', die ProtagonistInnen, vor dem Hintergrund einer erkennbaren, definitiven Gemeinschaft wie Familie, Hofstaat, Bürgertum agiert. Einer der beiden stammt von ‚Anderswo'[3] – so wird Danina als Brasilianerin eingeführt, La Bohémienne, Esmeralda, ist Zigeunerin und Achmet, der im Titel des Balletts nicht genannte zweite Protagonist des Balletts *La Péri*, firmiert als ‚Orientale'. Die anderen Personen der Zweierbeziehung sind Fremde im Sinn von Außenseitern – der

---

1 Claudia Jeschke [et al.]: *Interaktion und Rhythmus. Zur Modellierung von Fremdheit im Tanztheater des 19. Jahrhunderts*. München 2010, 516: „Indem das Tanztheater der ersten Hälfte des 19. Jahrhunderts das Fremde als Modell für das Überdenken wie Ausprobieren von Aufführungspraktiken einsetzt, wird Fremdheit zum Generator szenischer und narrativer Möglichkeiten, der choreographischen Transgression und des tänzerischen Überflusses."

2 Die folgende Untersuchung perspektiviert (fremde) ProtagonistInnen des Ballettepertoires nicht nur als zentrale, sondern als offensichtlich auch mit heroisch-affinen Funktionen und Aktionen ausgestattete Bühnenfiguren. Der Argumentation dieses Artikels liegt demnach ein weniger normativer als vielmehr de-essenzialisierter und relationaler Umgang mit dem Begriff des Heroischem zugrunde.

3 Bernhard Waldenfels: *Studien zur Phänomenologie des Fremden*, Bd. 1: *Topographie des Fremden*. Frankfurt am Main 1997, 123: „[Das Fremde] entstammt einem unwiderruflichen Einst und Anderswo."

anthropomorphe Joko, der physisch amorphe Quasimodo und die metamorphe Péri.

Fremd-heroische Phänomene sind in den hier zu verhandelnden tanztheatralen Beispielen also weder schwarz noch weiß, gut oder böse, natürlich wild oder gezähmt kulturell, menschlich oder kreatürlich, sondern zeigen diese und andere Eigenschaften – unabhängig vom Geschlecht – jeweils verschieden in den szenischen Interaktionen mit ihrem Partner beziehungsweise ihrer Partnerin und weiter durch den (nur?) handwerklich-traditionellen oder (provokant?) virtuosen Umgang mit Körper und Bewegung, Physis und Körperumraum, Körper- und Bühnenraum beziehungsweise tanztheatraler Aufführungsgeschichte(n).

Die These von der Uneindeutigkeit oder Komplexität von fremdem Heldentum gründet auf einer spezifischen, an der Tanzpraxis orientierten Lektüre der Quellen: Libretti als verbalschriftliche Dokumente und Inszenierungsnotate als grafische Dokumente mit verbalen Erläuterungen lassen sich jenseits ihrer Narrativik – auch – in Bezug auf ihr performatorisches Potenzial interpretieren; unter dieser Perspektive verweisen sie auf ‚tatsächliche' Optionen von Aufführen oder Durchführen. Sie sind Handlungsweisungen, reflektieren die Tanzbarkeit von Narration ebenso wie die Narrativik des Tanzes. Es ist der Blick auf das performatorische Potenzial, der dem Fremden/Heroischen ein, so zeigt sich, dramaturgisch und choreografisch verstörendes wie störendes Rollen- und Handlungsspektrum eröffnet.

## *Heroisch-Fremde als Spielmacher:* Danina, oder Joko, der brasilische Affe *(1826/1830)*[4]

Kurz zum Inhalt des Balletts: Die indigene Fremde Danina hat heimlich einen Sohn, Zabi, mit dem Kolonial-Fremden Don Alvaro. Die Heimkehr des abwesenden Alvaros drängt das Paar zur Offenbarung oder Legalisierung ihrer Beziehung. Als obligatorische Gegenspieler fungieren Don Alonso, Alvaros Vater, und ein Konkurrent um Daninas Gunst namens Jeauffre. Sie gilt es zu überzeugen, zu ‚besiegen', oder anders: die Fremd-Eingeborenen und die Fremd-Kolonialisten müssen sich versöhnen.[5]

4 Der Evaluierung liegen zwei Libretti zugrunde, die 1826er und 1830er Fassung: Peter Joseph von Lindpaintner, Filippo Taglioni, Antoine Titus: *Danina, oder: Joko der brasilische Affe. Ballett in 3 Abtheilungen.* Berlin 1826. Peter Joseph von Lindpaintner, Filippo Taglioni, Weidner: *Danina, oder: Joko der brasilianische Affe. Idealisches Ballett in 4 Akten.* [l] [ca. 1830].

5 Das Ballett ‚funktioniert' beziehungsweise hat zu funktionieren, egal ob es sich bei dem ‚Vertreter der Kolonien' um einen Pflanzer, seinen Sohn (ca. 1830) oder (in der 1826er Fassung) um den Gouverneur einer Provinz von Brasilien, den Kommandeur der portugiesischen Flotte (im Laufe der Handlung als Sohn des Gouverneurs erkennbar) handelt. Ähnlich austauschbar ist das (ethnische und soziale) Profil des ‚Mitbewerbers' um Danina, einen ‚Mulatten', Beamter der Verwaltung und Daninas Freier (1826) oder einen ‚Mohren', ebenso Daninas Freier beziehungsweise der Gegenspieler des Kommandanten oder Pflanzersohns (ca. 1830). Und die Personenfiguration unterscheidet auch nicht zwischen freien

Der Aktionsspielraum der Rollenfigur des Affen als eines erkennbaren, physisch präsenten Nicht-Menschen bietet die Möglichkeit, diesen Inhalt zu fokussieren, und die Handlung voranzutreiben. Unter dem Blickwinkel der Tanz- und Theatergeschichte bestätigt die körperliche, gestische Qualität der Affendarstellung die theatralen Präsentationsmodi der Groteske: Jokos Auftritte und Handlungen haben Ähnlichkeiten mit den traditionellem Darstellungen des ‚guten Negers'[6] in Balletten des 18. und zu Beginn des 19. Jahrhunderts.[7] Gleichzeitig eröffnen sie einen performativen Freiraum, das heißt den für den Affen als befremdlichen Titelhelden notwendigen Modifikationsradius. Diese dem zeitgenössischen Publikum vermutlich mehr oder weniger bekannten *show-acts* a-menschlicher Verhaltensweisen lassen ihn vertraut, komisch, ‚menschlich' erscheinen.

Wie brüchig diese überkommene Darstellung jedoch ist, zeigt sich besonders deutlich in Jokos irritierenden und notwendigerweise freien Interaktionen gegen Ende des Balletts, wenn die Versöhnung zwischen indigenen und kolonialen Fremden herbeigeführt werden muss: Die bewegungsorientierte Ungebundenheit, die Anarchie des anthropomorphen Helden als Spielmacher reicht nicht aus, um die Handlung voranzubringen. Eine narrative Option wird benötigt: Um die Rettung des Sohnes Zabi durch Joko, den Affen, zu vermitteln, wird diese Rettung in der jüngeren Fassung vom Sohn nacherzählt. Die rasante Abfolge von Aktionen, zusätzlich noch befördert durch ihre Ausgangssituation, eine festliche Idylle mit Tanz der (heimlichen) Familie, war wohl nicht nur physisch, gestisch, choreografisch zu vermitteln. Oder, so ließe sich spekulieren, die drolligen Darbietungen des Affen standen zu sehr im Vordergrund und lenkten von der Handlung ab.[8]

Die Funktion von Danina, der ‚anderen' fremden Heldin des Balletts, zeigt sich unter anderem in der getanzten Festszene. Feste sind ein tradiertes Mittel des Balletts, denn auf Festen wird getanzt, was üblicherweise heißt, dass der dramaturgisch begründete Fortgang der Geschichte angehalten wird. Das Fest, das Tanzen erhält nun in diesem Ballett eine historisch ungewohnte, irritierende Qualität, ist nicht mehr selbstverständlich, sondern muss argumentativ konterkariert werden, um in

Pflanzern oder Angestellten des Gouverneurs oder Sklaven. Identifizierbar sind die Figuren durch ihre Namen, Alonzo oder Don Alonso (der Vater), Don Alvar oder Alvaro (der Sohn), die weniger charakterisieren, als dass sie als *couleur locale* eingesetzt werden.

6 Joellen A. Meglin: „Sauvages, Sex Roles, and Semiotics": Representations of Native Americans in the French Ballet, 1736–1837, Part One: The Eighteenth Century. In: *Dance Chronicle* 23: 2, 2000, 87–132; Part Two: The Nineteenth Century. In: *Dance Chronicle* 23: 3, 2000, 275–320.

7 Slapstickeinlagen ziehen sich durch das gesamte Ballett. So etwa zu Beginn, wenn Joko vor der Schlange flieht, im II. Akt, 4. und 5. Szene, wenn er mit Hut und Mantel einen Menschen mimt und auch als solcher (v)erkannt wird, die Situation aber ausnutzt, um ganz ‚unschuldig' Obst zu stibitzen. Oder sie werden erkennbar in seinen vielfältigen Aktionen mit Musikinstrumenten.

8 In der 1826er, der kürzeren Fassung nur angedeutet, wird eine ganze Szene verwendet, um den possierlichen Umgang von Affe und Kind zu zeigen. Joko setzt alle körperlichen Mittel ein, um dem Jungen spielerisch nahezukommen. Ihrer beider Interaktionen werden zum unterhaltsamen Display.

der bislang unabgeschlossenen Story zu greifen: Grund der Feier ist die ‚Heimkehr' Don Alvaros, des heimlichen Mannes von Danina und Vaters von Zabi, die jedoch überschattet ist von der drohenden (und im Schlussakt schließlich vollzogenen) Offenbarung der bislang versteckten Familie durch den Gegenspieler Jeauffre.[9] Danina organisiert und dirigiert das Fest – als indigene Brasilianerin eine Fremde, die nicht zur herrschenden Klasse gehört und dennoch heimlich mit ihr verbunden ist durch Mann und Kind. In der hier praktizierten Engführung von tänzerischem und interaktivem Blickwinkel setzen sich Handlung und Tanzen leichtfüßig und temporeich über mögliche Ungereimtheiten hinweg. Die spätere Librettofassung benennt die verwendeten National-, das heißt fremden Tänze und zitiert damit die zusätzliche performative Dimension fremd-differenter, tänzerischer Mentalitäten. Das Tanz-Fest dient trotz oder gerade wegen seiner unüblichen immanenten Dramatik zur Präsentation aller virtuosen tänzerischen Fähigkeiten – ein Verweis auf die direkte dramaturgische und indirekte choreografische Funktion der Rolle Daninas, die, ebenso wie die Figur des Affen, auf die fragmentierende, deformierende Bedeutung von Physis und Bewegung für die Darstellung von heroisch Fremdem hindeutet.

Die notwendige oder argumentativ vorgestellte Auseinandersetzung mit dem/den Fremden extrapoliert die Verbindung von Alterität und Heroischem als verkörperte, also physisch-mimische, wie tänzerische Charakteristika und gleichzeitig als irritierende Integrationsmöglichkeiten. Danina und Joko werden unterschiedliche, jedoch immer mobile Strategien zugewiesen, wie sie traditionelle Personenfigurationen verlassen und unerwartete Aktionsmöglichkeiten entdecken oder sich diesen auch wieder anpassen. Dies geschieht durch ihre Interaktionen als Paar, das diese Mobilität zu stimulieren und zu regulieren scheint und somit dramaturgische wie choreografische Traditionsmuster infrage stellt.

## *Das deformierte Heroische:* Quasimodo ou La Bohémienne *(1859)*[10]

Kurz zum Inhalt des Balletts: Anlässlich eines öffentlichen Festes versucht der Dichter Pierre Gringoire vergebens sein Stück aufzuführen. Das Publikum will kein Mysterienspiel sehen, sondern unterhalten werden. Unterhaltung findet es im zum ‚Narrenpapst' gekürten Quasimodo, dem Glöckner von Notre-Dame,

9 Ein traditionell übliches, das heißt ungetrübtes Fest kann denn auch erst nach der Eingliederung der Familie in die Gesellschaft gefeiert werden – nachdem Alonzo den Segen zur Heirat beziehungsweise zum Kind gegeben hat. In der 1826er Fassung sind die Festlichkeiten in den III. Akt integriert; die spätere Fassung widmet dem Tanz-Fest einen Extra-, den IV. Akt.

10 *Quasimodo ou La Bohémienne. Ballet d'actions en trois actes et six tableaux. Par M. Justamant. Musique de M. Luigini, Décors de M. Devoir, Costumes de M. Blod. Mise en Scène et notes détaillés sur tout a que contient l'ouvrage. Representé pour la 1re fois sur le grand théatre a Lyon 1859* (Schreibweise entspricht dem Manuskript).

und in den Tänzen der Zigeunerin Esmeralda. Während des Tanzes kommt es zur Begegnung mit dem Archidiakon Claude Frollo, der in Esmeralda verliebt ist. Sie aber meidet ihn. Frollo und sein Diener/Ziehsohn versuchen, Esmeralda zu entführen. Sie wird jedoch von Phœbus, dem General der Königlichen Bogenschützen, befreit und verliebt sich in ihn. Im *Cour des Miracles* rettet Esmeralda den Dichter Gringoire vor dem Tod, indem sie ihn heiratet. Esmeralda zeigt ihr tänzerisches Können auf einem Fest und entdeckt, dass dessen Anlass die Verlobung ihres ‚Geliebten' Phœbus mit Fleur de Lys ist. Esmeralda und Phœbus treffen sich; bei diesem Rendezvous verübt Frollo einen Mordanschlag auf seinen Nebenbuhler. Frollo entkommt, Phœbus wird für tot gehalten. Quasimodo rettet die des Mordes an Phœbus verdächtigte Esmeralda vor der wütenden Menge und der Justiz und flieht mit ihr in sein Zimmer in Notre-Dame. Frollo spürt sie dort auf. Es kommt zu einer dramatischen Auseinandersetzung. Frollo wird in die Flucht geschlagen. Er kehrt jedoch zurück, narkotisiert Quasimodo und übergibt Esmeralda den Bogenschützen. Aus der Narkose erwacht, schwört Quasimodo, den Entführer zu töten. Er stürzt Frollo von einem der Türme von Notre-Dame. Es folgt die Apotheose: Quasimodo und Esmeralda finden sich im Tod vereint.[11]

Richtete sich die Vorstellung von Fremdem/Heroischem im Tanz bis in die 1830er Jahre noch nach traditionellen theatralen Regeln, durch den Aktaufbau ebenso wie durch die Ausgestaltung der Rollenfiguren, so scheint mit den 1840er/1850er Jahren die Konzentration auf die Verknüpfungsmöglichkeiten von Alterität und Heldischem durch Körperdarstellung und Tanzen zuzunehmen. Henri Justamants Version ist vor allem deshalb interessant, weil die *mise en scène* notiert wurde. Anders als Ballette, die sich ‚nur' über verbalschriftliche und/oder vor allem gedruckte Libretti tradieren, geben die Regie- wie Choreografiemanuskripte einen detaillierten Einblick in das Geschehen. Die Libretti dienten in der Regel als Information oder auch Souvenir für den Zuschauer, das heißt, dass Tänze, die ja in den jeweiligen Aufführungen zu sehen waren, gänzlich fehlen oder nur gelegentlich erwähnt oder dramaturgisch begründet werden. Die zusätzlichen Informationen, welche die *livrets de mise en scène* bieten, betreffen nun auch die Gestaltung der Tänze und sie verdeutlichen den Aufbau, die Dynamik des Balletts, die Entfaltung oder Stillstellung der Interaktionen. Mit Verbalbeschreibungen und Strichfiguren dokumentiert Justamant das Geschehen als dramatisierten Dialog von pantomimischer ‚Rede' und ‚Gegenrede', zudem zeichnet er die tänzerischen Aktionen der Darsteller (ihre Schritte, Haltungen und Bodenwege) auf.[12]

---

[11] Justamants Ballett orientiert sich weitgehend am Roman *Notre-Dame de Paris* von Victor Hugo, indem es dem Handlungsablauf des Ersten und Zweiten Buchs, Kapitel, I–IV beziehungsweise dem Elften Buch, Kapitel IV folgt. Spezifisch zum Vergleich von Justamants Version und dem Roman von Victor Hugo siehe Gabi Vettermann: Bilder des Fremden. In: Claudia Jeschke [et al.]: *Interaktion und Rhythmus. Zur Modellierung von Fremdheit im Tanztheater des 19. Jahrhunderts*. München 2010, 369–388.

[12] Zu Justamants Notierungsmethode vgl. Claudia Jeschke: Inszenierung und Verschriftung. Zu Aspekten der Choreographie und Choreo-Graphie im 19. Jahrhundert. In: Katharina Keim

Wie in *Danina, oder Joko [...]* wird auch hier das fremde Paar, die Außenseiter, im Titel genannt, nämlich Quasimodo, der Glöckner, und La Bohémienne, Esmeralda. Das Fremde ist allerdings von Beginn an – Victor Hugo folgend – geografisch und sozial weniger präzise beschrieben als in *Danina, oder Joko[...]*. Die Handelnden sind nicht in der Kolonialgeschichte, sondern in der europäischen Geschichte verankert. Der Vergleich zwischen *Danina, oder Joko [...]* und *Quasimodo ou La Bohémienne* in Bezug auf die Provenienz der Schauplätze und Figuren (Brasilien, Kolonialzeit – Europa, Mittelalter) zeigt, dass in *Quasimodo ou La Bohémienne* fremder Raum oder Zeit bestenfalls zum Lokalkolorit beitragen, aber nicht, wie teilweise in *Danina, oder Joko [...]*, die Handlungsmöglichkeiten oder Entwicklungen bestimmen. Und bei der Verbindung von Heroischem und Fremden ergibt sich kaum je die Notwendigkeit der Argumentation, vielmehr übernimmt die Choreografie dramaturgische Aufgaben, indem sie das Handlungspotenzial in Bildräumen kristallisiert.[13] Dies geschieht mittels der spektakulären Konstellation der amorphen Figur des Glöckners von Notre-Dame und der Zigeunerin Esmeralda.

Quasimodo sticht ähnlich wie Joko vom Beginn seines Erscheinens auf der Bühne durch seine körperliche Andersartigkeit oder Fremdheit hervor: „C'est Quasimodo, ayant une tête hérissée de cheveux roux, une bosse entre les deux épaules, des jambes en croissant, de larges pieds, et und allure redoutable de vigueur et d'agilité."[14] Schnelle Bewegungen und Wendungen kennzeichnen seine im *livret de mise en scène* dokumentierten Aktionen.[15] Monströses Aussehen und deshalb (zu erwartender) schwerfälliger Habitus verbinden sich mit spontanen Aktionen und Reaktionen.[16] Quasimodo steht wie der anthropomorphe Joko in der Tradition der Groteske;[17] im Unterschied zu diesem ist er jedoch kein dramatur-

[et al.] (Hg.): *Theater ohne Grenzen. Festschrift für Hans-Peter Bayerdörfer zum 65. Geburtstag* (Münchener Universitätsschriften/Theaterwissenschaft; 1), München 2003, 256–265.

13 In Justamants *Quasimodo* wird die a-lineare Dramaturgie durch die Gliederung des Balletts in situative Bilder unterstützt. Diese *tableaux*, die jeweils verschiedene Schauplätze (reale Orte in Paris) zeigen, lassen die Generierung von Einzelnen, von Helden von Beginn an porös erscheinen oder eröffnen umgekehrt Freiräume, indem sie diese als Geschehen, im Geschehen zulassen oder indem sie sie selbst als ganz konkrete Bühnenräume zu Handelnden machen. Das zeigt sich besonders am Beginn und am Endes Balletts. Im Vergleich mit den anderen, auch den bekannteren zeitgenössischen Ballettfassungen von *Notre Dame de Paris*, vor allem denen von und nach Jules Perrot (London 1844), erscheint Henri Justamants Version weniger dramatisch denn als Mischung von Melodram und Revue.

14 *Quasimodo ou La Bohémienne*, Libretto im Regiebuch (Anm. 10), 3. Vgl. die nahezu identische Formulierung bei Victor Hugo: Jeschke: *Interaktion und Rhythmus* (Anm. 1), 223, Anm. 77.

15 Nicole Haitzinger: Quasimodo oder das sublime Monster. In: Claudia Jeschke [et al.]: *Interaktion und Rhythmus. Zur Modellierung von Fremdheit im Tanztheater des 19. Jahrhunderts*. München 2010, 210–230.

16 Ebd.

17 Vor dem Hintergrund von Hugos Roman ist Quasimodo ebenso taub wie aus diesem Grund stumm, und der Figur liegt möglicherweise auch eine real-existente historische Figur zugrunde. Der Glöckner aus *Quasimodo ou La Bohémienne* dürfte also nicht nur in der Tanz-Theater-Tradition der Groteske zu suchen sein, sondern ebenso im Alltag von Hugo, Justa-

gisch agierender Spielmacher sondern eine amorphe, choreografisch konturierte Figur, deren kämpferischer, gleichzeitig kontrollierter – heroisch affiner? – Bewegungsduktus seinem Aussehen zu widersprechen scheint.

Quasimodos Erscheinung und Auftreten benötigen die Präsenz anderer Rollenfiguren, um identifizierbar zu sein, vor allem die der Bohémienne. Seine Mitspieler und die Masse akzeptieren ihn trotz seiner physischen Deformationen und eingeschränkten Bewegungsfähigkeit, ebenso wie sie sich Esmeralda wegen ihrer Schönheit und Tanzkunst zuwenden. Zum Beispiel tanzt die Bohémienne bei ihrem ersten Auftritt einen Bolero, einen spanischen, in Justamants Fassung virtuosen und langen Tanz, der die Tänzerin als handwerklich hervorragende Künstlerin zeigt wie er auch – durch die Wahl eben dieses traditionellen und interaktiv, emotiv aufgeladenen Nationaltanzes – die Rollenfigur als verführerisch und gleichermaßen beherrscht charakterisiert.[18]

Die Handlung wird nicht länger, wie traditionell üblich, von Protagonist und Antagonist getragen, sondern generiert sich durch Quasimodos Physis und Esmeraldas Tanz – die Choreografie befördert also die Story und nicht umgekehrt: Zwei äußerlich gegensätzliche (und sich bewegungsmäßig ergänzende) Figuren stören die überlieferte ästhetische Harmonie des Tanztheaters und sie de- und rekonstruieren, indem sie als konträres Paar fungieren, die glaubwürdige Entwicklung der Handlung. Ihre ästhetischen wie dynamischen Verschiedenheiten fungieren als durchsichtige, amorphe Rollenfolien innerhalb der Bild-Räume des Geschehens – Folien, die gegeneinander verschoben werden können und so das Potenzial haben, die Tradition des Tanzes ebenso zu bedienen wie sie zu konterkarieren.

In den beiden Schlussbildern wird das Fazit der vorausgegangenen Story präsentiert, inszeniert. Quasimodo und Esmeralda zeigen alle Facetten ihrer Figur und ihre Interaktionen stehen argumentationslos im Raum, sie ergeben weniger dramaturgischen Sinn als dass sie – als choreografierter Entwurf – auf die Möglichkeitsdimension von sinnlicher Erfahrung verweisen. Das 5. Tableau spielt in der Kammer Quasimodos in Notre-Dame. Der Schauplatz befindet sich auf der Bühne in normalem Sichtabstand zum Publikum. Der Vorhang hebt sich, die Zuschauer sehen den missgestalteten Glöckner mit Esmeralda im Arm, die er vor der Verfolgung der Menge gerettet hat. Die folgende Szene zeigt die ebenso hingebungsvolle wie aussichtslose Liebe des Außenseiterpaares. Zeitnah wird der Bühnenraum durch die hektischen Interaktionen der weiteren am Drama Beteiligten in Atem gehalten. Die Dynamik der Szene bestimmt Quasimodo: Er macht sich zum Agen-

mant et cetera. Zur realen Figur des Quasimodo vgl. die Entdeckung von Adrien Glew: Tate Press Office: Papers in Tate Archive may provide clue to identity of Hugo's Quasimodo, (Pressemitteilung vom 15. August 2010), http://www.tate.org.uk/about/press-office/press-releases/papers-tate-archive-may-provide-clue-identity-hugos-quasimodo, 29. März 2016.

18 Claudia Jeschke: Repertoire fremder Tänze. In: Claudia Jeschke [et al.]: *Interaktion und Rhythmus. Zur Modellierung von Fremdheit im Tanztheater des 19. Jahrhunderts.* München 2010, 81–120.

ten Esmeraldas, indem er eindrucksvoll und vehement seine andersartige Körperlichkeit einsetzt.[19]

Mit minimaler Aktion hingegen spielt das 6. Bild auf den Türmen von Notre-Dame, die Theaterzuschauer betrachten das Geschehen aus weiter Ferne. Das Bild zeigt den senkrecht in die Tiefe stürzenden Don Claude und den Glöckner, der in einer Verlängerung der Senkrechten bewegungslos auf dem Turm steht (Abb., linke Seite). Auch das nächste Tableau vermittelt Stillstellung: Quasimodo befindet sich im Himmel, zu Füßen Esmeraldas, die ihre Arme um ihn schlingt (Abb., rechte Seite). Besonders die Nutzung der Bühnensenkrechten durch den Sturz erscheint als probates wie äußerst dramatisches bild- wie bewegungsorientiertes Mittel, den Blick auf die heroische Substanz der jeweiligen Persönlichkeiten zu lenken. Die Wechsel der Räume, der inhaltlichen und visuellen Brennpunkte des Geschehens, der Wechsel der visualisierten Perspektiven auf das Geschehen erklären nicht, sie lassen sich vielmehr als spektakuläres Display theatraler Effekte und Möglichkeiten interpretieren – ebenso wie die Verbindung von Heroischem mit einem befremdlichen amorphen Körper im Zusammenspiel mit einem weiteren fremden Körper. Spektakularität bedeutet in Justamants *Quasimodo*-Inszenierung vor allem die offene Verhandlung des sinnlich wahrnehmbaren Fazits vehementer innerer Reibung fremd-heroischer Figuren, die nun szenisch und bewegungsorientiert geäußert wird. Und damit das Möglichkeitsspektrum des Theatralen reflektiert.

## *Der Traum vom Un-Heroischen:* La Péri *(1842/1843)*[20]

Kurz zum Inhalt des Balletts: Der Dichter Achmet versetzt sich mittels Opium in einen Rauschzustand, in dem er den Péris und ihrer Königin begegnet. Die Idee von Himmel und Erde verselbstständigt sich (scheinbar), so dass sich ästhetische Vorstellung und Umsetzung in die szenische Realität verknüpfen. Die Königin, La Péri, verliebt sich in den Dichter. Um mit ihm zusammen zu sein, inkarniert sie in die auf der Flucht (aus dem Harem des Paschas) erschossene Sklavin Léila; sie verwandelt sich also in eine irdische Frau. Im Laufe der Proben zum Ballett wurden zwei Möglichkeiten des Schlusses erwogen. Gautier konzipierte das unglückli-

---

19 Vgl. *Quasimodo ou La Bohémienne*, Libretto im Regiebuch (Anm. 10), 7, 8: Quasimodo begehrt auf gegen seinen Pflegevater, als dieser Esmeralda erneut zu rauben versucht: „il se jette sur le ravisseur, lui pose un genou sur la poitrine et lève un coutelas sur sa tête" (7), und als Don Claude ihn schließlich als seinen Diener erkennt und Gehorsam fordert, antwortet er „avec énergie qu'il restera, et qu'avant qu'on touche à la jeune fille' il faut qu'on le tue. Il lui présente le couteau" (8).

20 Zu den Fassungen vgl. Gabi Vettermann: Fallbeispiele. Eine Episode: Esmeralda, La Esmeralda, La Zingara … tanzt, oder: Tänze einer Ausstellung des Fremden. In: Claudia Jeschke [et al.]: *Interaktion und Rhythmus. Zur Modellierung von Fremdheit im Tanztheater des 19. Jahrhunderts*. München 2010, 369–388.

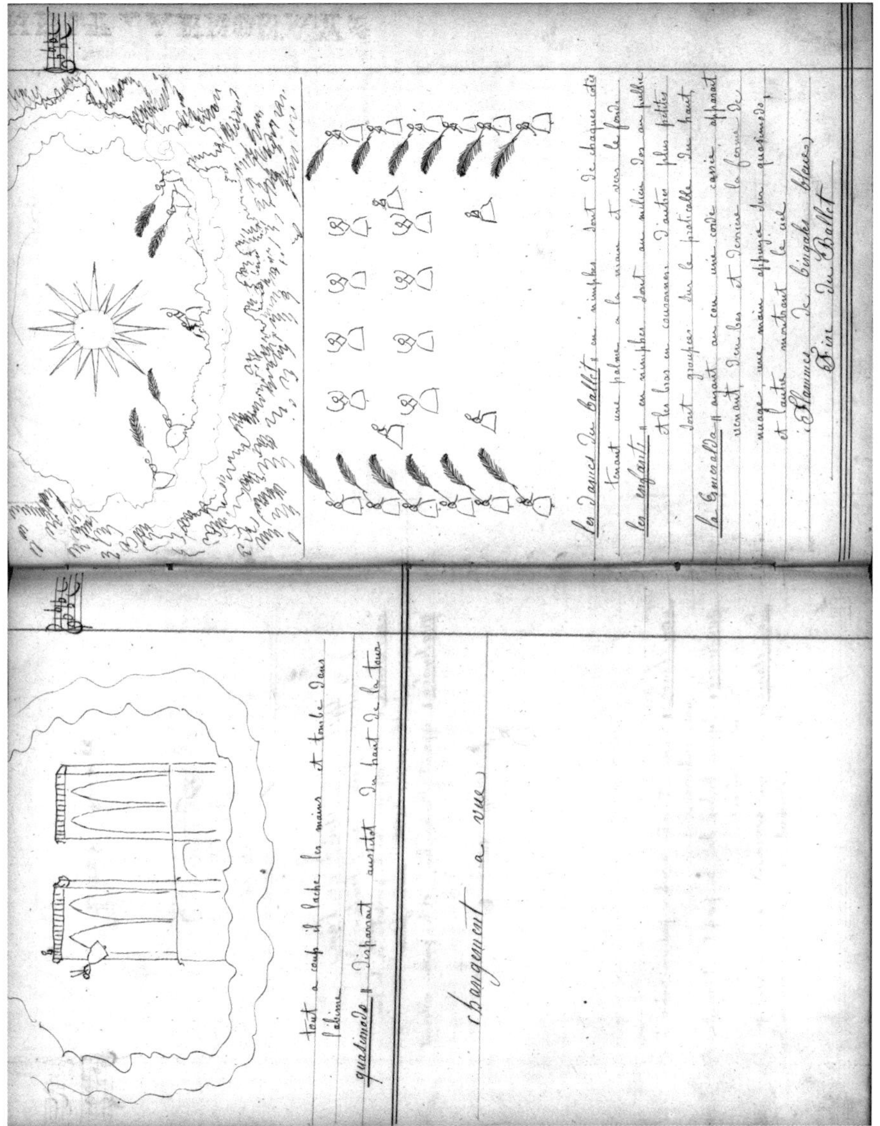


Henri Justamant: *Quasimodo ou La Bohémienne. Ballet d'actions en trois actes et six tableaux, livrets de mise en scène* (Lyon 1859), Köln, Theaterwissenschaftliche Sammlung, Schloss Wahn.

che Ende: Der Pascha nimmt Rache, Achmet wird, inspiriert durch Alexandre Decamps' Gemälde *Le Supplice des crochets*, hingerichtet. Kurz vor der Premiere wurde der unglückliche durch einen glücklichen Schluss ersetzt: durch die Apotheose von Achmet und Péri.

Wie Théophile Gautiers Erfolgsballett *Giselle* folgt auch *La Péri* einer zweiaktigen Struktur. Der Librettist legt also keinen Wert auf eine überlieferte dramatische Entwicklung und demgemäß auf sie bestimmende Schauplätze. Vielmehr stellt er sich alle Schlüsselstellen des Balletts als Tanz vor: unter anderem auch die Flucht der Péri über die Dächer beziehungsweise ihre Inkarnation in eine Sterbliche und den *pas de l'abeille*. *La Péri* ist, so Gautier, der Traum der Erde vom Himmel und der Traum des Himmels von der Erde. Das Ballett thematisiert die Überführung einer ästhetischen Vorstellung in eine von heroisch agierenden Fremden getragene Tanz-Handlung.[21]

Im Unterschied zum heimlichen Paar und zum konträren Paar der vorangegangen Beispiele handelt es sich in *La Péri* um ein Traum-Paar. Dieses Paar hat das Potenzial zur Realisierung ihrer Beziehung – dadurch, dass Achmet Péri in Léila wieder-erkennt. Dazu bedarf es des Muts zur Transformation, nicht nur von Péris Seite (durch ihre Verwandlung zu Léila), sondern ebenso von Achmets Seite, dessen Traum von der Königin der Péris durch die Begegnung mit einer Sterblichen, Leila, auf dem Spiel steht.

Die Verwandlung der Péri zu Léila erfolgt, als eine Sklavin dem Pascha entflieht, von seinen Dienern verfolgt und erschossen wird. Blitzschnell, unterstützt vermutlich durch Lichteffekte, inkarniert La Péri in die Getötete, legt alle ihre Insignien ab und wird sterblich. In dieser Form sieht sie ihre Chance, sich Achmet zu nähern. Ein (scheinbar) zufälliger theatraler Moment kreiert Abwesenheit von Interaktion und unbedingte tänzerische Stillstellung – momenthafte Löschungen, in denen Eigenes, Fremdes, Heroisches nicht ausgestellt oder verhandelt werden, in denen sich jedoch das folgende Geschehen als Intention der Péri (und aufgrund der Paarkonstellation indirekt auch Achmets) als Subtext, als Programm ankündigt: Es bedarf der Fantasie, um die Annäherung an das Heroisch-Fremde zu ermöglichen.

Als Dreh- und Angelpunkt des Wieder-Erkennens durch Achmet funktioniert der *pas de l'abeille*, der Bienentanz. Er ist in allen Versionen des Librettos als Krönung eines Festes und damit zunächst als fremd-tänzerische (physische, energetische) Charakterisierung der Protagonistin konzipiert. Darüber hinaus präsentiert dieser Tanz eine choreografisch besondere Form der Kommunikation, die pantomimische Auseinandersetzung mit einer gefährlichen Biene (als Metapher für

21 Persönliches Anliegen wie die in der Forschung mehrfach attestierte Experimentierfreudigkeit und Radikalität zeichnen das Ballett von Beginn seiner Entstehung aus. Vgl. auch Andrew Gann: *La genèse de la Péri. In: Théophile Gautier: L'art et l'artiste. Actes du colloque organisé en 1982 par la Société Théophile Gautier*, Bd. 1. Montpellier 1982, 207–220.

Achmet?[22]), und entwickelt dadurch eine narrative Aufladung der tanztheatral kinästhetischen Wirkung[23].

> Elle s'avance au milieu du théâtre, se débarrasse de son manteau et s'apprête à danser un pas national connu au Caire sous le nom de *Pas de l'abeille.* – La danseuse cueille un rose: l'insecte irrité sort en bourdonnant du calice de la fleur et poursuit l'imprudente, qui tâche de l'écraser tantôt entre ses mains, tantôt sous son pied. – L'abeille va être prise: un mouchoir dont Léïla relève le coin avec précaution rend ses ailes inutiles. Mais quoi! elle s'est échappée, et, plus irritée que jamais, elle se glisse dans le corsage de la danseuse, qui la cherche dans les plis de sa veste, dont elle se débarrasse; la lutte continue, l'abeille bourdonne, la jeune fille tourbillonne, augmentant toujours la vivacité de sa danse. La ceinture va bientôt rejoindre la veste, et Léïla, dans le costume le plus léger, en simple jupe de gaze, continue ses évolutions éblouissantes, et finit, éperdue, haletante, par aller chercher un abri sous la pelisse d'Achmet, qui, ravi d'admiration, s'incline amoureusement vers elle, et lui couvre, à la mode orientale, le front et la poitrine des pièces d'or. Leïla reçoit modestement les félicitations des assistants et lorsque les femmes se retirent, Achmet la fait rester auprès de lui.[24]

Die unterschiedliche Platzierung des Tanzes in den verschiedenen Fassungen des Librettos, die zum Teil während des Probenprozesses entstanden, zeigt, dass sich Transformation und Wieder-Erkennen schwer umsetzen ließen. Auch ein traditioneller argumentativer Vorschlag wie die Einführung einer Antagonistin, der bisherigen Favoritin Achmets, die sich nicht so einfach von ihrer Stellung vertreiben lassen wollte und folglich Péri/Léila nach dem Leben trachtete, konnte das dramaturgische beziehungsweise choreografische Problem nicht lösen. Die Verwandlung der Péri wurde auf diese Weise immer nur indirekt angesprochen. Und als bloßer Subtext taugte sie zwar zur spektakulären Vermittlung von Fremdem, aber nicht von Heroischem. Die Idee des Traums, des Traums von einem Paar, funktionierte erst, als der *pas de l'abeille* und das Wieder-Erkennen entkoppelt wurden. Die Freistellung des *pas de l'abeille* zum narrativen wie virtuosen, verführerischen Schaustück machte es möglich, die Frage nach der Identität von Léila oder der Verwandlung der Péri nicht mehr zu stellen. Achmet akzeptiert fraglos die Wirkkraft, welche die tänzerischen Aktionen auf ihn haben – der *pas de l'abeille* impliziert so die Möglichkeit zur Interaktion von Péri/Léila und Achmet als Paar. Die Tatsache, dass der Schluss durch Apotheose oder Hinrichtung (*Le Supplice des crochets*) ge-

---

22 Vgl. Nicole Haitzinger: Fallbeispiele. Pas de l'Abeille und Cachucha – Auftritte von Frauen als andere Fremde. In: Claudia Jeschke [et al.]: *Interaktion und Rhythmus. Zur Modellierung von Fremdheit im Tanztheater des 19. Jahrhunderts.* München 2010, 199–209, hier 208.

23 Die Verwendung des Begriffs ‚Kinästhesie' folgt der Definition von Carrie Noland: *Agency and Embodiment: Performing Gestures/Producing Culture.* Cambridge, MA [u.a.] 2009, 9: „the term ‚kinesthesia' refers to the sensations of movement transmitted to the mind from the nerves of the muscular, tendinous, and articular systems." Die Übertragung geschieht nicht nur propriozeptiv, sondern auch kommunikativ, das heißt, sie betrifft die Interaktionen mit den Mit-Tänzern auf der Bühne sowie den anwesenden Zuschauern.

24 Théophile Gautier: *Œuvres complètes*, Section III: *Théâtre et ballets*, hg. von Claudine Lacoste-Veysseyre und Hélène Laplace-Claverie. Paris 2003, 611.

plant war beziehungsweise in einer Fassung auch stattfand, verweist einmal mehr auf das verstörende Potenzial der heroisch-affinen Metamorphosen.

Die Interpretationen der performatorischen Dimension von Libretti und Inszenierungsnotaten markieren je eigene szenische Kollusionen und Kollisionen von literaler Narrativik, tänzerischer Narration, Inszenierung, Bedeutung und kinästhetischer Wirkung. Die unterschiedlichen Konstellationen des Heroischen und Fremden – so zeigen die Fallbeispiele – fordern und fördern die Entwicklung tanztheatraler Frei- und Spiel-Räume für das Heroisch-Fremde, indem sie herkömmliche, dramaturgisch und/oder choreografisch literalisierte Schlüsselsituationen (hier beispielhaft: Interaktionen und Tänze) ereignishaft fragmentieren und de- beziehungsweise reformieren. Die Ereignishaftigkeit bezieht sich in *Danina, oder Joko [...]* auf die in den verschiedenen Librettofassungen vorgestellten Entwürfe von Heroischem in kolonialen und antropomorphen Fremden und diverse Experimente mit deren vor allem dramaturgischer Praktikabilität. In *Quasimodo ou La Bohémienne* wird Handlung weniger linearisiert als in (bewegte) Bilder gefasst: Die phänomenologisch-psychologische Verdichtung der tanzend-handelnden Fremden/Anderen rhythmisiert – bildhaft dramatisierend – das Geschehen und öffnet es so dem Entwurf eines bislang unbekannten wie unerwarteten Heroischen. Und die Libretti und der Probenprozess zu *La Péri* präsentieren sowohl die Interaktionen des fremd-heroischen Paares wie auch die Tänze jenseits, ja in Umkehrung von herkömmlicher dramaturgischer Narrativik und tänzerischer Narration: Die Verwandlung der Péri in Léila erfolgt argumentationslos chimärisch während eines kurzen Moments der Stillstellung. Die Positionierung wie provokante Choreografie des *pas de l'abeille* impliziert Handlungsoptionen für das Paar, die sich der szenischen Realisierung durch Apotheose entziehen.

In der Zusammenschau der drei Fallbeispiele entfalten die morphologischen Verkörperungen und dadurch bedingten Verschiebungen von heroisch-fremd profilierten Figurationen ein weites Spektrum heldisch-affiner Eigenschaften und Handlungen, welche die Entwurfspotenziale tanztheatraler Praxen und Inszenierungen im 19. Jahrhundert von der literalen Argumentation zur ereignishaften Spektakularität erweitern.

## *Abbildungsnachweis*

 Für die Abdruckgenehmigung bedanken wir uns bei Hedwig Müller.

# Die neue Stimme des fremden Helden: Gaetano Fraschini als Zamoro in Giuseppe Verdis *Alzira*

*Thomas Seedorf*

Obwohl es in der europäischen Musikgeschichte eine weit zurückreichende Tradition des musikalischen Exotismus gab,[1] haben italienische Opernkomponisten der ersten Hälfte des 19. Jahrhunderts weitgehend darauf verzichtet, Schauplätze und Völker außereuropäischer Weltgegenden mit Hilfe exotistischer Topoi wie dem Gebrauch außergewöhnlicher Instrumente, besonderer Skalen oder spezifischer Rhythmen in ihrer Fremdheit ästhetisch zu vermitteln. Ein Grund für diese Zurückhaltung mag von politischen Zwängen beherrschten Pragmatik des Opernbetriebs dieser Zeit sein. Es kam häufig vor, dass die Autoren einer Oper ihr Werk auf Anweisung der Zensur, die stets bemüht war, politisch brisante Themen auf der Bühne zu unterdrücken, komplett umarbeiten mussten, oder Stücke an unterschiedlichen Orten in ganz unterschiedlichen Bearbeitungen aufgeführt wurden. Obwohl er bereits der berühmteste Komponist Italiens war, musste Giuseppe Verdi noch 1859 akzeptieren, dass die Handlung seiner Oper *Un ballo in maschera* vom Hof des schwedischen Königs Gustav III. nach Boston verlegt wurde – vergleichbare Fälle finden sich in der Geschichte der italienischen Oper des 19. Jahrhunderts zuhauf. Der Verzicht auf exotistische Darstellungsmittel erleichterte die Verlegung von Schauplätzen und entsprach damit der allgemeinen Bühnenpraxis.

Verdis Tragedia lirica *Alzira* spielt in Peru zur Zeit der Eroberung durch die Spanier. Der Komponist verzichtet zwar darauf, das Moment des Fremdkulturellen in seiner Musik zu spezifizieren, bringt aber dennoch ein neues und in gewisser Hinsicht fremd wirkendes Element zur Darstellung des Heroischen zur Geltung: einen neuen Sängertypus, dessen stimmliche Eigenheit Teil der Partitur ist.

*Alzira* entstand in einer stürmischen Phase der Laufbahn Giuseppe Verdis.[2] Nach dem Erstling *Oberto, Conte di San Bonifacio*, der bei der Uraufführung 1839 am Mailänder Teatro alla Scala freundlich aufgenommenen wurde, und der komischen Oper *Un giorno di regno*, die im Folgejahr am selben Haus mit Pauken und Trompeten durchfiel, war Verdi 1842, wieder an der Scala, mit *Nabucodonosor* – besser bekannt unter der Kurzform *Nabucco* – der Durchbruch als Opernkomponist gelungen, der bald Anfragen anderer Opernhäuser Italiens nach sich zog. *Ernani* entstand 1844 als Auftragskomposition für das Teatro La Fenice in Venedig, noch im

---

1 Thomas Betzwieser und Michael Stegemann: Exotismus. In: Ludwig Finscher (Hg.): *Die Musik in Geschichte und Gegenwart. Allgemeine Enzyklopädie der Musik*, Sachteil, Bd. 3. [2]Kassel [u.a.] 1995, Sp. 226–243.

2 Zu Verdis Laufbahn vgl. Julian Budden: *Verdi. Leben und Werk*. Stuttgart [2]2000.

selben Jahr folgte mit *I due Foscari* Verdis erste Oper für Rom. Mit *Giovanna d'Arco* kehrte Verdi 1845 noch einmal an die Scala zurück, ein knappes halbes Jahr später folgte die Uraufführung von *Alzira* am Teatro San Carlo in Neapel. Mit *Attila*, der 1846 am Teatro La Fenice erstmals gegeben wurde, schuf Verdi schließlich die fünfte Oper innerhalb von nur zwei Jahren – eine Tour de force, die den Komponisten in ganz Italien bekannt machte, ihm weitere Aufträge eintrug und seinen Ruf als herausragender Vertreter seiner Komponistengeneration festigte.

Eine Oper für Neapel zu schreiben, war für Verdi doppelt reizvoll. Der Auftrag des Teatro San Carlo, einer der wichtigsten Opernbühnen Italiens, stellte einerseits einen großen Prestigegewinn dar, andererseits gehörte mit Salvadore (Salvatore) Cammarano einer der besten Librettisten der Zeit zum Stammpersonal des Hauses.[3] Für Gaetano Donizetti hatte Cammarano unter anderem das Textbuch zu *Lucia di Lammermoor* geschrieben; mehrere Libretti hatte er für Saverio Mercadante verfasst, einen in Neapel besonders beliebten Komponisten, der seit 1840 zudem als Direktor des lokalen Conservatorio San Pietro a Majella wirkte. Für Verdi erwies sich die Begegnung mit Cammarano als folgenreich, denn der Librettist schrieb für ihn nach *Alzira* die Textbücher zu drei weiteren Opern (*La battaglia di Legnano*, *Luisa Miller* und *Il trovatore*) und skizzierte auf Wunsch des Komponisten eine Oper nach Shakespeares *King Lear*, ein Projekt, das Verdi viele Jahre lang verfolgte, zu dessen Ausführung es aber nie kam.[4]

Wie im italienischen Opernbetrieb dieser Zeit üblich, stand zu Beginn von Verdis Engagement noch nicht fest, welcher Stoff dem in Auftrag gegebenen Werk zugrunde liegen würde.[5] Der Vorschlag, Voltaires Tragödie *Alzire ou les Américains* zur Grundlage zu machen, stammte von Cammarano. Arbeitsökonomische Gründe scheinen dabei eine Rolle gespielt zu haben. Der Librettist hatte sich bereits zuvor mit diesem Drama beschäftigt und dessen Stoff auf seine Operntauglichkeit hin durchdacht. Zwei Jahre vor Verdi schlug er dem renommierten und in Neapel sehr geschätzten Komponisten Giovanni Pacini eine Oper nach Voltaires Drama vor, dieser lehnte aber zugunsten eines anderen Projekts ab.[6] Cammarano hatte also Ideen für eine *Alzira*-Oper in der Schublade, als er Verdi, dem jungen Komponisten aus Norditalien, der seinen Platz in der Riege der großen italienischen Opernschöpfer erst noch finden musste, einen Stoff anbieten sollte. Er schickte Verdi ein Szenario (*programma*), das dieser sofort akzeptierte; mehr noch: Er teilte Cammarano mit, er sei „contentissimo sotto ogni rapporto" (‚höchst zufrieden in jeder Hinsicht').[7] Verdi scheint Voltaires Drama zuvor nicht gekannt zu

---

3 John N. Black: *The Italian Romantic Libretto. A Study of Salvatore Cammarano*. Edinburgh 1984.

4 Gary Schmidgall: Verdi's „King Lear" Project. In: *19th-Century Music* 9: 2, 1985/86, 83–101.

5 Einen knappen Überblick zur „Opernindustrie" der Verdi-Zeit gibt Anselm Gerhard: *Giuseppe Verdi*. München 2012, 14–28, vor allem 16–19.

6 Black: *Italian Romantic Libretto* (Anm. 3), 86–87.

7 Verdi an Cammarano, 23. Februar 1845. In: *Carteggio Verdi – Cammarano (1843–1852)*, hg. von Carlo Matteo Mossa. Parma 2001, 3.

haben, nahm aber Cammaranos Vorschlag zum Anlass, die Tragödie zu lesen,[8] und gewann dabei die Überzeugung, dass aus dem Schauspiel „in den Händen Cammaranos eine ausgezeichnete Oper" werden würde.[9]

Ein solcher Gattungstransfer vom gesprochenen zum gesungenen Drama gehörte zu den Selbstverständlichkeiten der italienischen Opernpraxis. Nach Shakespeare war Voltaire derjenige Dramatiker, dessen Werke seit Ende des 18. Jahrhunderts am häufigsten als Stoffquelle für italienische Opern genutzt wurden.[10] Besonders beliebt waren Voltaires Dramen *Zaire*, *Sémiramis* und *Tancrède* – Gioachino Rossinis Opern nach den beiden letztgenannten Werken (*Tancredi* und *Semiramide*) konnten sich beinahe das ganze 19. Jahrhundert hindurch im Repertoire der Opernhäuser halten.[11] Auch *Alzire* war bereits vor Verdi und Cammarano mehrfach für die italienische Opernbühne adaptiert worden, insbesondere um die Wende vom 18. zum 19. Jahrhundert, als italienische Komponisten und Librettisten in Abgrenzung von den historischen und mythologischen Geschichten der älteren *Opera seria* intensiv nach neuen, unverbrauchten Stoffen suchten. Voltaires Dramen waren in Italien schon zu Lebzeiten des Autors bekannt und wurden in unterschiedlichsten Bearbeitungen häufig gespielt, gelesen und diskutiert.[12] Der Schritt hin zur musiktheatralischen Bearbeitung war um 1800 ein kleiner.

Voltaires 1736 erstmals aufgeführte Tragödie *Alzire ou les Américains* spielt in Peru um die Mitte des 16. Jahrhunderts.[13] Zwei Personengruppen stehen einander gegenüber: die spanischen Eroberer, angeführt von dem Gouverneur D. Alvarès, der seine Macht seinem Sohn D. Gusman übergibt, und die „Américains", das heißt

---

8 Die erste italienische Übersetzung von *Alzire* erschien bereits 1737, ein Jahr nach der Pariser Uraufführung. Bis 1797 folgten sieben weitere Übertragungen; vgl. den Abschnitt „Manuscripts and Editions" in der „Introduction" zur kritischen Ausgabe des Dramas von T. E. D. Braun in: *Les œuvres complètes de Voltaire – The Complete Works of Voltaire*, hg. von Nicholas Cronk [et al.], Bd. 14. Oxford 1989, 1–210, hier 97–98. Welche Ausgabe Verdi benutzte, ist nicht bekannt.

9 „Ho letto la Tragedia di Voltaire che nelle mani di *Cammarano* diverrà un'eccelente melodramma" (*Carteggio Verdi – Cammarano* [Anm. 7], 4).

10 Ronald S. Ridgway: Voltairian Bel Canto. Operatic Adaptations of Voltaire's Tragedies. In: *Studies on Voltaire and the Eighteenth Century (SVEC)* 241, 1986, 125–154. Michele Calella: Die Rezeption der Tragödien Voltaires auf den venezianischen Opernbühnen und das Problem der Tragik in der Oper des späten 18. Jahrhunderts. In: Franz Hauk und Iris Winkler (Hg.): *Johann Simon Mayr und Venedig. Beiträge des Internationalen musikwissenschaftlichen Johann Simon Mayr-Symposions in Ingolstadt vom 5. bis 8. November 1998.* München und Salzburg 1999, 155–165.

11 Heather Hadlock: *Tancredi* and *Semiramide*. In: Emanuele Senici (Hg.): *The Cambridge Companion to Rossini*. Cambridge [u.a.] 2004, 139–158.

12 Luigi Ferrari: *Le traduzioni italiane del teatro tragico francese nei secoli XVII^e^ e XVIII^e^. Saggio bibliografico* (Revue de littérature comparée. Bibliothèque; 13). Paris 1925. Laurence Macé: La première réception tragique de Voltaire en Italie. In: *Œuvres & Critiques* 3: 2, 2008, 133–149.

13 Alle Angaben nach der Ausgabe des Dramas von T. E. D. Braun (Anm. 8). In seiner „Introduction" gibt Braun einen ausführlichen Überblick zur Entstehungsgeschichte des Dramas, die von Voltaire verwendeten historischen und literarischen Quellen sowie zur Aufführungs- und Publikationsgeschichte des Werks.

die Vertreter der indigenen Bevölkerung Perus, repräsentiert durch den jungen Zamore, „souverain d'une partie du Potoze", und den älteren Montèze, „souverain d'une autre partie", sowie dessen Tochter Alzire. Alvarès bemüht sich um eine friedliche Koexistenz mit den Peruanern und gewinnt Montèze für den Plan, Alzire mit Gusman zu vermählen und durch diese Heirat Frieden zwischen den beiden Völkern zu stiften. Im Unterschied zu seinem Vater setzt Gusman aber auf Gewalt und Unterwerfung der Gegner. Trotzdem begehrt er Alzire, die aber liebend mit Zamore verbunden ist. Zamore, der *héros* des Dramas, kämpft sowohl für die Freiheit seines Volks wie um seine Geliebte, die auf Druck ihres Vaters bereit ist, Gusman zu heiraten. Im Kampf verwundet Zamore seinen Gegner Gusman schwer, im Sterben erweist sich dieser aber doch noch als echter Christ, indem er seinem Feind vergibt.

In Voltaires Tragödie wird der Konflikt zwischen den handelnden Personen und den Welten und Anschauungen, für die sie stehen, in kunstvoll-beredten Alexandrinern ausführlich entfaltet. Wie viele seiner Stücke ist auch dieses ein Ideendrama, in dem vor allem gesprochen, kaum agiert wird. Die Komplexität der Gedankenführung und die Fülle der miteinander kunstvoll verwobenen Handlungsstränge stehen aber im Widerspruch zur Ästhetik der italienischen Oper, die ein „Drama der Affekte"[14] ist und emotionale Momente, die einer Übersetzung in Musik entgegenkommen, in den Mittelpunkt stellt. Bei Voltaire entfaltet sich die Geschichte im narrativen Diskurs, in der Oper hingegen sind die erzählerischen Momente auf wenige Situationen konzentriert, das Hauptgewicht liegt auf der Präsentation weniger affektstarker Szenen. Aufgabe eines Librettisten war es daher, die opernaffinen Elemente der Dramenvorlage zu erkennen und herauszuarbeiten.

Gaetano Rossi, einer der bekanntesten Librettisten des frühen 19. Jahrhunderts, äußerte sich in Briefen an Giacomo Meyerbeer darüber, wie aus einem literarischen Drama ein italienisches *Melodramma* zu gewinnen ist. Laut Rossi geht es darum, die Vorlage auf ein Handlungsgerüst, eine „ossatura" (‚Skelett'), zu reduzieren und dieses den gattungsspezifischen Gesetzen der Oper anzupassen, das heißt, Szenen auszuwählen, die sich in geschlossene Musiknummern (Arien, Duette, Ensembles et cetera) umformen ließen, oder auch neue Szenen zu erfinden, sollte die Vorlage nicht genügend Anlässe für Musik bieten.[15] Rossi war der Librettist von *Tancredi* (1813) und *Semiramide* (1823), Rossinis Erfolgsopern nach Voltaire; zuvor hatte er bereits dessen *Alzire* zu einer Oper umgearbeitet, zunächst unter dem Titel *Gli americani* für Johann Simon Mayr (Venedig, Teatro La Fenice, 1805), dann als *Alzira* für Nicola Antonio Manfroce (Rom, Teatro Valle, 1810) und schließlich als *Il trionfo di Gusmano* für Marcos António Portugal (Lissabon,

14 Carl Dahlhaus: *Wagners Konzeption des musikalischen Dramas*. Kassel [u.a.] 1990, 18.

15 Sabine Henze-Döhring: „Combinammo l'ossatura ...". Voltaire und die Librettistik des frühen Ottocento. In: *Die Musikforschung* 36: 3, 1983, 113–127. Zu Rossi vgl. John Black: Rossi, Gaetano. In: Stanley Sadie (Hg.): *The New Grove Dictionary of Opera*, Bd. 4. London 1992, 52–53.

Teatro S Carlos, 1816).[16] Laut R. S. Ridgway war Rossi auch der Autor der Libretti zu den *Alzira*-Opern von Giuseppe Nicolini (Genua, Teatro Sant'Agostino, 1796) und von Sebastiano Nasolini (Bologna, Teatro Comunale, 1797; diese Oper stellt eine Bearbeitung von Niccolò Zingarellis *Alzira*-Oper dar, die 1794 am Teatro della Pergola in Florenz erstmals aufgeführt worden war);[17] diese Zuweisung ist aber ebenso unsicher wie die Autorschaft Rossis im Fall des Textbuchs zu Francesco Bianchis *Alzira* (London, King's Theatre in the Haymarket, 1801).[18]

Als Cammarano und Verdi sich mit dem *Alzire*-Stoff befassten, waren seit der Uraufführung der letzten *Alzira*-Oper, Portugals *Il trionfo di Gusmano*, zwar beinahe dreißig Jahre vergangen, der Stoff hatte aber nichts an Reiz verloren, denn Opern, in denen die Eroberung Amerikas durch die Spanier den Handlungsrahmen bilden, waren auf den italienischen Opernbühnen um die Mitte des 19. Jahrhunderts immer noch beliebt.[19]

„Es ist überflüssig, Euch zu sagen, dass Ihr Euch kurz haltet: Ihr kennt das Theater besser als ich",[20] teilte Verdi dem Textdichter der *Alzira* mit, und Cammarano folgte dieser Vorgabe. Die meisten Verdi-Opern dauern kaum länger als zwei Stunden, *Alzira* mit rund anderthalb Stunden Spielzeit, die auf Bitten der neapolitanischen Theaterleitung nachkomponierte Ouvertüre eingeschlossen, galt allerdings schon den Zeitgenossen als „opera, che è brevissima".[21]

Cammarano übernimmt das Personal der Voltaire-Tragödie im Wesentlichen und italianisiert die Namen der Protogonisten: Aus Alzire, Zamore, Gusman und Alvarès werden Alzira, Zamoro, Gusmano und Alvaro, nur Alzires Vater Montèze erhält einen neuen, singbareren Namen (Ataliba). Hinzuerfunden sind den Protagonisten zugeordnete Nebenfiguren, die als Stichwortgeber für die Dramaturgie

---

16 Black: Rossi (Anm. 15), 53.

17 Ridgway: Voltairian Bel Canto (Anm. 10), 153.

18 Sowohl Marita McClymonds (Bianchi, [Giuseppe] Francesco. In: Stanley Sadie [Hg.]: *The New Grove Dictionary of Opera*, Bd. 1. London 1992, 467) als auch Daniel Brandenburg (Bianchi, Giuseppe Francesco. In: Ludwig Finscher [Hg]: *Die Musik in Geschichte und Gegenwart. Allgemeine Enzyklopädie der Musik*, Personenteil, Bd. 2. Kassel [u.a.] 1999, Sp. 1564) nennen Rossi als Verfasser des Librettos zu Bianchis *Alzira*. Im zeitgenössischen Librettodruck des Werks heißt es dagegen: „the fable of this opera has been materially changed from former compositions of this name, and the poetry re-written by S. Buonaiutu". Angaben nach Francesco Bianchi: *Alzira. A Serious Opera in Two Acts*. Lambeth 1801, verzeichnet in: Trove. National Library of Australia, http://trove.nla.gov.au/work/152814347?q&versionId=166537980, 29. März 2016. Zu weiteren *Alzira*-Adaptionen für das italienische Musiktheater vgl. Stefano Castelvecchi: Introduction. In: *Le opere di Giuseppe Verdi*, Seria 1, Bd. 8: *Alzira. Tragedia lirica in 3 acts by Salvadore Cammarano*, hg. von Stefano Castelvecchi. Chicago [u.a.] 1994, xi–xxv, hier xiii, Anm. 21.

19 Jürgen Maehder: The Representation of the „Discovery" on the Opera Stage. In: Carol E. Robertson (Hg.): *Musical Repercussions of 1492. Encounters in Text and Performance*. Washington und London 1992, 257–287.

20 „È inutile che le dica di tenersi breve: Ella conosce più di me il teatro –" (Verdi an Cammarano, 23. Februar 1845. In: *Carteggio Verdi – Cammarano* [Anm. 7], 4).

21 Emanuele Muzio an Antonio Barezzi, 18. September 1845. In: *Giuseppe Verdi nelle lettere di Emanuele Muzio ad Antonio Barezzi*, hg. von Luigi Agostino Garibaldi. Mailand 1931, 219.

italienischer Opern typisch sind: Ovando, ein „Duce spagnuolo“, Zulma, „ancella di Alzira“ sowie Otumbo, ein „guerriero americano“.

Cammarano reduzierte Voltaires fünfaktige Tragödie auf eine „ossatura“, aus der er sechs Bilder, das heißt Szenenkomplexe gewann. In den traditionellen Ausgaben der Oper, angefangen mit dem gedruckten Libretto der Uraufführung, verteilen sich diese Bilder auf einen Prolog (ein Bild) und zwei Akte (mit zwei beziehungsweise drei Bildern). In seiner handschriftlichen Partitur bezeichnet Verdi den ersten Teil der Oper dagegen eindeutig als I. Akt, der I. und II. Akt Cammaranos sind bei ihm dementsprechend die Akte II und III.[22] Cammaranos Bezeichnung der ersten Szene als „prologo“ ist allerdings treffender, denn in ihr wird ein Ereignis gezeigt, das dem Hauptgeschehen zeitlich vorgelagert ist und im späteren Handlungsverlauf eine wichtige Rolle spielt. Zu Beginn der Oper wird gezeigt, dass Alvaro in die Hände der Inkas gefallen ist und auf Befehl Otumbos zu Tode gefoltert werden soll. Überraschend tritt der tot geglaubte Zamoro auf und befiehlt, Alvaro freizulassen. Es ist eine Geste an die Adresse der Feinde: Alvaro soll seinen Landsleuten berichten, dass ein Wilder ihm das Leben geschenkt habe.[23] An diese Gnadengeste erinnert sich Alvaro später, wenn Zamoro Gefangener Gusmanos ist und hingerichtet werden soll. In Voltaires Drama findet sich diese Szene nicht, wohl aber das ihr zugrunde liegende Motiv: In der 2. Szene des II. Akts berichtet Alvarès von einem „héros inconnu“, der ihn vor den rachedurstigen Peruanern gerettet habe.[24] Im Sinne der auf sinnliche Verdeutlichung zielenden Ästhetik der italienischen Oper macht Cammarano diese Tat sichtbar; aus einer Nebenbemerkung bei Voltaire entwickelt er eine theatralisch wirkungsvolle Szene.

Die weitere Handlung ist in wenigen Sätzen zusammenzufassen: Alvaro übergibt die Statthalterschaft an seinen Sohn Gusmano, dieser fordert die Hand Alziras von Ataliba, der für seine Tochter aber um Bedenkzeit bittet (2. Bild). Alzira träumt von ihrem tot geglaubten Geliebten Zamoro, der plötzlich erscheint, nachdem Ataliba versucht hat, seine Tochter zur politischen Ehe mit Gusmano zu bewegen. Das wiedervereinigte Liebespaar wird von Gusmano überrascht, der Zamoro gefangen nehmen lässt und seine Hinrichtung anordnet. Alvaro erkennt in Zamoro seinen Retter, Gusmano lässt den Inka-Führer auf die Bitte seines Vaters frei, ist aber entschlossen, seinen Rivalen im bevorstehenden Kampf zwischen Spaniern und Peruanern zu besiegen (3. Bild). In der Schlacht wurden die Inkas geschlagen, Zamoro ist wieder Gefangener Gusmanos und soll auf dem Scheiterhaufen sterben. Um ihren Geliebten zu retten, willigt Alzira ein, Gusmano zu heiraten (4. Bild). In einer Höhle im Gebirge beklagt Zamoro den erneuten Verlust Alziras. Von Otumbo erfährt er, welches der Preis für seine Freilassung war. Aufgebracht

---

[22] Die Verdi-Gesamtausgabe folgt dieser Zählung; vgl. Castelvecchi: Introduction (Anm. 18), xxi–xxii.

[23] „Fra' tuoi | Ritorna, o vecchio, ed a color, che noi | Chiaman selvaggi, narra | Che ti donò la vita | Un selvaggio.“ (*Tutti i libretti di Verdi*, hg. von Luigi Baldacci. Mailand 1975, 122)

[24] Voltaire: *Alzire ou les Américains* (Anm. 8), 146.

eilt er zurück in die Stadt, um sich an Gusmano zu rächen (5. Bild). Auf dem Hochzeitsfest erscheint Zamoro in spanischer Uniform und verletzt Gusmano tödlich. Dieser verzeiht seinem Gegner im Sterben und gibt Alzira frei (6. Bild).

Dieses aus den Hauptmotiven des Voltaire-Dramas destillierte Handlungsgerüst musste der Librettist so ausfüllen, dass die Protagonisten jenen Raum zur Entfaltung in Arien und Ensembles erhielten, der ihnen der Gattungskonvention gemäß zustand. In den 1830er Jahren etablierte sich in der italienischen Oper ein neuer Ensembletypus mit einer Dreieckskonstellation als Mittelpunkt: ein Liebespaar, bestehend aus Sopran und Tenor, und ein Bariton als Figur, die in Spannung zur Liebesbeziehung der anderen Protagonisten steht, sei es als Nebenbuhler (wie der Conte di Luna in Verdis *Il trovatore*), sei es als Vater (wie in *Rigoletto*).[25] In *Alzira* bilden die Titelfigur und Zamoro das Liebespaar aus Sopran und Tenor, Gusmano, der Kontrahent, ist der Bariton.

In den *Alzira*-Opern, die um 1800 entstanden, ist dagegen eine Disposition der Stimmen zu beobachten, die noch der Ästhetik des 18. Jahrhunderts verpflichtet ist. Der auffälligste Unterschied zur späteren Konvention besteht in der Besetzung der Heldenpartie des Zamoro mit einer Sopranstimme.[26] Vor 1800 wurde die Partie ausnahmslos mit Kastraten besetzt:[27] Vitale Damiani sang den Zamoro in Niccolò Zingarellis Oper (1794), Girolamo Bravura trat 1797 in den *Alzira*-Opern von Giuseppe Nicolini und Sebastiano Nasolini in dieser Rolle auf. Nach 1800 setzte sich eine andere Besetzungsstrategie durch. Die Hochzeit der Kastraten war vorbei, nicht zuletzt wohl aufgrund des mehrjährigen Kastratenverbots, das Napoleon über die italienischen Bühnen verhängt hatte.[28] Die Identifizierung des Helden mit einer hohen Stimme galt aber nach wie vor, doch griff man seit etwa 1810 zunehmend auf Sängerinnen in Männerkostümen zurück, eine Besetzungskonvention, aus der sich ein eigenes Opernrollenfach, das des *Contralto musico* herausbildete.[29] Als Nicola Monfroces Fassung von Rossis *Alzira*-Libretto 1810 ihre erste Aufführung erlebte, sang und spielte Adelaide Malanotte[30] den Zamoro, auch in allen dokumentierten Folgeaufführungen dieser Oper bis hinein in die

25 Uwe Schweikert: ‚Das ewige Dreieck'. Sängerhierarchie, Werkbegriff, Gesangsästhetik, Stimmtypologie, Personenkonstellation und Rollencharaktere. In: Uwe Schweikert und Anselm Gerhard (Hg.): *Verdi-Handbuch*. Kassel [u.a.] ²2013, 140–164.

26 Thomas Seedorf: *Heldensoprane. Die Stimmen der eroi in der italienischen Oper von Monteverdi bis Bellini* (Figurationen des Heroischen; 1). Göttingen 2015.

27 Angaben nach Roberto Verti (Hg.): *Un almanacco drammatico. L'indice de' teatrali spettacoli 1764–1823*, 2 Bde. (Saggi e forti / Fondatione Rossini; 2). Pesaro 1996.

28 Seedorf: *Heldensoprane* (Anm. 26), 62–64.

29 Der Begriff setzt sich zusammen aus der Stimmgattungsbezeichnung *contralto* und *musico*, einer seit dem 17. Jahrhundert geläufigen Bezeichnung für Sängerkastraten. Vgl. Heather Hadlock: Women Playing Men in Italian Opera, 1810–1835. In: Jane A. Bernstein (Hg.): *Women's Voices across Musical Worlds*. Boston 2004, 285–307. Anke Charton: *‚prima donna, primo uomo, musico'. Körper und Stimme. Geschlechterbilder in der Oper* (Leipziger Beiträge zur Theatergeschichtsforschung; 4). Leipzig 2012. Seedorf: *Heldensoprane* (Anm. 26), 64–66.

30 Für Malanotte komponierte Rossini 1813 die Titelpartie in *Tancredi*, die zur Paraderolle vieler Vertreterinnen des *Contralto musico* wurde.

1820er Jahre wurde die Partie stets mit einer Frau besetzt.[31] Eine zukunftsweisende Ausnahme bildete die Besetzung dieser Rolle mit einem Tenor – Giuseppe Viganoni – in Francesco Bianchis *Alzira*, die 1801 für London entstand.[32]

Als Verdi seine ersten Opern komponierte, neigte sich die Tradition des *Contralto musico* bereits ihrem Ende entgegen. Es gab aber immer noch Sängerinnen, die in Männerrollen auftraten und das Publikum zu begeistern vermochten. Zu ihnen zählte die Altistin Carolina Vietti, die insbesondere in Venedig eine große Anhängerschaft hatte. Als die Leitung des Teatro La Fenice wegen der Besetzung der geplanten Oper *Ernani* mit Verdi verhandelte, legte man dem Komponisten nahe, die Titelrolle des Outlaw Ernani als *Contralto musico* anzulegen, um eine dankbare Partie für die Vietti zu schaffen. Verdi lehnte zunächst ab, lenkte dann ein, um sich schließlich doch vehement gegen die alte Besetzungspraxis zu verwahren und die Rolle des Ernani für einen Tenor zu schreiben, wie es der modernen Praxis entsprach.[33]

Tenor war (und ist) allerdings nicht gleich Tenor. Carlo Guasco, der erste Ernani, wurde, so die zeitgenössischen Kritiker, den dramatischen Zügen seiner Partie nur unzureichend gerecht, vor allem mangelte es ihm für die vielen *con forza* zu singenden Stellen an klanglicher Durchschlagskraft. Guasco war Vertreter eines älteren Tenortypus, für den sich im Nachhinein der Terminus *tenore di grazia* oder *tenore leggero* etablierte. Ihm gegenüber entwickelte sich seit den 1820er Jahren ein anderer Typus, der *tenore di forza*, der in den 1830er Jahren die Heldenpartien zu erobern begann.[34]

Zum Sängerensemble, für das Verdi *Alzira* komponierte und dessen stimmlich-darstellerische Potenziale Librettist und Komponist in der Konzeption von Text und Musik berücksichtigten, gehörte der Tenor Gaetano Fraschini.[35] Geboren und ausgebildet in seiner Heimatstadt Pavia, debütierte Fraschini mit vierundzwanzig Jahren an der Mailänder Scala und sang kurz darauf auch erstmals am Teatro San Carlo in Neapel, das für viele Jahre eine seiner wichtigsten Wirkungsstätten werden sollte. Fraschinis Ruhm gründete auf seiner Darstellung des Sir Edgardo di Ravens-

31 Vgl. die Besetzungsangaben bei Nicola Antonio Manfroce News. Lavori Teatrali, http://nicolaantoniomanfr.wix.com/manfroce#!lavori-teatrali-bis/c1kba, 29. März 2016.

32 Zu Viganonis Auftritt als Zamoro sind keine zeitgenössischen Berichte überliefert. Viganoni war der Lehrer Domenico Donzellis, der in den 1830er Jahren zu den zentralen Protagonisten im Wandel des Tenorgesangs gehörte. Vgl. Giorgio Appolonia: *Il dolce suono mi colpì di sua voce. Giuseppe Viganoni da Almenno e i tenori bergamaschi del primo Ottocento*. Bergamo 2010.

33 Julian Budden: *The Operas of Verdi*, Bd. 1: *From Oberto to Rigoletto*. New York 1973, 138–171.

34 Thomas Seedorf: Heldentenor und Tenore di forza. In: Arnold Jacobshagen (Hg.): *Verdi und Wagner. Kulturen der Oper*. Köln [u.a.] 2014, 295–305.

35 Giorgio Migliavacca: Gaetano Fraschini: il tenore della transizione da Donizetti a Verdi. In: *Moderne Sprachen* 44, 2000, 207–232. Dario de Cicco (Hg.): *„Amico carissimo …“. Verdi e Fraschini attraverso alcune corrispondenze*. Lucca 2013. Giancarlo Landini: Fraschini, Rossini, Pacini, Petrella e Mercadante. Un problema d'interpretazione ed un tenore lombardo nella fucina del romanticismo napoletano. In: Sergio Martinotti (Hg.): *La musica a Milano, in Lombardia e oltre*, Bd. 2. Mailand 2000, 251–320.

wood in Gaetano Donizettis *Lucia di Lammermoor*. In der zentralen Szene im Finale des II. Akts verflucht Edgardo seine Geliebte Lucia wegen ihrer vermeintlichen Untreue. Fraschini gestaltete diesen Ausbruch („Maledetto sia l'instante | che di te mi rese amante“[36]) mit dem immer wieder exponierten und *con forza* zu singenden $a^1$ stimmlich und darstellerisch so überzeugend, dass er den Beinamen *Tenore della maledizione* erhielt. Auch in anderen Rollen wie etwa Verdis Ernani konnte Fraschini neue Maßstäbe setzen. Im Gegensatz zu Carlo Guasco verfügte Fraschini über die Klangenergie und Durchschlagskraft, die für eine überzeugende Interpretation dieser Partie notwendig sind. Zeitgenössische Berichte attestieren dem Sänger zudem eine bemerkenswerte stimmliche Ausdauer, die es ihm ermöglichte, auch in Ensemblesätzen stets mit voller Stimme zu singen. Pendant zur dramatischen Eruptivität war Fraschinis Vermögen, intime Momente mit größter Intensität und feinsten Klangschattierungen zu gestalten. Vor allem Kraft und Ausdauer Fraschinis und das Timbre seiner Stimme wurden in der zeitgenössischen Presse als dezidiert männlich wahrgenommen und beschrieben. Dieser „new sound of masculinity“[37] entsprach dem intensiv geführten Diskurs über ein neues Verständnis von Männlichkeit und Weiblichkeit in den vorrevolutionären 1840er Jahren, der in der Konzeption vieler Verdi-Opern dieser Zeit Spuren hinterlassen hat.

Mit Fraschini hatte Verdi die Möglichkeit, Zamoro auch auf stimmlicher Ebene als *eroe* im Sinne seiner Zeit zu inszenieren, als einen Helden, der ein Kollektiv sowohl anführt wie aus ihm herausragt. Verdi nutzte diese Möglichkeit auch an einer Stelle, an der die Herausstellung des Helden im Libretto ursprünglich gar nicht vorgesehen war. Cammarano dichtete für den Schluss des Prologs einen Kriegsgesang der Peruaner, der allein dem Chor vorbehalten ist. Er fungiert als Pendant zum erregten Rachechor der *Introduzione* („Muoia, muoia coverto d'insulti“), sodass Zamoros große Szene mit der Arie „Un Inca... eccesso orribile!“ im Zentrum des Prologs (I. Akt in Verdis Zählung) von zwei Chören formal gerahmt wird. Diese Fassung findet sich noch im gedruckten Libretto zur Uraufführung.[38]

Verdi verwendet diesen Text – zwei Strophen zu je vier Versen im Versmaß eines *Decasillabo* – als Material für ein Finale, in dem Zamoro sich teils mit dem Chor vereinigt, teils aus dem Kollektiv heraushebt.[39] Nachdem er Alvaro das Leben geschenkt und damit demonstriert hat, dass auch ein „selvaggio“,[40] ein vermeintlich ‚Wilder‘, barmherzig sein kann, zeigt Zamoro sich jetzt als zum Kampf bereiter Krieger. Verdi inszeniert in diesem Gesang auch seinen Zamoro-Sänger

---

36 *Tutti i libretti di Donizetti*, hg. von Egidio Saracino. Mailand 1993, 826.

37 Susan Rutherford: „Il grido dell'anima“, or „Un modo di sentire“. Verdi, Masculinity and the Risorgimento. In: *Studi verdiani* 19, 2005, 107–121, hier 109.

38 Pierluigi Petrobelli: Thoughts for *Alzira*. In: Pierluigi Petrobelli: *Music in the Theater. Essays on Verdi and Other Composers*. Princeton, NJ 1994, 75–99.

39 Ebd., 87, Abb. 4.1.

40 Vgl. Anm. 23.

Notenbeispiel 1: Giuseppe Verdi: *Alzira*, Atto primo, N. 2, Scena Zamoro.

(Notenbeispiel 1: Fortsetzung)

Notenbeispiel 2: Giuseppe Verdi: *Alzira*, Atto secondo, N. 7, Finale [Secondo].

(Notenbeispiel 2: Fortsetzung)

Fraschini, dessen Fähigkeit, hohe Töne mit hoher Energie zu singen, er hier eindrucksvoll zur Geltung kommen lässt (Notenbeispiel 1). In Takt 178 beginnt mit „L'odio, che atroce" ein vokaler Aufschwung, der auf einem im Fortissimo lang auszuhaltenden hohen *a* in Takt 183/184 kulminiert, das heißt, einen Ton exponiert, den Fraschini besonders eruptiv zu gestalten vermochte.

Vergleichbare vokale Inszenierungen der heroischen Haltung Zamoros, zu denen Verdi durch das sängerische Potenzial Fraschinis angeregt wurde, finden sich an zwei weiteren Stellen der Oper. Im Finale des II. Akts (in Verdis Zählung) steht Zamoro seinem Gegner Gusmano gegenüber, der seinen Feind und Rivalen hinrichten lassen will. Zamoro sieht darin ein unwürdiges Verhalten: „Henker bist du, kein Krieger!", wirft er Gusmano entgegen (Notenbeispiel 2).[41] Wieder ist es ein mit hoher Energie zu singendes $a^1$, das den Höhepunkt markiert. Ein letztes Mal begegnet das herausgehobene hohe *a* im Allegro-Teil von Zamoros Arie im III. Akt (wiederum nach Verdis Zählung), wo Verdi es mit besonderem Nachdruck auf den Wörtern *sangue* und *morte* einsetzt – ein kraftvoller Ton als vokale Klangchiffre des Heroischen.

Indem er die Partie des Zamoro für einen Tenor neuer Prägung, einen *tenore di forza* schrieb, setzte sich Verdi deutlich von jenen Komponisten ab, die vor ihm Voltaires *Alzire* zur Grundlage einer Oper gemacht hatten und für die Stimme des Helden einen ‚Heldensopran'[42] wählten. Sie folgten darin einer beinahe zwei Jahrhunderte alten Tradition, deren Endpunkt ein Werk wie Verdis *Alzira* markiert.

Was Verdi aber mit seinen Vorgängern verbindet, ist die weitgehende Nivellierung der exotischen Elemente, die ein Stoff, der in Südamerika spielt, ja eigentlich bietet. Schon bei Voltaire spielt der Schauplatz nur eine nachgeordnete Rolle: „*Alzire* does not abound in local colour".[43] Ein Kritiker der Uraufführung von Verdis *Alzira* hob zwar den „bel contrasto dei costumi americani ed europei"[44] hervor, doch im Gegensatz zu den Kostümen findet sich in der Musik keine Unterscheidung zwischen den beiden Personengruppen. Die kompositorischen Mittel, die Verdi einsetzt, um den Inka Zamoro zu charakterisieren, sind keine anderen als jene, mit denen er dessen Gegenspieler Gusmano ausstattet.[45]

Für Ästhetik und Dramaturgie der italienischen Oper des *Primo Ottocento* konnten exotistische Elemente allenfalls eine periphere Bedeutung haben, denn im Mittelpunkt standen die emotionalen Konflikte der Protagonisten. Zamoro in Verdis *Alzira* ist, zugespitzt, vor allem der Tenor, dem in der Dreiecksbeziehung mit Sopran (Alzira) und Bariton (Gusmano) die Rolle des um die Geliebte Kämp-

41 „Carnefice, | E non guerrier sei tu!"
42 Zu diesem Begriff vgl. Seedorf: *Heldensoprane* (Anm. 26), 7–11.
43 Braun: Introduction (Anm. 8), 9.
44 Omnibus: NAPOLI. – Teatro San Carlo. – Alzira. In: *Teatri Arti e Letterature* 23, Bd. 43, Nr. 1125, 28. August 1845, 217.
45 Erst in *Aida* (1871) integriert Verdi exotistische Elemente als Grundfarbe in die Partitur eines Werks. Fabrizio Della Seta: ‚O cieli azzurri': Exoticism and Dramatic Discourse in *Aida*. In: *Cambridge Opera Journal* 3, 1991, 49–62.

fenden zufällt. Dieses Muster liegt den meisten italienischen Opern dieser Zeit zugrunde, es wird in jedem Werk in immer neuen Varianten, zu denen auch exotische Schauplätze zählen können, durchgespielt.

## *Nachweis der Notenbeispiele*

Notenbeispiel 1: Giuseppe Verdi. *Alzira. Tragedia lirica in tre atti.* Riduzione per canto e pianoforte condotta sull'edizione critica della partitura a cura di Stefano Castelvecchi. Chicago/Mailand 2002, 44–45.

Notenbeispiel 2: Giuseppe Verdi. *Alzira. Tragedia lirica in tre atti.* Riduzione per canto e pianoforte condotta sull'edizione critica della partitura a cura di Stefano Castelvecchi. Chicago/Mailand 2002, 114–115.

# Alterität und Heroismus in Franz Grillparzers Trilogie *Das Goldene Vließ* und in Euripides' *Medeia*

*Mario Zanucchi*

Alterität und Heroismus bilden zwei herausragende Themenkomplexe in Grillparzers großem dramatischem Wurf *Das Goldene Vließ*.[1] Nach einer Einleitung zu Ent-

---

[1] Die Trilogie wird im Folgenden nach der Ausgabe von Helmut Bachmaier zitiert (Franz Grillparzer: *Werke in sechs Bänden*, hg. von Helmut Bachmaier, Bd. 2: *Dramen 1817–1828*. Frankfurt am Main 1986). Die Forschungsliteratur zu Grillparzers Trilogie ist umfangreich, wiewohl noch keine Spezialforschung zur Problematik des Heroischen vorliegt. Zu den bedeutendsten Untersuchungen zählen folgende Studien: Rudolf Stiefel: *Grillparzers ‚Goldenes Vließ'. Ein dichterisches Bekenntnis* (Basler Studien zur deutschen Sprache und Literatur; 21). Bern 1959. Ulrich Fülleborn: Zu Grillparzers Goldenem Vließ. Der Sinn der Raum- und Zeitgestaltung. In: *Jahrbuch der Grillparzer-Gesellschaft* 12, 1976, 39–59. Konrad Kenkel: *Medea-dramen. Entmythisierung und Remythisierung. Euripides, Klinger, Grillparzer, Jahnn, Anouilh* (Studien zur Germanistik, Anglistik und Komparatistik; 63). Bonn 1979. Jean-Louise Bandet: Corneille - Grillparzer - Anouilh. Zur Behandlung des Medea-Stoffes in Österreich und Frankreich. In: Robert Pichl [et al.] (Hg.): *Grillparzer und die europäische Tradition*. Wien 1987, 31–43. Matthias Brauckmann und Andrea Everwien: Sehnsucht nach Integrität oder Wie die Seele wächst im Verzicht: Das goldene Vließ. In: Bernhard Budde und Ulrich Schmidt (Hg.): *Gerettete Ordnung. Grillparzers Dramen* (Historisch-kritische Arbeiten zur deutschen Literatur; 7). Frankfurt am Main [u.a.] 1987, 58–105 und 320–329. Rolf Geißler: Grillparzers Goldenes Vließ und Goethes Faust als Kritik neuzeitlicher Geschichte. In: *Jahrbuch der Grillparzer-Gesellschaft* 18, 1991/92, 257–270. Hilde Haider-Pregler: Grillparzers Trilogie Das goldene Vließ. Dramaturgie und Rezeption. In: Helmut Bachmaier (Hg.): *Franz Grillparzer*. Frankfurt am Main 1991, 273–320. Hans-Georg Werner: Verteufelt human. Etwas über den Zusammenhang zwischen Goethes Iphigenie und Grillparzers Goldenem Vließ. In: Hans-Georg Werner: *Literarische Strategien. Studien zur deutschen Literatur 1760 bis 1840*. Stuttgart und Weimar 1993, 229–242. Wolfgang F. Bender: „Das Drama lügt eine Gegenwart." Versinnlichung in Franz Grillparzers Trilogie Das goldene Vließ. In: Hilde Haider-Pregler und Evelyn Deutsch-Schreiner (Hg.): *„Stichwort Grillparzer"* (Grillparzer-Forum; 1). Wien [u.a.] 1994, 97–106. Gerhard Neumann: Das goldene Vließ. Die Erneuerung der Tragödie durch Grillparzer. In: Hellmut Flashar (Hg.): *Tragödie. Idee und Transformation* (Colloquium Rauricum; 5). Stuttgart und Leipzig 1997, 258–286. Paola Gheri: Franz Grillparzer. Mito e critica della cultura in Das goldene Vließ. In: Gabriella Catalano und Emilia Fiandra (Hg.): *Ottocento tedesco. Da Goethe a Nietzsche*. Neapel 1998, 255–278. Tillmann Bub: Barbarei und Zivilisation in Grillparzers Trilogie Das goldene Vließ. In: *Sprachkunst* 35: 1, 2004, 1–22. Jeanine Charue-Ferrucci: La notion de Barbarie dans la trilogie de Grillparzer La Toison d'Or (Das Goldene Vließ). In: Pierre Labaye (Hg.): *L'Allemagne, des Lumières à la Modernité. Mélanges offerts à Jean-Louis Bandet* (Études germaniques). Rennes 1997, 133–143. Karina Becker: *Autonomie und Humanität. Grenzen der Aufklärung in Goethes „Iphigenie", Kleists „Penthesilea" und Grillparzers „Medea"* (Historisch-kritische Arbeiten zur deutschen Literatur; 44). Frankfurt am Main [u.a.] 2008. Friederike Raphaela Lanz: *„Weil eine Fremd' ich bin, aus fernem Land …". Fremdheit und Fremde im dramatischen Werk Franz Grillparzers und Friedrich Hebbels*. Mainz, Diss. 2009. Markus Winkler: *Von Iphigenie zu Medea. Semantik und Dramaturgie des Barbarischen bei Goethe und Grillparzer* (Untersuchungen zur deutschen Literaturgeschichte; 133). Tübingen 2009.

stehung, Quellen und Aufbau der Trilogie soll zunächst die Problematik der kulturellen Alterität angesprochen werden, wie sie sich zum einen in Grillparzers Konstruktion von Kolchis niederschlägt, zum anderen im *culture clash* zeigt, der sich aus Medeas Übersiedlung von Kolchis nach Korinth ergibt. Sodann soll die Heroismusproblematik ins Visier genommen und an der Jason-Figur Grillparzers Depotenzierung der maskulinen und westlichen Heldentumsrhetorik rekonstruiert werden. Den Beitrag schließt ein kontrastiver Vergleich des *Goldnen Vließes* mit Euripides' *Medeia* ab, der dazu dienen soll, die Spezifik von Grillparzers Medea schärfer herauszuarbeiten.

Franz Grillparzers Trilogie *Das Goldene Vließ* – „ein dramatisches Gedicht in drei Abteilungen", so der Untertitel – entstand zwischen 1818 und 1821. Den Hinweis auf den Medea-Stoff erhielt Grillparzer dank August Wilhelm Schlegels Vorlesungen *Über dramatische Kunst und Literatur* (1809), die auch eine kritische Würdigung von Euripides' *Medeia* enthalten.[2] Die Tragödie des Euripides, den Grillparzer später in seinen Studien immer wieder gegenüber Schlegel verteidigte, bildet die Hauptquelle.[3] Von Bedeutung war auch Grillparzers Lektüre von Senecas Tragödie, aus der er Medeas Auftrittsmonolog übersetzte,[4] sowie weiterer antiker Bearbeitungen des Mythos wie die *Argonautica* des Apollonius Rhodius. Anregungen verdankt er überdies Calderóns mythologischer Tragödie *Los tres mayores prodigios* (1636), dessen I. Akt den Medea-Stoff dramatisiert. Es war aber seiner *Selbstbiographie* zufolge der Medea-Artikel in Benjamin Hederichs *Mythologischem Lexikon*[5] mit seiner Schilderung Medeas als einer der größten Zauberinnen, der ihn dazu verleitete, den Unterschied zwischen Kolchis und Griechenland in den Vordergrund zu rücken. Deswegen gestaltete Grillparzer auch den überlieferten Tragödienstoff zu einer Trilogie um.

*De facto* handelt es sich bei Grillparzers *Goldenem Vließ* allerdings um ein Doppeldrama, da der erste und zweite Teil zusammen als Fünfakter gelten könnten.[6] Die triadische Einteilung mag eine Schiller-Ämulation darstellen, dessen „dramatisches Gedicht" *Wallenstein* (1800) ebenfalls als Trilogie angelegt ist. Grillparzer legte größten Wert darauf, die drei Abteilungen der Trilogie – *Der Gastfreund*, *Die Argonauten*

---

2 August Wilhelm Schlegel: *Kritische Schriften und Briefe*, hg. von Edgar Lohner, Bd. 5: *Vorlesungen über dramatische Kunst und Literatur. Erster Teil.* Stuttgart [u.a.] 1966, 122.

3 Zu Grillparzers Euripides-Rezeption vgl. Wendelin Schmidt-Dengler: Grillparzer liest Euripides. Notizen zu einem ungewöhnlichen Lektürevorgang. In: *Jahrbuch der Grillparzer-Gesellschaft* 3, 1991/92, 329–339.

4 Franz Grillparzer: Sämtliche Werke. Ausgewählte Briefe, Gespräche, Berichte, hg. von Peter Frank und Karl Pörnbacher, Bd. 2: *Dramen 2. Jugenddramen. Dramatische Fragmente und Pläne.* München 1961, 1219–1220.

5 Grillparzer konsultierte Hederichs Lexikon in der 1770 von Joachim Schwabe besorgten Ausgabe.

6 Friedrich Sengle: *Biedermeierzeit. Deutsche Literatur im Spannungsfeld zwischen Restauration und Revolution 1815–1848*, Bd. 3: *Die Dichter.* Stuttgart 1980, 86.

und *Medea* – unbedingt zusammen an zwei aufeinanderfolgenden Tagen aufzuführen. Er bat auch die Hoftheaterdirektion in einem Brief, die drei Abteilungen an zwei Tagen zu geben, da „diese sich wechselseitig bedingen und erklären".[7] Schon zu Grillparzers Lebzeiten wurde allerdings nur der dritte Teil aufgeführt.

Dadurch wurde die Tragödie gerade ihrer innovativen Aspekte beraubt, die vor allem in den beiden ersten, der Vorgeschichte Medeas geltenden, Teilen der Trilogie zur Geltung kommen.[8] Als erster Dramenautor bringt Grillparzer nämlich die Vorgeschichte, die sich in Kolchis abspielt, auf die Bühne. Dadurch schwächt er den überlieferungsgeschichtlich relevantesten Aspekt des Medea-Stoffes, den Kindermord, rückt stattdessen das kolonialistische Streben nach dem Besitz des Vlieses in den Vordergrund und verleiht auch der exotischen Heldin Medea schärfere Konturen. Darin folgt er weniger Euripides, der Medeia gräzisiert,[9] als vielmehr dem von ihm übersetzten Seneca, welcher der Heldin deutlich barbarischere Züge verleiht. Symptomatisch dafür ist in Senecas Tragödie die große Beschwörungsszene im IV. Akt, in dem Medea in Trance Gewand und Geschmeide für Kreusa verzaubert und zugleich vorolympische Gottheiten evoziert, unter anderem den Giganten Typhoeus, der gegen Zeus rebelliert hatte. Seneca aber ging über den überlieferten Tragödienstoff nicht hinaus. Es war dagegen im 19. Jahrhundert Grillparzer, der als erster der Vorgeschichte Medeas ein dramatisches Eigengewicht

---

7 Grillparzer: *Werke in sechs Bänden*, Bd. 2 (Anm. 1), 790 (Brief an die Hoftheaterdirektion vom 8. November 1820, Entwurf).

8 Dies betont auch Ulrich Fülleborn, der diese „kühne Innovation" als Ausgangspunkt zu seiner Interpretation der Trilogie nahm (Fülleborn: Zu Grillparzers Goldenem Vließ (Anm. 1)).

9 Euripides' Medeia erscheint zwar als eine Wilde; keine griechische Frau hätte ihre Untat über sich bringen können, meint Jason am Schluss: „οὐκ ἔστιν ἥτις τοῦτ' ἂν Ἑλληνὶς γυνὴ | ἔτλη ποθ'" (Euripides: *Medea*, hg. von Donald J. Mastronarde. Cambridge 2002, Z. 1339–1340). Sie huldigt aber denselben Göttern wie die Griechen, die offenbar auch ihre Rache an Jason begünstigen: vor allem Zeus, Themis und Artemis. Lediglich Medeias Anrufung des Sonnengottes Helios, der allerdings auch in Rhodos kultisch verehrt wurde, sowie vor allem der ‚Geistergöttin' Hekate aus Kleinasien verrät ihre fremde Herkunft: „οὐ γὰρ μὰ τὴν δέσποιναν ἣν ἐγὼ σέβω | μάλιστα πάντων καὶ ξυνεργὸν εἱλόμην, | Ἑκάτην, μυχοῖς ναίουσαν ἑστίας ἐμῆς, | χαίρων τις αὐτῶν τοὐμὸν ἀλγυνεῖ κέαρ." (ebd., Z. 395–398) Bereits in ihrem ersten Auftritt auf der Bühne identifiziert sie sich mit ihrer neuen Existenz einer athenischen Ehefrau, und auch die Begründung ihres Racheplans beruht auf griechisch-heroischen Werten (Georg Otten: *Die Medea des Euripides. Ein Kommentar zur deutschen Übersetzung*. Berlin 2005, 356–357). Bezeichnend für Euripides' Hellenisierung Medeias ist auch, dass das Wort βάρβαρος in seiner Tragödie spärlich vorkommt. Die Vokabel ist insgesamt nur vier Mal belegt (Z. 256, 591, 536, 1330). Vor Euripides war Medeia bereits vom korinthischen Dichter Eumelos gräzisiert worden. Dessen Epos *Korinthiaka* schreibt Aietes eine korinthische Abstammung zu und lässt seine Tochter Medeia per Deszendenzrecht gar zur Königin von Korinth werden: „Eumelos sagte, dass Helios das Land am Asopos Aloeus gab und dass er dem Aietes Ephura zuwies. Als Aietes nach Kolchis aufbrach, übergab er sein Land Bunus, dem Sohn von Hermes und Alkidamea, und als Bunus starb, dehnte Epopeus, der Sohn von Aloeus, sein Königreich aus, indem er Ephura eingliederte. Als danach Korinthus, der Sohn von Marathon, kinderlos starb, holten die Korinther Medeia aus Iolkos und übergaben ihr das Königreich. Durch sie wurde Jason Herrscher von Korinth" (Pausanias: *Graeciae descriptio* 2.3.10).

verlieh und somit die Antithese der Gegenwelten Kolchis und Griechenland ins Zentrum rückte.

## 1. *Grillparzers Kolchis*

In der ältesten mythischen Überlieferung ist Medeas Herkunftsland geografisch noch unbestimmt. Es handelt sich um das unbekannte, mythisch ferne Land Aia, das am Rande des Okeanos liegt und in dem der Gott Helios seinen Tageslauf beginnt.[10] Nachdem später die fernen Gestade des Pontos bekannt geworden waren, identifizierte man das sagenhafte Aia mit Kolchis, das für die Griechen einen besonders exotischen Landstrich darstellte.[11] Die in Kolchis ansässigen Kartweler unterschieden sich nämlich so stark in Sprache und Kultur von den anderen indoeuropäischen Stämmen, dass man diese Unterschiede durch Migrationshypothesen zu erklären versuchte. So argumentiert Herodot, die Kolcher seien ägyptischer Herkunft, Soldaten des sagenhaften ägyptischen Herrschers Sesostris, der sie am Phasis zurückließ. Er könne dies aus eigener Anschauung bestätigen, da die Kolcher eine schwarze Hautfarbe und krauses Haar hätten und die Männer beschneiden würden. Weiterhin würden Ägypter und Kolcher sich in der Leinenherstellung, überhaupt in Lebensweise und Sprache ähneln:

> Offenbar sind die Bewohner von Kolchis Ägypter; ich habe das bemerkt, bevor man mir darüber von fremder Seite Auskunft gab. Als mir dieser Gedanke einfiel, fragte ich bei beiden Völkern nach. Die Kolcher erinnerten sich lebhafter an die Ägypter als die Ägypter an die Kolcher. Doch sagten mir die Ägypter, die Kolcher rührten nach ihrer Meinung noch vom Heer des Sesostris her. Ich selbst vermutete das auch, weil sie dunkelfarbig und kraushaarig sind. Das will freilich noch nicht viel bedeuten; denn andere Völker sind das auch. Aber aus folgendem ergibt es sich noch deutlicher: Kolcher, Aithioper und Ägypter beschneiden sich als einzige von allen Menschen die Geschlechtsteile von jeher. [...] Ich will noch etwas anderes erzählen, worin die Kolcher den Ägyptern ähnlich sind. Sie allein fertigen in gleicher Weise wie die Ägypter Leinwand an; ihre ganze Lebensweise und Sprache ist einander ähnlich.[12]

Ob allerdings die Kolcher damals wirklich dunkelhäutig waren, ist ebenso unsicher wie Herodots Reise ans Schwarze Meer.[13] Die Dunkelhäutigkeit der Kolcher hätte Herodot nämlich auch Pindars vierter *Pythischer Ode* (im Jahr 462 v. Chr. aufgeführt) entnehmen können:

---

[10] Mimnermos fr. 11. 12 Bgk. Vgl. Jakob Escher: Art. „Aia". In: *Paulys Realencyclopädie der classischen Altertumswissenschaft*, Bd. I/1. Stuttgart 1893, Sp. 919–920.

[11] Eumelos fr. 2. 8 (G. Kinkel (Hg.): Epicorum Graecorum fragmenta, Bd. 1. Leipzig 1877) sowie Herodot I 2. VIII 193. 197.

[12] Herodot II 104 (Übersetzung nach: Herodot: *Historien*, Bd. 1, hg. und übers. von Josef Feix. München 1963, 285).

[13] Die den Kolchern nachgesagte Dunkelhäutigkeit wird in der Antike nicht von allen Kennern der Länder an den Schwarzmeerküsten bestätigt. In der hippokratischen Schrift *Über Winde, Wasser und Ortslagen* werden die Anwohner des Phasis sogar als mit bleicher Haut wie bei den Gelbsüchtigen geschildert (Hippokrates: *Peri Aëron, Hydaton, Topon*, XV 20–24).

> [...] ἐς Φᾶσιν δ᾽ ἔπειτεν
> ἤλυθον, ἔνθα κελαινώπεσσι Κόλχοισιν βίαν
> μεῖξαν Αἰήτᾳ παρ᾽ αὐτῷ.[14]

Die Verbindung zwischen Kolchis und Afrika wurde später übrigens von Hanns Jenny Jahnn wieder aufgegriffen, der 1924 Medea als Afrikanerin auftreten lässt. Jahnns Tragödie, 1926 im Staatstheater zu Berlin von Jürgen Fehling aufgeführt, wirkte sich auch auf die Inszenierungsgeschichte von Grillparzers Medea aus. So ließ Agnes Straub 1933, inspiriert von Jahnn, Grillparzers Medea als dunkelhäutige Afrikanerin mit bunt-exotischer Kleidung die Bühne betreten.

Grillparzer selbst analogisiert das mythische Land der Kolcher nicht einfach mit Afrika, sondern verleiht ihm die synkretistischen Züge einer fantastischen Konstruktion. Ein wichtiger Aspekt ist die Kontamination der kolchischen Frauen mit den Amazonen, die gleich zu Beginn der Trilogie deutlich wird:

> *[...] Medea, Gora, Peritta, Gefolge von Jungfrauen.*
> *Beim Aufziehen des Vorhanges steht Medea im Vorgrunde mit dem Bogen in der Hand in der Stellung einer, die eben den Pfeil abgeschossen. An den Stufen des Altars liegt ein, von einem Pfeile durchbohrtes Reh.*
>
> JUNGFRAUEN. *die entfernt gestanden, zum Altare hineilend*
> Das Opfer blutet!
>
> MEDEA. *in ihrer vorigen Stellung*
> Traf's?
>
> EINE DER JUNGFRAUEN.
> Gerad' ins Herz!
>
> MEDEA. *indem sie den Bogen abgibt*
> Das deutet Gutes; laßt uns eilen denn!
> Geh' eine hin und spreche das Gebet.
>
> GORA. *zum Altar tretend*
> Darimba, mächtige Göttin
> Menschenerhalterin, Menschentöterin
> Die den Wein du gibst und des Halmes Frucht
> Gibst des Weidwerks herzerfreuende Spende
> Und des Todfeinds Blut:
> Darimba, reine, magdliche
> Tochter des Himmels,
> Höre mich!
>
> CHOR.
> Darimba, mächtige Göttin,
> Darimba! Darimba![15]

---

14 Pindar: *Pythien*, IV 212. Übersetzung: ‚[...] Zum Phasis kamen sie [die Argonauten] dann, | wo mit schwarzgesichtigen Kolchern Gewalt | sie mischten vor Aietes selbst.'

15 Grillparzer: *Der Gastfreund*, V. 1–13.

Das überlieferte Bild Medeas als Zauberin wird hier durch ihre Charakterisierung als wehrhafte Amazone angereichert. Als routinierte Jägerin erlegt sie für eine Opferhandlung ein Reh und führt eine Schar von Jungfrauen an, die nach dem Vorbild der Amazonen von den Männern abgegrenzt ist. So fällt eine ihrer Jungfrauen, Peritta, bei Medea in Ungnade, weil sie sich mit einem Mann eingelassen hat. Und weiblich ist auch die Gottheit, die Medea und ihre Jungfrauen verehren, Darimba, die an Demeter sowie an die nach Ovid auch in Kolchis verehrte Göttin Diana erinnert – deren Priesterin Goethes Iphigenie war –, zugleich aber afrikanisch klingt. Im Unterschied zu Diana repräsentiert Darimba ferner eine vorolympische, matriarchalische Gottheit, die den im Naturzyklus verankerten Wechsel von Entstehen und Vergehen symbolisiert.

Das von Grillparzer geschilderte Kolchis ist allerdings keine matriarchalische Welt. Die Jägerinnen sind eine Enklave, die einen Überrest des Matriarchats in einer patriarchalischen Kultur darstellt.[16] Noch höher als Darimba rangiert eine männliche Gottheit. In den Entwürfen heißt dieser Gott Brontes beziehungsweise Bronto.[17] In der endgültigen Fassung trägt der Gott den Namen Peronto.[18] In der äußeren Erscheinung seines Kultbildes – eine „kolossale Bildsäule eines nackten, bärtigen Mannes [...], der in seiner Rechten eine Keule, um die Schultern ein Widderfell trägt"[19] – ähnelt der in Kolchis verehrte Gott Peronto Herakles, dem Helden *par excellence*. Der Gott Peronto, mit einem Widderfell geschmückt, ist in der Tragödie mit dem Goldenen Vlies eng verbunden, welches das verhängnisvolle heroische Streben nach Herrschaft und Heldenruhm symbolisiert. Das Unheil des heroischen Machtstrebens geht bereits aus der hintergründigen Devise des Gottes hervor: „Nimm Sieg und Rache hin". Nur vordergründig stellt sie einen optimistischen Kampfspruch dar, in Wirklichkeit repräsentiert sie die tragische Dialektik von Triumph und Vergeltung, errungenem Sieg und dafür erlittener Rache – die Abfolge von Hybris (ὕβρις) und Tisis (τίσις). So bemächtigt sich der Grieche Phryxos des Vlieses, das er in Delphi der Statue eines Gottes raubt, der Peronto ähnelt, und rechtfertigt seine Tat durch einen angeblichen Traum, in dem der Gott ihm das Vlies anvertraut habe. Für diesen Tempelraub muss Phryxos später in Kolchis büßen, indem er von Aietes im Namen Perontos erschlagen wird. Seinerseits verletzt Aietes, um in den Besitz des Vlieses zu gelangen, das heilige Gastrecht gegenüber dem asylsuchenden Phryxus und verliert später durch Jason seinen Sohn Absyrtos und seine Tochter Medea. Jason schließlich wird in den Besitz des Vlieses gelangen, erntet aber Medeas Rache. Zu Darimba und Peronto gesellt sich noch

[16] Gheri: *Franz Grillparzer* (Anm. 1), 259.

[17] Er heißt so nach einem der drei Zyklopen, die laut Hesiods Theogonie Gaia mit Uranos zeugte. Brontes – von βροντάω: donnern – wurde dann später zu einem Beinamen des Zeus.

[18] Der Name Peronto klingt übrigens an Perinthos an, eine thrakische Siedlung, die von den Griechen kolonisiert und später in Herakleia umbenannt wurde. Er verweist damit proleptisch auf das Schicksal der Kolcher, die im 7. Jahrhundert ebenfalls zur griechischen Kolonie wurden.

[19] Grillparzer: *Der Gastfreund*, Bühnenanweisung zum I. Akt.

der Unterweltgott Heimdar, der auf den nordischen Gott Heimdallr zurückverweist, nach der *Edda* Wächter der Götter und Stifter der menschlichen Ständeordnung und bei Grillparzer Gott der Toten.[20]

Den Gegensatz zu den Griechen markiert Grillparzer nicht nur durch die kultische, sondern auch die stilistische Dimension. Die Griechen reden in eleganten Jamben, die Kolcher in holprigen freien Versen.[21] Auch kontrastiert Grillparzer die überbordende Eloquenz des griechischen Gastes Phryxus, die auch Medeas Missfallen erregt,[22] mit der Wortkargheit und rhetorischen Unbeholfenheit der Kolcher, deren *barbarolexis* gelegentlich auch durch Inversion und Ellipse der Hilfsverben bekräftigt wird:

AIETES. (*näher tretend mit gedämpfter Stimme*)
Angekommen Männer
Aus fernem Land
Bringen Gold, bringen Schätze,
Reiche Beute.[23]

## 2. *Eine Barbarin in Korinth*

Im Vergleich zu seinen Vorgängern ist Grillparzer sichtlich darum bemüht, Medea zu humanisieren und lässt sie durch eindeutige Sympathielenkung zur menschlichsten Gestalt der Tragödie avancieren. Zu ihr gesellt sich auch die alte Amme Gora als Chorfigur. Grillparzer exkulpiert Medea insofern von ihrer Untat, als er sie als das Resultat einer progressiven Ausgrenzung durch die Griechen erscheinen lässt, die Medea nicht nur erniedrigen und schließlich verstoßen, sondern ihr auch die eigenen Kinder entfremden, so dass sich die Schuldfrage an dem Kindsmord von Medea weg zur griechischen Kultur verschiebt. Medea selbst formuliert die Aitiologie ihrer Missetat in den Versen:

MEDEA. [...] Man hat mich bös genannt, ich war es nicht:
Allein ich fühle, daß man's werden kann.[24]

Grillparzers Trilogie ist insofern ein radikaler Gegenentwurf zu Goethes *Iphigenie*,[25] als gerade die Nicht-Griechin Medea jetzt zur Identifikationsfigur avanciert, während das Griechentum sich als eine kolonialistische Kultur entpuppt, die andere Zivilisationen ausgrenzt und unterjocht.

20 „MEDEA. Du hast mir wohl selbst erzählet, | Oft, daß Menschen, die nah dem Sterben, Heimdar sich zeige, der furchtbare Gott, | Der die Toten führt in die schaurige Tiefe." (Grillparzer: *Die Argonauten*, V. 566–570).

21 Grillparzer: *Werke in sechs Bänden*, Bd. 2 (Anm. 1), 805.

22 „AIETES. Medea! | MEDEA. Vater! | AIETES. Was denkst du? | MEDEA. Ich? nichts! | AIETES. Vom Fremden mein' ich. | MEDEA. Er spricht und spricht; | Mir widert's!" (Grillparzer: *Der Gastfreund*, V. 365–367)

23 Ebd., V. 97–100.

24 Grillparzer: *Medea*, V. 1849–1850.

25 Dazu auch Gheri: *Franz Grillparzer* (Anm. 1), 258.

Leitmotivisch ist die Bezeichnung Medeas als Barbarin. Der Terminus ‚barbarisch' als Sammelbezeichnung für alle Nicht-Griechen[26] war anfänglich etwa bei Hesiod nicht unbedingt negativ konnotiert,[27] nahm aber bald, seit dem 6. Jahrhundert, die pejorative Bedeutung von ‚wild', ‚unzivilisiert' und ‚kulturell unterlegen' an. In diesem diskreditierenden Sinne wird auch Medea als Barbarin apostrophiert, wiewohl sie das Griechische problemlos versteht und sich wie die Griechen in tadellosen Jamben artikuliert.[28] Bereits im zweiten Teil bedient sich Jason trotz seiner Liebe zu Medea der Begriffsantithese ‚hellenisch' *versus* ‚barbarisch':

> Ich ein Hellene, du Barbarenbluts,
> Ich frei und offen, du voll Zaubertrug,
> Ich Kolchis' Feind, du seines Königs Kind[.][29]

Im dritten Teil der Trilogie, der Medeas Lage in Korinth schildert und den man als die Tragödie einer misslungenen Integration bezeichnen könnte, wird ihre barbarische Herkunft zum Leitmotiv. Gleich bei ihrer ersten Begegnung mit Kreon, König von Korinth, und seiner Tochter Kreusa stempelt letztere Medeas Namen als „Barbarennamen" ab und schreckt vor ihrem bloßen Anblick zurück.[30] Kreusa begeht ferner gegen Medeas Status einer Mutter einen Affront, indem sie in ihrer Anwesenheit Medeas Kinder als „Waisen" bemitleidet und sich ihnen als Ersatzmutter anbietet.[31] Ihre Ausgrenzung in Kolchis erlebt Medea auch als soziale Deklassierung und Verlust ihrer ehemaligen privilegierten Stellung als Königstochter:

26 Zum Gegensatzpaar Hellenen – Barbaren vgl. Reinhart Koselleck: *Vergangene Zukunft. Zur Semantik geschichtlicher Zeiten*. Frankfurt am Main 1979, 218–229.

27 In der Einleitung zu den *Historien* spricht Herodot parallelisierend vom Ruhm der Griechen und der Barbaren („ἔργα μεγάλα τε καὶ θωμαστά, τὰ μὲν Ἕλλησι, τὰ δὲ βαρβάροισι" [Herodot: *Historien*, Bd. 1 (Anm. 12), Einleitung]).

28 Dadurch stößt die Inszenierung kultureller Alterität bei Grillparzer freilich an ihre Grenzen. Offenbar sprengte das im eigentlichen Sinne Barbarische den Rahmen des auf einer klassizistischen Bühne Möglichen und hätte auch Grillparzers Konzept unterminiert, das Barbarische als das Menschliche dem Zuschauer so nah wie möglich zu rücken, wodurch das Plädoyer für das Andere aber letztlich in eine Apologie des Eigenen mündet. Medeas Barbarentum bekundet sich eher symbolisch auf der Ebene der Kostümierung – sie trägt einen roten Schleier auf dem Haupt und verweigert die griechische Frauentracht – und durch ihre Charakterisierung als Zauberin.

29 Grillparzer: *Die Argonauten*, V. 1204–1206.

30 „KREUSA. […] | Du warst kaum fort, da scholl's im ganzen Lande | Von gräßlich wilden Taten, die geschehn, | In Kolchis ließen sie dich Greuel üben, | Zuletzt verbanden sie als Gattin dir | Ein gräßlich Weib, giftmischend, vatermörd'risch. | Wie hieß sie? – Ein Barbarenname war's – | MEDEA. *mit ihren Kindern vortretend* Medea. | Ich bin's! | KÖNIG. Ist sie's? | JASON. *dumpf* Sie ist's. | KREUSA. *an den Vater gedrängt* Entsetzen!" (Grillparzer: *Medea*, V. 326–332)

31 „KREUSA. *zu den Kindern niederkniend* Kommt her zu mir, ihr heimatlosen Waisen, | Wie frühe ruht das Unglück schon auf euch; | So früh und ach, so unverschuldet auch. | Du siehst wie sie – du hast des Vaters Züge. *Sie küßt das Kleinere.* | Bleibt hier, ich will euch Mutter, Schwester sein! | MEDEA. Was nennst du sie verwaist und klagst darob? | Hier steht ihr Vater, der sie Seine nennt | Und keiner andern Mutter braucht's, so lange | Medea lebt. *Zu den Kindern:* Hierher zu mir! Hierher!" (ebd., V. 345–353)

MEDEA. Weil eine Fremd' ich bin, aus fernem Land
Und unbekannt mit dieses Bodens Bräuchen,
Verachten Sie mich, sehn auf mich herab,
Und eine scheue Wilde bin ich ihnen,
Die Unterste, die Letzte aller Menschen,
Die ich die erste war in meiner Heimat.[32]

Bei Grillparzer sind Assimilationsversuche Medeas durchaus zu konstatieren. Gleich im I. Aufzug des dritten Teils legt sie auf symbolische Weise ihre alte Identität ab, indem sie die Instrumente ihrer Zauberkunst zusammen mit dem Goldenen Vlies begraben lässt:

*Erster Aufzug*
*Vor den Mauern von Korinth [...]. Ein Sklave steht rechts im Vordergrunde in einer Grube, mit der Schaufel grabend und Erde auswerfend, Medea auf der andern Seite, vor ihr eine schwarze, seltsam mit Gold verzierte Kiste, in welche sie mancherlei Gerät während des Folgenden hineinlegt.*

MEDEA. Bist du zu Ende?

SKLAVE. Gleich, Gebieterin!
[...]

MEDEA. Zuerst den Schleier und den Stab der Göttin;
Ich werd' euch nicht mehr brauchen, ruhet hier.
Die Zeit der Nacht, der Zauber ist vorbei
Und was geschieht, ob Schlimmes oder Gutes,
Es muß geschehn am offnen Strahl des Lichts.
Dann dies Gefäß: geheime Flammen birgt's,
Die den verzehren, der's unkundig öffnet;
Dies andere, gefüllt mit gähem Tod,
Hinweg ihr aus des heitern Lebens Nähe!
Noch manches Kraut, manch dunkel-kräftger Stein,
Der ihr entsprangt, der Erde geb' ich euch.[33]

Vor allem die Lyra-Szene zu Beginn des II. Aufzugs repräsentiert einen bewegenden Integrationsversuch Medeas, der an Jasons Roheit scheitert. Unter Kreusas Anleitung bemüht sich die bis dahin nur im Bogenschießen erfahrene Fremde, sich das diffizile Lyraspiel anzueignen. Dieses Akkulturationsbestreben entspricht zugleich ihrem Versuch, Jasons Liebe zurückzugewinnen, da Medea ihm auf der Leier ein Lied vorspielen will, das er als Kind gerne sang. Jason aber, der sie permanent mit dem Klischee der Barbarin konfrontiert, beachtet sie kaum. Seine Aufmerksamkeit gilt nur Kreusa, der er die gemeinsam verbrachte Kinderzeit selbstherrlich in Erinnerung ruft, um sie als neue Partnerin zu gewinnen. Vergeblich versucht Medea, seinen blasierten Redeschwall zu unterbrechen. Als sich dann Jason bequemt, das Lied anzuhören, scheitert die überforderte Medea, was Jason erneut Gelegenheit gibt, ihr ihre barbarische Wildheit höhnisch vorzuhalten:

32 Ebd., V. 400–405.
33 Ebd., V. 1–12.

Siehst du, ich sagt' es wohl, es geht nun nicht!
An andres Spiel ist ihre Hand gewohnt,
Den Drachen sang sie zaub'risch in den Schlaf.
Und das klang anders als dein reines Lied.[34]

Als die weinende Medea die Leier schließlich fallen lässt und Kreusa Jasons Härte moniert, rechtfertigt er seine Brutalität durch die Berufung auf die Götter, als deren Vollstrecker er sich geriert: „Es ist der Götter Hand, was sie nun fühlt | […] Greif du nicht in der Götter Richteramt!"[35] Jasons Aufforderung, Kreusa möge selbst die Leier nehmen, um ihm vorzuspielen, symbolisiert die neue Liebesbeziehung zwischen beiden, die Medea durch ihre Weigerung zu unterbinden versucht, das Instrument abzugeben. Das Zerbrechen der Lyra, die Jason ihr gewaltsam entreißen will, und die Medea schließlich selbst zerstört, repräsentiert das Misslingen ihrer Integration, aber auch ihre Befreiung aus dem ihr aufgezwungenen Weiblichkeitsmodell, das die Frau zu einer Sängerin des männlichen Heroismus degradiert.[36] Bezeichnenderweise antwortet auf Kreusas entsetzen Ausruf: „Tot" Medeas befreiender Aufschrei: „Ich lebe! lebe!"[37]

## 3. *„Des Vließes mächt'ger Held"*

Ein wichtiger Aspekt der Kulturkritik, die Grillparzer in seiner Trilogie entfaltet, ist seine Demontage des maskulinen und militärischen Heroismus, den Jason verkörpert. In einer Vorarbeit von 1818 heißt es, dass Jason *das* Paradigma des Heroischen darstellt: „Jason ein *glänzender* Held. […] Erinnere dich immer der griechischen Heroenstatuen und denk' dir ihn nackt blos den Helm auf dem Kopfe und das Schwert in der Hand".[38] Als Träger des *splendor heroicus* und als Vollbringer der „kühnsten Tat, | Die noch geschehn, seit Menschen sind und denken",[39] repräsentiert Jason allerdings zugleich die Unwerte des westlichen Militarismus und Imperialismus, die Grillparzer in seiner Trilogie zu kritisieren nicht müde wird. Diese Heroismuskritik schlägt sich vor allem in der Charakterisierung Jasons als eines bramarbasierenden und brachialen Schwadroneurs. Symptomatisch ist, dass sich seine Heroisierung und Divinisierung in den Augen Medeas retrospektiv als eine optische Täuschung der Verliebten erweist:

MEDEA. So stand er da an Kolchis' fremder Küste;
Die Männer stürzten nieder seinem Blick,
Und mit demselben Blick warf er den Brand
In der Unsel'gen Busen, die ihn floh,

---

[34] Ebd., V. 900–904.
[35] Ebd., V. 910–912.
[36] So auch Gheri: *Franz Grillparzer* (Anm. 1), 275.
[37] Grillparzer: *Medea*, V. 924–925.
[38] Grillparzer: *Werke in sechs Bänden*, Bd. 2 (Anm. 1), 774.
[39] Grillparzer: *Medea*, V. 430–431.

Bis, lang verhehlt, die Flamme stieg empor
Und Ruh' und Glück und Frieden prasselnd sanken
Von Rauchesqualm und Feuersglut umhüllt.
So stand er da in Kraft und Schönheit prangend,
*Ein Held, ein Gott* und lockte, lockte, lockte,
Bis es verlockt, sein Opfer, und vernichtet,
Dann warf er's hin und Niemand hob es auf.[40]

Grillparzers Relativierung von Jasons heroischer Größe zeigt sich auch in der Szene von der Eroberung des Goldenen Vlieses – einer Tat, die von Grillparzer womöglich zum ersten Mal auf die Bühne gebracht wurde. Die Platzierung von Drache und Vlies hinter einer Felswand mit einem großen, verschlossenen Tor, das Jason öffnet, um sofort darauf aufschreiend zurückzufahren,[41] gibt Grillparzer Gelegenheit zu einer Komisierung des Helden, die auch in Medeas ironischem Kommentar nachklingt:

MEDEA. (*wild lachend*)
Bebst du? Schauert dir das Gebein?
Hast's ja gewollt, warum gehst du nicht?
Starker, Kühner, Gewaltiger!
Nur gegen mich hast du Mut?[42]

Auch gegenüber der Frau, die er später verstoßen will, zeigt sich Jason als nicht besonders couragiert. Während der Auseinandersetzungen mit Medea versteckt er sich hinter Kreusa.[43] Auch hat er nicht den Mut, sie in ihrem Haus allein aufzusuchen, sondern verlangt von der Amme, dass sie zwischen ihm und Medea vermittelt.[44]

Erst recht hat der gealterte Jason in Korinth seine heroische Aura weitgehend eingebüßt. Er selbst erzählt Kreusa, dass er längst zu einem Niemand geworden ist, den die Passanten bitten, nicht im Wege zu stehen:

JASON. [...] Ich kam den lauten Markt entlang
Und durch die weiten Gassen eurer Stadt –
Weißt du noch, wie durch sie ich prangend schritt

40 Ebd., V. 617–640 (meine Hervorhebung).

41 „JASON. Laß mich Weib! Mir schallt ein höhrer Ruf! | *Gegen die Pforten zugehend*: Und bärgest du des Tartarus Entsetzen, | Ich steh' dir! | *Er haut mit dem Schwerte gegen die Pforte*. Tut euch auf, ihr Pforten! – – Ah! | *Die Pforten springen auf und zeigen eine innere schmälere Höhle, seltsam beleuchtet. Im Hintergrunde ein Baum. An ihm hängt hellglänzend das goldene Vließ. Um Baum und Vließ windet sich eine ungeheure Schlange, die beim Aufspringen der Pforte ihr in dem Laube verborgenes Haupt hervorstreckt und züngelnd vor sich hin blickt. Jason fährt aufschreiend zurück und kommt wieder in den Vordergrund.*" (Grillparzer: *Die Argonauten*, V. 1534–1536)

42 Ebd., V. 1537–1540.

43 „MEDEA. Weißt du? – Komm her zu mir! – Weich mir nicht aus! | Verbirg nicht hinter jene dich vor mir!" (Grillparzer: *Medea*, V. 1079–1080)

44 „GORA. *auf Jason zeigend* Den will sie sprechen | Und hat er Mut dazu, tret' er ins Haus. | JASON. Verwegne geh! mein Haß von Anfang her! | Und sag' ihr, daß sie komme, die dir gleicht. | GORA. O gliche sie mir doch! ihr trotztet nicht! | Doch sie wird's noch erkennen und dann weh euch! | JASON. Ich will sie sprechen! GORA. Geh hinein. JASON. Das nicht! | Sie soll heraus! und du geh hin und sag ihr's!" (Grillparzer: *Medea*, V. 1309–1316)

Als ich, vor jenem Argonautenzug,
Hierher kam, von euch Abschied noch zu nehmen?
[...] Jetzt als ich durch dieselben Straßen ging,
Traf mich kein Aug, kein Gruß, kein Wort.
Nur als ich stand, und rings her um mich sah,
Meint' Einer, es sei schlechte Sitte, so
In Weges Mitte stehn und Andre stören.[45]

Ihren Höhepunkt erreicht die Depotenzierung des Helden Jason durch seine Verbannung durch Kreon, der nach dem Mord an seiner Tochter nicht nur Medea, sondern auch den griechischen Heros als einen Befleckten aus Korinth proskribiert. Ihn ereilt am Ende dasselbe Schicksal wie die Barbarin: Er wird in die Wildnis verstoßen, in die er zuvor Medea verbannt hatte.[46] Dass der herumirrende Held sodann von einem einfachen Landmann erneut geächtet wird, dessen Auftritt bereits als solcher die Ständeklausel verletzt,[47] transponiert die tragische Handlung auf eine komische Ebene und besiegelt endgültig Jasons Prestigeverlust:

LANDMANN. Wer pocht? – Wer bist du Armer? todesmatt?

JASON. Nur Wasser! Einen Trunk! – Ich bin der Jason!
Des Wunder-Vließes Held! Ein Fürst! Ein König!
Der Argonauten Führer Jason, ich!

LANDMANN. Bist du der Jason? so heb dich von hinnen.
Beflecke nicht mein Haus, da du's betrittst.
Hast meines Königs Tochter du getötet
Nicht fordre Schutz vor seines Volkes Tür.

*Er geht hinein, die Türe schließend.*[48]

Die Entwertung des Heroismus, den Jason repräsentiert, geht ebenfalls aus der letzten großen Rede Medeas hervor. In ihr lassen sich auch die Spuren von Grillparzers Auseinandersetzung mit Calderón erkennen, mit dem er sich zwischen 1812 und 1822 intensiv befasst hatte.[49] Gerade die von Medea formulierte Einsicht in die Hinfälligkeit irdischer Größe und irdischen Glücks erinnert an die Erfahrung des *desengaño* aus Calderóns Drama:[50]

MEDEA. [...]
Erkennst das Zeichen du, um das du rangst?
Das dir ein Ruhm war und ein Glück dir schien?
Was ist der Erde Glück? – Ein Schatten!
Was ist der Erde Ruhm? – Ein Traum!
Du Armer! Der von Schatten du geträumt![51]

---

45 Ebd., V. 795–799, 812–816.
46 Ebd., V. 1051.
47 Winkler: *Von Iphigenie zu Medea* (Anm. 1), 239.
48 Grillparzer: *Medea*, V. 2292–2299.
49 1813 hatte Grillparzer eine Szene aus *La vida es sueño* übersetzt.
50 Waltraud Branscheid: *Grillparzer und Calderón*. Düsseldorf, Diss. 1963, 56.
51 Grillparzer: *Medea*, V. 2364–2368.

Jasons heroische Taten werden somit vor dem Hintergrund dieses christlich-barocken Vanitas-Diskurses als nichtig präsentiert.[52]

## *4. Eine fremde Heldin?*

Besitzt dagegen Grillparzers Medea Züge des Heroischen? Lässt Grillparzers Vanitas-Poetik noch irgendeine Form des Heroischen zu? Zu Beginn erscheint Medea als eine Virago und sie ist für Jason eine unverzichtbare Assistenzfigur, indem sie ihn mehrmals vor dem Tode rettet und den Drachen einschläfert, der über das Vlies wacht. Als Tat-Heldin bleibt sie aber in seinem Schatten.

Ein kontrastiver Vergleich mit Euripides erlaubt es, die Spezifik von Grillparzers Medea und auch ihres eventuellen Heroismus näher zu erfassen. In Euripides' Tragödie erscheint Medeia als eine Heroine im altgriechischen Sinne, und zwar nicht nur wegen ihrer halbgöttlichen Herkunft und ihrer Abstammung von Hekate, die Göttin der Hexerei, Magie und Theurgie –, und Medeia ist aufgrund dieser halbgöttlichen Herkunft unsterblich. Heroisch ist ihr Status vor allem insofern, als sie Jason bei seinem Unternehmen tatkräftig unterstützt hat und mit ihm einen ehelichen Bund freiwillig eingegangen ist, als ebenbürtige Partnerin und nicht als Objekt einer Verhandlung zwischen ihrem Vater und dem künftigen Gatten. Dies verleiht Medeia eine Jason gegenüber gleichrangige Rolle.[53] Heldenhaft ist auch ihr Ethos, weil sie ihrem verletzten Ehrenkodex den Vorzug gibt und dem Diktat der heroischen Rache folgt.[54] Darin steht sie in markantem Kontrast zu Jason, der bereits ein verbürgerlichter Held ist, sich vorwiegend der Sprache des Kommerzes bedient[55] und nach dem Verhaltenskodex des damaligen Athen handelt, indem er eine neue Ehe als Bund zwischen zwei Männern schließt, bei dem die künftige

---

52 Vor dieser Folie gewinnt auch eine Stelle aus dem zweiten Teil der Trilogie ihren ironischen Hintersinn: „ZWEITER ARGONAUT. […] Ein Held ist wer das Leben Großem opfert | Wer's für ein Nichts vergeudet ist ein Tor!" (Grillparzer: *Die Argonauten*, V. 754–755) Dass Kreon Medeas mutterlose Kinder zu „künft'gen Helden" erziehen will, trägt ebenfalls dazu bei, die Sphäre des Heroischen weiter zu disqualifizieren (Grillparzer: *Medea*, V. 1913).

53 Dazu Mastronarde: „Medea views herself as a heroic partner in Jason's adventures. She is not a normal citizen-woman, but a princess and a saviour, and she has formed her bond with Jason not as a subordinate in an exchange between her father and her husband, but as an equal. She and Jason exchanged the pledge of right hands and the oaths characteristic of *xenoi* of equal status, and again Aegeus serves importantly as an outsider who confirms Medea's status among the elite." (Donald J. Mastronarde: General Introduction. In: Euripides: *Medea*, hg. von Donald J. Mastronarde. Cambridge 2002, 9)

54 „For her sense of outrage over the failure of her partner to abide by the heroic code of mutual exchange and loyal good will, she may be compared to the Achilles of the *Iliad* and the Ajax of Sophocles' eponymous play. Medea repeatedly refers to honour, dishonour, and the avoidance of being laughed at by her enemies, and unlike Achilles, who for a time rejects the heroic code because he perceives it as flawed, Medea makes her tragic decisions because she gives precedence to her heroic status and to following the dictates of the heroic code of retaliation." (ebd.)

55 Mastronarde: General Introduction (Anm. 53), 36. Vgl. Euripides: *Medea* (Anm. 9), Z. 454, 461, 527, 532, 535, 542, 560, 566, 611–612, 615, 910, 960, 963.

Braut kein Mitspracherecht besitzt. Dagegen spricht und handelt Medeia wie eine Gestalt aus dem Epos. Ihre Sprache und Bilder stammen aus der männlichen Sphäre, sie sind militärisch und agonal konnotiert.[56] Und auch ihr Handeln ist heroisch, indem sie Demütigungen durch ihre Feinde nicht duldet[57] und für Jasons Verrat eine außerordentliche, das menschliche Maß sprengende Rache nimmt, die zugleich ihren von Jason befleckten heroischen Ruhm wiederherstellt. Medeias heroisches Ethos kommt in den Versen 807 bis 810 deutlich zum Ausdruck:

Μη. μηδείς με φαύλην κἀσθενῆ νομιζέτω
μηδ᾽ ἡσυχαίαν ἀλλὰ θατέρου τρόπου,
βαρεῖαν ἐχθροῖς καὶ φίλοισιν εὐμενῆ·
τῶν γὰρ τοιούτων *εὐκλεέστατος* βίος.[58]

Der Schlüsselbegriff ist das κλέος, der Ruhm als eine Wesenseigenschaft des Helden. Die κλέα ἀνδρῶν sind die ruhmvollen Taten der Helden, die in den Epen besungen werden. Dadurch assimiliert Medeia eine männliche Kategorie, zu der sich auch Jason bekennt. In einem früheren Passus der Tragödie beobachtet er:

Ια. [...]εἴη δ᾽ ἔμοιγε μήτε χρυσὸς ἐν δόμοις
μήτ᾽ ᾽Ορφέως κάλλιον ὑμνῆσαι μέλος,
εἰ μὴ *᾽πίσημος ἡ τύχη* γένοιτό μοι.[59]

Gerade auf Jasons ἐπίσημος τύχη – ‚ruhmgekröntes Los' – erhebt auch Medeia als seine ebenbürtige Gattin Anspruch. Sie besitzt das Bewusstsein der eigenen Kraft und die Überzeugung, gerade als Heroine zu einer außergewöhnlichen Rache verpflichtet zu sein. Und auch der Chor unterstützt durch seine Deutung Medeias heroische Selbststilisierung. So singt er im ersten Stasimon:

Χο. [...] ἀνδράσι μὲν δόλιαι βουλαί, θεῶν δ᾽
οὐκέτι πίστις ἄραρεν·
τὰν δ᾽ ἐμὰν *εὔκλειαν* ἔχειν βιοτὰν στρέψουσι φᾶμαι·
ἔρχεται *τιμὰ* γυναικείῳ γένει·
οὐκέτι δυσκέλαδος φάμα γυναῖκας ἕξει.[60]

---

56 Militärisch: Euripides: *Medea* (Anm. 9), Z. 183, 248–250, 263–264, 390, 394, 403, 408, 466, 597, 765, 852, 938, 1051, 1117, 1185, 1242, 1244, 1246, 1322; athletisch-agonal: Z. 235, 366–367, 546, 585, 1245.

57 Vgl. ebd., Z. 797, 807–810.

58 Ebd., Z. 807–810 (meine Hervorhebung). Übersetzung: ‚MEDEIA. Es soll mich keiner | für träge und für schwächlich halten, und auch nicht | für schüchtern, nein, für eine Frau von andrem Schlag: |den Feinden furchtbar, aber wohlgesinnt den Freunden! |Das Leben solcher Menschen erntet höchsten Ruhm.' Diese und die folgenden Übersetzungen von Euripides' *Medeia* stammen, wenn nicht anders angegeben, von Dietrich Ebener (Euripides: *Medeia*. In: Euripides: *Ausgewählte Tragödien*, aus dem Griechischen von D. Ebener, hg. von Bernhard Zimmermann. Mannheim 2010, Bd. 1, 136–247).

59 Euripides: *Medea*, Z. 542–544 (meine Hervorhebung). Übersetzung: ‚IASON. [...] Weder mag ich in meinem Hause Gold besitzen, | noch den Orpheus im Gesang von Liedern übertreffen, | Ist mir ein ruhmgekröntes Los nicht vergönnt.'

60 Euripides: *Medea*, Z. 412–418 (meine Hervorhebung). Übersetzung: ‚CHOR. [...] Die Männer haben listige Pläne, und nicht mehr fest | Steht die bei den Göttern beschworene

Durch Medeias außerordentliche Rache an ihrem treulosen Mann sollen dem ganzen Frauengeschlecht εὔκλεια – ‚Ruhm', ‚Berühmtheit' – und τιμή – ‚Achtung', ‚Wertschätzung' – zuteil werden.

Das Problem ist allerdings, dass Medeias Selbstheroisierung die Kategorie des Heroischen *ad absurdum* führt.[61] Die Grenzüberschreitung von Medeias Tat, durch welche die Heroine in Bereiche des Verbotenen und Tabuisierten vordringt, verstößt derart massiv gegen das allgemeinmenschliche ethische Empfinden, dass sie die Heldin disqualifiziert und in den Bereich des Pathologischen rückt. Das heroische Übermenschentum, zu dem sich Euripides' Medeia erhebt, ist zugleich ein Unmenschentum.[62]

Auch unter einem anderen Aspekt ist Euripides' Medeia heroisch. Sie nimmt nämlich die Leichen ihrer Kinder auf dem Drachenwagen mit, um sie als Heroen im Heiligtum der Hera Akraia einzusetzen:

Ια. θάψαι νεκρούς μοι τούσδε καὶ κλαῦσαι πάρες.
Μη. οὐ δῆτ', ἐπεί σφας τῇδ' ἐγὼ θάψω χερί,
 φέρουσ' ἐς Ἥρας τέμενος Ἀκραίας θεοῦ,
 ὡς μή τις αὐτοὺς πολεμίων καθυβρίσῃ
 τυμβοὺς ἀνασπῶν ..[63]

Bei Grillparzer spielt dagegen Medeas halbgöttliche Herkunft kaum noch eine Rolle – am Ende entschwebt sie nicht mehr auf dem Drachenwagen, sondern irrt wie eine Heimatlose umher. Sie stiftet auch keinen heroischen Kult ihrer Kinder, die sie jetzt vielmehr als Verräter betrachtet. Von Kreusa manipuliert, haben ihre Kinder sie nämlich verleugnet und ihr die Tochter des Königs als Ersatzmutter vorgezogen haben. Zu all den Motivationen, die in Medeas Kindermord eine Rolle spielen,[64] fehlt der heroische Wunsch, das κλέος zu erlangen, durch die eigene Tat

---

Treue. | Mein Leben aber soll wandeln der Ruhm, | auf dass es Ehren gewinne. | Auszeichnung wird dem Frauengeschlechte zuteil; | misstönend Gerede soll nicht mehr treffen die Frauen.'

61 „Euripides' presentation of the heroic ethos in such a figure (a woman and a mother) and such a deed (the killing of the children) calls the heroic itself into question" (Charles Segal: Euripides' Medea: Vengeance, Reversal and Closure. In: *Pallas* 45, 1996, 15–44, hier 18). Vgl. auch Winkler: *Von Iphigenie zu Medea* (Anm. 1), 35, Anm. 49.

62 Wolf Hartmut Friedrich: *Vorbild und Neugestaltung. Sechs Kapitel zur Geschichte der Tragödie.* Göttingen 1967, 52.

63 Euripides: *Medea*, Z. 1377–1381. Übersetzung: , JASON. Lass mich die Toten doch bestatten und beweinen! |MEDEA. Niemals! Ich möchte sie mit meiner Hand begraben, | sie tragen in das Heiligtum der Göttin Hera | Akraia, dass kein Feind sie schände und ihr Grab | aufwühle.'

64 In Grillparzers Arbeitsnotizen werden die unterschiedlichen Beweggründe für Medeas Tat wie folgt ausdifferenziert: „Medeas Gefühl gegen ihre Kinder muß gemischt seyn aus *Haß* gegen den Vater, Jason, von dem sie weiß, daß er die Kinder liebt und ihr Tod ihm schmerzlich seyn wird; aus *Grimm* gegen die Kinder, die sie flohen und ihren Feinden den schmerzlichsten Triumph über sie verschafften; aus *Liebe* gegen eben diese Kinder, die sie nicht mutterlos unter Fremden zurücklassen will; aus *Stolz*, ihre Kinder nicht in der Gewalt ihrer Feinde zu lassen." (Grillparzer: *Werke in sechs Bänden*, Bd. 2 (Anm. 1), 784–785)

einen unsterblichen Ruhm zu stiften. Heroisch gefärbt sind dagegen auch bei Grillparzers Medea die Wiederbesinnung auf die eigene aristokratische Herkunft[65] und die Sorge, von ihren Feinden verspottet zu werden, die ein Leitmotiv in Medeas Reden darstellt.[66] Dadurch knüpft Grillparzer erkennbar an Euripides' Medeia an, die ebenfalls den Gedanken, ihren Gegnern zum Spott zu gereichen, nicht ertragen kann.[67] Schließlich beabsichtigt Grillparzers Medea, nicht nur die durch Jason erlittene Schmach zu rächen, sondern auch ihren Vater, ihren Bruder sowie schließlich die eigene Kultur selbst zu revanchieren.[68]

In Bezug auf Medeas Heroismus kehrt Grillparzer aber letztlich Euripides' Modell geradezu um. Wirklich heroisch ist bei ihm nicht Medeas Rache, sondern ihre Bereitschaft, dafür zu büßen. Man könnte von einem Heroismus der Buße sprechen, da sich Medea nach ihrer grausamen Tat entscheidet, das Vlies nach Delphi zurückzubringen und sich den dortigen Priestern als Opfer ‚darzustellen':

> MEDEA. Nach Delphi geh' ich. An des Gottes Altar
> Von wo das Vließ einst Phryxus weggenommen
> Häng' ich, dem dunkeln Gott das Seine gebend,
> Es auf, das selbst die Flamme nicht verletzt
> Und das hervorging ganz und unversehrt
> Aus der Korintherfürstin blut'gem Brande;
> Dort stell' ich mich den Priestern dar, sie fragend,
> Ob sie mein Haupt zum Opfer nehmen an,
> Ob sie mich senden in die ferne Wüste
> In längerm Leben findend längre Qual.[69]

Zwar wird Medeas Haltung von Grillparzer nicht ausdrücklich als heroisch bezeichnet, sie erfüllt jedoch zwei Kriterien des Heroischen: das Wagnis des eigenen Lebens und die große, glorreiche Tat. Indem sich Medea freiwillig nach Delphi begibt, wagt sie ihr Leben und vollendet auch erst Jasons große Tat, indem sie das

---

65 Diese Besinnung erfolgt auch *ex negativo* durch Gora, die Medea an den Verlust ihres aristokratischen Status und ihrer Würde erinnert: „GORA. *vortretend* Sie meinen, du würdest gehn, | Den Haß bezähmend und die Rache. | Die Törichten! | Oder wirst du es? Wirst du's? | Fast glaub' ich, du tust's, | Denn nicht Medea bist du mehr, | Des Kolcherkönigs königlicher Sproß, | Der erfahrnen Mutter, erfahrnere Tochter; | Hättest du sonst geduldet, getragen | So lange, bis jetzt?" (Grillparzer: *Medea*, V. 1158–1168)

66 So fühlt sich Medea ständig von Kreusa und Jason verspottet: „MEDEA. [...] Lachst du? Du sollst noch weinen, sag' ich dir! | KREUSA. O strafen mich die Götter, lacht' ich jetzt!" (ebd., V. 1645–1646); „MEDEA. *sich halb aufrichtend und nur mit den Knien auf den Stufen liegend* So kniet' ich, so lag ich, | So streckt' ich die Hände aus, | Aus nach den Kindern und bat | Und flehte: Eines nur, | Ein einziges von meinen Kindern – | Gestorben wär' ich, mußt' ich das Zweite missen! – | Aber auch das eine nicht! – Keines kam. | Flüchtend bargen sie sich im Schoß der Feindin | *Aufspringend: Er* aber lachte drob und sie!" (ebd., V. 1731–1739); „MEDEA: [...] Sie aber freun sich hier und lachen mein!" (ebd., V. 2137)

67 Euripides: *Medea*, Z. 383, 404, 797, 1049–1050, 1355, 1362.

68 Dies geht aus den Worten Goras hervor: „GORA. So straf' ihn, triff ihn, | Räche den Vater, den Bruder, | Unser Vaterland, unsre Götter, | Unsre Schmach, mich, dich!" (Grillparzer: *Medea*, V. 1221–1224)

69 Ebd., V. 2354–2363.

Goldene Vlies nach Delphi zurückbringt. Es handelt sich aber im Unterschied zu Jason um einen ausgeprägt ethisierten Heroismus, der vom Gedanken der Sühne bestimmt wird. Es ist ein christlich-humanistisches Heroismusmodell, das sich vom rassistisch grundierten militärischen Heroismus Jasons absetzt und das Medea nicht zufällig nach Delphi als Wiege der Humanitätsidee führt.

Am Schluss der Trilogie kontrastiert Grillparzer die Würde von Medeas Haltung, ihre heroische Bereitschaft zur Selbstüberwindung mit Jasons denkbar unheroischer Verzweiflung:

> JASON. Verwaist! Allein! O meine Kinder!
>
> MEDEA. Trage!
>
> JASON. Verloren!
>
> MEDEA. Dulde!
>
> JASON. Könnt' ich sterben!
>
> MEDEA. Büße!
> Ich geh' und niemals sieht dein Aug' mich wieder![70]

Auch in der letzten Stichomythie steht somit der christliche Begriff der Buße, der μετάνοια, im Vordergrund.

Dadurch verliert die fremde Heldin ihre Fremdheit. Trotz ihres betonten Exotismus wird sie zum Sprachrohr und Vehikel von Grillparzers humanistisch-christlicher Ethik. Die kolchische Zauberin wird abendländisch überformt. Dies bedeutet andererseits aber auch, dass das Humanitätsideal, zu dem sich Grillparzer bekannte, im imperialistischen Europa inzwischen offenkundig so fremd geworden war, dass es nur von einer fremden Heldin verkörpert werden konnte.

---

[70] Ebd., V. 2373–2375.

# Andere Helden im populären englischen Melodrama des frühen 19. Jahrhunderts

*Christian Krug*

Auf den englischen Theaterbühnen der ersten beiden Jahrzehnte des 19. Jahrhunderts findet sich eine Reihe von Bühnenhelden, die kulturell, ethnisch oder religiös als ‚Andere' markiert sind; zumeist handelt es sich bei ihnen um ‚orientalische' Figuren. Solche anderskulturellen Bühnenhelden sind dem Theaterpublikum in einem hermeneutischen Sinne nicht ‚fremd'; sie sind ihm im Gegenteil aufgrund ihrer Konventionalität sogar sehr vertraut. Ihre Markierung als ‚Andere' wirft daher auch nicht so sehr grundsätzliche Verstehensfragen auf – wohl aber Fragen nach Zugehörigkeiten und der eigenen Identität des Publikums.[1]

Bei den Repräsentationen eines anderskulturellen Heldentums im populären englischen Melodrama dieser Zeit kommen diese Fragen von Identität und Alterität in besonderer Weise zum Tragen. Dazu gehört zum Beispiel, dass ein solches Heldentum in geringerem Maße an bestimmte Figuren (etwa ‚den Bühnenhelden') gebunden ist und dass heroische Attribute wie Exzeptionalität, Handlungsbereitschaft oder Transgressivität umverteilt und von Szene zu Szene unterschiedlich aktualisiert und artikuliert werden können. Warum dies so ist, möchte ich im ersten Teil meines Beitrags herausarbeiten und dabei auf spezifische Gattungskonventionen und die Bühnenpraktiken der Zeit, die soziale Verortung einzelner Theater in marginalen sozialen Räumen, aber auch auf die spezifischen Alterisierungsprozesse eingehen, die in ein solches anderskulturelles Heldentum eingeschrieben sind. Gleichzeitig möchte ich an einem Fallbeispiel, William Barrymores *El Hyder; or, The Chief of the Ghaut Mountains* (1818), ein analytisches Modell skizzieren, mit dem sich solche anderskulturellen Heroisierungen in Melodramen beschreiben lassen: das Modell eines dynamischen dramatischen Feldes, das sich von Szene zu Szene neu konfiguriert. In einem zweiten Teil möchte ich anhand eines weiteren Fallbeispiels, den Bühnenrepräsentationen der populären Figur Haroun Al-Rashid, exemplarisch aufzeigen, wie ein ganz bestimmtes Motiv vom ‚anderen Helden', die ‚heroische Herrscherfigur', sich in dieser Zeit für eine Vielzahl von (ganz heterogenen) Einschreibungen und Alterisierungen öffnet.

Argumentationen anhand von Fallbeispielen sind (im positiven wie negativen Sinne) anekdotisch und hängen entscheidend von der Auswahl der Beispiele ab.

---

1 Zur hier verwendeten Begrifflichkeit von ‚Vertrautem' und ‚Fremdem' als hermeneutische Kategorien sowie des ‚Eigenen' und des ‚Anderen' als Kategorien von Zugehörigkeit und Identität beziehungsweise Alterität vgl. Andrea Polaschegg: *Der andere Orientalismus. Regeln deutsch-morgenländischer Imagination im 19. Jahrhundert* (Quellen und Forschungen zur Literatur- und Kulturgeschichte; 35). Berlin 2005, 41–49.

Die hier diskutierten Fallbeispiele wurden ausgewählt, da sie ein Spektrum repräsentieren: Das erste widmet sich der politisch wichtigsten Kolonie Großbritanniens, Indien, das zweite dem wohl wichtigsten Text, der populäre Vorstellungen vom orientalischen ‚Anderen' in Großbritannien im 19. Jahrhundert geprägt hat – den *Arabian Nights' Entertainments*, also den *Erzählungen aus Tausend und einer Nacht.* Während im ersten Fall Fragen von anderskultureller Machtausübung systematisch ausgeblendet werden, ist der panoptische Herrscherblick Haroun Al-Rashids, der im zweiten Fallbeispiel behandelt wird, als kulturelles Phantasma ein zentrales Element von imaginären Machtbeziehungen.

Der Gegenstand meiner Überlegungen, das populäre englische Melodrama, ist dabei eine historisch und (national)kulturell sehr spezifische populärkulturelle Form. Zwar gibt es zwischen den Bühnen Frankreichs, Deutschlands und Großbritanniens einen regen Austausch von Stücken und Dramatikern; was jedoch auf den Londoner Theaterbühnen als Melodrama besucht und beschrieben wird, ist das Ergebnis von ganz eigenen institutionellen und rechtlichen Rahmenbedingungen und Diskursen, von Abgrenzungs- und Aneignungsstrategien. Wie und was Melodramen bedeuteten, ist sehr genau auf die jeweilige Gesellschaft bezogen. Dies haben sie mit dem Heroischen gemein.

Für die Analyse eines ‚anderen', zumeist orientalischen Heldentums bedeutet dies, dass ein besonderes Augenmerk auf sich überlagernde Alterisierungen gelegt werden muss. Im frühen 19. Jahrhundert fungieren Melodramen (ebenso wie das sich zeitgleich etablierende Konzept des Populären) zumeist selbst bereits als ein ‚Anderes': Rechtlich sind sie ein ‚Anderes' der sogenannten legitimen Dramenformen Komödie und Tragödie, die bis 1843 in London einzig an den drei mit königlichem Patent ausgestatteten (‚lizenzierten') Theatern aufgeführt werden durften.[2] Topographisch siedeln sie sich zunächst an anderen städtischen Orten, etwa dem ärmeren East End Londons, an, dessen Theaterpublikum zuweilen als soziales ‚Anderes' gefürchtet wird. Schließlich erscheint das Affektive des Melodramas den bürgerlichen Mittelschichten als ästhetisch ‚Anderes'. Für die Analyse ‚anderer' Helden ist daher eine erste Prämisse, dass sich intrakulturelle und interkulturelle Prozesse des Othering immer schon überlagern.

Weitere methodologische Konsequenzen ergeben sich aus der Struktur des Melodramas und seiner Aufführungspraxis. So sind die dramatischen Strukturen gerade nicht durch Kohärenz, sondern durch sehr heterogene Momente („situation and incident")[3] geprägt. Melodramen etablieren zudem ganz eigene emotionale Regime (die beispielsweise szenisch-tonal geprägt sind)[4] und produzieren eine

---

2 Vgl. Jane Moody: *Illegitimate Theatre in London, 1770–1840.* Cambridge 2000.

3 Vgl. Johann N. Schmidt: *Ästhetik des Melodramas. Studien zu einem Genre des populären Theaters im England des 19. Jahrhunderts.* Heidelberg 1986, 200.

4 Vgl. Conrad Joy Bishop: *Melodramatic Acting. Concept and Technique in the Performance of Early Nineteenth Century English Melodrama.* Diss., Stanford University 1967, 51–52.

Affekt-Intensität, die danach drängt, in Zeichenhaftigkeit überführt zu werden.[5] Dadurch verkomplizieren sie konventionelle heuristische Unterscheidungen zum Beispiel von Emotion (im Sinne William Reddys als soziale Kommunikationsform, die sich in – auch konkurrierenden – historischen Regimen anordnet)[6] und Affekt (als vermeintlich vorindividuelle Intensität). Auch sind (Helden-)Figuren allenfalls innerhalb ganz allgemeiner Paradigmen im Dramenverlauf stabil, ansonsten jedoch gerade von relationaler Bezüglichkeit. Zeitgenössische Diskurse über das Melodrama weisen auf andere Logiken von Figuren- und Handlungskonstruktion und -rezeption hin,[7] innerhalb derer sich Helden im konventionellen Sinne nur schwer fassen lassen. Für die Analyse erfordert dies entsprechend eine Perspektive, die auf Momente fokussiert und variable, instabile Heroisierungsverfahren im Blick behält.[8] Dies wird bereits in der vielbeschworenen Krise des melodramatischen Bühnenhelden evident, die in der Forschungsliteratur vielfach beschrieben, aber selten überzeugend erklärt wurde. Traditionelle (männliche) Bühnenhelden hatten keinen leichten Stand in den englischen Melodramen des frühen 19. Jahrhunderts. Als bühnenwirksamer galt die Rolle des Schurken, emotional und affektiv aufgeladener zumeist die der Heldin, und im Spannungsfeld zwischen diesen beiden Figuren droht der melodramatische Bühnenheld dramaturgisch fast überflüssig zu werden. In seiner klassischen Studie zum englischen Melodrama charakterisiert Michael Booth ihn entsprechend als konventionell passiv, schwach und „rather stupid".[9] Dass auch in der Forschungsliteratur zum Melodrama vergleichsweise selten auf männliche Heldenfiguren fokussiert wird, ist jedoch nicht nur symptomatisch für eine solche veritable Krise des Bühnenhelden. Es mag auch Ausdruck einer analytischen Krise sein, die sich zum einen daraus ergibt, dass im Melodrama Repräsentationen von Heldentum in sich häufig widersprüchlich sind,[10] und zum

---

5 Vgl. hierzu die klassische Studie von Peter Brooks: *The Melodramatic Imagination. Balzac, Henry James, Melodrama, and the Mode of Excess*. New Haven und London [2]1995.

6 William Reddy: *The Navigation of Feeling. A Framework for the History of Emotions*. Cambridge 2001.

7 Eine gute Rekonstruktion zeitgenössischer Diskurse liefert der immer noch einschlägige Aufsatz von Kurt Tetzeli von Rosador: Victorian Theories of Melodrama. In: *Anglia* 95, 1977, 87–114.

8 Die Analyse von *El Hyder* wird zeigen, dass allzu homogenisierenden Bedeutungszuschreibungen, wie sie Melodramen selbst zum Beispiel durch End-Tableaus suggerieren, durchaus misstraut werden kann: Die letzten Szenen von Melodramen etablieren häufig retroaktiv eine vermeintliche Stabilität von Figuren und Werten, die sich in der Theatererfahrung zuvor nicht unbedingt gefunden haben muss.

9 Michael R. Booth: *English Melodrama*. London 1965, 17, 18.

10 Jacqueline Bratton argumentiert, dass Repräsentationen von Heldentum immer wieder von anti-heroischen Momenten durchkreuzt werden: „melodramatic British heroism has vital anti-heroic dimensions. [...] It is both tied to narrow stereotypes, and [at the same time] as inclusive as possible, in class and regional/national terms; it admits non-heroic figures as heroes, and [it admits] open statements of possibly subversive views and feelings" (Jacqueline S. Bratton: British Heroism and the Structure of Melodrama. In: Jacqueline S. Bratton [et al.] (Hg.): *Acts of Supremacy. The British Empire and the Stage, 1790–1930*. Manchester 1991, 18–61, hier 27).

anderen daraus, dass sich seinen relational bezüglichen Figuren bei genauerer Betrachtung dann doch nicht scherenschnittartig ideologische Funktionen zuordnen lassen. Anhand von Barrymores *El Hyder* möchte ich mich deshalb dem Bühnenhelden analytisch anders nähern und dessen ‚Krise' in den Kontext instabiler Heroisierungsverfahren setzen.

## 1. *Die Zirkulation heroischer Energien in William Barrymores* El Hyder

In diesem Melodrama kämpft der charismatische Stammesführer El Hyder darum, einen jungen Prinzen aus der Gefangenschaft des tyrannischen Radschas Hamet zu befreien; dieser hält den Prinzen und dessen Mutter, um deren Hand er wirbt, in einem Harem gefangen. El Hyder gelingt es schließlich mit seinen Truppen, Hamet zu bezwingen und den rechtmäßigen Thronanspruch des Prinzen durchzusetzen. Die Titelfigur dieses Melodramas basiert auf einem indischen Feldherrn, Haidar Ali (1721–1782),[11] der die Truppen der britischen East India Company in den ersten beiden Mysore-Kriegen (1767–1784) besiegte und für die britische Öffentlichkeit einen der bekanntesten Gegner der Briten in Indien darstellte.[12] An seiner Figur lassen sich die Heroisierungspotenziale eines ‚anderen' Helden gut demonstrieren. Die Analyse zeigt aber auch, dass heroische Attribute in einem Melodrama über unterschiedliche Figuren (‚eigene' wie ‚andere') verteilt und zum Teil je nach Szene dynamisch neu konfiguriert werden – und dass lokale Kontexte, bis hin zum sozialen Umfeld einzelner Theater, solche spezifischen Heroisierungen bedingen.

Auf den ersten Blick scheint Hyder Ali ein ungewöhnlicher Held in einem Londoner Theater zu sein, und ein indischer Befreiungskampf gegen eine tyrannische Herrschaft ein ungewöhnliches Sujet. Die East India Company hatte in einer ganzen Reihe von Publikationen, etwa in *captivity narratives* über britische Gefangene, systematisch versucht, den historischen Haidar Ali zum Gegner nationaler britischer Interessen zu machen.[13] Dennoch wird er 1818 im Süden und Osten Londons zu einem *local hero*, dessen Heroisierung eng an die spezifischen Bühnen geknüpft ist, auf denen er aufgeführt wurde. Dies war erstens das neu gegründete Royal Coburg Theater südlich der Themse (das heutige Old Vic). Das Coburg gab sich eine ‚radikale' Ausrichtung (es positionierte sich zum Beispiel politisch klar gegen den Prinzregenten, den späteren König Georg IV.), und sein Publikum bestand

11 Narendra Krishna Sinha: *Haidar Ali*. Calcutta ³1959.

12 Vgl. Rajat Kanta Ray: Indian Society and the Establishment of British Supremacy, 1765–1818. In: P. J. Marshall und Alaine Low (Hg.): *The Oxford History of the British Empire*. Bd. 2: *The Eighteenth Century*. Oxford 1998, 510–520.

13 Vgl. Linda Colley: *Captives. Britain, Empire and the World 1600–1850*. London 2003. David Worrall: *Harlequin Empire. Race, Ethnicity and the Drama of the Popular Enlightenment* (The Enlightenment World; 1). London [u.a.] 2007, 82.

zu einem hohen Anteil aus Dienerschaft und Arbeitern.[14] Drei Jahre später wechselte das Melodrama in das etwa 1600 Personen fassende Royalty Theatre im Stadtteil Tower Hamlets; dieses lag in unmittelbarer Nachbarschaft zum neu errichteten East India Dock und rekrutierte sein Publikum auch aus den multi-ethnischen Hafenarbeitern der East India Company.[15] Dass das Melodrama mit seinem orientalischen sowie muslimischen Helden in diesen Theatern Erfolg hatte, ist vielleicht auch ein Indiz dafür, dass sich die von Edward Said beschriebenen ‚klassischen' orientalistischen Diskurse eher in sanktionierten kulturellen Bereichen, etwa den offiziellen Publikationen der Company, aber nicht notwendigerweise im Bereich einer lokal umgrenzten Populärkultur durchsetzen konnten.[16]

Der Bühnenheld El Hyder erweist sich direkt zu Beginn der ersten Szene als charismatischer Anführer von patriotischen indischen Truppen. El Hyder ist dabei der Fokus der „Patrioten";[17] in ihm verdichtet sich ihr Kampf – und dies im Wortsinne, denn die dramatische Ausgestaltung der gerade gekämpften Schlacht erfolgt als innerer Nachvollzug:

> EL HYDER Yes, Moloc, even so. But why these downcast eyes? Am I to read mistrust? El Hyder doubted! Did he not perform his duty?–Did he not protect his charge as long as man was man? Behold! are these not witnesses? Will not these wounds, still reeking with my blood convey conviction to your minds? Mark! here stood the tent that held my sacred charge,–far beyond our flank, stretched the enemy's horse–our wing was broken, over-whelmed, discomfitted–the Princess viewed it, and cried for Hyder–Hyder flew to them–we were surrounded–foe on foe! I still maintained my ground, but they seized the Princess and her son–I heard their cries–saw them borne away–when I, with a Boa's rage, rushed to the rescue–a conquering arm struck me down–and Hyder saw no more!
>
> MOLOC Oh, Hyder, do not think we doubt you! Quick, comrades, from his mind dispel such thoughts–our country's love, our country's hope is–
>
> OMNES Hyder![18]

---

14 Vgl. Frederick Burwick: *Playing to the Crowd: London Popular Theatre, 1780–1830.* New York 2011, 194–200. Worrall: *Harlequin Empire* (Anm. 13), 100–101. Moody: *Illegitimate Theatre* (Anm. 2), 167–168.

15 Worrall: *Harlequin Empire* (Anm. 13), 101. David Worrall hat die Aufführungen von Barrymores Melodrama umfassend rekonstruiert, vgl. ebd., 81–105 sowie die bis auf wenige Änderungen wortgleiche Diskussion in David Worrall: Islam on the Romantic Period Stage. Hyder Ali, Tippoo Saib and Beyond the Captivity Narrative. In: Michael T. Davis und Paul A. Pickering (Hg.): *Unrespectable Radicals? Popular Politics in the Age of Reform.* Aldershot [u.a.] 2008, 167–184.

16 Vgl. Edward Said: *Orientalism. Western Conceptions of the Orient.* London 1978. Worrall: *Harlequin Empire* (Anm. 13), 81–87.

17 William Barrymore: *El Hyder, the Chief of the Ghaut Mountains: A Grand Eastern Melo-Dramatic Spectacle. In Two Acts* (T. H. Lacy). London [o. J.], 25. Historisch wurden die Marathen, die El Hyder in diesem Drama anführt, 1803 und 1818 (nur wenige Monate vor der Erstaufführung) von den britischen Truppen besiegt, vgl. Ray: Indian Society (Anm. 12), 511, 522.

18 Barrymore: *El Hyder* (Anm. 17), 4.

Hyder Alis Heroisierung erfolgt hier in Form eines Stücks im Stück, einer metatheatralen Miniatur. Die abschließende Akklamation durch die „patriotischen Stammesfürsten“[19] bestätigt nicht nur Alis Selbstzuschreibung von Heldentum, sondern markiert auch, entsprechend der melodramatischen Struktur von *situation and incident*, das Ende dieser ersten ‚Aufführung‘ in einer überaus heterogenen Szenenfolge. Kaum hat nämlich das Drama sein Figurenpersonal etabliert und seine Themen besetzt, zieht es seinen Helden sofort wieder aus dem Verkehr. Es belegt ihn in seiner nächsten Szene *de facto* mit einem inneren, moralischen Handlungsverbot sowie einer vollständigen sozialen Isolation, die sich unter dem konstanten Blick der Gemeinschaft vollzieht: Hyder Ali, der Fluchtpunkt des Kampfes der Patrioten, darf sich in ihrer Gemeinschaft frei bewegen, jedoch keinerlei soziale Kontakte aufnehmen.[20]

Dramaturgisch gesprochen gibt es damit einen Stau an heroischer Energie. Deren Überschuss sucht sich von Szene zu Szene neue Ventile und überschreitet dabei sowohl geschlechtliche als auch ethnische und nationale Grenzen: Spektakuläre Kämpfe mit Dolchen und Pistolen führt zum Beispiel eine indische Prinzessin. Zwei britische Seemänner, die an der Küste von Delhi gestrandet sind (und dies im südindischen Mysore), stellen wiederum einen anderen konventionellen Heldentyp bereit, die Bühnenfigur des ‚Jack Tar‘ – einen britischen Matrosen mit einem Herz aus Gold, der für Gerechtigkeit und Großbritannien kämpft. Dass sich in Melodramen häufig Seemänner aufs Land verirren, ist übrigens nur vordergründig inkongruent. Es ist vielmehr symptomatisch: Um 1820 waren Soldaten äußerst ambivalent konnotiert; zum einen galt das Heer traditionell als Auffangbecken für Kriminelle und Arme, zum anderen ließen sich einige der Soldaten, die aus den französischen Revolutionskriegen zurückehrt waren, nur schwer wieder in die Gesellschaft integrieren. Da militärischer Ruhm im kulturellen Gedächtnis eng mit den Erfolgen der britischen Navy verknüpft war, fungierte zumeist der Seemann als prototypischer militärischer Held.[21]

Der erste der Seemänner in *El Hyder*, Mat Mizen, appelliert dabei in einem beständigen Wortschwall an vermeintlich geteilte nationale Eigenschaften und Werte. Seine Funktion ist die Anbindung an eine imaginierte nationale Gemeinschaft; er produziert *clap traps*, das heißt, er appelliert in Sentenzen und lässt diese über den eingeholten Beifall des Publikums bestätigen – ein solches gemeinsames Klatschen stiftet in der Praxis aber auch eine viel enger umgrenzte, lokale Gemeinschaft in

19 Ebd., [2].

20 Ebd., 10.

21 Anders argumentiert Jane Moody, die vor allem auf die Transgressivität der Figur abhebt: „despite his moral heroism, the sailor remains an unknowable stranger on the very edge of modern civilisation. [...] In the wake of mass post-war demobilisation, the brave, brusque but unpredictable sailor had usurped the [role of the] wild man as a theatrical subject precisely because he epitomised contemporary fears about the identity of the civil and the monstrous in late Georgian society“ (Moody: *Illegitimate Theatre* [Anm. 2], 97–98).

den einzelnen Theatern.[22] Der zweite Seemann, Harry Clifton, übernimmt eine leicht andere Funktion und verkörpert vor allem das kindlich-unschuldige Heldentum der frühen Jack Tar-Figur. Er lässt sich (ähnlich der Figur Harpo bei den Marx Brothers) als Verkörperung des Freudschen Es beschreiben; mit kindlich-naiver Freude agiert er seine Triebe aus und stellt dem Drama dadurch Momente sozialer und sexueller Transgressivität bereit.[23] Es heißt oft, dass Melodramen mit dieser Figur des Jack Tar der Repräsentation eines ‚eigenen' Helden am nächsten kommen. Tatsächlich funktioniert aber auch diese Figur überhaupt nur in der ‚Fremde', in ‚xenotopen' Räumen.[24] Sobald sie nämlich in heimische, englische Kontexte gesetzt wird – so etwa im *domestic melodrama* ab den 1830er Jahren – wird sie aufgrund ihrer Transgressivität zum sozialen Störfall. Bei dem zweiten britischen Seemann resultieren Infantilisierung, Transgressivität und Exzess dabei nur teilweise in einer Exotisierung der Figur, wie sie ansonsten gattungstypisch betrieben wird. Lokal wird ihr Othering anders, nämlich geschlechtlich, betrieben: Die Figur wurde 1818 am Coburg von „Mrs. W. Barrymore" gespielt, der Ehefrau des Autors und Schauspielers, der den Tyrannen gab.[25] In Melodramen ist ein solches geschlechtliches Othering insofern möglich, als es als ‚Mischgattung' traditionell eine Nähe zur Pantomime aufweist, in welcher die Rolle des *Principal Boy* immer von einer Frau gespielt wird.[26]

---

22 Vgl. hierzu auch Bratton: British Heroism (Anm. 10), 23. Auf den nicht-lizenzierten Bühnen (wie dem Coburg) können solche Momente imaginierter Gemeinschaften noch zusätzlich lokal geprägt sein, da lokale Schauspiel-Stars teilweise während einer Aufführung aus ihrer Rolle traten, um (vergleichbar mit dem modernen *stand up*) lokale Ereignisse zu kommentieren. Aufführungen werden von solchen isolierten, tendenziell handlungs- und kontextfreien Momenten ‚punktiert' – auch in diesem Sinne stellen Melodramen kein homogenes oder lineares Theatererlebnis bereit.

23 Entwürfe einer Genealogie der Tar-Figur finden sich in Bratton: British Heroism (Anm. 10), 43, und in Heidi J. Holder: Melodrama, Realism and Empire on the British Stage. In: Jacqueline S. Bratton [et al.] (Hg.): *Acts of Supremacy. The British Empire and the Stage, 1790–1930*, Manchester 1991, 129–149. Demnach habe sich diese Figur von einem kindlichen und vermeintlich unschuldigen Heldentum in den ersten zwei Jahrzehnten des 19. Jahrhunderts hin zu einer abgeklärteren und sentimentalisierten Form ab den 1830er Jahren entwickelt. Zu Ende des Jahrhunderts werde ein nunmehr nostalgisch verklärter Jack Tar zunehmend sozial instrumentalisiert.

24 In Anlehnung an Michel Foucaults Konzept der Heterotopie sind ‚Xenotopien' als Räume beschrieben worden, „innerhalb derer Fremdheit hergestellt und inszenatorisch vermittelt wird. Ihre primäre Funktion im Europa des 19. Jahrhunderts besteht darin, einem heimischen Publikum, für das der Umgang mit dem äußeren und vor allem dem exotischen Fremden keineswegs alltäglich ist, strukturierte und räumlich erfahrbare Alteritätserfahrungen zu ermöglichen. Folgerichtig zielen Xenotopien auf ein breites, gegen Ende des Jahrhunderts sogar auf ein Massenpublikum ab und tragen so zur Popularisierung des Fremden bei." (Volker Barth [et al.]: Einleitung. In: Volker Barth [et al.] (Hg.): *Xenotopien. Verortungen des Fremden im 19. Jahrhundert* (Kulturgeschichtliche Perspektiven; 9). Münster [u.a.] 2007, 7–23, hier 15–16).

25 Barrymore: *El Hyder* (Anm. 17), [2]. Vgl. Worrall: *Harlequin Empire* (Anm. 13), 84.

26 Vgl. Karl Sabbagh: The Arabian Nights in British Pantomime. In: Philip F. Kennedy und Marina Warner (Hg.): *Scheherazade's Children. Global Encounters with the Arabian Nights*. New York 2013, 265–273, hier 267.

In der Schlussszene von *El Hyder* stehen die beiden Briten allerdings ebenfalls nicht mehr im Zentrum eines heroischen Handelns. Ihre Anzahl hat sich nämlich in der vorletzten Szene vervielfacht – eine größere Gruppe weiterer britischer Seemänner muss ebenfalls das Landesinnere durchzogen und dabei auch schwere Artillerie mit sich geführt haben. Aufgrund der schieren Anzahl der britischen ‚Seemänner' in *El Hyder* entspricht deren Handeln allerdings nicht mehr den konventionellen ideologischen Repräsentationen von Heldentum: Im frühen kolonialen Melodrama wird die britische Militärmacht systematisch verdeckt, individualisiert und über wenige Einzelfiguren repräsentiert – meist die *gallant few*, die sich gegen eine Übermacht durchsetzen.[27] So ergibt sich der Bedarf für eine letzte Verschiebung von heroischer Energie: Ein Kampf der *gallant few* war ja genau das Thema der ersten Szene um El Hyder, den durch ein inneres Handlungsverbot ruhiggestellten Titelhelden. So schließt sich der dramaturgische Kreis des Dramas, das nun zu seinem ersten Heldennarrativ zurückkehrt und den indisch-muslimischen Held reaktiviert. Szenische und emotionale Höhepunkte sind entsprechend der Kampf der Prinzessin mit ihrem Haremswächter und schließlich El Hyders Kampf mit dem „Tyrannen" Hamet und seinen Männern.[28]

Als Beschreibungsmodell für Melodramen wie dieses bietet sich das eines dynamischen Feldes an, in dem heroische Energie gewissermaßen zirkuliert und dann, gemäß der melodramatischen Struktur von *situation and incident*, in ihren verschiedenen Aspekten von unterschiedlichen Figuren ausagiert wird – ‚eigenen' ebenso wie ‚anderen'.[29] Der Titelheld bleibt dabei ihr Fluchtpunkt. Was das Melodrama jedoch nicht wagt, ist, ihm nach gewonnenem Kampf politische Macht zu übertragen (die der historische Haidar Ali sehr wohl hatte). Der Bühnen-Hyder kämpft auch gar nicht für sich, sondern für ein junges Prinzenkind, so dass sich die Frage von Herrschaft gar nicht stellen muss.[30] Stattdessen imaginiert das Drama über die Figur des Hamet symbolisch, was passieren könnte, wenn ein anderskultureller Held wie El Hyder selbst Herrschaft erlangen würde. Hamet wird vom Star

27 Vgl. Bratton: British Heroism (Anm. 10), 26.

28 Barrymore: *El Hyder* (Anm. 17), 4 und passim. Auch das schlussendliche Schwenken der britischen Fahne lässt sich nicht ausschließlich auf nationalistische Bedeutungen verengen (vgl. auch Anm. 8); es markiert vielmehr die im Drama immer wieder beschworene ‚Freiheit', die längst mit ‚indischer Befreiung' überlagert wurde und nun zwischen ‚eigenen' (beziehungsweise je nach Publikum ‚anderen') Sinneinschreibungen oszilliert.

29 In seinen dynamischen Heroisierungen ist das Drama damit deutlich komplexer, als es seine Zusammenfassungen in kritischen Studien vermuten lassen. Hier dient es zumeist als prototypisches Beispiel ‚des' kolonialen britischen Theaters. „Here, and in similar plays, spectators saw Britain's imperial ambitions dramatized as an heroic crusade for liberty against usurping tyrants and barbaric native customs" (Jane Moody: The Theatrical Revolution, 1776–1843. In: James Donohue (Hg.): *The Cambridge History of British Theatre*. Bd. 2: *1660 to 1895*. Cambridge 2004, 199–215, hier 205).

30 Worralls Interpretation, Barrymores *El Hyder* repräsentiere einen islamischen ‚Herrscher' als heroische Figur – „who affirmed [his] *sovereignty* and delivered rousing speeches to [his] *subjects*" (*Harlequin Empire* [Anm. 13], 82; meine Hervorhebung) ist damit vom Text schlicht nicht gedeckt.

des Ensembles gespielt und fungiert als El Hyders *alter ego* – als gefallener Heros, der sich in den politischen Zwängen der Macht verstrickt hat. Auch hier sind die sich überlagernden Alterisierungen spannend: Auf den Bühnen des Coburg und des Royalty Theatre, beide sogenannte *minor theatre* ohne königliches Patent, wird dieser „Tyrann" durch seine deutlichen Bezüge zur Shakespeareschen Tragödie, insbesondere *Richard III*, als ‚Anderer' markiert. Die Differenzlinien, die zwischen den komplementären Figuren eingezogen sind, verlaufen dabei nicht nur zwischen sehr unterschiedlich konnotierten Gattungen, Tragödie und Melodrama, sondern zwischen einer „legitimen" und „illegitimen Theaterkultur"[31] mit ihren jeweiligen sozialen Orten. Solche Linien sind allerdings fließend: Shakespeare selbst war erst ab Mitte des 18. Jahrhunderts kulturell nobilitiert und zu Beginn des 19. Jahrhunderts im Zuge der Herausbildung einer ästhetisierten Hoch- beziehungsweise Elitenkultur gewissermaßen entpopularisiert worden. Kurz nach den hier behandelten Aufführungen versuchen einige *minor theatres* dann verstärkt, sich Shakespeare als ‚Eigenes' anzueignen, um dadurch ihr kulturelles Prestige zu steigern: Sie werben öffentlich mit ihrer Verortung südlich der Themse (Shakespeares ersten Spielorten) und engagieren namhafte Shakespearedarsteller für Gastspiele; das Coburg zum Beispiel organisiert 1819 ein Gastspiel von Junius Brutus Booth als Richard III. oder 1831 von Edmund Kean (der jedoch gegen den *local hero* des Theaters, den ‚Volksschauspieler' Cobham, nicht bestehen kann).[32] Das Othering des indisch-muslimischen El Hyder über die Dramenfigur des nationalisierten, angeblich hochkulturellen Shakespeare muss damit in sich widersprüchlich bleiben.[33]

## *2. Der andere Held als kulturelles Phantasma*

In den populären Melodramen der ersten beiden Jahrzehnte des 19. Jahrhunderts werden Heroisierungen anderskultureller Figuren zumeist durch Mechanismen der Ab- und Ausgrenzung flankiert, und wenn wie in Barrymores *El Hyder* das heroische Handeln eines anderen Helden in der Möglichkeit einer herrschaftlichen Machtausübung resultieren könnte, dann wird diese meist systematisch ausgeblendet. In meinem zweiten Fallbeispiel steht dieser Aspekt der Herrschaft eines anderskulturellen Heldens nun im Mittelpunkt. Es handelt sich um die Anfang des 19. Jahrhunderts wohl populärste Figur der zahlreichen Bühnenadaptationen der *Arabian Nights' Entertainments*, den in Verkleidung durch Bagdad ziehenden

31 Moody: *Illegitimate Theatre* (Anm. 2), 10.

32 Vgl. ebd., Kap. 4, insbesondere 136–137, sowie Jane Moody: Romantic Shakespeare. In: Stanley Wells und Sarah Stanton (Hg.): *The Cambridge Companion to Shakespeare on Stage*. Cambridge 2002, 37–57.

33 Ohnehin überlagern sich Kanonisierungs- und Popularisierungsbestrebungen und stellen im frühen 19. Jahrhundert gerade keine klaren Dichotomien dar, vgl. Doris Feldmann und Christian Krug: Zur Geschichte des Populären. Konzepte und Praktiken englischer Populärkultur im 19. Jahrhundert. In: Sabine Friedrich und Dirk Niefanger (Hg.): *Populärkultur*. Würzburg [erscheint 2016].

Kalifen Haroun Al-Rashid. Seine Herrschaft ist zu Beginn der Dramen bereits etabliert; es stellt sich damit nicht mehr die Frage, ob sie gewonnen werden darf, sondern wie sie ideologisch legitimiert werden kann, und was die Popularität der Figur auf den englischen Theaterbühnen des frühen 19. Jahrhunderts begründet. Dabei möchte ich mich vor allem einem bestimmenden Element widmen: der Inszenierung des machtvollen, gesellschaftliche Identität stiftenden Blicks dieser heroischen Herrscherfigur.

Das Motiv des verkleideten Herrschers selbst hat eine lange Geschichte im englischen Theater. Zu bestimmten Zeiten (insbesondere Anfang des 17. Jahrhunderts) findet es sich gehäuft,[34] und auch zu Beginn des 19. Jahrhunderts haben verkleidete Herrscher Konjunktur – nicht nur auf den Theaterbühnen, sondern auch in populären politischen Diskursen der Zeit.[35] In den Dramen um Haroun stehen dabei meist Inszenierungen seines omnipräsenten Blicks im Mittelpunkt. Dieser Blick, der immer alles sieht, wird nicht nur in spektakulären Bühnenmomenten inszeniert, er durchwirkt die Dramen auch in vielen kleinen Momenten. Dabei machen sich Dramatiker auch die spezifische Aufführungspraxis von Melodramen zunutze. Da Schauspieler vorwiegend in einer Linie auf der Bühne agieren und dabei meist noch dem Publikum frontal zugewandt sind, existieren Bühnenorte oberhalb dieser Ebene (*up stage*); diese extra-diegetischen Bühnenorte bleiben für das Publikum sichtbar, werden von den handelnden Figuren aber ignoriert.[36] Der Kalif kann dort verortet werden, so dass sein Herrscherblick – gewissermaßen ‚phantasmatisch' – über der Szene schwebt.[37]

Durch solche (und viele weitere) Inszenierungsformen stellt der Herrscherblick einem Londoner Theaterpublikum ein kulturelles Phantasma bereit, über das die Herrschaft eines anderskulturellen Helden imaginiert werden kann. Alain Grosrichard hat die Funktion dieses Phantasmas 1979, fast zeitgleich zu Edward Said, in der ‚anderen' Studie zum französischen Orientalismus sehr präzise gefasst.[38] Er beschreibt das Phantasma des osmanischen Despotismus als eine im Grunde me-

---

34 Vgl. bereits Victor Oscar Freeburg: *Disguise Plots in Elizabethan Drama. A Study in Stage Tradition*. New York 1915. Leonard Tennenhouse: *Power on Display. The Politics of Shakespeare's Genres*. London [2]2005. Kevin A. Quarmby: *The Disguised Ruler in Shakespeare and his Contemporaries*. London [u.a.] 2012.

35 Vgl. Linda Colley: The Apotheosis of George III. Loyalty, Royalty, and the British Nation 1760–1820. In: *Past and Present* 102, 1984, 94–129.

36 Vgl. Bishop: *Melodramatic Acting* (Anm. 4), 200–204.

37 Ein gutes Beispiel hierfür findet sich in Thomas Dibdin: *Il Bondocani, or, The Caliph Robber: A Comic Opera, in Three Acts*. London 1801 [Uraufführung 1800], 28.

38 Alain Grosrichard: *The Sultan's Court. European Fantasies of the East*, übers. von Liz Heron. London [u.a.] 1998 [Französische Erstausgabe 1979]. Vgl. auch Mladen Dolar: Introduction. The Subject Supposed to Enjoy. In: Alain Grosrichard: *The Sultan's Court. European Fantasies of the East*, übers. von Liz Heron. London [u.a.] 1998, ix–xxvii. Im Gegensatz zu Saids *Orientalism*-Studie ist *The Sultan's Court* stark von Lacan beeinflusst und hat einen deutlich begrenzteren Fokus; Grosrichard widmet sich ausschließlich dem kulturellen Phantasma des „asiatischen Despotismus" (x) in der französischen Literatur des 18. Jahrhunderts.

chanische Machtapparatur, die vor allem auf zwei Elementen basiert: dem omnipräsenten Blick und dem Namen des Despoten, der als machtvoller Signifikant durch das Reich zirkuliert.[39] Für Grosrichard fungiert das Phantasma als das ‚Andere' einer aufgeklärten, rationalen französischen Gesellschaft; es bildet ihren ‚realen Kern' und liefert Subjekten eine imaginäre Begründung dafür, warum sie sich Macht unterordnen (und unterordnen *wollen*), noch bevor sie dann ihre Stellung zur Macht – ganz ‚aufgeklärt' – rationalisieren.[40]

Henry Milners *Barmecide* (ebenfalls 1818) inszeniert Haroun als einen solchen benevolenten ‚Despoten'. Despotismus ist dabei eine Machtform, die neben dem öffentlichen und politischen Bereich dezidiert auch das Häusliche und den Bereich der Familie umfasst; etymologisch bedeutet ‚Despot' auch Hausherr, und für Grosrichard beziehen Repräsentationen von Despotismus ihre Metaphern daher folgerichtig auch aus Familienbeziehungen[41] (etwa als „der Vater des Volkes", eine zentrale Bezeichnung Haroun Al-Rashids in den hier behandelten Melodramen). Haroun muss in *Barmecide* lernen, kein „Tyrann" zu sein,[42] darf dafür jedoch als liebenswerter Despot weiter regieren. In Bezug auf die melodramatischen Heroisierungen Harouns wäre damit eine erste These, dass seine Figur es dem Publikum ermöglicht, die eigene Anbindung an Macht genussvoll zu imaginieren, während es gleichzeitig auf einer symbolischen Ebene aktuelle sozio-politische Fragen verhandelt. Unabhängig vom Ausgang dieser Verhandlungen hat die Anbindung an Macht jedoch längst stattgefunden. Haroun, so ließe sich überspitzt formulieren, ist der anderskulturelle Held einer perfiden Selbstunterwerfungsfantasie.

In den Melodramen funktioniert dieses Prinzip zum Beispiel so, dass Haroun die Funktion eines ‚panoptischen Übervaters' übernimmt. Er erlaubt es einem städtischen Theaterpublikum dadurch, sich verloren geglaubten, paternalistisch-feudalen Gesellschaftsstrukturen in einer nostalgisch verklärten, exotisierten Form noch einmal zu vergewissern.[43] Insofern ermöglicht der anderskulturelle Held auch eine Anbindung an die eigene imaginierte Vergangenheit. So gerahmt können die Melodramen dann eine ganze Fülle von sehr spezifischen aktuellen sozialen Fragen diskutieren.[44] Dazu gehören zum Beispiel Arbeit und Armut: Armut ist eine

39 Grosrichard: *The Sultan's Court* (Anm. 38).

40 Vgl. auch Dolar: Introduction (Anm. 38), xv–xvi.

41 Grosrichard: *The Sultan's Court* (Anm. 38), 3–16.

42 Henry Milner: *Barmecide; or, The Fatal Offspring. A Dramatic Romance.* London 1818, 36. Giafar erklärt dem Kalifen: „Your only zealous friend and defender your tyranny has driven from your cause, and made your enemy. For this you are indebted to your ungoverned passion. Justice and mercy constitute a sovereign's brightest glory. Had you listened to their voice, you had not been thus disgraced." (51)

43 Vgl. zu diesem und den folgenden Punkten ausführlicher Christian Krug: *Das Eigene im Fremden. Orientalismen im englischen Melodrama, 1790–1840* (Schriftenreihe Literaturwissenschaft; 53). Trier 2001, 139–148.

44 Dazu gehört es auch, eine empfundene Kluft zwischen Rechtsempfinden und Gesetz oder zwischen dem Staat als Idee und seinen real existierenden Verwaltungsinstitutionen zu überbrücken (so 1800 in Dibdin: *Il Bondocani* [Anm. 37]).

soziale Kategorie, die im frühen 19. Jahrhundert immer feiner ausdifferenziert wurde.[45] In Thomas Dibdins *Azim; or Wants and Superfluities* (1818) wird diese Differenzierung symbolisch durchgespielt. Haroun führt ein Sozialexperiment mit seinem armen Titelhelden durch, in dem dieser unter ständiger, verdeckter Beobachtung Bedarfsartikel und Luxusgüter unterscheiden und kategorisieren muss. (Das ultimative Luxusgut, das Azim nicht verlangen darf, ist – natürlich – der unverstellte Blick. Dieser bleibt dem Kalifen vorbehalten.)[46]

Um dieses kulturelle Phantasma zu bedienen, bedarf es dieses spezifischen Helden dabei gar nicht. Dies liegt zum einen in der Struktur des Phantasmas begründet. Blick und Name orientieren sich zwar an der Figur des Despoten, sind eigentlich aber von ihr unabhängig, denn ihre Allpräsenz und Allmacht wird von den Untertanen verinnerlicht. Insofern könnte die Position des Despoten genauso gut auch leer bleiben,[47] und die Melodramen um Haroun Al-Rashid spielen mit dieser Möglichkeit, indem sie zum Beispiel immer wieder eine vermeintliche Unsichtbarkeit des Kalifen dramatisieren. Damit finden sich in den Melodramen nicht nur ganz typische prämoderne Märchenmotive und -strukturen, sondern auch ein Bezug zu modernen Gesellschaftstechniken: Jeremy Bentham hatte Ende des 18. Jahrhunderts mit seinem ‚Panoptikum' einen ganz ähnlichen Mechanismus der Überwachung imaginiert, der für Michel Foucault in der modernen Überwachungsgesellschaft resultiert.[48] Zum anderen lässt sich das kulturelle Phantasma auch auf andere Figuren übertragen. In Milners *Barmecide* ist dies zum Beispiel zunächst der Wesir Giafar. In letzter Konsequenz kann es auch das Publikum sein, dem ein omnipräsenter Blick zugedacht wird, der als einziger immer schon alles gesehen hat. Ein solcher panoptischer Herrscherblick des Publikums trägt dann auch eine koloniale Komponente – im Sinne eines gemeinschaftlichen Einübens machtvoll-aneignender Blicke, welches seine Entsprechung auch in anderen Kulturtechniken, etwa dem orientalistischen Panorama, findet.[49]

Das Phantasma des Despoten als funktionale Leerstelle lässt sich noch in einem weiteren Sinn produktiv auf Haroun anwenden: Es mag helfen, die Inszenierungen Harouns historisch, auf der Schwelle zur Moderne, näher zu bestimmen. Anhand

---

45 Vgl. Gertrude Himmelfarb: *The Idea of Poverty. England in the Early Industrial Age*. London und Boston 1984.

46 Gedruckt als: Thomas Dibdin: *Haroun Alrashid; or, Wants and Superfluities. A Melodramatic Romance in Three Acts*. London [o. J.].

47 Laut Grosrichard internalisieren Untertanen die Allmacht des Herrschers; ihr Begehren und die Aussicht auf Genuss treiben die Unterwerfungsmaschinerie an; vgl. Grosrichard: *The Sultan's Court* (Anm. 38), 164–165.

48 Für Foucault stellt das Panoptikum eine strukturelle Form der Machtausübung dar, bei der überwachende Blicke verinnerlicht werden und zu Selbstdisziplinierungen führen; vgl. Michel Foucault: *Überwachen und Strafen. Die Geburt des Gefängnisses*. Frankfurt am Main [10]1992.

49 Vgl. Edward Ziter: *The Orient on the Victorian Stage*. Cambridge [u.a.] 2003, Kap. 1, sowie Mary Louise Pratt: *Imperial Eyes. Travel Writing and Transculturation*. London und New York 1992.

von William Dimonds *The Æthiop; or, The Child of the Desert*, meinem letzten Fallbeispiel, lässt sich gut demonstrieren, wie die Inszenierungen Harouns zwischen vormodernen und modernen Repräsentationsformen changieren, die ihrerseits wiederum eng an die jeweilige Aufführungssituation gebunden sind. *The Æthiop* wurde 1812 am Covent Garden Theatre uraufgeführt und handelt von einer zunächst auch erfolgreichen Revolution gegen den Kalifen. Wenn in der ersten Szene revolutionäre Handzettel (*bills*) ausgehängt werden, so hat dies 1812 eine aktuelle gesellschaftliche Relevanz: Es gab starke, ganz unterschiedlich motivierte radikale Strömungen in der Londoner Gesellschaft, denen wiederum durch eine zunehmend restriktive Polizeigesetzgebung begegnet wurde.[50] Auch Harouns panoptische Blickmacht findet ihre zeitgenössische Entsprechung in einem omnipräsenten Blick der Obrigkeit. Öffentliche Versammlungsorte wie Kneipen, Klubs und Theater wurden zunehmend systematisch von einem Netzwerk von Informanten und Spionen des Home Office überwacht: „Britain 1790–1820 was a spy culture", so David Worrall. (Sein Studium der Akten des Home Office hat übrigens ergeben, dass zu den prominenten Opfern dieser ‚panoptischen' Überwachung auch Jeremy Bentham selbst zählte.)[51]

Die Revolution gegen Haroun, die das Melodrama inszeniert, hat somit auch für England eine gewisse gesellschaftspolitische Sprengkraft. Dies gilt umso mehr, als sie in ein recht konventionelles Heldennarrativ gegossen wird und als legitimer Kampf eines jungen Prinzen gegen den vermeintlichen „Tyrannen" Haroun Al-Rashid ausgestaltet wird.[52] Zudem wird dieses Heldennarrativ (in Teilen fast exzessiv) christlich überformt – der Prinz ist eine kaum verstellte Christusfigur, seine Unterstützer werden als verfolgte urchristliche Gemeinde repräsentiert, die in Katakomben ihre gefallenen Helden als Märtyrer verehrt.[53] Wenn muslimische Figuren

---

50 Der Diener des Dichters Percy Bysshe Shelley wurde zum Beispiel im gleichen Jahr, 1812, wegen exakt dieses Vergehens, *bill-sticking*, öffentlichkeitswirksam zu sechs Monaten Haft verurteilt. David Worrall hat diese „radikale Kultur" und die Reaktionen der Obrigkeit anhand von Akten des Home Office rekonstruiert; vgl. David Worrall: *Radical Culture. Discourse, Resistance and Surveillance, 1790–1820.* London 1992; zum *bill sticking* vgl. insbesondere 44–46, zu Shelleys Diener vgl. 5. Meinungsfreiheit ist auch in anderen Melodramen um Haroun Al-Rashid ein Thema – teilweise mit unmittelbarem lokalen Bezug. So wurde Milners *Barmecide* 1818 am Drury Lane Theatre aufgeführt, das genau wie Covent Garden in dem Bereich lag, den das *Seditious Meetings Act* ein Jahr zuvor zur Bannmeile für Versammlungen deklariert hatte.

51 Worrall: *Radical Culture* (Anm. 50), 7; vgl. 96.

52 William Dimond: *The Æthiop; or, The Child of the Desert: A Romantic Play, in Three Acts.* New York 1813, 31. Die Legitimierung erfolgt dabei über die Generation der Väter; Harouns Vater stürzte den Vater des Prinzen in einer blutigen Revolution vom Thron – nicht Haroun selbst, wie Bridget Orr argumentiert (Bridget Orr: Galland, Georgian Theatre, and the Creation of Popular Orientalism. In: Saree Makdisi und Felicity Nussbaum [Hg.]: *The Arabian Nights in Historical Context: Between East and West.* Oxford 2008, 103–129, hier 116).

53 Das Drama greift damit bereits früh einen Mythos über urchristliche Verfolgung auf, der sich bereits in populären christlichen Heldengeschichten Anfang des 19. Jahrhunderts fand (so in Alban Butlers immer wieder aufgelegtem *The Lives of the Fathers, Martyrs and Other Principal Saints* [London 1756–1759]). Von den 1840er Jahren an wird dieser Mythos in

im frühen Melodrama christlich überformt werden, garantiert dies üblicherweise die Rechtmäßigkeit ihres Anliegens, wenn nicht gar den Erfolg ihres Kampfes. In diesem Melodrama aber hilft es lediglich, eine sehr traditionelle Heils- und Heldengeschichte symbolisch und narrativ auszugestalten – dann jedoch scheitert der Prinz in seinem Kampf. Mehr noch: In der letzten Szene wird die christliche Heldengeschichte fast komplett desavouiert und ihre Rhetorik als PR entlarvt, gesteuert vom verkleideten Haroun selbst. In dieser Szene haben die Revolutionäre bereits den Dolch über den vermeintlich schlafenden Kalif erhoben. In diesem Moment öffnet sich schlagartig („*the entire grouping and illumination is instant and simultaneous*")[54] die Szenerie links, rechts und oberhalb der Bühnenmitte. Diese theatrale Neurahmung entspricht einem vollständigen Perspektivwechsel; die Machtverhältnisse verkehren sich ins Gegenteil, und es stellt sich heraus, dass Haroun die gegen ihn gerichtete Revolution immer schon umfasst hatte. Er selbst war, verkleidet als „Aethiop", ihr Motor – und zwar als Schauspieler in *blackface*: der fremdkulturelle Held hatte die ersten drei Akte einen *fremder*kulturellen Agitator gegeben.[55]

Diese Re-Inszenierung der Herrscheridentität muss dabei sehr prononciert erfolgen. Über das Motiv des Herrschers in Verkleidung wird nämlich nicht nur demonstriert, wie ein Herrscher auch transgressive Identitäten in seiner Person zu assimilieren vermag. Die andere Seite der Medaille ist, dass seine Herrscheridentität durch transgressive Identitäten immer auch infrage gestellt wird. Bridget Orr sieht Al-Rashids Verkleidungen daher als systematischen Versuch, einer grundsätzlichen Transgressivität gesellschaftlicher Identitäten ‚Herr' zu werden: „To expel what appears to be systemic transgression, the very source of authority incorporates transgressive identity and, however happy the outcome, Alraschid's habitual recourse to this strategy suggests the most intimate imbrication of proper authority and its negative".[56] Dies gilt umso mehr für Melodramen, in denen sich Figuren gerade auch situativ und relational erschließen, und im besonderen Maße für solche meta-

den unterschiedlichsten Bereichen popularisiert werden – von der Archäologie über die Religionswissenschaften bis hin zur touristischen Reiseliteratur zu den Katakomben Roms, so zum Beispiel Selina Bunbury: *A Visit to the Catacombs, or First Christian Cemeteries at Rome.* London 1849.

54 Dimond: *The Æthiop* (Anm. 52), 72.

55 Vgl. Orr: Galland (Anm. 52), 116.

56 Ebd., 115. Eine solche Metatheatralität zeichnet nicht nur die Dramen um Haroun Al-Rashid aus. Katherine Newey hat argumentiert, dass Melodramen, insbesondere im späteren 19. Jahrhundert, sehr viel systematischer metatheatralische Elemente inkorporieren, die auch in politischen Kontexten von Heroisierungen stehen: „The political nature of metatheatricality is foregrounded in melodrama. The heightened world of melodrama [...] is a defence of the heroic feeling individual against the encroachments of industrialisation and urbanisation. The principle of metatheatricality is central here, as such a theatrical defence of the heroic might otherwise be undermined by Victorian anti-theatrical suspicion of the fluidity and malleability of the theatrical character." (Katherine Newey: Melodrama and Metatheatre: Theatricality in the Nineteenth Century Theatre. In: *Journal of Dramatic Theory and Criticism* 11: 2, 1997, 85–100, hier 98–99)

theatralen Momente, bei denen die Theatralität von Herrschaft selbst zum Thema zu werden droht.

Insofern ist diese letzte Szene des Melodramas durchaus typisch: Haroun inszeniert seine Macht durchweg als ein Prinzip, das vermeintlich immer schon funktioniert hat. Die agonistischen Elemente, welche die Dramen auffahren (eine Revolution, ein verstoßener Erzfeind, eine Bedrohung durch antisoziale Figuren aus der Wüste), sind, wie *The Æthiop* ausbuchstabiert, eigentlich schon immer besiegt gewesen; es bedurfte nur einer leicht verschobenen Perspektive, um dies zu erkennen. Am Ende des Dramas hat Haroun den orientalischen Ersatzchristus schlicht in sein Machtgefüge integriert – als seinen Adoptivsohn.[57] Insofern hat sich Haroun den Heiland des ersten Heldennarrativs angeeignet und ihn in eine neue, übergeordnete Heilsgeschichte inkorporiert. Das Melodrama legt solche prämodernen Deutungsmuster durchaus nahe, insbesondere auch in Verbindung mit seinen märchenhaften Motiven und Strukturen. Gleichzeitig weist das Mechanische, Apparaturhafte von Harouns Macht aber auch auf moderne, entpersonalisierte Herrschaftstechniken.

In der Möglichkeit dieses Nebeneinanders deutet sich für mich der Kern der Inszenierungen Harouns an. Haroun ist vielleicht auch deshalb an der Schwelle zur Moderne ein so populärer Held, weil er, trotz aller Personalisierungen (etwa als „Vater des Volkes"), trotz seiner Abenteuer gegen Revolutionäre, eine Leerstelle beziehungsweise ein bloßes Prinzip repräsentiert. Die auratische Aufladung seiner Person in spektakulären Szenen will dies gar nicht überdecken, sie fetischisiert es vielmehr. In diese Leerstelle ist nun aber Alterität machtvoll einschreibbar – und zwar gleichzeitig prämodern (märchenhaft-magisch, paternalistisch-feudalistisch, heilsgeschichtlich) und modern: Innerhalb einer modernen Gesellschaftstheorie kann der Herrscherblick bereits als ubiquitärer Blick der Überwachung fungieren. Und in einer zunehmend geordneten und durchregulierten bürgerlichen Gesellschaft sind Harouns Verkleidungen als Verbrecher oder als Räuber vielleicht die (intra-kulturell) letzten ‚anderen' Helden.[58]

Ich hatte damit begonnen herauszustellen, dass Melodramen in vielerlei Hinsicht selbst als ein ‚Anderes' fungieren. Aufgrund ihrer ‚Anders'-Artigkeit dienen sie ihrer Zeit aber auch als ein kulturelles Experimentierfeld: Sie integrieren Affekthaftes als einen zentralen ästhetischen Bestandteil, und in einer Zeit, in der ‚eigene' Herrscher (klassische Nationalherrscher) als Theaterhelden weitgehend ausge-

---

57 Prinz Orasmyn ist auch für Melodramenverhältnisse ein (im Wortsinne) schwacher Protagonist, der aufgrund von Schwäche und Ohnmachtsanfällen beständig gestützt werden muss. Er übernimmt bis zu einem gewissen Grad eine der konventionalisierten Rollen einer melodramatischen Protagonistin, wie sie Merle Tönnies beschrieben hat; vgl. Merle Tönnies: *(En-)Gendering a Popular Theatrical Genre. The Roles of Women in Nineteenth-Century British Melodrama* (Anglistische Forschungen; 443). Heidelberg 2014, 75–102.

58 Vgl. Burwick: *Playing to the Crowd* (Anm. 14), Kap. 7 zu „Heroic Rebels and Highwaymen" auf der Bühne. Ich verdanke diese Lesart Doris Feldmann.

dient haben, entwerfen Melodramen einen in die (konventionalisierte) ‚Fremde' verschobenen, imaginären Ersatz. Und schließlich spielen Melodramen andere Möglichkeiten durch, wie ein heroischer Überschuss, eine Exzeptionalität des Helden, ausgestaltet werden kann – nicht primär vertikal (etwa sozial oder staatlich), sondern vor allem horizontal, dafür aber in immer breiteren Formen: Der bürgerliche Held im *domestic melodrama* oder der Arbeiterheld im *industrial melodrama* wird nun moralisch, emotional oder imaginär nobilitiert. Der melodramatische Held wird in der Folge ‚einfach' anders.

# Die Borgias: Fremde Charaktere und Fremdheit in der Bühnenerzählung

## Überlegungen aus der Theaterpraxis[1]

*Benjamin Van Tourhout*

Abb. 1: Teil I – Lucrezia begrüßt die Massen.

In den meisten Erzählungen für die Bühne sind fremde Charaktere und Fremdheit Elemente, die stabile Verhältnisse verändern und als etwas Neues Prozesse der Transformation auslösen. Fremde Charaktere können ganz wörtlich aus fremden Ländern stammen oder aber sich fremd oder anders verhalten als es die Konventionen erwarten lassen. Das Moment der Fremdheit ist ein Schlüsselelement einer Erzählung und nicht zuletzt ein essenzieller Aspekt der heroischen Entwicklung und Darstellung. In diesem Sinne stellen sowohl fremde Figuren als auch die Fremdheit den Normalitätsbegriff der Gesellschaft, der sie begegnen, infrage. Wenn man die Transformationsprozesse und den Konflikt zwischen Gewohntem und Fremdem näher betrachtet, treten eine Vielzahl an Themen und viele der von

---

1 Ins Deutsche übersetzt von Jochen Antoni und redigiert von Alexandra Kuhn.

Georges Polti beschriebenen dramatischen Situationen hervor:[2] die Weigerung, sich anzupassen, das Eindringen des Fremden, sturer Glaube an das Althergebrachte, das Übertreten von Schwellen, Entdeckungen, Konservatismus, Rassismus. All dies sind Formen von Fremdheit beziehungsweise Reaktionen auf Fremdheit, die grob als Angst vor dem Unbekannten oder Angst vor Wandel zusammengefasst werden können. Das Fremde bietet „tausend Gesichter" und daher tausend Geschichten, wie schon Joseph Campbell speziell für die Heldenerzählung zeigte.[3]

Dieser Beitrag behandelt den Fremden als Figur und Fremdheit als Mittel des Theaters. Aus der Perspektive eines Autors, Regisseurs und Darstellers werde ich herausarbeiten, wie diese Mittel in Theaterstücken funktionieren und welchen empathischen Einfluss sie auf das Publikum haben können. Daneben werde ich Fremdheit als Element der Schauspielkunst und des Schreibens analysieren und darlegen, wie Fremdheit als Mittel zur Kommunikation im metatheatralen Kontext genutzt werden kann. Die *Borgia*-Trilogie[4] soll dabei als Fallstudie dienen. Es handelt sich dabei um ein Stück, das ich (in Zusammenarbeit mit der belgischen NUNC-Kompanie) nach sieben Jahren intensiver Forschung und Proben 2014 uraufführen konnte. In dem Projekt verbinden sich meine Theaterarbeit und meine Forschungstätigkeiten, denn der Arbeit mit den Schauspielern gingen umfangreiche Recherchen im Vatikanischen Geheimarchiv voraus. Ich stieß dort in Briefen von und an Papst Rodrigo Borgia, Alexander VI., auf einen lebensfrohen und scheinbar von äußeren Ereignissen und Widerständen unbeeinflussten Mann und auf eine Familie, die ganz anders war als das Bild, das man sich gemeinhin von den Borgias macht. Üblicherweise werden Rodrigo und sein Sohn Cesare als zynische und grausame Gestalten dargestellt, die nur an Perversionen interessiert waren. Die Tochter, Lucrezia, wird meist als Nymphomanin oder als Opfer ihrer Familie dargestellt. Die Erkenntnis, dass man die Borgias anders als finster und grausam darstellen könnte, eröffnete mir neue Möglichkeiten, die Familie in ihrem unersättlichen Hunger nach Macht auf die Bühne zu bringen. Daher war die inhärente Andersheit und Fremdheit der Borgias ein wichtiges Element, um die Relevanz ihrer Erzählung in ihrer eigenen Zeit und in unserer Gegenwart herauszuarbeiten.

Die Borgias waren ursprünglich im 15. Jahrhundert vom spanischen Valencia nach Italien eingewandert. Obwohl Rodrigo schon in zweiter Generation in Italien lebte, sahen er und seine Familie sich weiter einer „starken römischen Opposition" gegenüber.[5] Des Weiteren führten die drei Ehen Lucrezias zu einer Reihe

---

2 Georges Polti: *The Thirty-Six Dramatic Situations*. Boston 1916. Polti analysiert eine Reihe von Texten und entwickelt eine Liste von „dramatischen Situationen", die universell in Erzählungen erscheinen. Diese Liste ist eine nützliche Ressource für Autoren auf der Suche nach neuen Dilemmata, Konstruktionen etc. Sie wurde zwar kritisiert, bietet aber nichtsdestoweniger einen guten Überblick zu möglichen dramatischen Situationen.

3 Joseph Campbell: *The Hero with a Thousand Faces*. New York 1949.

4 Benjamin Van Tourhout: *De Borgia Trilogie*. Regie: Benjamin Van Tourhout. Brugge: Stadsschouwburg, 9. November 2014 (Uraufführung).

5 Art. Borgia. In: *Der große Brockhaus*, Bd. 2: Ber–Cz. Wiesbaden [16]1953, 251.

von Skandalen, auch aufgrund der Verstrickungen Cesares in die Vertreibung Giovanni Sforzas[6] und der Ermordung Alfonso Bisceglies.[7] Nicht zuletzt lieferte die Geburt eines mysteriösen Kindes, Giovanni Borgia, genannt Infans Romanus, die Grundlage für viele Spekulationen über die Borgias. Demnach soll Giovanni gerüchteweise das Kind Lucrezias und ihres Bruders Cesare oder ihres Vaters gewesen sein.[8] Diese historischen Ereignisse und Gegebenheiten thematisierten wir auch in der Trilogie, wobei wir Unklarheiten zur Steigerung dramatischer Spannung nutzten und so zum Beispiel den Infans Romanus als Kind von Rodrigo und Lucrezia darstellten, um den Konflikt zwischen Vater und Sohn durch die Vergewaltigung der Tochter zuzuspitzen.

Wie eingangs bereits angedeutet, ist der Moment, in dem Fremdheit in eine Erzählung tritt, oft der Ausgangspunkt der Handlung. Die Begegnung mit dem Fremden markiert denjenigen Moment, in dem die Entwicklung und Transformation der Erzählung ihren Anfang nimmt. Ein bekanntes Beispiel wäre Macbeths Begegnung mit den Hexen in Shakespeares Stück. Fremdheit kann sich auch im Helden einer Erzählung manifestieren, wie zum Beispiel in Shakespeares *Othello*.[9] In beiden Fällen läuft dies darauf hinaus, dass die dargestellte Welt so gesehen und erfahren wird, wie sie *nicht* sein soll. Der fremde Held hat einen anderen Blick auf die Welt und will, dass seine Umgebung dies anerkennt. Diese Position des *Fremd*seins in der Erzählung versetzt ihn in eine einzigartige Position im Bezugssystem des Theaters und nicht zuletzt im Hinblick auf die besondere ethische Dimension dieser Kunstform.

Eine fremde Figur oder Perspektive kann eine starke ethische Wirkung haben, indem sie Fehlverhalten bloßstellt, dabei aber auch das Publikum provoziert und dazu zwingt, sich zu positionieren. Für den Autor eines Theaterstücks besteht hier die Möglichkeit, eine besondere Beziehung zum Publikum – beziehungsweise dem ‚impliziten Publikum'[10] – aufzubauen. Im Falle ‚fremder' Helden ist es wahrscheinlich, dass ein Publikum die fremde Perspektive zunächst als falsch wahrnimmt. Das Theater kann eine solche Wahrnehmung aber umkehren. Das Fremde in der Erzählung kann in paradoxer Weise umgewandelt werden in etwas, das Publikum und ‚fremde' Figur auf der Bühne gemeinsam haben – so kommt es zu einer besonderen empathischen Beziehung.

Im Fall der *Borgia*-Trilogie ist das fremde Element, das die Verhältnisse verändert, der erste Auftritt von Rodrigo Borgia zu Beginn des Konklave, das ihn zum

---

6 Vgl. Sarah Bradford: *Cesare Borgia. Ein Leben in der Renaissance*, übers. von Joachim A. Frank. Hamburg 1979, 83–84. Diese erste Ehe wurde schließlich annulliert, um Lucrezia wieder verheiraten zu können.

7 Vgl. ebd., 160–167.

8 Vgl. Ferdinand Gregorovius: *Lucrezia Borgia. Nach Urkunden und Briefen ihrer eigenen Zeit*. München 1923, 185–187.

9 Siehe dazu auch den Beitrag von Tobias Döring in diesem Band.

10 Vgl. Wayne Booths Konzept des „implied reader" oder des „postulated reader": Wayne Booth: *The Rhetoric of Fiction*. Chicago [u.a.] ²1983, 137–138.

Abb. 2: Teil I – Rodrigo während des Konklave.

Papst wählen wird, als er umgehend fragt: „Wer möchte was aus meinen kleinen Laden?" Das Publikum nimmt Rodrigo in diesem Kontext sofort als fremd wahr. Nicht nur wegen seines Tons, der im strengen Umfeld des Vatikans befremdlich wirkt, sondern auch aufgrund der Tatsache, dass Rodrigo unmissverständlich betont, dass das heilige Amt des Papstes käuflich ist.

## *Reflexion, Moralität und Transformation*

Abgesehen von der Möglichkeit, die stabilen Verhältnisse zu verändern und die Welt *anders* zu sehen, ist der fremde Charakter ein ‚Multifunktionswerkzeug' für Autoren, um Gewohnheiten infrage zu stellen, lächerlich zu machen oder zu bestätigen. Fremdheit ist daher ein Mittel der Reflexion und Polarisierung. Sie erzeugt beinahe organisch Spannung zwischen ‚denen' und ‚uns'; sowohl die Charaktere als auch das Publikum werden gezwungen, Stellung zu beziehen. Die Überbrückung der Distanz zwischen dem Fremden und den gewohnten, stabilen Verhältnissen ist ein Mittel für Autoren, um sowohl die Erzählung zu befeuern als auch die zugrunde liegende Moral zu betonen. Dieser Zwiespalt hat im Grunde zwei mögliche Auswirkungen: Entweder das Fremde passt sich dem Gewöhnlichen an, oder das Gewöhnliche dem Fremden. Der stetige Kampf zwischen Fremdem und Gewöhnlichem lenkt den Verlauf der Handlung und bestimmt letztlich den Ausgang der Erzählung.

## *Der Ruf nach Transformation*

Helden fühlen in den meisten Fällen einen inneren Drang, ihre Umwelt zu verändern. Und wenn sie sich für ihre Sache aufopfern, schaffen sie eine Transformation in ihrer (fiktionalen) Gesellschaft. Dieser innere Wille zur Veränderung kann ein Publikum verführen und zumindest teilweise die dauerhafte Anziehungskraft heroischen Verhaltens (sowohl in der Fiktion als auch in der Realität) erklären. Da die Fremdheit durch ein Transformationspotenzial gekennzeichnet ist, werden beide Aspekte in Erzählungen über fremde Helden intensiviert.

Der Wille zur Transformation der Gesellschaft verband auch die Mitglieder der Borgia-Familie, zumindest in den ersten Jahren von Rodrigos Regentschaft als Papst. Aber wie im Falle der meisten Helden erlebten sie auch innere Krisen. Im Rahmen unserer Produktion war dies natürlich eine großartige Möglichkeit für das ganze künstlerische Team. Vater und Sohn, Rodrigo und Cesare Borgia, wurden zunächst als Einheit dargestellt, aber im Verlauf der *Borgia*-Trilogie wurde sowohl für Rodrigo als auch für das Publikum immer deutlicher, dass Cesare zum Einzelgänger geworden war. Als Cesare sich seinen eigenen Weg suchte, geriet er in einen Widerspruch zu dem Weg, den Rodrigo für ihn vorgesehen hatte. Daher mussten beide sowohl ihre inneren als auch ihre äußeren Bedürfnisse ändern, um sich anzupassen. Dies führte zu Zweifeln, Angst und Verhärtung im Verhältnis von Vater und Sohn. Ihre jeweilige Sturheit führte ihre dunkelste Stunde herbei: die Erkenntnis, dass die Familie, die sie beide leidenschaftlich liebten, ein leeres

Abb. 3: Teil I – Die Borgias spielen.

Gefüge war, und dass sie zu erbitterten Feinden geworden waren. Solche Momente des Zweifels und der Angst machen den fremden Helden *uns* ähnlich.

## *Was ist neu?*

Als Autor ließ ich meine Geschichte in genau demjenigen Moment beginnen, in dem das Fremde auftritt. Mit diesem Auftritt stellten sich verschiedene Fragen: Welche Veränderungen werden stattfinden? Welche fremden und einzigartigen Ideen, Charaktere oder Elemente werden die stabilen Verhältnisse verändern? Was ist heute anders? Die Charaktere der *Borgia*-Trilogie sind auf verschiedenen Ebenen fremd. Ihr Auftreten und ihre Aufgabe verbinden heroische und schurkische – sogar diktatorische – Eigenschaften. Der Held muss es wagen, Risiken einzugehen und seine Welt herauszufordern. Helden müssen ihrer Zeit stets voraus und in der Lage sein, sich jeder Ära und jeder Zeit anzupassen. Der Held hört niemals auf, dem Gewohnten und der Stabilität, dem beziehungsweise der er begegnet, entgegenzutreten. Dies und ihr Verlangen nach Orgien innerhalb der Mauern des Vatikans macht die Borgia-Familie zu noch ambivalenteren Charakteren und erklärt die Faszination, die Rodrigo Borgia seit seinem Tod im Jahre 1503 auf Autoren ausübt. Wir waren in unserem Theaterprojekt besonders angezogen vom brutalen Mut und der Beharrlichkeit der Borgias sowie der Ähnlichkeit ihrer Verhaltensweisen mit heutigen Einstellungen. Die Aufführung zeigte so von Anfang an, wie Rodrigo in Glücksspiel und Bestechung involviert ist, da wir ihn als sehr ehrgeizigen und skrupellosen Fremden darstellten; als Mann, der seinen Erzfeind Guilliane della Rovere in sehr unchristlicher Manier herausforderte. Um beim Publikum irritierende Sympathien für diese grausame Familie zu erwecken, wurde beschlossen, Rodrigo als pikaresken Helden darzustellen. Dies steht im Gegensatz zur klischeehaften Vorstellung von Rodrigo als dunkler und unheimlicher Figur, lässt sich aber mit historischen Quellen belegen: Die päpstlichen Briefe, die ich in den Archiven des Vatikan fand, geben wesentlich mehr Hinweise darauf, dass Rodrigo es verstand, wie ein Picaro zu intrigieren, zu organisieren und seine Gegenspieler herauszufordern. Da Rodrigo und seine Familie ursprünglich spanischer Herkunft waren, waren sie mit vielen xenophoben Reaktionen konfrontiert, besonders nachdem Rodrigo auf Kosten anderer vornehmer Familien wie den Orsini oder den Colonna sein Aufstieg in die Kurie gelungen war. Rodrigo war gleichzeitig dafür bekannt, absolut furchtlos zu sein. Daher wurde er nicht nur als Fremder (in abwertendem Sinn) betrachtet, sondern er verhielt sich auch befremdlich. Gerade weil die Borgias eine so schillernde Familie waren, regten sie Erzählungen über ihre Fremdheit an. Sie reizten ihre Fremdheit aus und verstanden es, sie gegen ihre Feinde einzusetzen. Diese Fremdheit fand ihren Höhepunkt während Rodrigos Pontifikats.

Im Verlauf unserer Proben wurde Fremdheit zum zentralen Thema. Sie warf Fragen auf, wie das Pikareske eine spannungsreiche Verbindung zwischen der Figur

Abb. 4: Teil I und II – Rodrigo hat sich verkleidet, um seine Feinde zu schockieren.

und dem Publikum schaffen könnte, und wie die Fremdheit der Borgias das Publikum dazu verlocken könnte, Mitwisser eines grausamen Märchens zu werden. Wir wählten also Fremdheit als theatrales Mittel in ähnlicher Weise wie Rodrigo, der sie als Machtmittel während seines Pontifikats eingesetzt hatte. Sie war keine Schwäche, sondern eine effektive Taktik. Mit den verschwenderischen Festlichkeiten, welche die Borgias im Vatikan abhielten, strebten sie danach, ihre Gegenspieler abzulenken und irrezuführen, wie zum Beispiel mit dem berüchtigten Kastanienbankett.[11] Dieser historische Vorfall, bei dem die Borgias hohe Geistliche in einen möglichen Skandal verstrickten, diente uns als Anregung für die Atmosphäre des ganzen Stücks. Er erschien uns als besonders treffend, da sich hier Machiavellis Sicht auf die Borgias[12] mit den Berichten aus den Geheimarchiven verband. Unbe-

11 Vgl. Johann Burchard und Ludwig Geiger (Hg.): *Alexander VI. und sein Hof: nach dem Tagebuch seines Zeremonienmeisters Burcardus.* Stuttgart $^{6}$1914, 315: „Am Abend des letzten Oktober 1501 veranstaltete Cesare Borja in seinem Gemach im Vatikan ein Gelage mit 50 ehrbaren Dirnen, Kurtisanen genannt, die nach dem Mahl mit den Dienern und den andern Anwesenden tanzten, zuerst in ihren Kleidern, dann nackt. Nach dem Mahl wurden die Tischleuchter mit den brennenden Kerzen auf den Boden gestellt und rings herum Kastanien gestreut, die die nackten Dirnen auf Händen und Füßen zwischen den Leuchtern durchkriechend aufsammelten, wobei der Papst, Cesare und seine Schwester Lucretia zuschauten. Schließlich wurden Preise ausgesetzt [...], u.a. für die, welche mit den Dirnen am öftesten den Akt vollziehen könnten. Das Schauspiel fand hier im Saal öffentlich statt, und nach dem Urteil der Anwesenden wurden an die Sieger die Preise verteilt." Im Anschluss scheint Rodrigo alle anwesenden Kardinäle erpresst zu haben.

12 Vgl. Niccolò Machiavelli: *Der Fürst*, übers. von Friedrich Blaschke. Leipzig $^{3}$1941, 30.

rechenbarkeit war ein Mittel der Borgias, ihre Gegner zu besiegen oder zu erpressen. Die Borgias nutzten eine Fassade, welche die Menschen befremdete und schockierte, und genau in diesem Schock fanden sie die Schwachstellen ihrer Gegner. In der Aufführung haben wir diesen Einsatz von Fremdheit verstärkt, aber die Inspiration für diese Entscheidung liegt in der Schock-Methode der Borgias selbst. Man könnte argumentieren, dass das schockierende Verhalten Rodrigos von purer Dummheit oder Gleichgültigkeit herrührte, aber meiner Meinung nach genoss er diese Clownerie und war sich ihrer tiefgreifenden Effekte bewusst (Abb. 2 und 4). In den wichtigsten Momenten, zum Beispiel während des Konklaves, haben wir Rodrigo als Harlekin dargestellt. Sein unerschrockenes Benehmen resultierte in einer Art Bewunderung seitens des Publikums und stellte gleichzeitig sicher, dass niemand wirklich wusste, was sich hinter der scherzenden Maske versteckte, die das Publikum als harmlose Fiktion wahrnahm. Die Borgias verhielten sich nicht den Erwartungen entsprechend, und die damit einhergehende Befremdung wurde zu ihrem Vorteil beim Versuch, die Welt zu transformieren.

## *Barbaren vor dem Tor?*

Im Laufe der Zeit wurden die Borgias als Barbaren stilisiert oder sogar als satanisch dargestellt.[13] Für Alessandro Baricco (2014) ist der Einfluss von Barbarei, das heißt der Zusammenbruch existierender Werte und Formern, eine Prüfung auf Anpassungsfähigkeit. Wenn das Fremde stark, attraktiv oder dynamisch genug ist, kann es das Alte durch etwas Neues ersetzen, wonach der Kreislauf erneut beginnen kann. Diese ständigen Gezeiten, in deren Verlauf sich das Fremde in das Gewöhnliche wandelt, sind eine Herausforderung für Autoren und Schauspieler, da die Figuren so gestaltet werden müssen, dass sie ihre Anziehungskraft so lange wie möglich behalten. Laut Baricco werden diejenigen überstehen, die bereit sind, sich zu verändern, während diejenigen, die sich der Veränderung verweigern, letztlich untergehen. Dies ist die Prämisse vieler heroischer Erzählungen: Wer nicht handelt, verliert alles.[14]

---

13 Savonarola behauptete, dass Rodrigo Borgia der Antichrist sei. Dies führte zu einem erbitterten Kampf zwischen den beiden. Barnabe Barnes schrieb ein Stück unter dem Titel *The Devil's Charter* (1606–1607), in dem Rodrigo, in großer Ähnlichkeit mit Faust, einen Pakt mit dem Teufel schließt und im Gegenzug Papst wird. Siehe J. F. Van Dijkhuizen: *Devil Theatre: Demonic Possession and Exorcism in English Renaissance Drama, 1558–1642*. Cambridge 2007, 96–99. Paul Ungar: *A Response to Pope Jon Paul's Appeal for a Critical Self-Evaluation of the Church*. Newcastle upon Tyne 2013, 78.

14 Vgl. Alessandro Baricco: *De Barbaren*. Amsterdam 2013, 199.

Abb. 5: Teil I – Rodrigo vergewaltigt seine Tochter Lucrezia.

## *Fremdheit als Auslöser für Empathie*

Da der Held eine Transformation innerhalb seines Umfelds sucht, kann er als Kritiker oder Rebell handeln, als jemand also, der nicht willens ist, die existierenden stabilen Verhältnisse zu akzeptieren. Aufgrund dieser kritischen Haltung gegenüber der Gesellschaft kann gerade der fremde Held die Stimme des Autors sein, der über die Paradigmen seiner Zeit nachdenkt. Der Held ist ein wichtiges Werkzeug, um moralische Paradigmen zu verteidigen oder anzugreifen. Der fremde Blickwinkel ist in vielen Fällen ein Ideal, das der Autor in seiner Erzählung vorschlägt. Er repräsentiert den moralischen Horizont des Autors oder verweist auf Gefahren durch bestimmte Verhaltensweisen, bleibt dabei aber unterhaltsam und spannend. Dieser Horizont bewirkt eine empathische Anziehungskraft, die den Protagonisten mit seinem Publikum verbindet. Wenn man annimmt, dass Fiktion einen Einfluss auf das Publikum hat und damit die Möglichkeit bietet, bestimmte Vorstellungen oder Haltungen zu verändern, kann der fremde Held als vorbildlicher Anführer handeln, als Whistleblower oder Aktivist, der das Publikum zu einem bestimmten Bewusstseinszustand führt. Die meisten Künstler glauben an die Wirkung, die ihre Arbeit auf das Publikum hat, müssen sich aber fragen, wie die empathische Verbindung Reflexionen auslösen oder stimulieren kann.

Um das Publikum der *Borgia*-Trilogie zu einer intensiven Anteilnahme zu verleiten, benutzten wir in den ersten beiden Teilen der Trilogie verschiedene Verfahren als ‚Zuckerguss', wie etwa das pikareske, clowneske Spiel von Rodrigo, das sich verband mit der Anziehungskraft eines freien Lebenswandels jenseits von Verantwortung und Verpflichtungen. Da das Publikum so amüsiert und zunehmend unkritisch war, wurde es auch unachtsam. Die Fremdheit der Borgias wurde immer mehr als vertraut und daher als harmlos empfunden. Danach konnten die Anlage der Charaktere und die Erzählung in die Tiefe gehen und so die Grundlage für den dritten Teil der Trilogie mit seinem reflektierenden und entlarvenden Abschluss schaffen.

Allison und Goethals haben die psychologische Wirkung von fiktionalen Charakteren auf ihr Publikum untersucht und betonen: „Reactions to fictional heroes are just as intense as to real heroes. People perceive them in a more extreme fashion, because they are typically less complicated, and of course are drawn favourably. But fictional villains are seen as worse than real ones."[15] Die Möglichkeit einer empathischen Verbindung auch mit fremden Helden rührt sowohl von gemeinsamen Werten als auch von Ähnlichkeiten zwischen realen und fiktionalen Welten her. Sie wurden für die *Borgia*-Trilogie zu einem zentralen Aspekt. Wir machten uns heroische und narrative Eigenschaften zunutze, um das Publikum zu ködern und es sozusagen seinen eigenen gewohnten Vorstellungen zu entfremden. Weil wir unter anderem die Anziehungskraft und das Empathiepotenzial von Schurken aufzeigen wollten, haben wir versucht, so stark wie möglich wie die Borgias zu denken, zu schreiben und zu spielen. Wir wollten testen, wie weit das Publikum bei dieser vermeintlich harmlosen Fiktion mitgehen würde, da wir in ihm eine *sympathy for the devil* wecken wollten. Wir mussten das Publikum also dazu bringen, sich während der Aufführung selbst fremd zu werden.

## *Sympathy for the Devil*

Wir haben die abscheulichen Borgias als eine Gruppe dargestellt, die mit feinem Gespür und Eleganz ihre Gegner ausspielte, ihren Aufstieg in der Gesellschaft aber auch durch Mord und Vergewaltigung vorantrieb. Das Publikum wurde mit unverhohlenem Vergnügen zum Zeugen der Aufführung und schien die Schreck-

15 Aus einer persönlichen Kommunikation mit George R. Goethals, 2015. Vgl. auch Scott T. Allison und George R. Goethals: *Heroes. What They Do And Why We Need Them*. Oxford 2010, 35.

Abb. 6: Teil III – Die Figuren verhalten sich wie in einer Dokumentation: Sie verteidigen sich und erklären ihre Intentionen.

lichkeit vieler Situationen zu übersehen, allein aufgrund des humorvollen, eloquenten und eleganten Spiels der Charaktere. Wir köderten das Publikum genauso, wie die Borgias selbst ihre Gegenspieler im 15. Jahrhundert geködert hatten. Wir schufen ein unterhaltsames, schönes und attraktives Netz, in dem sich das Publikum verfing. Durch diese Ästhetik der Erzählung, ihre scheinbare Harmlosigkeit und die Verlockung eines Lebens mit Macht aber ohne Verantwortung entfremdete sich das Publikum von seinen gewohnten Paradigmen.

Da das Publikum sich im Umgang mit diesen unmoralischen Monstern in Sicherheit wiegte, zog es mit und nahm so das Fremde an. Das Publikum akzeptierte die Bestechungen, die Morde und Vergewaltigungen. Es gab kritische Reflexion und skeptische Einstellung zugunsten des Vergnügens auf. Es ließ Verhalten zu, das die meisten Zuschauer unter moralischen Gesichtspunkten im wirklichen Leben vermeiden und verurteilen würden. Im letzten Teil der Trilogie kehrten wir aber alles um: Sprache und Kulisse, Kostüme und Beleuchtung, sogar die Musik veränderten sich, und plötzlich stand eine Rock'n'Roll-Band auf der Bühne. Wir demaskierten und entmystifizierten die Erzählung, indem wir die vierte Wand durchbrachen. Wir fragten die Zuschauer warum sie lachend einen Mord mit ansahen, warum sie nicht eingriffen, warum sich ihre moralischen Paradigmen verschoben hatten (Abb. 6 und 7).

Für die Faszination, die von den Borgias und von Bösewichten im Allgemeinen ausgeht, gibt es zusammengefasst also vier Gründe: erstens die Anziehungskraft

Abb. 7: Teil III – Rodrigo und sein Erzfeind della Rovere zählen die Vergehen des jeweils anderen auf.

und die heroische Eigenschaft des Bösewichts; zweitens die (für das Publikum) harmlose Begegnung mit ihm; drittens die Ähnlichkeit mit zeitgenössischen Figuren (des öffentlichen Lebens); viertens die mehr oder weniger gemeinsamen moralischen Desiderate des Publikums, des Autors und der Bösewicht-Charaktere. Wayne Booth nimmt eine Form des Ausprobierens in fiktionalen Erzählungen an, bei dem das Publikum gefahrlos die Auswirkungen bestimmter Entscheidungen erkennen kann:

> Though tryings-out in narrative present all the dangers we have stressed throughout, they offer both a relative freedom from consequence and, in their sheer multiplicity, a rich supply of antidotes. In a month of reading, I can try out more „lives“ than I can test in a lifetime.[16]

Dieses Ausprobieren erreicht einen Höhepunkt im Kontext des Theaters. Da sich Publikum und Darsteller beziehungsweise Charaktere im selben Raum befinden, sehen und hören sie sich gegenseitig; die mögliche Empathie oder Identifikation ist lebhaft spürbar. Die Schauspieler probieren das Leben der Charaktere aus, und das Publikum probiert durch die Schauspieler aus, was die Charaktere erleben.

Der plötzliche Bruch zu Beginn des dritten Teils kam einer ‚kalten Dusche‘ für das Publikum gleich. Manche Zuschauer waren schockiert, andere akzeptierten den Zusammenbruch der fiktionalen Welt nicht und wieder andere fühlten sich

---

16 Wayne Booth: *The Company We Keep*. Berkeley [u.a.] 1988, 485.

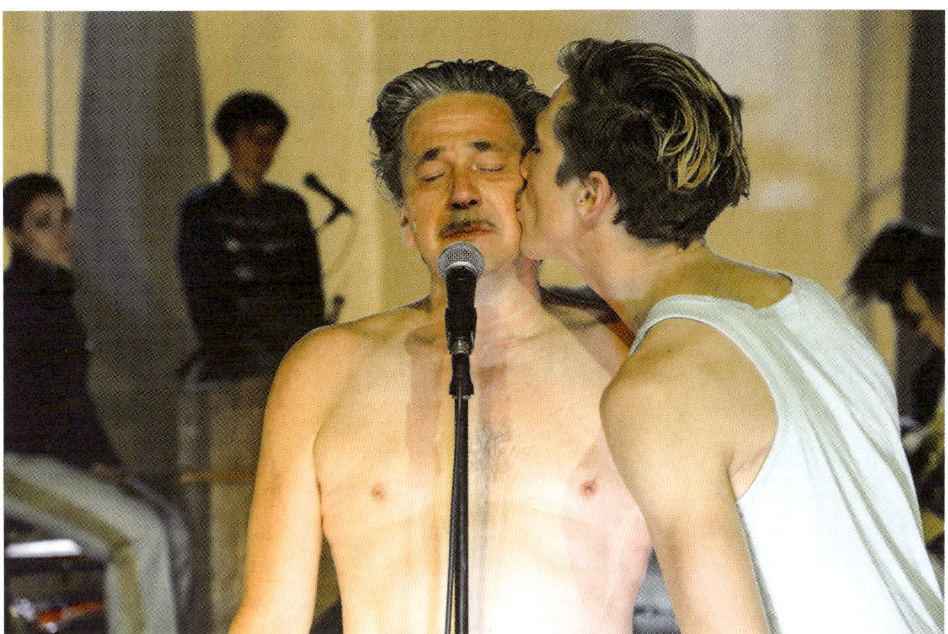

Abb. 8: Teil III – Cesare vergiftet seinen Vater und wird dadurch zum ‚Teufel des Teufels'.

angegriffen. Als dieser Moment vorüber war, setzten wir unsere Erzählung in nahezu dokumentarischer Weise fort, indem die Charaktere sich verteidigten und ihre Intentionen erklärten. Diese Demaskierung war allerdings selbst eine weitere Maske, ebenso wie die Borgias selbst ihre Gegner immer doppelt täuschten. Am Ende zogen wir das Publikum wieder in die Erzählung hinein, indem wir sozusagen einen ‚Teufel des Teufels' erschufen: Cesare vergiftet seinen Vater Rodrigo.

Dies führte zu einem herzergreifenden Monolog Rodrigos, voller Reue, Schuldgefühlen und Melancholie. Das Publikum entschied sich erneut, die moralischen Konsequenzen zu vergessen (Abb. 9). Die vermeintliche Harmlosigkeit von Fiktion, der ‚Zuckerguss' theatraler Effekte und das zugrunde liegende unethische Begehren des Publikums, das es mit den Borgias verband, kamen alle in diesem letzten Teil der Trilogie zusammen. Er führte zu Betrachtungen über die Anpassung an das Fremde und über das Theater als Medium, das diesen verfremdenden Prozess bewerkstelligt. Durch alle diese Elemente ging die Aufführung dem Publikum unter die Haut. Empathie wurde hier eingesetzt, um einen Seitenwechsel zu ermöglichen, um teilweise wie der Charakter zu denken und sich seiner selbst zu entfremden. Indem wir einen Schauplatz schufen, auf dem das Falsche der realen Welt als das Gute der fiktionalen Welt galt, war das Publikum aktiv in die Erzählung involviert. Wir luden das Publikum ein, einen anderen und fremden Blickwinkel einzunehmen.

Wir waren nicht die Ersten, die dieses spannungsvolle Spiel mit Fremdheit und Fiktion spielten. Shakespeare entwarf mit Richard III. einen Charakter, den wir zu hassen lieben. Solche Erzählungen handeln von Bösewichten, die paradoxerweise als Helden dargestellt werden. Sowohl die Charaktere als auch die Autoren erzeugen, je nach Kritiker, heftige Reaktionen durch ihr bahnbrechendes oder unmoralisches Verhalten. Aber egal wie sehr das Publikum bereit ist, sich intensiv mit den Charakteren zu identifizieren, es verbleibt außerhalb. Weil das Publikum nicht wirklich in das Geschehen der Erzählung eingreifen kann, bleibt es zuallererst Zeuge der sich entfaltenden Erzählung. Es war diese Zeugenschaft, die für die Argumentation im dritten Teil der *Borgia*-Trilogie wichtig wurde. Das Erkunden fremder Gedanken und Gefühle ist der Kern der Erzählkunst. Paradoxerweise verlangen sowohl das Publikum als auch die Künstler genau nach einer solchen *gefährlichen* Begegnung mit dem Fremden, dem Seltsamen und dem Außergewöhnlichen.

## *Die Fremdheit der Schauspielkunst*

Der dritte und letzte Teil der *Borgia*-Trilogie war aber auch dazu gedacht, den Niedergang der Borgias zu verdeutlichen. Form und Methode der Darstellung veränderten sich, um eine journalistische, ja akademische Atmosphäre zu schaffen. Dazu benutzen wir im Raum stehende Mikrophone und historisch korrekte Kostüme und projizierten Gemälde der historischen Borgia-Familie und Bilder von Personen, die heutzutage wie die Borgias leben, auf den Bühnenhintergrund.

In den ersten beiden Teilen gewöhnte sich das Publikum an die Fremdheit der Borgias, im letzten Teil fühlte sich die Umkehrung paradoxerweise fremd an. Wir

Abb. 9: Teil III – Die Schauspieler agieren im Rahmen einer anderen Darstellungsform.

entschieden uns, die Seiten zu wechseln und kehrten Gut und Böse, Fiktion und Realität um. Dies führte zu einer aufregenden Erfahrung für das Publikum und die Darsteller. Das Publikum erkannte, dass die Charaktere und die ganze Darstellung sie hinters Licht geführt hatten. Dieser ambivalente Prozess, in dem das Publikum einerseits dem Bühnengeschehen beiwohnte und andererseits mit den Charakteren mitfühlte, führte durch die ständigen Umkehrungen zu einer empathischen Bindung ebenso wie zu einer besonderen Anziehungskraft der fremden Helden.

## *Fazit*

Das Ziel der *Borgia*-Trilogie bestand darin, die Fremdheit der Borgias, das Publikums als Zeugen und dessen Empathie mit Fremden zu untersuchen. Daher schlugen wir einen Bogen vom 16. Jahrhundert zur heutigen Zeit und forderten sowohl die Wahrheit als auch die Moral heraus. In diesem Prozess hatten das Verhalten und die Denkweise der Borgias einen Einfluss auf das künstlerische Team, da die ‚Borgia-Schichten' nicht leicht abzuschütteln sind. Indem wir eine universelle Erzählung über Gier, Empathie und Moral schufen, stießen wir an unsere Grenzen der Fremdheit: Wir gingen uns selbst unter die Haut und unter die des Publikums. Wir forderten uns heraus und gaben uns den ungewöhnlichen, faszinierenden Borgia-Charakteren hin – so sehr, dass uns die Borgias nicht mehr fremd, sondern vertraut wurden.

Für mich als Theaterautor hat das Projekt bestätigt, dass Erzählungen ohne fremde Elemente nicht möglich sind. Sie stoßen Bewegung, Veränderung, Evolution und daher die Entwicklung von Erzählungen an. Wir mussten die Borgias verteidigen, um durch sie ein Nachdenken über das Hier und Jetzt anzuregen. Wir identifizierten uns mit ihnen und bewunderten sie schließlich. Wir schrieben und spielten nicht länger *über* ihre Fremdheit, weil wir selbst zu Fremden wurden. Da jede Emotion und jeder Gedanke schon *im* Autor vorhanden ist, ist es lediglich notwendig, die Fremdheit anzunehmen. Rodrigo Borgia wusste um die Wirkung von heroischer Fremdheit; nicht ohne Grund schrieben und wiederholten wir einen seiner Sätze immer wieder, als Rat an seine Familie und an alle, die ihre Welt herausfordern wollen: „Wenn du das Gewöhnliche umdrehst, erhältst du viele Vorteile."[17]

## *Abbildungsnachweise*

Abb. 1–9: Bram Vandeveire, B401, © NUNC & B401.

---

[17] Benjamin Van Tourhout: *Het Geslacht Borgia I: homo carnale.* Gent 2008, 16: „Als ge omkeert wat normaal is, dan kunt ge daar groot voordeel mee doen."

# Verzeichnis der Autorinnen und Autoren

Prof. Dr. Achim Aurnhammer
Professor für Neuere Deutsche Literatur
Teilprojektleiter im Sonderforschungsbereich 948
„Helden – Heroisierungen – Heroismen“
Deutsches Seminar
Albert-Ludwigs-Universität Freiburg
Platz der Universität 3
DE–79085 Freiburg i. Br.
achim.aurnhammer@germanistik.uni-freiburg.de

Prof. Dr. Gabriella Catalano
Professorin für Deutsche Sprache und Übersetzung
Dipartimento di storia, patrimonio culturale, formazione e società
Lettere e Filosofia
Università di Roma Tor Vergata
Via Columbia n. 1
IT–00133 Roma
gabriella.catalano@uniroma2.it

PD Dr. Christoph Deupmann
Wissenschaftlicher Mitarbeiter der Universität Karlsruhe
Institut für Germanistik – Literatur, Sprache und Medien
Karlsruher Institut für Technologie
Englerstraße 2, Geb. 20.30
DE–76131 Karlsruhe
cdeupmann@gmx.de

Prof. Dr. Tobias Döring
Professor für Englische Literaturwissenschaft
Institut für Englische Philologie
Ludwig-Maximilians-Universität München
Schellingstraße 3 RG
DE–80799 München
tobias.doering@anglistik.uni-muenchen.de

Mirjam Döpfert
Wissenschaftliche Mitarbeiterin im Sonderforschungsbereich 948
„Helden – Heroisierungen – Heroismen“
Hebelstraße 25
DE–79104 Freiburg i. Br.
mirjam.doepfert@sfb984.uni-freiburg.de

Prof. Dr. Albert Gier
Professor für Romanische Literaturwissenschaft
Institut für Romanistik
Otto-Friedrich-Universität Bamberg
An der Universität 5
DE–96045 Bamberg
albert.gier@uni-bamberg.de

Prof. Dr. Ralf Hertel
Professor für Englische Literaturwissenschaft
Anglistik / Fachbereich II – Literaturwissenschaft
Universität Trier
Universitätsring 15
DE–54286 Trier
hertel@uni-trier.de

Dr. Christiane Hansen
Wissenschaftliche Mitarbeiterin im Sonderforschungsbereich 948
„Helden – Heroisierungen – Heroismen"
Hebelstraße 25
DE–79104 Freiburg i. Br.
christiane.hansen@sfb948.uni-freiburg.de

Prof. Dr. Claudia Jeschke
Professorin für Tanzwissenschaft
Fachbereich Kunst-, Musik- und Tanzwissenschaft
Universität Salzburg
Unipark Nonntal
Erzabt-Klotzstraße 1
AT–5020 Salzburg
claudia.jeschke@sbg.ac.at

Prof. Dr. Barbara Korte
Professorin für Englische Literaturwissenschaft
Teilprojektleiterin im Sonderforschungsbereich 948
„Helden – Heroisierungen – Heroismen"
Englisches Seminar
Albert-Ludwigs-Universität Freiburg
Rempartstraße 15
DE–79085 Freiburg i. Br.
barbara.korte@anglistik.uni-freiburg.de

Dr. Christian Krug
Akademischer Oberrat
Institut für Anglistik und Amerikanistik
Friedrich-Alexander-Universität Erlangen-Nürnberg
Bismarckstraße 1
DE–91054 Erlangen
Christian.Krug@fau.de

Prof. Dr. Ralph P. Locke
Professor Emeritus für Musikwissenschaft
Eastman School of Music
University of Rochester
26 Gibbs Street
US–Rochester, NY 14604
rlocke@esm.rochester.edu

Prof. Dr. Susanne Rode-Breymann
Professorin für Historische Musikwissenschaft
Forschungszentrum Musik und Gender
Hochschule für Musik, Theater und Medien Hannover
Emmichplatz 1
DE–30175 Hannover
susanne.rode-breymann@hmtm-hannover.de

Prof. Dr. Thomas Seedorf
Professor für Musikwissenschaft
Teilprojektleiter im Sonderforschungsbereich 948
„Helden – Heroisierungen – Heroismen"
Hochschule für Musik
Am Schloss Gottesaue 7
DE–76131 Karlsruhe
seedorf@hfm.eu

Benjamin van Tourhout
Onderzoeksgroep Tekst en Interpretatie
Katholieke Universiteit Leuven
Blijde-Inkomststraat 21 - bus 3311
BE–3000 Leuven
benjamin.vantourhout@kuleuven.de

Gabriele Vettermann
Fachbereich Kunst-, Musik- und Tanzwissenschaft
Universität Salzburg
Unipark Nonntal
Erzabt-Klotzstraße 1
AT–5020 Salzburg

PD Dr. Mario Zanucchi
Wissenschaftlicher Mitarbeiter
Deutsches Seminar
Albert-Ludwigs-Universität Freiburg
Platz der Universität 3
DE–79085 Freiburg i. Br.
mario.zanucchi@germanistik.uni-freiburg.de

HELDEN – HEROISIERUNGEN – HEROISMEN
ISSN 2365-886X
Herausgegeben von
Ronald G. Asch | Barbara Korte | Ralf von den Hoff
im Auftrag des DFG-Sonderforschungsbereichs 948
an der Universität Freiburg

1 | von den Hoff, Ralf –
Heinzer, Felix – Hubert, Hans W. –
Schreurs-Morét, Anna (Hrsg.)
*Imitatio heroica*. Heldenangleichung im Bildnis
2015. 220 S. m. zahlreichen,
z. T. farb. Abb. Fb. € 48,00
ISBN 978-3-95650-095-4

2 | Asch, Ronald G. –
Butter, Michael (Hrsg.)
Bewunderer, Verehrer, Zuschauer: Die Helden und ihr Publikum
2016. 201 S. Fb. € 32,00
ISBN 978-3-95650-126-5

3 | Asch, Ronald G.
Herbst des Helden. Modelle des Heroischen und heroische Lebensentwürfe in England und Frankreich von den Religionskriegen bis zum Zeitalter der Aufklärung. Ein Essay
2016. 176 S. Fb. € 28,00
ISBN 978-3-95650-096-1

4 | Aurnhammer, Achim –
Bröckling, Ulrich (Hrsg.)
Vom Weihegefäß zur Drohne. Kulturen des Heroischen und ihre Objekte
2016. 306 S. 89 z. T. farb. Abb. Fb.
€ 58,00
ISBN 978-3-95650-156-2

5 | Aurnhammer, Achim –
Korte, Barbara (Hrsg.)
Fremde Helden auf europäischen Bühnen (1600–1900)
2016. 286 S. 39, z. T. farb. Abb. Fb.
€ 55,00
ISBN 978-3-95650-219-4

ERGON-VERLAG · WÜRZBURG